MANUEL DE PRÉPARATION

Je veux bien!

SECOND EDITION

Jeannette D. Bragger
The Pennsylvania State University

Donald B. Rice
Hamline University

THOMSON
HEINLE

Australia Canada Mexico Singapore Spain United Kingdom United States

Je veux bien!
Second Edition
Manuel de préparation
Bragger ◆ Rice

Publisher: Wendy Nelson
Senior Production & Developmental Editor Supervisor: Esther Marshall
Developmental Editors: Anne Besco & Lara Semones
Marketing Manager: Jill Garrett
Associate Marketing Manager: Kristen Murphy-LoJacono
Production/Editorial Assistant: Diana Baczynskyj
Manufacturing Manager: Marcia Locke
Project Manager: Anita Raducanu
Compositor: Pre-Press Company, Inc.
Cover/Text Designer: Sue Gerould, Perspectives
Illustrations: Jane O'Conor & Sarah Sloane
Cover illustration: Heidi Younger
Printer: Edwards Brothers, Inc.

For permission to use material from this text or product contact us:
Tel   1-800-730-2214
Fax   1-800-730-2215
Web   www.thomsonrights.com

ISBN: 0-8384-4398-2

Table des matières

Dans les rues et les magasins 57

CHAPITRE 3

On sort ce soir? 101

UNITÉ 2 UNE FAMILLE FRANÇAISE 141

CHAPITRE 4

Les Batailler chez eux 142

CHAPITRE **5**

Une journée chargée 183

CHAPITRE 7

Un repas de fête 271

France

Angleterre
MER DU NORD
Pays-Bas
Belgique
Allemagne
Luxembourg
Suisse
Italie
Espagne
Andorre

LA MANCHE

OCÉAN ATLANTIQUE

MER MÉDITERRANÉE

Dunkerque
Calais
Lille
Valenciennes
NORD-PAS-DE-CALAIS

Cherbourg
Le Havre
Rouen
Caen
Saint-Malo
BASSE-NORMANDIE
HAUTE-NORMANDIE
PICARDIE
Amiens
Reims
Metz
LORRAINE
Nancy
ALSACE
Strasbourg

Brest
BRETAGNE
Fougères
Rennes
Le Mans
PAYS DE LA LOIRE
Angers
St-Nazaire
Nantes
Chinon
Versailles
Paris
ÎLE-DE-FRANCE
Seine
CHAMPAGNE-ARDENNE
Troyes
Séine
Meuse
Moselle
Rhin
VOSGES
Mulhouse

Orléans
Blois
Chambord
Tours
Chenonceaux
Azay-le-Rideau
CENTRE
Bourges
BOURGOGNE
Dijon
Nevers
Chalon-sur-Saône
Saône
Besançon
FRANCHE-COMTÉ
JURA

Poitiers
La Rochelle
POITOU-CHARENTES
LIMOUSIN
Limoges
Vichy
Clermont-Ferrand
Saint Étienne
AUVERGNE
Loire
Lyon
Rhône
RHÔNE-ALPES
Grenoble
Annecy
ALPES

Périgueux
Bordeaux
AQUITAINE
Garonne
MASSIF CENTRAL
Rodez
MIDI-PYRÉNÉES
Rhône

Biarritz
Bayonne
Pau
PYRÉNÉES
Toulouse
Carcassonne
Béziers
Narbonne
LANGUEDOC-ROUSSILLON
Perpignan
Nîmes
Montpellier
Tarascon
Avignon
Marseille
PROVENCE-ALPES-CÔTE-D'AZUR
Aix-en-Provence
Toulon
Grasse
Monte-Carlo
Monaco
Nice
Cannes

Monaco

CORSE
Ajaccio

0   75 km

©1993 Magellan Geographix℠ Santa Barbara CA

Pour démarrer

Manuel de classe, pages 4–11

To *continue your introduction* to the study of French, do the following:
• read pages 4–11 in the **Manuel de classe;**
• read the *Guide des étudiants* that follows this *À faire!* entry;
• do Exercises I, II, and III;
• 🔊 listen to MP Audio CD1, TRACK 2, as you do the *Prononcez bien!* section;
• do Exercise IV.

As a *follow-up* to what you did in class, do Exercise V.

Guide des étudiants

Outside of class, you'll work primarily with two components of the **JE VEUX BIEN!** program—the **Manuel de préparation** and your *MP Audio CD.* (Your instructor may ask you to bring the **Manuel de préparation** to class on a regular basis.)

The **Manuel de préparation** contains vocabulary review exercises as well as grammatical presentations accompanied by self-correcting exercises and quizzes. In addition, you'll find reading, writing, and (occasionally) listening activities. The *MP Audio CD* contains model phrases and sentences for each grammatical structure as well as more formal work with pronunciation. In addition, you'll find any listening activity you're asked to do outside of class.

Throughout the **Manuel de préparation** you'll notice a series of *À faire!* notes that serve to cross-reference the **Manuel de classe,** the **Manuel de préparation,** and the *MP Audio CD.* As homework for the next class session, your instructor will usually direct you to do all (or occasionally, some) of an *À faire!* assignment. Here are two typical *À faire!* notes with some suggestions about how to go about doing the work suggested.

EXAMPLE

Manuel de classe, pages 39–46

As a *follow-up* to your work with **-er** verbs, do Exercise X.

As a *follow-up* to the food and drink vocabulary in the **Manuel de classe,** do Exercises XI, XII, and XIII.

In *preparation* for work in class, do the following:
• read the explanation of the irregular verb **aller;**
• 🔊 listen to MP Audio CD1, TRACKS 7–8;
• write Exercises XIV and XV;
• take **Contrôle 3.**

This is a two-part assignment. The first part reviews the vocabulary presented in class.

SUGGESTION:

1. Look over the page(s) in the **Manuel de classe** where this vocabulary is presented (and often listed).
2. Write out the **Manuel de préparation** exercises.
3. Check the answers at the back of this **Manuel de préparation.**

The second part of the assignment introduces a new grammatical topic.

SUGGESTION:

1. Read over the explanation, making sure you understand what the topic is about.
2. Listen to MP Audio CD1, TRACKS 7–8. Here you'll be able to listen to and *repeat* the verb forms and the preposition à with a noun along with some model sentences. *It's very important, especially in the early chapters of the book, that you work conscientiously with the MP Audio CD.* Otherwise, you risk falling into some bad pronunciation habits.
3. Write and correct the exercises. If you're making a lot of mistakes, go back and reread the explanation.
4. Finally, take and correct the short grammar test.

If you follow these steps, you should be very well prepared to go to class the next day.

EXAMPLE

À faire! (4-5)
Manuel de classe, pages 195–198

As a *follow-up* to work done in class about the family, read the text on page 170 and do Exercise XX.

To practice the pronunciation of the letter *e,* listen to MP Audio CD2, TRACKS 18–19, and do Exercise XX.

As a *summary* activity about family, write Exercise XXII.

As a *review* of the grammatical structures presented in Chapter 4, do Exercise XXIII.

After you've had the chance to practice the vocabulary and grammatical structures, you'll often be asked to do activities that combine and reinforce them. In this particular *À faire!*, the review takes the form of a reading *(Lisez!)* and a writing *(Écrivez!)* activity. While the former is self-correcting, the writing assignment is not; your instructor may well ask you to hand it in. In addition, your *MP Audio CD* contains a full set of pronunciation models and exercises.

Through these *À faire!* notes, you should always know exactly what you need to do and how it relates to what has happened or will happen in class.

Now you're ready to finish the *À faire!* (CP-1) assignment—a short activity about learning languages (Exercise I); the reading activities (Exercises II and III); some work on pronunciation (MP Audio CD1, TRACK 2), the writing activity that deals with accent marks in French (Exercise IV); and an activity (Exercise V) that reviews the expressions and vocabulary you learned the first day or two in class.

Contexte: *Les langues du monde*

1. Apprenons une langue étrangère! *(Let's learn a foreign language!)* This first activity will show you a few basic language principles involved in learning French.

A. Draw the picture suggested by each word.

    1. a window   2. a loaf of bread   3. a washcloth

You probably drew a picture of a window that slides up and down; a French person would more likely draw a window that opens out. Your bread probably had the form of a rectangular loaf; the French person's bread would be a long, narrow **baguette** or a round **pain de campagne.** As for the washcloth, yours was probably a flat, square piece of cloth; the French person's would no doubt consist of two pieces of cloth sewn together on three sides so as to form a sort of glove or mitten.

    BASIC PRINCIPLE 1: *Languages are culture specific. Words exist to express notions relevant to a particular culture.*

B. Give a correct version of each awkward phrase.

    1. You can me see? _____

    2. I have shame to it admit. _____

    3. I me brush the teeth all the mornings. _____

    4. She is mounted into the train. _____

Each of the preceding sentences is a word-for-word translation of a French sentence. Although it's usually possible to convey the same idea in French and English, word order and word choice differ.

    BASIC PRINCIPLE 2: *It's not possible to translate word for word from French to English or from English to French. You have to find the equivalent structure in each language.*

C. Pronounce each English word.

    night   through   knave   doubt

In each case, certain letters are not pronounced. This situation also occurs in French. In the following words, the slash indicates a letter not pronounced; an underline shows two letters pronounced as one sound.

    mai~~s~~   cham~~p~~   lis~~ent~~   pre<u>nd</u>   pei<u>n</u>~~e~~

Very often (but not always) a letter is silent in French when it falls at the end of a word. In addition, the letter **h** is always silent.

    ~~h~~omm~~e~~   ~~h~~ôtel   t~~h~~éâtr~~e~~

BASIC PRINCIPLE 3: *There is no one-to-one correspondence between spoken and written French. As a general rule, the spoken form is shorter and simpler than the written form.*

D. Guess the meanings of these French words.

    1. imaginer _____

    2. important _____

    3. vérifier _____

    4. catholique _____

5. délicieux _____

6. musicien _____

7. optimiste _____

8. désirer _____

You probably had no trouble guessing *imagine, important, verify, Catholic, delicious, musician, optimist(ic), desire.* These words, which look alike and have the same meaning in the two languages, are called *cognates.*

Now guess the meanings of these French words.

9. wagon _____

10. lecture _____

11. figure _____

12. rester _____

Careful! These words are *false cognates* (the French call them **faux amis,** *false friends*). A **wagon** is not a wagon, but a *railroad car;* a **lecture** is a *reading,* not a lecture. Your **figure** is your *face,* not your figure; and **rester** doesn't mean to rest, but rather *to stay.* Therefore, although there are hundreds of cognates between French and English, you still have to beware of "false friends."

BASIC PRINCIPLE 4: *There are many similarities between French and English. However, always check an apparent cognate to see if it makes sense in its context.*

LISEZ!

Even though you may never have formally studied French before, you're probably able to read some French texts much better than you think—thanks to your knowledge of English (and of any other languages you may know) as well as to the experience you've had in dealing with different kinds of written material. The following two exercises should demonstrate that you're not really "starting from scratch" in your study of French.

	Des millions d'artistes								
Pratiques artistiques en amateur au cours des douze derniers mois par sexe et par âge (1997, en % de la population de 15 ans et plus):									
	Jouer d'un instrument musical	Faire de la musique en groupe	Tenir un journal intime	Écrire des poèmes, nouvelles, romans	Faire de la peinture, sculpture, gravure	Faire de la poterie, céramique, reliure, de l'artisanat d'art	Faire du théâtre	Faire du dessin	Faire de la danse
Ensemble	13	10	9	6	10	4	2	16	7
–**Homme**	15	11	6	5	9	3	2	16	5
–**Femme**	11	9	11	7	11	5	2	16	10
–15 à 19 ans	40	26	14	15	20	7	10	49	23
–20 à 24 ans	27	14	12	11	12	5	4	29	11
–25 à 34 ans	16	10	9	7	13	5	2	18	5
–35 à 44 ans	9	7	8	4	12	4	2	14	7
–45 à 54 ans	11	9	8	6	10	3	1	10	6
–55 à 64 ans	4	6	5	3	6	3	1	7	6
–65 ans et plus	3	4	7	4	5	2	0	5	4

Ministère de la Culture et de la Communication

*II. Une enquête. Look briefly at the chart on page 4, then answer these questions.

1. What type of text do you think it is? _____

2. What clues enable you to identify the type of text?

_____

_____

3. What English cognates can you find in the title and in the words right under the title?

_____

_____

4. What kind of information is found in the left-hand column?

_____

5. Which words can you recognize in the columns across the top of the chart thanks to your knowledge of English?

_____

_____

6. If you don't recognize a word, sometimes you can guess its meaning from context. For example, if you recognize **un instrument musical,** what might **jouer (d')** mean?

_____

7. What other words can you guess the meaning of?

_____

_____

8. What words are you still unsure about? Does not knowing every single word prevent you from having a basic understanding of the chart?

_____

*III. Les Français et les pratiques artistiques. On the basis of the information you can gather from the survey, indicate whether each of the following statements is **vrai** *(true)* or **faux** *(false)*.

_____ 1. Women are more likely to do something musical than men.

_____ 2. The favorite artistic activity of young people is playing a musical instrument.

_____ 3. People over 55 prefer visual arts to other artistic activities.

_____ 4. The older you are the less likely you are to keep a diary.

_____ 5. Of all the activities mentioned, the least popular is being in a play.

_____ 6. Dance is more popular than writing in every age group.

Prononcez bien!

This section of the **Manuel de préparation** (called *Prononcez bien!*—i.e., *Pronounce (it) correctly!*) is tied directly to the *MP Audio CD*. When you come to a *Prononcez bien!* section, go to the appropriate segment of the *MP Audio CD*, then follow along in the **Manuel de préparation,** repeating aloud whenever you are asked to.

SOUNDS AND LETTERS IN FRENCH

The French sound equivalents of the five basic English vowels (*a, e, i, o, u*) are: [a], [ə], [i], [o], [y].

[a]	cassette	Gaston	littérature
[ə]	le	Denise	que
[i]	film	Gigi	biologie
[o]	vidéo	Claude	bientôt
[y]	musique	tu	salut

There are six other vowel sounds in French that are close to the ones mentioned above: [e], [ɛ], [ø], [œ], [ɔ], [u].

[e]	idée	allez	présenter
[ɛ]	cassette	aime	préfère
[ø]	deux	jeu	Eugène
[œ]	neuf	baladeur	seul
[ɔ]	botanique	rock	commerce
[u]	vous	douze	bouquin

French also has three nasal vowels—that is, the sound is pushed through the nose rather than through the mouth: [ã], [ɛ̃], [ɔ̃].

[ã]	en	français	Jean
[ɛ̃]	dessin	vingt	américain
[ɔ̃]	jambon	onze	bonjour

Many French consonants sound very much like English consonants.

[b]	bonjour	botanique
[p]	place	peinture
[d]	disque	deux
[t]	toi	matière
[m]	moi	chimie
[n]	une	neuf
[k]	musique	comptabilité
[s]	cassette	sciences
[z]	douze	philosophie
[f]	neuf	physique
[v]	va	vivant
[l]	littérature	allez
[g]	gare	grand

There are, however, a few consonant sounds that are not as easily recognizable or that sound different from their English equivalents: [ʀ], [ʃ], [ʒ], [ɲ], [j], [ɥ], [w].

[ʀ]	<u>r</u>ock	lase<u>r</u>	a<u>r</u>t
[ʃ]	<u>ch</u>apitre	<u>ch</u>anteur	<u>ch</u>imie
[ʒ]	<u>j</u>e	sociolo<u>g</u>ie	<u>G</u>eorges
[ɲ]	espa<u>gn</u>ol	si<u>gn</u>e	A<u>gn</u>ès
[j]	P<u>i</u>erre	sociolog<u>i</u>e	b<u>i</u>entôt
[ɥ]	h<u>u</u>it	S<u>u</u>isse	ling<u>u</u>istique
[w]	<u>ou</u>i	L<u>ou</u>is	dr<u>oi</u>t

ÉCRIVEZ!

Since English doesn't use written accents, English speakers often overlook the accent marks on French words. This next exercise is designed to familiarize you with the most common written French accents.

*IV. Les vedettes. (*The stars.*) In the following lists of French and Francophone celebrities, circle each name that has one or more accent marks. Then copy the name under the appropriate type of accent. (In a few cases, you may need to copy the word twice.)

Chanteurs (*Singers*)

Julien Clerc / François Feldman / Jean-Michel Jarre / Cécile Tesseyre / Mélody / Mylène Farmer / Lââm

Acteurs/Actrices

Gérard Depardieu / Catherine Deneuve / Brigitte Roüan / Thérèse Liotard / Emmanuelle Béart / Françoise Chatôt

Cinéastes/Réalisateurs (*Movie Directors/Video Producers*)

Alain Resnais / Olivier Küntzel / Louis Malle / Gaspar Noé

Écrivains (*Writers*)

André Malraux / Jean-Paul Sartre / Hélène Cixous / Louis-René des Forêts / Aimé Césaire

1. [´] acute accent (**accent aigu**) (11)

_____

_____

_____

2. [`] grave accent (**accent grave**) (3)

_____

3. [^] circumflex (**accent circonflexe**) (4)

_____

_____

4. [¸] cedilla (**cédille**) (2)

_____

5. [¨] dieresis (**tréma**) (2)

_____

V. On se rencontre. *(People run into each other.)* For each of the drawings below, imagine a short dialogue. Refer to the *Lexique* (p. 13) for possible expressions to use.

A. Bonjour... When there are two people in the picture, have them greet each other; when there are three people, have them make introductions. Use the names or titles accompanying the drawings, when appropriate.

M. Nougent, Mme Serreau

1. _____
_____
_____
_____
_____
_____
_____

Léa, Marie-Hélène

2. _____
_____
_____
_____
_____
_____

Simone Verdun, Michel Ledoux, Jacques Castillo

3. _____
_____
_____
_____
_____
_____

Jean-Pierre Thibault, Bénédicte Masson, Éric Villeminey

4. _____
_____
_____
_____
_____
_____

B. Au revoir. Now have the people say good-bye to each other.

José, Sylvie

5. _____
_____
_____
_____
_____
_____

M. Molina, Mme Gerbal

6. _____
_____
_____
_____
_____
_____

As a *follow-up* to what you did in class, do Exercises VI, VII, VIII, IX, and X.

◧ **Contexte:** *Des étudiants*

*VI. **Qu'est-ce qu'ils ont comme cours?** *(What classes are they taking?)* If you know someone's area of concentration, you can usually figure out some of the courses he/she is taking. With the help of the courses listed in the ***Lexique*** (p. 13), complete the sentences.

1. Axel Paillard est étudiant en sciences naturelles. Il a probablement un cours de

   _____ et un cours de _____.

2. Christine Gozard est étudiante en lettres. Elle a peut-être *(perhaps)* un cours de

   _____ et un cours de _____.

3. Valérie Le Guerhier est étudiante en sciences exactes. Elle a probablement un cours de

   _____ et un cours de _____.

4. Claudine Dubi est étudiante en sciences humaines. Elle a peut-être un cours de

   _____ et un cours de _____.

5. Philippe Scampini est étudiant en art. Il a peut-être un cours de _____ et un

   cours de _____.

6. René Source fait des études de commerce. Il a probablement un cours de _____ et

   un cours de _____.

Un petit truc

You'll encounter short notes of this type from time to time in the **Manuel de préparation.** They will provide you with information you need to do a particular exercise or activity.

In this particular case, you need to know that French universities use official time (i.e., time based on a 24-hour clock) when making up the schedule of classes. This system does not affect morning classes—for example, a 9:30 A.M. class would be written **9h30** (**h = heures,** hours). However, a 1:30 P.M. class would be written 13h30 (12 + 1:30), and a 3:45 P.M. class, **15h45** (12 + 3:45)

VII. Mon emploi du temps. *(My schedule.)* In the left-hand column, write the class times at your college or university. Then fill in your schedule for this term.

 MODÈLE: *9h10 mathématiques*

	lundi	**mardi**	**mercredi**	**jeudi**	**vendredi**
__h__					
__h__					
__h__					
__h__					
__h__					
__h__					
__h__					
__h__					

*VIII. Des mini-conversations. With the help of the expressions from the *Lexique* (p. 13), complete the following short conversations.

1. —Bonjour. On se connaît?

   —Non, _____. _____

   Jeanne Lagnier. Et toi?

   —_____.

2. —_____, Didier?

   —Je suis de Rennes. Et toi?

   —_____ de Saint-Brieuc.

3. —_____?

   —En première année.

   —Moi aussi, _____.

4. —_____?

   —J'ai _____ de littérature et de linguistique. Et toi?

   —Moi, _____ de physique et

   _____ de mathématiques.

ÉCRIVEZ!

IX. Moi, je m'appelle... Write a short paragraph telling about yourself: your name, where you're from, where you go to school, and some of the courses you're taking. Use a separate sheet of paper.

> MODÈLE: *Moi, je m'appelle Laurence Chapron. Je suis de Paris. Je suis étudiante en première année. J'ai des cours de physique et de mathématiques.*

X. La rentrée. *(The first day of classes.)* Write a short conversation that could take place at a university on the first day of classes. Include in the conversation each of the following elements:

1. Two students who don't know each other strike up a conversation.
2. They find out something about each other (where they're from, what courses they're taking).
3. A friend of one of the students arrives and greets him/her.
4. The student makes introductions.
5. The three chat for a moment.
6. The friend says good-bye and leaves.

Use a separate sheet of paper.

SOMMAIRE

This checklist is designed to help you review material for the chapter test. The vocabulary and communicative expressions from the chapter are also available on the online **Manuel de préparation** for listening and repetition.

Expressions

_____ To greet, introduce, and say good-bye (MC, pp. 8–9)

_____ To ask or verify someone's name, hometown, and year in school (MC, p. 12)

Vocabulaire

_____ Courses at the university (MC, p. 13)

Grammaire

_____ The pronouns **je** and **tu** (MC, pp. 8–9)

_____ The **je** and **tu** forms of **s'appeler, être,** and **avoir** (MC, pp. 12, 16)

Culture

_____ Greetings in France (MC, p. 10)

◻ Lexique

Pour se débrouiller

Pour saluer quelqu'un	*(To greet someone)*
Bonjour (Madame Monsieur, Mademoiselle).	*Hello.*
Salut.	*Hi.*
Ça va?	*How are things?*
Comment ça va?	*How are you?*
Comment allez-vous?	*How are you?*

Pour répondre	*(To respond)*
Bonjour (Madame Monsieur, Mademoiselle).	*Hello.*
Salut.	*Hi.*
Ça va (très) bien.	*(Very) Fine.*
Pas mal.	*Not bad.*
Oui, ça va.	*Yes, fine.*
Très bien, merci. Et toi (vous)?	*Very well, thank you. And you?*

Pour présenter quelqu'un	*(To introduce someone)*
Tu connais... ?	*Do you know . . . ?*
Yvonne, François.	*Yvonne, (this is) François.*
Je te présente...	*Let me introduce . . . to you.*
Je voudrais vous présenter...	*I'd like to introduce . . . to you.*

Pour prendre congé	*(To say good-bye)*
Allez, au revoir.	*So long.*
Salut.	*Bye.*
Ciao.	*Bye.*
À tout à l'heure.	*See you later.*
À bientôt.	*See you soon.*
Au revoir, Madame (Monsieur, Mademoiselle).	*Good-bye.*

Pour donner son nom	*(To give your name)*
Je m'appelle...	*My name is . . .*
Moi, c'est...	*I'm . . .*

Pour dire d'où on est	*(To say where you're from)*
Je suis de (Lyon).	*I'm from (Lyon).*
Je viens d'(Amiens).	*I come from (Amiens).*

Pour indiquer votre niveau à l'université	*(To give your college year)*
Je suis étudiant(e)...	*I'm a . . .*
en première année.	*(freshman) first-year student.*
en deuxième année.	*sophomore.*
en troisième année.	*junior.*
en quatrième année.	*senior.*

Pour parler de ses cours	*(To talk about your courses)*
J'ai des cours de (d')...	*I have courses in . . .*

Pour savoir si on connaît quelqu'un	*(To find out if you know someone)*
On se connaît?	*Do we know each other?*
Non, je ne pense pas.	*No, I don't think so.*
Oui, je m'appelle...	*Yes, my name is . . .*

Pour demander le nom de quelqu'un	*(To ask someone's name)*
Tu t'appelles comment? ⎫ **Comment tu t'appelles?** ⎭	*What's your name?*

Pour demander d'où vient quelqu'un	*(To ask where someone's from)*
Tu es d'où? (Tu viens d'où?) ⎫ **D'où tu es? (D'où tu viens?)** ⎭	*Where are you from?*

Pour demander l'année de quelqu'un à l'université	*(To ask someone's college year)*
Tu es en quelle année? ⎫ **En quelle année es-tu?** ⎭	*What year are you in?*

Pour savoir les cours de quelqu'un	*(To find out someone's courses)*
Qu'est-ce que tu as comme cours? ⎫ **Quels cours as-tu?** ⎭	*What courses do you have?*
J'ai un cours de... (des cours de...)	*I have a course in . . . (courses in . . .)*

The ***Lexique*** at the end of each chapter collects all of the productive and testable vocabulary from the chapter. It is organized in three sections: ***Pour se débrouiller*** (communicative expressions organized functionally); ***Thèmes et contextes*** (vocabulary organized by thematic context and listed alphabetically); and ***Vocabulaire général*** (vocabulary items not belonging to a function or thematic context).

All of the vocabulary and expressions are also available on the online **Manuel de préparation** for listening and repeating.

Thèmes et contextes

Les disciplines et les matières *(Disciplines and subjects)*

Les sciences humaines
l'anthropologie *(f.)*
la géographie
la psychologie
les sciences économiques *(f. pl.)*
les sciences politiques *(f. pl.)*
la sociologie

Les sciences naturelles
la biologie
la botanique
la géologie

Les sciences exactes
l'astronomie *(f.)*
la chimie *(chemistry)*
l'informatique *(f.) (computer science)*
les mathématiques *(f. pl.)*
la physique *(physics)*

Les études professionnelles
le commerce
la comptabilité *(accounting)*
le droit *(law)*
la gestion *(management)*
le journalisme
le marketing
la médecine
la statistique

Les beaux-arts *(m. pl.) (Fine arts)*
l'art dramatique *(m.)*
le cinéma
le dessin *(drawing)*
la musique
la peinture
la photographie
la sculpture

Les lettres *(f. pl.) (Humanities)*
l'histoire *(f.)*
les langues mortes *(f. pl.)*   *classical languages*
   le grec   *Greek*
   le latin   *Latin*
les langues vivantes   *modern languages*
   l'allemand *(m.)*   *German*
   l'anglais *(m.)*   *English*
   l'arabe *(m.)*   *Arabic*
   le chinois   *Chinese*
   le français   *French*
   l'espagnol *(m.)*   *Spanish*
   l'italien *(m.)*   *Italian*
   le portugais   *Portuguese*
   le russe   *Russian*
la linguistique
la littérature
la littérature comparée
la philosophie

Vocabulaire général

aussi	*also, too*
Ça s'écrit comment?	*How do you write (spell) that?*

Un samedi après-midi

CHAPITRE 1

Une rencontre en ville

À faire! (1-1)

As a *follow-up* to what you did in class, read **Pour lire** below and do Exercises I and II.

As *preparation* for work in class, do the following:
• read the explanation of definite and indefinite articles (page 20);
• 💿 listen to MP Audio CD1, Tracks 3–4;
• write Exercises III and IV;
• take **Contrôles 1A** and **1B.**

▣ Contexte: *La Fnac vous offre...*

LISEZ!

Pour lire: Recognizing cognates

Many French words are easy for an English-speaking reader to guess because they resemble English words. These familiar-looking words, called *cognates,* provide you with a large vocabulary from the time you begin the study of French.

In addition to the numerous cognates you can recognize from English, another aid to reading is your familiarity with basic formats and contexts. The following two exercises dealing with magazines will illustrate how you can use this knowledge to begin to "read" French.

*I. Un magazine: sa couverture *(its cover).* First, indicate (with a check mark) which of the following items you would expect to find on the cover of a magazine.

a. _____ name of the magazine

b. _____ name of the editor

c. _____ photograph(s) or drawing(s)

d. _____ title(s) of main article(s)

e. _____ date of the issue

f. _____ number of the issue

g. _____ number of pages in the issue

h. _____ price of the issue

REMEMBER! An asterisk (*) preceding an exercise number indicates that the exercise is self-correcting. You will find the answers to **Chapitre 1** at the back of this **Manuel de préparation,** beginning on page 367.

Now circle and label (with the appropriate letter) the position of each of the items you chose on the cover of *Elle.*

*11. Ce qu'il y a à lire. *(What there is to read.)* Using your familiarity with various formats as well as the cognates you can recognize, identify the *type* of reading material represented by each of the following. Then list the "clues" that help you arrive at your answer.

1

_____

_____

_____

_____

_____

2

_____

_____

_____

_____

_____

3

_____

_____

_____

_____

_____

_____

4

_____

_____

_____

_____

_____

_____

_____

_____

_____

Structure grammaticale:
Indefinite and definite articles

AU RAYON DE MUSIQUE

MP Audio CD1, TRACK 3

BÉNÉDICTE: Ah, voici (*here is*) **le** rayon de musique.
FRANÇOISE: Moi, je cherche **un** CD d'Indochine.
ANNICK: Moi, je préfère **les** cassettes. Je vais acheter **une** cassette de Julien Clerc.

EXPLICATION: Indefinite articles

First, read the following **Explication** section, then listen to the audio track that accompanies it.

MP Audio CD1, TRACK 3

In English, nouns don't have gender; therefore, we can use the same form of an article, for example *a,* for any noun: *a man, a woman, a book, a calculator.* In French, however, all nouns *do* have gender, even those that don't refer to people. That's why you learned in class to say **UN lecteur DVD** and **UN livre** (they're both *masculine* nouns), but **UNE cassette** and **UNE calculatrice** (they're both *feminine* nouns). There are no infallible rules for determining the gender of a French noun; consequently, it's best to always associate each new noun you learn with the appropriate article.

The plural form of the indefinite articles **un** and **une** is **des. Des** is the equivalent of the English words *some* or *any.* French requires the use of **des** in cases where English doesn't use an article because *some* or *any* is understood. *They have cassettes and compact discs.* **Ils ont des cassettes et des disques compacts.**

The following chart summarizes the forms of the indefinite article in French.

MASCULINE SINGULAR	un	un manuel, un appareil photo
FEMININE SINGULAR	une	une calculatrice, une cassette
MASCULINE AND FEMININE PLURAL	des	des manuels, des calculatrices

Normally, the **n** of **un** and the **s** of **des** are NOT pronounced. However, when they precede a vowel or a vowel sound, the **n** of **un** is pronounced like an *n* and the **s** of **des** is pronounced like a *z,* and both are linked with the sound that follows. This linking is called **une liaison: un appareil photo, des appareils photo.**

Application

*///. Qu'est-ce que c'est? *(What's that?)* Identify the following objects using the appropriate form of the indefinite article (**un, une, des**).

MODÈLES:

> Notice that you use **C'est** *(It's, That's)* with singular nouns and **Ce sont** *(Those are)* with plural nouns.

C'est une cassette.   *Ce sont des cassettes.*

1. _____
2. _____
3. _____
4. _____
5. _____
6. _____
7. _____
8. _____
9. _____
10. _____

◻ **Contrôle 1A:** *The indefinite article*

After seeing Mireille's collection of cassettes and CDs, her friends head for **la Fnac** to improve their own collections. Complete their conversation with the appropriate indefinite articles (**un, une, des**).

—Est-ce qu'ils ont (1) _____ disques compacts ici?

—Oui, oui. Voici (2) _____ disque compact de Christine Lidon.

—Ah, oui. Elle est très bien. Mais il me faut *(I need)* (3) _____ cassette.

—Pas de problème. Voici (4) _____ cassettes.

—Et toi, Jean-Pierre, qu'est-ce que tu vas acheter?

—Moi, je vais acheter (5) _____ DVD ou peut-être *(maybe)* (6) _____ jeu vidéo.

You will find the answers to this test on page 367. Give yourself 1 point for each correct answer. A perfect score is 6. If your score is below 5, you should reread the ***Explication*** on page 20 before going to class.

EXPLICATION (SUITE): Definite articles

AU RAYON DES LIVRES

First, read the following **Explication** section, then listen to the audio track that accompanies it. MP Audio CD1, Track 4

GEORGES: Où sont *(Where are)* **les** livres d'espionnage? Je vais acheter **le** nouveau *(new)* roman de Tom Clancy.

VINCENT: Moi, je préfère **la** science-fiction. Je cherche un roman d'Isaac Asimov.

The definite articles **le (l')**, **la (l')**, and **les** are the equivalent of the English *the*. Notice the special form **l'** that is used in place of **le** or **la** when the noun begins with a vowel or a vowel sound. Also, the **s** of **les** is silent except when preceding a vowel or a vowel sound: **les livres,** but **les appareils photo.**

In English, the definite article is often omitted when the noun is used in a general sense; for example, *I love detective stories* (i.e., all detective stories, detective stories in general). In French, however, the definite article must be included: **J'aime beaucoup les romans policiers.**

The following chart summarizes the forms of the definite article:

MASCULINE SINGULAR	le (l')	le livre, l'appareil photo
FEMININE SINGULAR	la (l')	la cassette, l'histoire
MASCULINE OR FEMININE PLURAL	les	les livres, les cassettes

Application

*IV. Ils aiment..., ils n'aiment pas... *(They like . . ., they don't like . . .)* Complete the following sentences about likes and dislikes, using the appropriate form of the definite article (**le, la, l', les**).

1. Frédéric aime beaucoup _____ livres de science-fiction.

2. Moi, je préfère _____ romans policiers.

3. Ils n'aiment pas _____ bandes dessinées.

4. J'aime regarder _____ télévision *(f.).*

5. Mais je n'aime pas regarder _____ clips.

6. Elle n'aime pas _____ Fnac.

7. Il aime beaucoup _____ nouveau lecteur CD Sony.

8. Il n'aime pas tellement _____ baladeur Philips.

9. Elle a un cours d'histoire, mais elle n'aime pas _____ histoire.

10. J'ai un cours de mathématiques, mais je n'aime pas _____ mathématiques.

◘ Contrôle 1B: *The definite article*

Three friends have gone to **la Fnac** and are looking for what they want to buy.

—Qu'est-ce que tu as là?

—C'est (1) _____ nouvelle calculatrice Casio. Elle est super!

—Moi, je cherche (2) _____ disques compacts. Je vais acheter (3) _____ nouveau CD de Sally Nyolo.

—Où sont (4) _____ appareils photo? Je cherche un appareil photo.

—Pourquoi? *(Why?)* Tu peux utiliser *(You can use)* (5) _____ appareil photo de Marc.

—OK. Je vais regarder un clip des Back Street Boys à (6) _____ télévision.

> You will find the answers on page 367. Give yourself 1 point for each correct answer. A perfect score is 6. If your score is less than 5, you should reread the *Explication* on pages 22–23 before going to class.

As a *follow-up* to the vocabulary on music and books as well as to the numbers from 0 to 20, do Exercises V and VI.

As *preparation* for work in class, do the following:
- read the explanation of regular **-er** verbs;
- 💿 listen to MP Audio CD1, Tracks 5–6;
- do Exercises VII and VIII;
- read the **Note grammaticale** (p. 28) and do Exercise IX;
- take **Contrôle 2.**

◖ Contexte: *Quelle musique préférez-vous?*

V. La musique et les livres. List two or three types of music and books for each of the categories suggested. In addition, among your favorites, mention at least one CD and one book you've recently listened to and read.

La musique

1. La musique que j'aime beaucoup

_____

J'ai récemment écouté _____.

2. La musique que j'aime assez

_____

3. La musique que je n'aime pas

_____

Les livres

4. Les livres que j'aime beaucoup

_____

J'ai récemment lu *(read)* _____.

5. Les livres que j'aime assez

_____

6. Les livres que je n'aime pas

_____

*VI. Les nombres. *(Numbers.)* Although we usually write numbers in numeral form, there are occasions when we need to write out a number in words, especially the numbers from one to twenty. First, write in French the *combination of digits* needed to make the following figures on a calculator.

MODÈLE: 50: *cinq et zéro*

47: _____ et _____

29: _____ et _____

60: _____ et _____

18: _____ et _____

35: _____ et _____

51: _____ et _____

Now, write in French the *results* of the following problems.

9 + 6 = _____

10 + 10 = _____

5 + 8 = _____

7 + 10 = _____

8 + 8 = _____

4 + 7 = _____

13 + 6 = _____

12 + 2 = _____

8 + 4 = _____

11 + 7 = _____

◘ Structure grammaticale: *Verbs ending in -er*

AU MAGASIN DE MUSIQUE

 MP Audio CD1, Track 5

Martine rencontre Gérard et Yves au magasin de musique. **Ils parlent** pendant quelques instants *(for a few moments)*.

MARTINE: Qu'est-ce que vous faites là? *(What are you doing here?)*
GÉRARD: **Nous cherchons** *(We're looking for)* des cassettes. Et toi?
MARTINE: **Je cherche** un CD pour Chantal.
YVES: C'est bien, ça. **Elle adore** la musique.

EXPLICATION

First, read the following **Explication** sections, then listen to the audio track that accompanies it. 🔘 MP Audio CD1, Track 6

In the preceding conversation, the boldfaced expressions (**ils parlent, nous cherchons, je cherche, elle adore**) all represent a subject pronoun and a conjugated verb.

The subject pronouns in French are as follows:

je	*I*
nous	*we*
tu	*you* (one person you know well)
vous	*you* (one person you do not well OR two or more people)
il	*he, it* (masculine noun)
elle	*she, it* (feminine noun)
on	*one, you, we, they* (people in general)
ils	*they* (two or more males/masculine nouns OR a group of males and females/a set of masculine and feminine nouns)
elles	*they* (two or more females/feminine nouns)

The endings of the verb forms differ (**-ent, -ons, -e**) because in French each verb form must be conjugated (i.e., it must *agree in person and number* with its subject). (In English, verb forms also agree, but they change much less frequently, usually only with *he, she,* and *it: you speak, we speak, they speak, I speak,* but *he/she/it **speaks**.*)

To conjugate a verb ending in **-er,** such as **chercher** *(to look for),* you drop the **-er** and add the following endings:

je	**-e**	je **cherche**	nous	**-ons**	nous **cherchons**
tu	**-es**	tu **cherches**	vous	**-ez**	vous **cherchez**
il/elle/on	**-e**	il/elle/on **cherche**	ils/elles	**-ent**	ils/elles **cherchent**

When speaking, you do *not* pronounce the endings **-e, -es, -ent;** consequently, the verb forms in **je cherche, tu cherches, il/elle/on cherche,** and **ils/elles cherchent** all sound the same.

The vast majority of French verbs whose infinitives end in **-er** are conjugated like **chercher.** Here is a list of common verbs that follow this pattern. In each case, you add the endings to the *stem*—i.e., the part of the infinitive that remains after you drop the **-er.**

adorer *(to love)*	ador-*
aimer *(to like)*	aim-*
écouter *(to listen to)*	écout-*
étudier *(to study)*	étudi-*
fumer *(to smoke)*	fum-
habiter *(to live)*	habit-*
jouer *(to play)*	jou-
parler *(to speak/talk)*	parl-
préférer *(to prefer)*	préfér-**
regarder *(to look at)*	regard-
travailler *(to work)*	travaill-

> **Un petit truc**
>
> When learning these new verbs, remember that often there's *not* a one-to-one correspondence between English and French. For example, English tends to add prepositions to verbs in order to change their meaning—*to look **for**, to look **at**.* In French, these ideas are expressed by different verbs—**chercher** *(to look for),* **regarder** *(to look at)*—without prepositions.

*When the verb begins with a vowel or a vowel sound, the subject pronoun **je** becomes **j'** (j'adore, j'aime, j'écoute, j'étudie, j'habite), and the **s** of **nous, vous, ils,** and **elles** is pronounced (**nous adorons, vous aimez, ils écoutent, elles étudient, nous habitons**).

When the ending is silent (-e, -es, -ent**), the stem **préfér-** changes to **préfèr-: je préfère, tu préfères, il/elle/on préfère, ils/elles préfèrent,** BUT **nous préférons, vous préférez.**

Application

*VII. Qui? *(Who?)* Complete the following mini-conversations by adding the appropriate subject pronoun **(je, nous, tu, vous, il, elle, on, ils, elles).** Make your choice on the basis of the verb ending and the other words in the sentence.

1. —Bonjour, Monsieur. Qui est-ce que _____ cherchez?

   —Bonjour, Mademoiselle. _____ cherche Mme Cournoyer.

2. —Salut, Annick. Qu'est-ce que _____ écoutes?

   —Salut, Bernard. _____ écoute un CD de Françoise Hardy.

3. —Tiens! Voilà Hugo et Richard. Qu'est-ce qu' _____ regardent?

4. —Est-ce que _____ aimez le rock?

   —Oui, mais _____ préférons le heavy metal.

5. —Voilà Anne et Michèle. Est-ce qu' _____ jouent au football?

   —Non. Anne joue au basket et Michèle et moi, _____ jouons au volley.

6. —Est-ce que Jacqueline fume?

   —Oui, _____ fume.

   —Ah, oui. Pourquoi?

   —Parce qu'en France, _____ fume beaucoup.

7. —Tiens! Voilà Pierre et Muriel.

   —Oui. _____ regardent la nouvelle calculatrice Casio.

*VIII. Les verbes en -er. Give the appropriate form of the indicated verb.

parler

1. Georges _____ français et anglais.

2. Alexandrine et Chantal _____ français et espagnol.

3. Olivier et moi, nous _____ allemand.

4. Moi, je _____ chinois aussi.

5. Est-ce que vous _____ espagnol?

6. Et toi, tu _____ allemand aussi?

écouter

7. Pierre _____ du jazz.

8. Moi, j' _____ de la country.

9. Pascal et Marianne _____ du reggae.

10. Et vous, qu'est-ce que vous _____?

jouer

11. Christian _____ au football.

12. Toi aussi, tu _____ au football?

13. Jean-Marie et Frédéric _____ au basket.

14. François et moi, nous _____ au tennis.

aimer, préférer
(Remember to change the stem from **préfér-** to **préfèr-** when the ending is silent
[-e, -es, -ent].)

15. —Est-ce que tu _____ les romans policiers?

    —Oui, mais je _____ les romans historiques.

16. —Est-ce que vous _____ le heavy metal?

    —Oui, mais nous _____ le rock.

17. —Est-ce que Muriel _____ les cassettes?

    —Oui, mais elle _____ les CD.

18. —Est-ce qu'ils _____ les bandes dessinées?

    —Oui, mais ils _____ les livres de science-fiction.

Note grammaticale: The negative expression *ne... pas*

MP Audio CD1, TRACK 6

Nous **ne** jouons **pas** au tennis.	*We do **not** (**don't**) play tennis.*
Je **n'**aime **pas** la science-fiction.	*I do **not** (**don't**) like science fiction.*

To make a verb negative, place **ne** before and **pas** immediately after the conjugated form of the verb; the **s** of **pas** is usually *not* pronounced. If the verb begins with a vowel or a silent **h**, **ne** becomes **n'** (**Je n'étudie pas**).

    In *spoken* French, the **ne** often disappears: **Ils parlent pas anglais. J'aime pas les films d'horreur.**

*IX. **Jacqueline et ses amis.** *(Jacqueline et ses amis.)* Use the verbs provided to ask Jacqueline questions about herself and her friends. Then give Jacqueline's answers, using the cues in parentheses.

MODÈLES: tu / parler espagnol (non)
              —*(Jacqueline), est-ce que tu parles espagnol?*
              —*Non, je ne parle pas espagnol.*

              Chantal / chercher des livres (non... des CD)
              —*Est-ce que Chantal cherche des livres?*
              —*Non, elle cherche des CD.*

    1. tu / regarder beaucoup la télévision (non)

_____

_____

2. Paul / parler allemand (non)

_____

_____

3. Françoise / chercher un CD (non... une cassette)

_____

_____

4. vous *[singulier]* / fumer (non)

_____

_____

5. Paul et toi, vous / aimer les films d'horreur (non... préférer les films d'aventures)

_____

_____

6. Yvonne et Claire / étudier l'espagnol (non)

_____

_____

7. tu / aimer jouer au tennis (non... préférer le golf)

_____

_____

8. Yvonne / jouer au basket (non)

_____

_____

9. Guy / habiter à Paris (non... à Meudon)

_____

_____

10. Stéphane / travailler au Macdo (non... au Quick)

_____

_____

◻ Contrôle 2: *Verbs ending in -er*

Give the appropriate form of the verb in parentheses.

1. (parler) —Est-ce que Jeanne-Marie _____ allemand?

   (étudier) —Non, elle et moi, nous _____ le chinois.

2. (ne pas aimer) —Comment! Tu _____ le jazz?

   (préférer) —Si, mais je _____ le folk.

3. (jouer) —Est-ce que Georges et Yves _____ au football?

   (ne pas jouer) —Georges, oui, mais Yves _____ au foot.

4. (aimer) —Vous _____ les romans d'amour?

   (préférer) —Oui, mais nous _____ les romans d'espionnage.

5. (habiter) —Tu _____ à Évry, non?

   (habiter) —Non, non. Moi, j' _____ à Vincennes.

> You will find the answers to this test on page 368. Give yourself 1 point for each correct answer. The total number of points is 10. If your score is below 8, you should review pages 26 and 28 before going to class.

À faire! (1-3)

Manuel de classe, pages 39–46

As a *follow-up* to your work with **-er** verbs, do Exercise X.

As a *follow-up* to the food and drink vocabulary in the **Manuel de classe,** do Exercises XI, XII, and XIII.

In *preparation* for work in class, do the following:
• read the explanation of the irregular verb **aller;**
• ⊙ listen to MP Audio CD1, TRACKS 7–8;
• write Exercises XIV and XV;
• take **Contrôle 3.**

X. Moi, je... Using the following expressions, write sentences about yourself.

MODÈLE: habiter
         J'habite à (Denver).

1. habiter

_____

2. travailler

_____

3. parler (allemand, espagnol, chinois)

_____

_____

4. jouer au (football, basket, volley, tennis, golf)

_____

_____

5. aimer les films à thème politique

_____

_____

6. aimer (le rap, le rock, le jazz, la musique classique)

_____

_____

7. préférer (les omelettes ou les sandwichs)

_____

_____

8. préférer (la bière ou le vin) (ne pas aimer les boissons alcoolisées)

_____

_____

◨ Contexte: _On va manger quelque chose?_

*XI.   Quelque chose à boire et à manger. Match the name of the specific type of food or beverage to the drawing.

1. les sandwichs: un sandwich au jambon / un sandwich au fromage / un sandwich au pâté

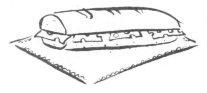  

_____   _____   _____

2. les omelettes: une omelette au fromage / une omelette au jambon / une omelette aux fines herbes

 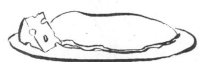 

_____   _____   _____

3. les boissons chaudes: un thé citron / un thé au lait / un thé nature / un express / un café crème

4. les boissons froides non-alcoolisées: une Vittel / un Orangina / une menthe à l'eau / un diabolo citron / un citron pressé

5. les boissons alcoolisées: un demi / une bière / un verre de vin rouge / un verre de vin blanc

*XII. Qu'est-ce que tu vas prendre? *(What are you going to have?)* Using the food and beverage categories as a guide, indicate what specific item you wish to order. (If you never eat or drink something in a particular category, use the expression **je n'aime pas les...** to express that idea.)

MODÈLE: les boissons chaudes
un express (un thé au citron) OU *Je n'aime pas les boissons chaudes.*

1. les sandwichs _____

2. les omelettes _____

3. les boissons chaudes _____

4. les boissons froides non alcoolisées _____

5. les boissons alcoolisées _____

LISEZ!

Quelques boissons françaises

When you go to a store to buy something to drink, it's often important to read the label in order to make sure you know what you're getting.

*XIII. Les étiquettes. *(Labels.)* Study the labels from eleven beverages available in France. Then complete the exercise on page 35, using your knowledge of U.S. labels and your ability to recognize cognates.

5

6

Finley
TONIC
SODA AUX EXTRAITS D'ORANGES AMÈRES
ET D'ÉCORCES DE QUINQUINA
(CONTIENT DE LA QUININE).
150 cl.

7

GRAND VIN DE BORDEAUX
1987
Château Lieujean
CRU BOURGEOIS
HAUT-MÉDOC
APPELLATION HAUT-MÉDOC CONTRÔLÉE
12,1 % vol.   e 750 ml
MIS EN BOUTEILLE AU CHATEAU
S.C.E.V. Château Lieujean Saint-Sauveur de Médoc 33250 Pauillac France
PRODUCT OF FRANCE

8

mise en bouteille
pour le Casino
par emb. 64421

autorisations
préfectorales
et • du 24 mai 1957
• du 16 mai 1988

**eau
de source
gazéifiée**
Casino
marque de distribution

à consommer
de préférence
avant fin 1991

**seule
ou en
long drink**
25 cl

9

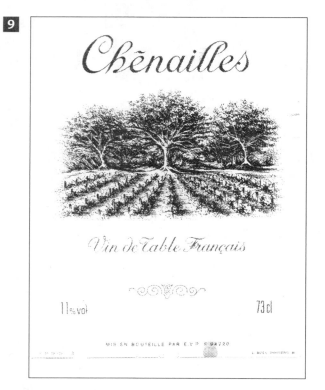

Chênailles

Vin de Table Français

11 % vol   73 cl

MIS EN BOUTEILLE PAR E.V.P. 8 84720

10

Cidre Bouché
BRUT
Alc 4,5 % Vol.   **75 cl**
La Closerie

Ets. VOLCLER S.A. - CIDRERIE - 53100 MAYENNE

3 264597 510442

11

SOURCE
**EAU
MINERALE**
perrier
DÉCLARÉE
D'INTÉRÊT PUBLIC
**GAZEUSE
NATURELLE**
1 L

1. List by number all of the alcoholic beverages.

   _____

2. Which beverage has the highest alcoholic content? _____

   The lowest? _____

3. Which bottles contain the greatest volume? _____

   The smallest? _____

4. Which labels refer to drinks made from fruit juice (other than wine)? _____

5. Which labels come from mineral water? _____

   Are these drinks similar or different? Explain. _____

   _____

   _____

6. What type of drink are **Tourtel** and **Ancre?** _____

7. Which two drinks would you be most likely to buy? Why?

   _____

   _____

8. Which two drinks would you be least likely to buy? Why?

   _____

   _____

Structure grammaticale: *The verb* aller

LES QUESTIONS DE PAPA

MP Audio CD1, Track 7

PAPA:	Où est-ce que **vous allez**, vous deux?
LAURE:	**Nous allons** au café, papa.
PAPA:	Et toi, Georges. **Tu vas** où?
GEORGES:	Moi, **je vais** à l'université.
NATHALIE:	C'est pas vrai *(That's not true)!* **Il va** à la Fnac acheter des CD.

EXPLICATION

First, read the following **Explication** section, then listen to the audio track that accompanies it.  MP Audio CD1, Track 8

The verb **aller** is the equivalent of the English *to go* and, in some health expressions, *to be* (for example, **Comment vas-tu?** *How are you?).* Although the infinitive ends in **-er,** the conjugation of **aller** does not follow the pattern of other **-er** verbs you've learned. You must learn each of these forms of **aller:**

Le verbe **aller** *(to go)*	
je **vais**	nous **allons**
tu **vas**	vous **allez**
il/elle/on **va**	ils/elles **vont**

> In both English and French, you can add an infinitive to a conjugated form of **aller** in order to indicate the *immediate future:* **Je vais jouer au foot.** *(I'm going to play soccer.)* Note how that contrasts with the present tense **Je joue au foot.** *(I play [I'm playing] soccer.)*

Application

*XIV. Où va tout le monde? *(Where's everybody going?)* Everyone in Arnaud's family seems to be going off somewhere. Arnaud says where he's going and then asks others where they're going. Complete his statement and questions with the appropriate forms of the verb **aller.**

1. Moi, je _____ au cinéma.

2. Mais où _____ Marianne?

3. Et Papa, où est-ce que vous _____, toi et Éric?

4. Et Mémé et Pépé *(Grandma and Grandpa),* où est-ce qu'ils _____?

5. Et toi, Maman, où est-ce que tu _____?

6. Et Sylviane et Françoise, où est-ce qu'elles _____?

*XV. Qu'est-ce qu'ils vont faire? On the basis of the information given, write a sentence indicating what each of the people *is going to do.* Use the appropriate form of the verb **aller** and one of the suggested expressions.

EXPRESSIONS: acheter un CD d'Elvis / aller à un concert de Garth Brooks / chercher un CD de Bob Marley / écouter une symphonie de Beethoven / jouer au tennis / manger au Macdo / regarder le Super Bowl à la télé

MODÈLE:　　Étienne aime beaucoup le reggae.
　　　　　　Ah, il *va chercher un CD de Bob Marley.*

1. Ils aiment beaucoup la musique classique.

   Ah, ils _____.

2. Moi, j'adore le rock traditionnel.

   Ah, tu _____.

3. Tu aimes beaucoup le folk, n'est-ce pas?

   Oui, je _____.

4. Sylviane aime beaucoup les sœurs Williams (Venus et Serena).

   Oui, elle _____.

5. Nous aimons beaucoup le football américain.

   Ah, vous _____.

6. Et vous, vous aimez beaucoup les fast-foods, oui?

   Oui, nous _____.

◻ Contrôle 3: *The verb* aller

Complete the following conversations with the appropriate forms of the verb **aller.**

1. —Où _____ Jean-Pierre et Isabelle?

   —À Londres.

2. —Et toi, où est-ce que tu _____?

   —À la Fnac. Je _____ acheter un CD de Duke Ellington.

3. —Ah, Madame Avertin. Comment _____-vous?

   —Très bien, merci. Et vous?

4. —Tiens! Voilà Gérard. Où est-ce qu'il _____?

   —Lui et moi, nous _____ à Bordeaux.

> You will find the answers to this quiz on page 368. Give yourself 1 point for each correct answer. A perfect score is 6. If your score is below 5, you should study the verb **aller** again.

À faire! (1-4)

Manuel de classe, pages 46–51

As a *follow-up* to your work in class with **aller,** the **crêpes** vocabulary, and the direct object pronouns **le, la,** and **les,** do Exercises XVI, XVII, and XVIII.

 For work on the pronunciation of final consonants, listen to MP Audio CD1, TRACKS 9–10, and do Exercise XIX.

◻ Contexte: À la Crêpe Bretonne

XVI. Ce soir et demain. *(Tonight and tomorrow.)* List three things you're going to do tonight (**ce soir**) and three things you and your friends are going to do tomorrow (**demain**). Use the appropriate form of **aller** and some of the verbs suggested below.

POSSIBLE ACTIVITIES: aller au cinéma / aller à mon (*my*) cours de... / écouter la radio / écouter des CD (cassettes) / jouer au basket / jouer au football (*soccer*) / jouer au tennis / lire / manger des crêpes / manger une pizza / regarder la télévision / regarder une vidéo / travailler

Un petit truc
In English, the word *my* can be used to talk about a male friend, a female friend or several friends (male and/or female). In French, use the following forms of the possessive adjective with the word **ami** *(friend):*

· male friend
  mon ami (Michel)
· female friend
  mon amie (Christine)
· more than one male friend
  mes amis (Michel et Jacques)
· more than one female friend
  mes amies (Christine et Anne)
· female and male friends
  mes amis (Michel et Christine)

MODÈLE: *Ce soir je vais jouer au basket.*
Ce soir mon ami (my friend) *Jacques va manger des crêpes.*
Demain nous allons aller au cinéma.
Demain mes amis Philippe et Paul vont travailler.

Ce soir

1. _____

2. _____

3. _____

Demain

4. _____

5. _____

6. _____

*XVII. Quand ils vont à une crêperie, ils mangent... *(When they go to a crêperie, they eat . . .)* With the help of the drawings, indicate what the following people eat when they go to a **crêperie.**

MODÈLE:

Yannick
Quand il va à une crêperie, Yannick mange une crêpe au fromage.

Simone

_____

_____

_____

_____

2

Bernard et Michel

_____

_____

_____

_____

3

je

_____

_____

_____

_____

4

nous

_____

_____

_____

_____

nutella

Un petit truc
The **nous** form of the verb **manger**
(to eat) adds an **-e** before the **-ons**
ending in order to keep the sound
of the **g** soft: remember to write
nous mangeons.

5

tu

_____

_____

_____

_____

6

vous

_____

_____

_____

_____

sucre

XVIII. Je le connais... Je ne le connais pas... First, indicate that you know the people mentioned and tell where they are from. Replace their names with the appropriate direct object pronoun: **le** (masculine singular), **la** (feminine singular), **les** (masculine and/or feminine plural). Remember to put the pronoun *directly before* the verb.

MODÈLES: Tu connais Mathilde Le Reun? (Biarritz)
Oui, je la connais. Elle est de (from) Biarritz.

Tu connais M. et Mme Cucherat? (Grenoble)
Oui, je les connais. Ils sont de Grenoble.

FLASH GRAMMAIRE

The direct object pronouns **le, la, les**

Je **le** connais.	*I know him.*
Je **la** connais.	*I know her.*
Je ne **les** connais pas.	*I don't know them.*

1. Tu connais Caroline Rosset? (Montpellier)

_____

2. Tu connais Henri Picard? (Lyon)

_____

3. Tu connais Sabine Le Tellier? (Rennes)

_____

4. Tu connais M. et Mme Fèvre? (Nice)

_____

5. Tu connais Olivier Thérond? (Strasbourg)

_____

6. Tu connais Évelyne et Chantal Plas? (Lille)

_____

Now indicate that you *don't know* the following people.

MODÈLE: Tu connais Alain Lutrot? (non)
Non, je ne le connais pas.

Un petit truc

The direct object pronouns **le, la, les** can also substitute for things. For example:

Tu regardes la télé?
Oui, je la regarde.

Tu regardes les vidéo-clips?
Non, je ne les regarde pas.

You should also know that before a vowel, **le** or **la** become **l'** (just like the definite article), and that you pronounce the **s** of **les**.

7. Tu connais Annette Dury? (non)

_____

8. Tu connais M. et Mme Kerlou? (non)

_____

9. Tu connais Albert Trenois? (non)

_____

◻ **Prononcez bien!**

FINAL CONSONANTS

As a general rule, final consonants in French are silent. Because speakers of English are accustomed to pronouncing most final consonants, you will have to pay close attention to consonants at the end of words when speaking French.

ENGLISH: part   uncles   mix   cup

FRENCH: par~~t~~   oncle~~s~~   pri~~x~~   cou~~p~~

The major exceptions to the rule of unpronounced final consonants are **c, r, f,** and **l.** These four consonants are usually pronounced when they are at the end of a word. It may be helpful to use the English word **CaReFuL** as a memory aid.

par**c**   bonjou**r**   acti**f**   ma**l**

However, this rule does *not* apply to infinitives ending in **-er** (for example, **parler, travailler, aller**) nor to nouns ending in **-ier** (for example, **janvier, calendrier**).

In addition, if a word ends in a mute **e** (an **e** without a diacritic [accent] mark), the preceding consonant is pronounced and the mute **e**, as its name implies, remains silent.

XIX. ◻ MP Audio CD1, Track 10 **Les consonnes finales.** Do the following pronunciation exercises.

A. Repeat each word or expression, being careful NOT to pronounce the final consonant(s).

travaillez / français / thé au lait / Paris / bien / beaucoup / crayon / vous / je voudrais / tu parles / nous mangeons / ils fument

B. Now repeat each word, being careful to PRONOUNCE the final consonant *except* in the case of infinitives ending in **-er** and nouns ending in **-ier.**

Marc / kir / bref / bonjour / au revoir / manger / espagnol / centre commercial / Jean-Luc / il / classeur / cahier / Vittel / aller

C. Now repeat each word, being careful to PRONOUNCE a consonant *before* a final mute **e.**

Madame / quelque chose / carte postale / cassette / Françoise / bière allemande / thé nature / seize

D. Now give yourself a little test. Read each word aloud, paying attention to whether or not the final consonant should be pronounced. This time, say the word *before* the voice on the CD, and then listen to whether the voice does or does not pronounce the final consonant.

1. cherchent
2. pour
3. Rome
4. calendrier
5. les
6. rouge
7. quelquefois
8. Éric
9. deux
10. vous travaillez
11. À bientôt!
12. parler
13. jamais
14. Montréal
15. sandwich au jambon

⏩

E. Finally, listen to the following paragraph, noticing which sounds are pronounced at the ends of words and which are not pronounced. This paragraph describes the writer Simone de Beauvoir's feelings as she prepares to return to France after a visit to the United States.

> Je peux sortir d'Amérique. Je vais en sortir. Le soir descend sur New York: le dernier soir. Ce pays contre lequel je me suis si souvent irritée, voilà que je suis déchirée de le quitter. Souvent on m'a demandé ces derniers temps: «Aimez-vous l'Amérique?» et j'avais pris l'habitude de répondre: «Moitié moitié» ou «Cinquante pour cent». Cette évaluation mathématique ne signifie pas grand-chose; elle reflète seulement mes hésitations. Il ne s'est guère passé de jour que l'Amérique ne m'ait éblouie, guère de jour qu'elle ne m'ait déçue. Je ne sais pas si je pourrais y vivre heureusement; je suis sûre que je la regretterai avec passion.
>
> Simone de Beauvoir, «Adieux à New York»
> from *L'Amérique au jour le jour*,
> © 1954 Éditions Gallimard

I can leave America. I'm going to leave it. Evening falls over New York: the last evening. This country that I've so often gotten angry with, here I am torn to be leaving it. I've often been asked lately: "Do you like America?" and I'd gotten in the habit of answering: "Half and half" or "Fifty per cent." This mathematical evaluation doesn't mean much; it's simply a reflection of my hesitations. Hardly a day has gone by that America didn't dazzle me, hardly a day that it didn't disappoint me. I don't know if I could live here happily; I'm sure that I will miss it passionately.

À faire! (1-5)

Manuel de classe, pages 52–54

As a general *review* of the chapter, do Exercise XX.

As a *review* of the grammatical structures you have studied in this chapter, do Exercises XXI, XXII, and XXIII.

◻ Intégration

XX. Mes activités. Write 10 sentences about your activities. In each sentence, use at least one element from each column below. Then complete the sentence with one or more of the nouns you've learned in this chapter. Use a separate sheet of paper.

MODÈLE: *Je voudrais acheter un walkman.*

Je voudrais	acheter	??
Je vais	regarder	??
J'ai envie de (d') (*I feel like*)	écouter	??
Je viens de (d') (*I just*)	lire	??
	manger	
	boire	

Mise au point

The following exercises will help you review the grammatical structures you've studied in the chapter. The page numbers in parentheses refer to the explanations of these structures in this **Manuel de préparation.**

L'ARTICLE INDÉFINI (*UN, UNE, DES*) ET L'ARTICLE DÉFINI (*LE, LA, L', LES*) (MP, page 20)

*XXI. Les préférences. People often have strong likes and dislikes when it comes to food and drink. Complete the mini-dialogues, using the appropriate indefinite (**un, une,** or **des**) and definite (**le, la, l',** or **les**) articles.

> MODÈLE: coca / ne pas aimer
> —Henri, tu voudrais *un coca?*
> —Non, je *n'aime pas le coca.*

1. express / ne pas aimer / café

   —Alain, tu voudrais _____?

   —Non, je _____.

2. verre de vin rouge / préférer / vin blanc

   —Josette, tu voudrais _____?

   —Non, merci. Je _____.

3. frites / aimer beaucoup

   —Éric, tu voudrais _____?

   —Oh, oui. J' _____.

4. bière / ne pas aimer

   —Chantal, tu voudrais _____?

   —Non, merci. Je _____.

5. hamburger / ne pas aimer / fast-food

   —Gérard, tu voudrais _____?

   —Non, je _____.

6. crêpe au sucre ou au chocolat / préférer / crêpes salées

   —Micheline, tu voudrais _____?

   —Non, merci. Je _____.

LES VERBES EN -ER (MP, page 25)

*XXII. Catherine et Daniel. Catherine and Daniel are French university students. Ask them the following questions in French. Then answer these questions for them on the basis of the information suggested in the drawings.

Ask Catherine and Daniel . . .

MODÈLE: . . . if they live in Paris.
            —*Vous habitez à Paris?*
            —*Oui, nous habitons à Paris.*

1. . . . if they speak French.

_____

_____

2. . . . if they work.

_____

_____

Ask Daniel . . .

3. . . . if he's watching television.

_____

_____

4. . . . if he eats a lot (**beaucoup**).

_____

_____

5. . . . if he speaks Spanish.

_____

_____

Ask Catherine . . .

6. . . . if she likes French fries.

_____

_____

7. . . . if she prefers adventure films or detective films.

_____

_____

8. . . . if she smokes.

_____

_____

LE VERBE *ALLER* (MP, page 35)

*XXIII. À la Fnac. You and your French friends are all heading to the **Fnac** store. On the basis of the information provided, indicate where each one is going and what he/she is going to buy.

MODÈLE: Mireille / un roman policier
          Mireille va à la Fnac pour acheter un roman policier.

1. Henri / une calculatrice

   _____

2. Jacqueline et moi, nous / un CD de Roch Voisine

   _____

3. Pierrette et Isabelle / des bandes dessinées

   _____

4. Éric et Patrice, vous / un CD de Céline Dion

   _____

5. Nicole, tu / un appareil photo

   _____

6. Moi, je / un roman historique

   _____

SOMMAIRE

This checklist is designed to help you review material for the chapter test. The vocabulary and communicative expressions from the chapter are also available on the online **Manuel de préparation** for listening and repetition.

Expressions

_____ To express your preferences (MC, p. 29)

_____ To order something to eat or drink (MC, p. 45)

_____ To ask what someone wants to eat or drink (MC, p. 47)

_____ To hesitate when speaking (MC, p. 47)

_____ To talk about what you're eating (MC, p. 50)

_____ To talk about someone you know (MC, p. 50)

_____ To suggest going somewhere to eat (MC, p. 54)

Vocabulaire

_____ What you can buy (MC, p. 26)

_____ Types of music (MC, p. 32)

_____ Types of books (MC, p. 33)

_____ Numbers from 0 to 20 (MC, p. 36)

_____ Food and beverages (MC, p. 43 and p. 50)

Grammaire

_____ The indefinite articles **un, une, des** (MP, p. 20)

_____ The definite articles **le, la, l', les** (MP, p. 22)

_____ Verbs ending in **-er** (MP, p. 26)

_____ The negative expression **ne... pas** (MP, p. 28)

_____ The verb **aller** (MP, p. 36)

_____ The direct object pronouns **le, la, les** (MP, p. 40)

Culture

_____ Music in the Francophone world (MC, p. 40)

_____ Fast foods in France (MC, p. 44)

_____ Fast foods in the Francophone world (MC, p. 52)

◘ Lexique

Pour se débrouiller

Pour exprimer les préférences — *(To express your preferences)*

J'aime...	*I like . . .*
J'aime beaucoup...	*I really like . . .*
J'aime bien...	*I like fairly well . . .*
Je n'aime pas...	*I don't like . . .*
Je n'aime pas beaucoup...	*I don't like very much . . .*
Je n'aime pas tellement...	*I don't really like . . .*
Je n'aime pas du tout...	*I don't like at all . . .*
Je préfère...	*I prefer . . .*

Pour commander quelque chose à boire ou à manger — *(To order something to eat or drink)*

Qu'est-ce qu'on prend?	*What's everyone having?*
Qu'est-ce que tu prends (vous prenez)?	*What are you having?*
Moi, je vais prendre...	*I'm going to have . . .*
Moi, je voudrais...	*I'd like . . .*
Moi, je prends...	*I'm having . . .*
Pour moi, ...	*For me, . . .*

Pour hésiter — *(To hesitate, stall for time to think)*

Euh...	*Uh . . .*
Voyons...	*Let's see . . .*
Je ne sais pas, moi...	*I don't know . . .*
Peut-être...	*Maybe . . .*

Pour parler de ce que vous mangez — *(To talk about what you're eating)*

C'est (très) (assez) bon!	*It's (very) (pretty) good!*
C'est délicieux!	*It's delicious!*
Ce n'est pas très bon.	*It's not very good.*

Pour parler d'une personne que vous connaissez — *(To talk about someone you know)*

Il/Elle est très gentil(le). très sympa(thique).	*He/She's very nice.*
Il/Elle est très bien.	*He/She's great.*
Il/Elle est très marrant(e).	*He/She's very funny (amusing).*
Il/Elle est vraiment casse-pieds.	*He/She's really a pain.*
Il/Elle est ennuyeux(-euse).	*He/She's really bothersome.*

Thèmes et contextes

Ce qu'on achète à la Fnac — *(What you can buy at the Fnac store)*

un appareil photo	*camera*
un appareil photo numérique	*digital camera*
un baladeur (un walkman)	*portable cassette player*
un baladeur CD	*portable CD player*
une bande dessinée	*cartoon (comic) book*
une calculatrice	*calculator*
une cassette (vidéo)	*(video)cassette*
un CD (un disque compact)	*CD*
un CD-ROM (un cédérom)	*CD-ROM*
une chaîne hi-fi	*stereo system*
un DVD	*DVD*
un jeu vidéo	*video game*
un lecteur CD	*CD player*
un lecteur DVD	*DVD player*
un livre (un bouquin)	*book (slang for book)*
un manuel de classe	*textbook*
une mini-chaîne	*boombox*
un portable	*cell phone*
un roman	*novel*

La musique

l'alternatif *(m.)*	*alternative rock*
le blues	*blues*
la country	*country and western*
le folk	*folk music*
le funk	*funk*
le hard rock	*hard rock*
le heavy metal	*heavy metal*
le jazz	*jazz*
la musique classique	*classical music*
la musique du monde	*world music*
la musique pop	*popular music*
le R&B	*R&B*
le raï	*mix of traditional Arabic and contemporary rap and funk*
le rap	*rap*
le reggae	*reggae*
le rock	*rock*
la techno	*techno*
la variété	*light music*

Les livres		Des choses à boire	(Things to drink)
un livre d'art	art book	des boissons chaudes (f.pl.)	hot drinks
de bandes dessinées	cartoon (comic) book	un café	coffee
de cuisine	cookbook	un café crème	coffee with cream
d'histoire	history book	un café au lait	coffee with hot milk
de science-fiction	science fiction book	un chocolat	hot chocolate
un roman d'amour	love story	un express	espresso
d'aventures	adventure novel	un thé (nature)	(plain) tea
d'espionnage	spy novel	un thé (au) citron	tea with lemon
historique	historical novel	un thé au lait	tea with milk
d'horreur	horror novel	des boissons froides alcoolisées (f.pl.)	alcoholic cold drinks
d'imagination	fantasy novel		
policier	(detective) mystery novel	une bière	beer
de philosophie	philosophy book	un demi	draught beer
		un verre de vin blanc (rouge)	glass of white (red) wine

Pour compter de 0 à 20	(To count from 0 to 20)	des boissons froides non-alcoolisées (f.pl.)	non-alcoholic cold drinks
zéro	0	un citron pressé	lemonade
un	1	un coca	Coke
deux	2	un diabolo citron (fraise, menthe)	lemon (strawberry, mint) flavoring mixed with limonade
trois	3		
quatre	4		
cinq	5		
six	6	une eau minérale (une Badoit, un Perrier, une Vittel)	mineral water
sept	7		
huit	8		
neuf	9		
dix	10	un jus d'abricot (d'orange)	apricot (orange) juice
onze	11	une limonade	citrus-flavored carbonated drink
douze	12		
treize	13		
quatorze	14	une menthe à l'eau	mint syrup mixed with water
quinze	15		
seize	16	un milkshake au chocolat (à la fraise, à la vanille)	chocolate (strawberry, vanilla) milkshake
dix-sept	17		
dix-huit	18	un Orangina	brand of orange soda
dix-neuf	19		
vingt	20		

Des choses à manger	(Things to eat)
une crêpe au chocolat (au citron, à la confiture, au fromage, au jambon, au miel, à l'œuf, au sucre, au thon)	crepe with chocolate filling (with lemon filling, with jam, with cheese, with ham, with honey, with an egg, with sugar, with tuna)
une omelette au fromage (au jambon, aux fines herbes)	cheese (ham, herb) omelet
des frites (f.pl.)	French fries
des lasagnes (f.pl.)	lasagna
une pizza	pizza
une quiche	cheese pie
un sandwich au fromage (au jambon, au pâté, au poulet)	cheese (ham, meat spread, chicken) sandwich
des spaghettis (m.pl.)	spaghetti

Vocabulaire général

Nom

un(e) étudiant(e)	*student*

Verbes

adorer	*to love*
aimer	*to like*
aller	*to go*
boire	*to drink*
chercher	*to look for*
commander	*to order*
écouter	*to listen to*
étudier	*to study*
fumer	*to smoke*
habiter	*to live*
jouer	*to play*
lire	*to read*
manger	*to eat*
parler	*to speak*
préférer	*to prefer*
regarder	*to watch, look at*
travailler	*to work*

Autres mots et expressions

Ah, oui, assez bien.	*Pretty good.*
Bonne idéé. Allons-y!	*Good idea. Let's go!*
C'est un (une)...	*It's a . . .*
Ce sont des...	*They are . . .*
D'accord. Allons-y!	*OK. Let's go!*
Ils/Elles sont...	*They are . . .*
Je vais acheter...	*I'm going to buy . . .*
Je veux bien!	*It's fine with me.*
On peut acheter...	*You can buy . . .*
Oui, très bien.	*Very good.*
quelque chose (de chaud, de froid) à boire	*something (hot, cold) to drink*
Qu'est-ce que tu as là?	*What's that you've got there?*
Qu'est-ce que tu vas acheter?	*What are you going to buy?*

qu'est-ce que... ? *what?*
qui... ? *who?*

Branchez-vous!

p. 51   **Rencontres (Exercice d'écoute)**

p. 52   **«La Dauphine vous propose» (Lecture)**

p. 54   **Trois amis (Activité écrite)**

p. 54   **Autoportrait (Enregistrement)**

p. 55   **Quelque chose à manger (Jeu)**

Exercice d'écoute: *Rencontres*

MP Audio CD1, Track 11

You'll hear a set of eight short conversations. For each conversation, indicate: (a) the basic activity going on (*greeting, introducing, saying good-bye, ordering, asking for help, buying*); (b) whether the people involved are *friends, acquaintances, strangers,* or *a combination*; (c) where the conversation is taking place (when possible).

1. (a) _____
   (b) _____
   (c) _____

2. (a) _____
   (b) _____
   (c) _____

3. (a) _____
   (b) _____
   (c) _____

4. (a) _____
   (b) _____
   (c) _____

5. (a) _____
   (b) _____
   (c) _____

6. (a) _____

   (b) _____

   (c) _____

7. (a) _____

   (b) _____

   (c) _____

8. (a) _____

   (b) _____

   (c) _____

Lecture: «La Dauphine vous propose»

Here is a list of items served in a café called **La Dauphine.** Because you would rarely order more than two or three items to eat and drink, it's not really necessary to understand everything on the menu. However, it's nice to have several possibilities from which to choose. Therefore, you should use the French you already know as well as your general background knowledge about food and drink to try to recognize or figure out as many items as you can. Study the menu, then do the exercises that follow.

LA DAUPHINE VOUS PROPOSE

Plats chauds

CROQUE-MONSIEUR	3,50€
CROQUE-MADAME	4,20€
OMELETTE JAMBON OU FROMAGE	4,20€
OMELETTE MIXTE	3,80€
HOT DOG	3,50€
FRANCFORT FRITES	4,60€

Sandwichs

JAMBON OU GRUYÈRE OU PÂTÉ	2,80€
AMÉRICAIN: crudités et jambon	3,80€

Salades

SALADE NATURE	2,50€
SALADE DE TOMATES	3,40€
CAROTTES RÂPÉES	2,30€
SALADE DE CONCOMBRES	3,50€

Boissons

33 EXPORT	2,30€
33 RECORD	1,50€
HEINEKEN	3,00€
KREICK BELLEVUE	4,10€
COCA-COLA	2,00€
JUS PRESSÉS	2,30€
EAUX MINÉRALES	1,80€
CAFÉ	1,10€
CRÈME	2,00€
CHOCOLAT	2,00€
THÉ LAIT OU CITRON	2,00€
THÉS AROMATISÉS	2,00€
CAFÉ VIENNOIS	3,20€
CAPPUCCINO	3,00€

A. Moi, je prends... Your traveling companions *don't speak or understand French*. They tell you what they would like to eat or drink, and you tell them what they should order and how much it will cost.

1. I'm not very hungry. All I want is a cup of espresso.

   _____

2. I don't eat meat. I want something with cheese.

   _____

3. I'm really thirsty; I'd like a nice glass of lemonade.

   _____

4. Can I have a ham and cheese omelet?

   _____

5. Is it possible to get just a plain lettuce salad?

   _____

6. All I want is a beer.

   _____

B. Devinez! *(Guess!)* You're more adventurous than your friends, so you decide to try an item whose name you don't recognize. If you were to order each of the following, what do you think you would get?

1. un sandwich américain

   _____

2. une Kreick Bellevue

   _____

3. un crème

   _____

4. un francfort frites

   _____

5. une salade de concombres

   _____

6. des carottes râpées

   _____

7. un café viennois

   _____

▢ Activité écrite: *Trois amis*

On a separate sheet of paper, write two short paragraphs about some friends of yours. In the first paragraph, discuss *one* friend. In the second paragraph, talk about *two* other friends. Mention where your friends live, whether or not they work, the languages they speak, what kinds of music and books they like or don't like, what they like to eat, etc. Use as many of the suggested verbs as possible; feel free to make use of any expressions you've learned in this chapter. If you choose to talk about a male friend, begin with **Mon ami (Jacques)**; for a female friend, use **Mon amie (Annette)**. When talking about two friends, if they are both female, use **Mes amies...**; otherwise, use **Mes amis...**

SUGGESTED VERBS: **aimer, aller, écouter, fumer, jouer, manger, parler, préférer, travailler**

Grammar: Definite article **le, la, l', les**; Indefinite article **un, une, des**; Negative with **ne... pas**; Verbs in **-er (aimer, aller, écouter, fumer, habiter, jouer, manger, parler, préférer, travailler)**
Vocabulary: Food; Languages; Leisure; People
Phrases: Describing people; Pointing out a person or object; Stating a preference

The information listed above may be of help as you do the writing assignment. If you have access to the *système-D Writing Assistant for French,* you will find these categories on your computerized program.

▢ Enregistrement: *Autoportrait*

On a cassette, record a short self-portrait. Follow the basic format suggested for the *Exercice écrit: Trois amis*— i.e., talk about where you live, whether you work, the languages you speak, the music and books you like, etc. Think about what you're going to say before you begin; however, do *not* read from a script. Begin by saying: **Je m'appelle...**

Jeu: *Quelque chose à manger*

The white blocks of letters are the names of drinks you can order in a café. Using the clues (the number of spaces and the letters or punctuation marks provided), fill in the names of the drinks. Then transfer some of the letters, following the arrows, to the shaded blocks in the middle. If you are correct, the shaded blocks will contain the name of something to eat that can also be ordered in a café.

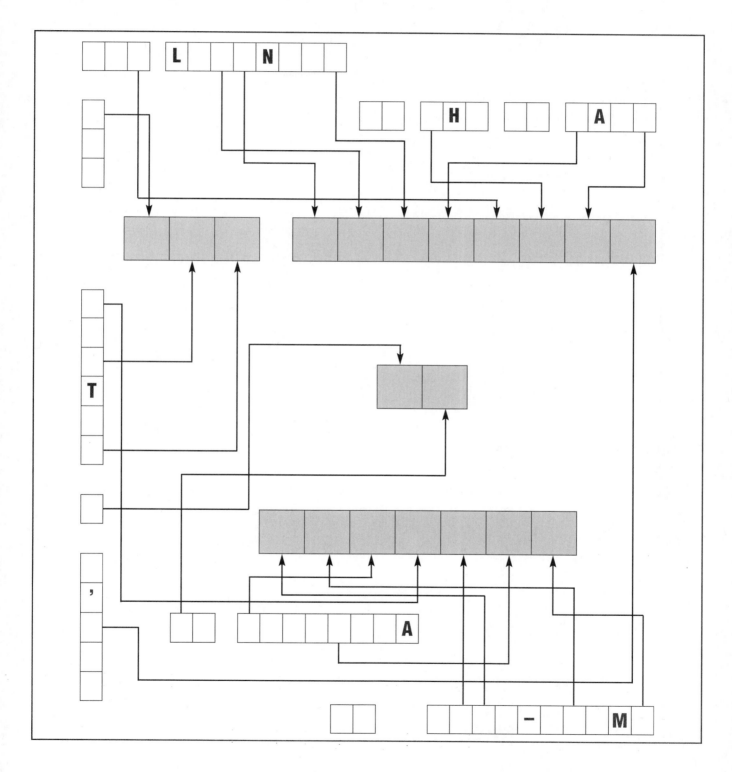

Dans les rues et les magasins

À faire! (2-1)

As a *follow-up* to the presentation of city vocabulary in class, do Exercises I and II.

In *preparation* for work in class, do the following:
• read the explanation of the prepositions **à** and **de** with the definite article;
• 🔘 listen to MP Audio CD1, TRACKS 12–13;
• do Exercises III, IV, V, and VI;
• take *Contrôle 4.*

▣ Contexte: *La ville*

*I. C'est quoi, ça? Identify the place pictured in each drawing. Use the expressions **C'est un...** or **C'est une...**

MUSÉE ST-RÉMI

1. _____

2. _____

3. _____

4. _____

REMEMBER! An asterisk (*) preceding an exercise number indicates that the exercise is self-correcting. You will find the answers to **Chapitre 2** at the back of this **Manuel de préparation,** beginning on page 369.

57 ▣

5. _____

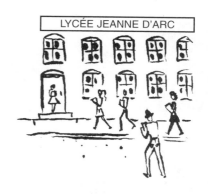

6. _____

7. _____

8. _____

9. _____

10. _____

11. _____

12. _____

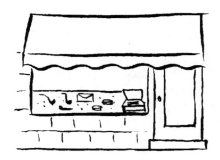

13. _____

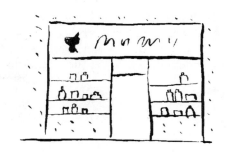

14. _____

15. _____

16. _____

17. _____

18. _____

19. _____

20. _____

11. Qu'est-ce qu'il y a à...? Choose a town that you know well and indicate what buildings and places can or cannot be found there. Use the expressions **il y a** and **il n'y a pas de (d')**. If you know the exact number of places, include it in your description (**trois cinémas, cinq églises**). However, if you're not sure of the exact number, just use the indefinite article **des** (**des magasins, des pharmacies**). Use a separate sheet of paper.

MODÈLE: *À (Paynesville) il y a une mairie et un commissariat de police. Il y a un cinéma et des magasins.*
Il y a une boulangerie-pâtisserie, deux boucheries et deux épiceries. Il y a... Mais à (Paynesville)
il n'y a pas de cathédrale. Il n'y a pas d'hôtels. Il n'y a pas...

◼ Structure grammaticale:
The prepositions à and de with the definite article

OÙ EST LE MAGASIN DE MUSIQUE?

MP Audio CD1, Track 12

GEORGES:	Où est-ce que vous allez?
LAURE:	Nous allons **à la** papeterie. Et toi, Georges, tu vas où?
GEORGES:	Moi, je vais **au** magasin de musique, le Madison.
LAURE:	Ah, le Madison. Il est en face **du** jardin public, non?
NATHALIE:	Non, non. Il est près **de la** pharmacie Tessier.

EXPLICATION

First, read the following **Explication** section, then listen to the audio track that accompanies it.   MP Audio CD1, Track 13

Je vais **à la** bijouterie.	*I'm going **to the** jewelry store.*
Elles vont **à l'**hôtel.	*They're going **to the** hotel.*
Nous allons **au** magasin de sports.	*We're going **to the** sporting goods store.*

When followed by **la** or **l'**, the preposition **à** *(to, at, in)* does not change. However, **à** followed by **le** becomes **au.**

à + la	**à la**	**à la** pharmacie
à + l'	**à l'**	**à l'**aéroport
à + le	**au**	**au** cinéma

Quel est le nom **de la** librairie?	*What's the name **of the** bookstore?*
L'hôtel est près **de l'**église.	*The hotel is near **the** church.*
L'épicerie est en face **du** bureau de poste.	*The grocery store is across **from the** post office.*

Similarly, when followed by **la** or **l'**, the preposition **de** *(of, from)* does not change. However, **de** followed by **le** contracts to form **du**. This structure frequently occurs with prepositions such as **près de, en face de, à côté de,** etc.

de + la	**de la**	**de la** papeterie
de + l'	**de l'**	**de l'**église
de + le	**du**	**du** théâtre

Application

*///. Tu vas à la papeterie? Ask questions about where your friends are planning to go. Use **au, à la,** or **à l'** and the appropriate form of **aller.**

MODÈLE: tu / la papeterie / le magasin de sports

—*Tu vas à la papeterie?*
—*Non, je vais au magasin de sports.*

1. tu / la bijouterie / le magasin de musique

   _____

   _____

2. elle / le cinéma / la Fnac

   _____

   _____

3. ils / le palais de justice / l'hôtel de ville

   _____

   _____

4. vous / l'église / la cathédrale

   _____

   _____

5. il / le parc / la piscine

   _____

   _____

6. elles / la pharmacie / le bureau de poste

   _____

   _____

*/V. Les noms, les adresses et les numéros de téléphone. Complete the following questions about names, addresses, and telephone numbers. Use **du, de la** or **de l'.**

1. Quel est le nom _____ hôtel?

2. Quelle est l'adresse _____ pharmacie?

3. Quel est le numéro de téléphone _____ bibliothèque?

4. Quel est le nom _____ cinéma qui est près _____ gare?

5. Quel est le nom _____ restaurant qui est en face _____ cathédrale?

6. Quelle est l'adresse _____ salon de coiffure?

7. Quel est le numéro de téléphone _____ boulangerie qui est au bout _____ avenue de Champagne?

8. Quel est le numéro de téléphone _____ bureau de poste?

9. Quelle est l'adresse _____ Banque Nationale de Paris?

10. Quel est le nom _____ église qui est à côté _____ cimetière?

✱ V. Où est...? First, correct the following statements by looking at the drawing and changing the italicized word(s). Make any additional necessary adjustments.

MODÈLE: L'hôtel est *en face de* la pharmacie.

Non, l'hôtel est à côté de la pharmacie.

Un petit truc
Remember: the prepositions **devant, derrière,** and **entre** are NOT followed by **de: devant l'église, derrière la gare, entre l'épicerie et le magasin de vêtements.**

1. L'aéroport est *près de* la ville.

_____

2. La gare est *à côté du* bureau de poste.

_____

3. La voiture *(car)* de Georges est *derrière* l'hôtel.

_____

4. *Le restaurant* est au coin de la rue Carnot et de l'avenue de la République.

_____

5. *La pharmacie* est au bout de l'avenue de la République.

_____

6. L'église est entre l'hôtel et *la pharmacie.*

_____

Now write your own sentences indicating where each of the following is located. Use as many different expressions as possible.

7. la voiture de Marie

_____

8. l'hôtel

_____

9. la banque

_____

10. la librairie

_____

11. le bureau de poste

_____

12. l'église

_____

*VI. **La ville de Troyes.** Troyes is a city of about 60,000 inhabitants, located about 80 miles south of Châlons-en-Champagne. With the help of the map and the information provided, indicate where the people are going and where these places are located.

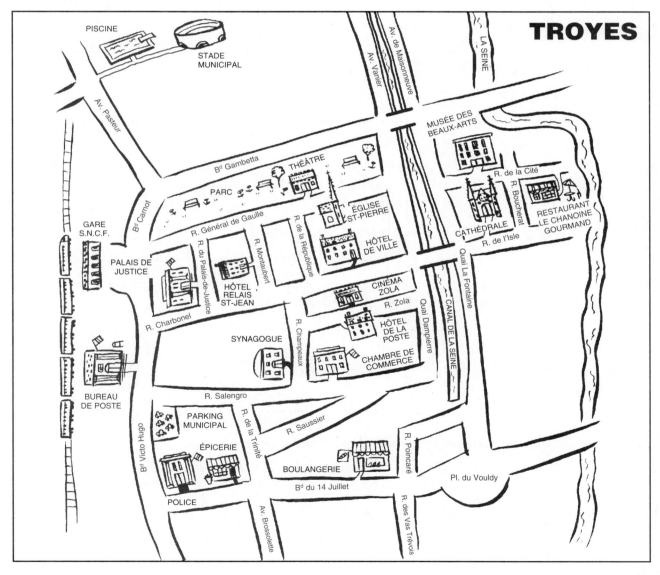

MODÈLE: Jacques / hôtel Relais St-Jean / près de

Jacques va à l'hôtel Relais St-Jean. Il est dans la rue Montaubert, près de l'hôtel de ville (près du parc, près du palais de justice).

1. Anne-Marie / le musée des Beaux-Arts / près de

_____

_____

2. nous / le cinéma Zola / en face

_____

_____

3. M. et Mme Lacombe / la gare / au bout de

_____

_____

4. je / la piscine / à côté de

_____

_____

5. Alain / le palais de justice / au coin de

_____

_____

MODÈLE: Annick / la synagogue / la chambre de commerce

Annick va à la synagogue. Elle est dans la rue Champeaux, en face de la chambre de commerce.

6. Georges et Yvonne / le théâtre de la ville / l'église St-Pierre

_____

_____

7. nous / le parking municipal / le bureau de poste

_____

_____

8. Éric / l'épicerie Trinité / le commissariat de police

_____

_____

9. Catherine / le restaurant Le Chanoine Gourmand / le canal de la Seine

_____

_____

10. je / la boulangerie Vouldy / la place du Vouldy

_____

_____

◘ Contrôle 4:
The prepositions à *and* de *with the definite article*

Complete each sentence with the appropriate form of **à** and the definite article.

1. Nous allons _____ magasin de musique.

2. Tu vas _____ boulangerie-pâtisserie?

3. Ils vont _____ aéroport.

4. Je ne vais pas _____ cinéma.

Complete each sentence with the appropriate form of **de** and the definite article.

5. Quel est le numéro de téléphone _____ papeterie Plein Ciel?

6. Il y a une banque à côté _____ parking.

7. Quel est le nom _____ école où tu vas?

8. Le théâtre est en face _____ parc.

You will find the answers to this test on page 370. Give yourself 1 point for each correct answer. A perfect score is 8. If your score is below 7, you should review pages 60–61 before going to class.

À faire! (2-2)
Manuel de classe, pages 74–81

As a *follow-up* to your in-class work with the expressions **souvent, rarement,** etc., do Exercise VII.

As a *follow-up* to your work with city vocabulary, read the brochure and do Exercise VIII.

As a *follow-up* to your work with directions, do Exercises IX and X.

In *preparation* for work in class, do the following:
• read the explanation of the verb **être;**
• ◎ listen to MP Audio CD1, TRACKS 14–15;
• do Exercises XI and XII.
• take *Contrôle 5.*

VII. Vous y allez souvent? Answer the following questions about the frequency with which you go to the places indicated. *Expressions to use in your answer:* **souvent, de temps en temps, quelquefois, rarement, ne... jamais, une (deux, trois,...) fois par semaine (par mois, par an).**

MODÈLE: Est-ce que vous allez souvent au magasin de vidéos?

Oui, j'y vais souvent—quatre ou cinq fois par mois. OU
Non, j'y vais rarement—deux ou trois fois par an. OU
Non, je n'y vais jamais. Je préfère aller au cinéma.

1. Est-ce que vous allez souvent au cinéma?

2. Au centre commercial?

_____

3. À l'église?

_____

4. Au Macdo?

_____

5. À la banque?

_____

6. À la piscine?

_____

LISEZ!

* **VIII. Pour connaître la ville de Gray.** (*To get to know the city of Gray.*) With the help of the brochure, answer the following questions about the city of Gray.

1. In what part of France is Gray located? _____

2. How far is it from Paris? _____

3. Who is this brochure aimed at? _____

4. What is there to do and see in Gray?

_____

_____

ÉCRIVEZ!

*IX. **Des messages incomplets.** A group of friends are in Châlons-en-Champagne (page 70 of the **Manuel de classe**) to attend a wedding. They have been given instructions on how to get to various places in the city. Unfortunately, the instructions are incomplete. Complete the first set of instructions, using the appropriate forms of **aller, continuer, prendre, tourner,** and **traverser.** The starting point is the **hôtel Bristol.**

Grammar: Prepositions of location; Present tense
Vocabulary: Direction and distance
Phrase: Giving directions

Pour aller à l'église Notre-Dame-en-Vaux, vous _____ l'avenue Sémard.

Vous _____ jusqu'à la rue Jean-Jaurès où vous _____ à droite.

Vous _____ la Marne et vous _____ tout droit dans la rue de la

Marne jusqu'à la place Tissier. Vous allez voir l'église sur votre gauche.

After the wedding, your friends had a minor car accident and had to be taken to the hospital. Complete the directions given to the driver on how to get from the hospital to police headquarters, using words such as **la, le, au, à la, dans, près de, à gauche, à droite, devant, jusqu'à,** etc.

Pour aller au commissariat de police, vous prenez _____ rue Derrien _____ la place

de Verdun. Vous traversez _____ place et vous continuez tout droit _____ la rue

Léon Bourgeois. _____ la place Tissier vous continuez

dans la rue Prieur de la Marne, puis vous tournez _____ dans la rue Garinet.

Vous prenez la première rue _____ ; c'est la rue Carnot. C'est là que

se trouve _____ commissariat de police.

---

*X. La ville de Bamako. Mali is a French-speaking country in West Africa, located at the edge of the Sahara Desert. In your job at the American Embassy in the capital city of Bamako, you're often asked where certain places are located and how one can get there. Using the American Embassy (**l'ambassade des États-Unis**) as a starting point, write out answers to the following requests. The first two come from strangers; therefore, use **vous.**

1. L'hôpital, s'il vous plaît?

_____

_____

_____

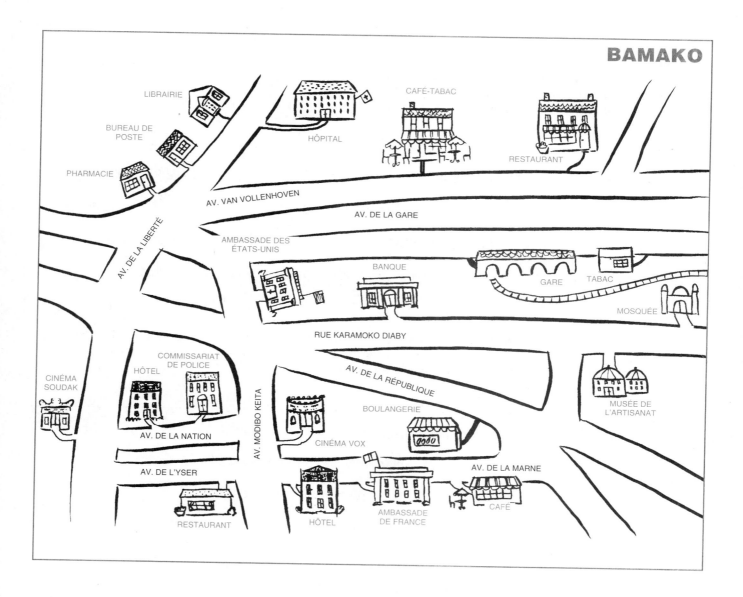

2. Le musée de l'Artisanat, c'est loin d'ici?

_____

_____

_____

The last two requests are from friends; consequently, use **tu.**

3. Dis, tu sais où se trouve le cinéma Soudak?

_____

_____

_____

4. Je voudrais acheter des croissants. Est-ce qu'il y a une boulangerie près d'ici?

_____

_____

_____

Structure grammaticale: _The verb être_

AU TÉLÉPHONE

 MP Audio CD1, Track 14

PASCALE:	Sophie, tu **es** à la papeterie?
SOPHIE:	Non, je **suis** au magasin de vêtements.
PASCALE:	Est-ce que Claudine et Françoise **sont** avec toi?
SOPHIE:	Non, Claudine **est** à la bibliothèque et Françoise **est** au salon de coiffure.

EXPLICATION

First, read the following **Explication** section, then listen to the audio track that accompanies it. MP Audio CD1, Track 15

You've already learned to use some of the forms of the verb **être** _(to be)_. Here is the complete conjugation in the present tense.

Le verbe **être** _(to be)_	
je **suis**	nous **sommes**
tu **es**	vous **êtes**
il/elle/on **est**	ils/elles **sont**

Application

*XI. Où sont-ils? *(Where are they?)* Indicate the location of each of the following people by completing the sentence with the appropriate form of the verb **être.**

1. Georges _____ à Paris.

2. Monique et Chantal _____ à Londres.

3. Je _____ à New York.

4. Vous _____ à Madrid, non?

5. Nous _____ à Rome.

6. Tu n' _____ pas à Berlin?

*XII. Non, ils ne sont pas là! *(No, they're not there!)* Use the information provided to make an assumption about the following people's whereabouts and then to correct the erroneous information.

MODÈLE: Jacques / la boucherie / le bureau de tabac

—*Est-ce que Jacques est à la boucherie?*
—*Non, il est au bureau de tabac.*

1. tu / le commissariat de police / je / l'hôtel de ville

_____

_____

2. Jean et Antoine / le centre commercial / la piscine

_____

_____

3. vous / le cinéma / nous / le théâtre

_____

_____

4. Koumba / l'église / la mosquée

_____

_____

■ Contrôle 5: *The verb être*

Use the appropriate form of **être** to complete the sentences to find out where the people mentioned are.

1. Est-ce que Marie-Claire _____ en Italie?

2. Est-ce que nous _____ en Suisse?

3. Est-ce que tu _____ au Portugal?

4. Est-ce qu'André et Patrick _____ en Israël?

5. Est-ce que je _____ en Russie?

6. Est-ce que vous _____ au Japon?

> You will find the answers to this test on page 370. Give yourself 1 point for each correct answer. A perfect score is 6. If your score is below 5, you need to review the verb **être** (page 69) before going to class.

À faire! (2-3)

{right}*Manuel de classe, pages 81–90*

As a *follow-up* to your in-class work with numbers, colors, and clothing vocabulary:
- ◉ listen to MP Audio CD1, Track 16, while doing Exercise XIII.
- do Exercise XIV.

In *preparation* for work in class, do the following:
- read the explanation of adjective agreement and placement on pages 74–75;
- ◉ listen to MP Audio CD1, Tracks 17–18;
- do Exercises XV and XVI;
- take *Contrôle 6.*

■ Contexte: *Au magasin de vêtements*

*XIII. ◉ MP Audio CD1, Track 16 The prices of certain clothing items have been left off a sale ad. Listen to the store's recorded phone message and fill in the missing prices.

MODÈLE:

YOU SEE:
YOU HEAR: *une chemise toutes les couleurs, 34 euros*
YOU WRITE IN THE CIRCLE: *34€*

*XIV. Amusez-vous bien! *(Have fun!)* French magazines for young people often have puzzles (**casse-tête**). See if you can do these. They all have to do with clothing and colors.

Avis de recherche

La police recherche Jean-Luc. Aide la police à trouver Jean-Luc. Voici sa description: il porte un chapeau, des lunettes, un jean, des baskets, une veste, une chemise et une cravate.

Réponse: Jean-Luc, c'est le numéro _____.

1.

3.

2.

4.

5.

La grille des vêtements

Mets les lettres dans l'ordre et les vêtements dans la grille.

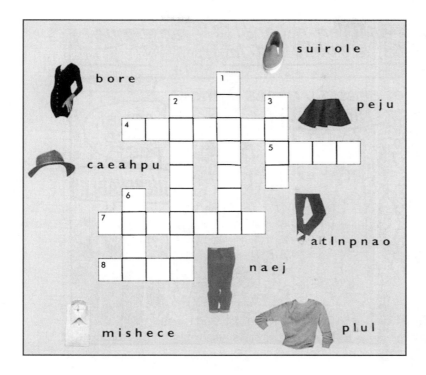

De toutes les couleurs

Trouve douze couleurs dans la grille. Écris le nom de ces couleurs. Les autres lettres forment le message: **Félicitations! Tu as gagné!** *(Congratulations! You won!)*

J	A	U	N	E	V	E	R	T
F	E	L	O	I	I	C	O	I
T	M	A	R	R	O	N	S	B
A	T	I	A	O	L	O	E	E
G	N	S	N	T	E	I	U	I
R	O	U	G	E	T	R	A	G
I	B	L	E	U	S	G	A	E
S	G	N	E	B	L	A	N	C

Dico

après: *after*
diminue: *goes down*
Écris: *write*
encore: *again*
grille: *grid*
jours: *days*
Mets: *Put*
recherche: *research*
suivant: *next*
toutes: *all*

Casse-tête

Un jean coûte soixante euros. Le jour suivant, son prix diminue de dix pour cent. Trois jours après, ce prix diminue encore de dix pour cent. Combien coûte le jean après ces deux réductions? Le jean coûte _____.

Structure grammaticale:
Adjectives of color—agreement and position

POUR ALLER AU CONCERT

MP Audio CD1, TRACK 17

ANNICK:	Tu vas au concert, n'est-ce pas? Qu'est-ce que tu vas mettre *(put on)*?
BÉATRICE:	Une mini-jupe **blanche,** un tee-shirt **jaune** et des sandales **jaunes** aussi. Et toi?
ANNICK:	Moi, je vais mettre un jean **blanc** et une chemise **bleue**... avec une cravate **noire!**

EXPLICATION: L'accord de l'adjectif

First, read the following **Explication** section, then listen to the audio track that accompanies it.

MP Audio CD1, TRACK 18

Le chemisier de Véronique est **bleu, vert** et **rouge.**
La cravate d'Alain est **bleue, verte** et **rouge.**

Véronique's blouse is blue, green, and red.
Alain's tie is blue, green, and red.

The words used to describe the clothing—**bleu(e), vert(e),** and **rouge**—are adjectives. You'll notice that the ending of the adjective changes depending on whether it's referring to **le chemisier** (a masculine noun) or **la cravate** (a feminine noun). In other words, in French, adjectives agree with the nouns they modify.

The feminine form of most adjectives is created by adding **-e** to the masculine form: **bleu → bleue, vert → verte, gris → grise.** However, if the masculine form already ends in **-e,** the feminine form stays the same: **rouge → rouge, jaune → jaune.** Notice the following special cases: **violet → violette; blanc → blanche.**

Les pulls sont **verts.**
Les chaussures sont **noires.**

The sweaters are green.
The shoes are black.

In addition to agreeing in gender, adjectives in French must agree in *number* with the nouns they modify. The plural form of most adjectives is created by adding **-s** to the singular form. There is no change in pronunciation: **vert → verts, noire → noires, blanche → blanches.** If the singular already ends in **-s,** there is no change: **gris → gris.**

> Because they are nouns rather than adjectives, the colors **marron** and **orange** are invariable—i.e., they're the same in both the masculine and the feminine as well as in the singular and the plural: **La jupe est marron. Les tee-shirts sont orange.**

EXPLICATION: La place de l'adjectif

J'ai un short **bleu**.   *I have **blue** shorts.*
Elle porte des chaussures **rouges**.   *She's wearing **red** shoes.*

Unlike in English, adjectives of color in French are placed *after* the noun they modify.

Application

＊XV. Qu'est-ce qu'on peut mettre avec...? *(What can you wear with . . . ?)* Complete each sentence by adding appropriate colors. Be sure to make each adjective agree with the noun it modifies.

MODÈLE: Avec un chemisier... , on peut mettre une jupe... ou un pantalon...
            (rouge / blanc ou bleu / noir ou bleu)

            Avec un chemisier rouge, on peut mettre une jupe blanche ou bleue ou un pantalon noir ou bleu.

1. Avec un short _____, on peut mettre un tee-shirt _____ et des tennis
   _____. (blanc / jaune / vert ou blanc)

2. Avec une chemise _____, on peut mettre un pantalon _____ et une
   cravate _____. (bleu / noir ou gris / rouge ou gris)

3. Avec un tailleur _____, on peut mettre un chemisier _____ et des
   chaussures _____. (brun / violet ou orange / brun ou blanc)

4. Avec un jean _____, on peut mettre un blouson _____ et des baskets
   _____. (blanc / jaune ou vert / noir)

XVI. Des tenues fantaisistes. *(Unorthodox outfits.)* Use your imagination to create three unusual outfits. Each outfit should include a minimum of three items (for example, shirt, pants, tie or top, shorts, shoes).

MODÈLE: Pour un homme

            Une chemise violette avec un pantalon rouge et une cravate orange et blanche!

1. Pour un homme

   _____

   _____

2. Pour une femme

   _____

   _____

3. Pour un homme ou une femme

   _____

   _____

■ Contrôle 6: *Agreement and position of adjectives of color*

A. De quelle couleur est...? Complete each sentence by indicating an appropriate color for the item in the drawing.

1. Le drapeau français est

   ————————————— ,

   ————————————— et

   ————————————— .

2. Une banane est

   ————————————— .

3. Une pomme est

   ————————————— ,

   ————————————— ou

   ————————————— .

4. La neige est

   ————————————— .

5. Je préfère les films en couleur, mais mon ami Jacques aime les films en

   —————————————

   et en blanc.

B. Aujourd'hui, je porte... Mention three items of clothing (including shoes, if you wish) that you're wearing today. For each item, mention the color.

Aujourd'hui, je porte ————————————— , —————————————

et ————————————— .

You will find the answers to this test on page 370. In part A, give yourself 1 point for each correct answer. In part B, give yourself 1 point for each noun and 1 point for each adjective of color. A perfect score is 14. If your score is less than 11, you should review pp. 74–75 before going to class.

As a *review* of clothing vocabulary, do Exercise XVII.

As a *follow-up* to the presentation of electronics vocabulary and numbers in class, do Exercises XVIII, XIX, XX, and XXI.

As *preparation* for work in class, do the following:
• read the explanations for **avoir** and related expressions (page 82);
• 🔘 listen to MP Audio CD1, Tracks 19–20;
• write Exercises XXII, XXIII, and XXIV;
• take **Contrôle 7.**

ÉCRIVEZ!

XVII. **Ce qu'ils portent.** Describe in French the clothing that two of your friends (one female, one male) wear on different occasions. Be precise: identify colors as well as items of clothing. Use a separate sheet of paper.

SUBJECTS: **Mon amie (Chantal) / Mon ami (Jean-Luc)**

OCCASIONS: **pour aller en classe / pour jouer au (tennis, football, basket) / pour aller au restaurant**

> **Grammar:** Adjective agreement; Adjective position
> **Vocabulary:** Clothing; Colors; Women's clothing
> **Phrase:** Describing people

▫ **Contexte:** *Au magasin de matériel électronique*

*XVIII. **Le matériel électronique**

A. Agace-méninges. *(Brain teaser.)* Unscramble the letters in order to find the name of an item sold in an electronics store.

1. S U T V E L I R E E (1 mot)

   un _____

2. P O S M A C E E C (1 mot)

   un _____

3. N R D U E R O T I A (1 mot)

   un _____

4. S E D T A T E R I S O C A (1 mot)

   une _____

5. A R T B L P O E (1 mot)

   un _____

6. N E C I I F H H A I (2 mots)

   une _____

7. S G E P A T O M E N O C (1 mot)

   un _____

B. Qu'est-ce qu'ils vont acheter? Use the words from part A and the information in the drawings to complete the sentences about purchases people are planning to make at the **Darty** electronics store.

Pierre Guzman

M. et Mme Dechavanne

Nathalie Cariller

M. et Mme Goron

Josué Mbami

Michèle Loriston

1. Pierre Guzman va acheter _____.

2. M. et Mme Dechavanne vont acheter _____.

3. Nathalie Cariller veut acheter _____.

4. M. et Mme Goron voudraient _____.

5. Josué Mbami aimerait avoir _____.

6. Michèle Loriston veut acheter _____.

LISEZ!

*XIX. Du matériel électronique. Using your reading skills, answer the questions about the products in this ad for electronic equipment.

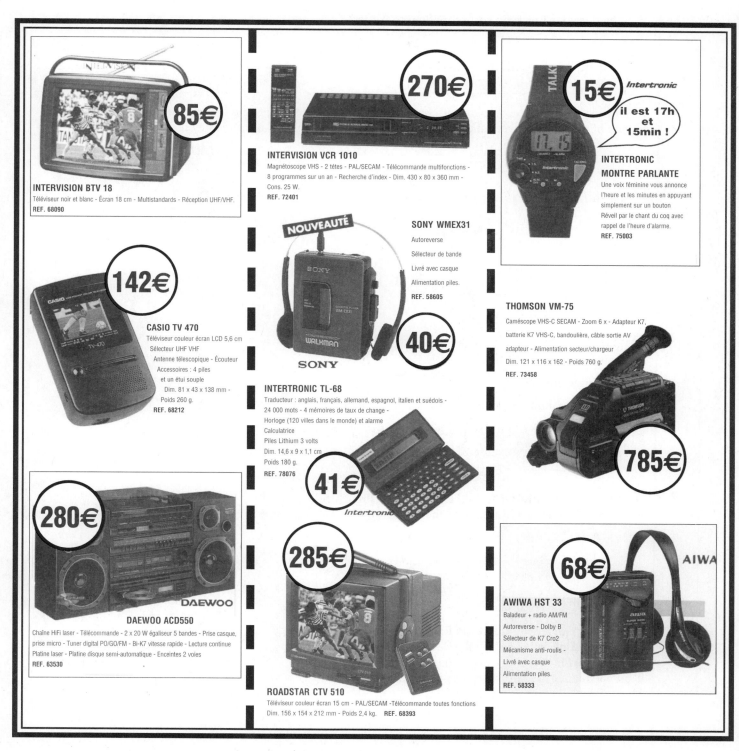

85€

INTERVISION BTV 18
Téléviseur noir et blanc - Écran 18 cm - Multistandards - Réception UHF/VHF.
REF. 68090

142€

CASIO TV 470
Téléviseur couleur écran LCD 5,6 cm
Sélecteur UHF VHF
Antenne télescopique - Écouteur
Accessoires : 4 piles
et un étui souple
Dim. 81 x 43 x 138 mm -
Poids 260 g.
REF. 68212

280€

DAEWOO ACD550
Chaîne HiFi laser - Télécommande - 2 x 20 W égaliseur 5 bandes - Prise casque,
prise micro - Tuner digital PO/GO/FM - Bi-K7 vitesse rapide - Lecture continue
Platine laser - Platine disque semi-automatique - Enceintes 2 voies
REF. 63530

270€

INTERVISION VCR 1010
Magnétoscope VHS - 2 têtes - PAL/SECAM - Télécommande multifonctions -
8 programmes sur un an - Recherche d'index - Dim. 430 x 80 x 360 mm -
Cons. 25 W.
REF. 72401

NOUVEAUTÉ

SONY WMEX31
Autoreverse
Sélecteur de bande
Livré avec casque
Alimentation piles.
REF. 58605

40€

INTERTRONIC TL-68
Traducteur : anglais, français, allemand, espagnol, italien et suédois -
24 000 mots - 4 mémoires de taux de change -
Horloge (120 villes dans le monde) et alarme
Calculatrice
Piles Lithium 3 volts
Dim. 14,6 x 9 x 1,1 cm
Poids 180 g.
REF. 78076

41€

285€

ROADSTAR CTV 510
Téléviseur couleur écran 15 cm - PAL/SECAM -Télécommande toutes fonctions
Dim. 156 x 154 x 212 mm - Poids 2,4 kg.   REF. 68393

15€

**INTERTRONIC
MONTRE PARLANTE**
Une voix féminine vous annonce
l'heure et les minutes en appuyant
simplement sur un bouton
Réveil par le chant du coq avec
rappel de l'heure d'alarme.
REF. 75003

il est 17h
et
15min !

THOMSON VM-75
Caméscope VHS-C SECAM - Zoom 6 x - Adapteur K7,
batterie K7 VHS-C, bandoulière, câble sortie AV
adapteur - Alimentation secteur/chargeur
Dim. 121 x 116 x 162 - Poids 760 g.
REF. 73458

785€

68€

AWIWA HST 33
Baladeur + radio AM/FM
Autoreverse - Dolby B
Sélecteur de K7 Cro2
Mécanisme anti-roulis -
Livré avec casque
Alimentation piles.
REF. 58333

1. What is the most expensive item? The least expensive?

   _____

2. What is the difference between the two TV sets?

   _____

3. Why does one walkman cost more than the other?

   _____

4. What are the most unusual items in these ads? What makes them unusual? _____

   _____

5. How do these prices compare with prices for similar items in the United States? (If necessary, check the rate of exchange between the euro and the dollar on the Internet or in the newspaper.)

   _____

   _____

*XX. Les chiffres. Write the figures corresponding to the following numbers in French.

MODÈLE: quatre-vingt-trois   *83*

1. soixante-quatorze _____
2. quatre-vingt-douze _____
3. quatre-vingts _____
4. soixante-dix-huit _____
5. cent treize _____
6. quatre-vingt-seize _____
7. trois mille quatre cent quatre-vingt-sept _____
8. soixante-dix mille deux cent quatre-vingt-dix-huit _____
9. cinq cent quatre-vingt-dix mille sept cent soixante et onze _____
10. trois millions cent soixante-dix-neuf mille six cent quatre-vingt-quatre _____

*XXI. Guerres et révolutions. In the list, find the French equivalent of the following wars and revolutions, and then write out the dates in letters.

MODÈLE: Algerian War (1954–1962)

   la guerre d'Algérie—mil neuf cent cinquante-quatre / mil neuf cent soixante-deux OU
   dix-neuf cent cinquante-quatre / dix-neuf cent soixante-deux

la Première Guerre mondiale / la Révolution française / la guerre d'Algérie / la guerre de Sécession / la guerre de Cent Ans / la Seconde Guerre mondiale / la guerre d'Indépendance / la guerre franco-allemande

1. the Hundred Years War (1337–1453)

   _____

   _____

There are two ways to say and write out the year in French: for example, to write out 1901, you can use **mil** (notice the spelling)—**mil neuf cent un** or you can use **cent**—**dix-neuf cent un.** Notice also that **quatre-vingts** and **cents** when followed by another number do not have an **s** (**quatre-vingt-deux, deux cent dix**).

2. the American Revolution (1775–1783)

_____

_____

3. the French Revolution (1789–1799)

_____

_____

4. the American Civil War (1860–1865)

_____

_____

5. the Franco–Prussian War (1870–1871)

_____

_____

6. World War I (1914–1918)

_____

_____

7. World War II (1939–1945)

_____

_____

◼ Structure grammaticale: *The verb* avoir

COMMENT Y ALLER?

MP Audio CD1, Track 19

JEANNE: Michel **a** une Clio. Et toi, tu **as** une voiture *(car)*?
ALAIN: Non, je n'**ai** pas de voiture.
JEANNE: Ça ne fait rien. Daniel et Brigitte **ont** des motos *(motorcycles)*.

EXPLICATION

First, read the following **Explication** section, then listen to the audio track that accompanies it.  MP Audio CD1, TRACK 20

The present tense of the verb **avoir** *(to have)* is as follows:

Le verbe **avoir** *(to have)*	
j'**ai**	nous **avons**
tu **as**	vous **avez**
il/elle/on **a**	ils/elles **ont**

In a negative sentence, the indefinite articles **un, une,** and **des** change to **de (d'** before a vowel or a vowel sound). This frequently occurs with the verb **avoir.**

J'ai une moto.   Je **n'ai pas de** moto.
Bruno a un ordinateur.   Bruno **n'a pas d'**ordinateur.
Nous avons des cassettes. Nous **n'avons pas de** cassettes.

Application

✗✗ⅠⅠ. Notre matériel. Yvette is talking about the electronic items she and her friends own. Complete each sentence with the appropriate form of **avoir.**

1. Jean-Pierre _____ une chaîne hi-fi.

2. Annick et moi, nous _____ un ordinateur.

3. Est-ce que tu _____ un ordinateur aussi?

4. Marie-Claire et Anne _____ un portable.

5. Moi, je n' _____ pas de caméscope.

6. Est-ce qu'on _____ un caméscope à l'université?

✗✗ⅠⅠⅠ. Non, mais il a... Each time you ask about someone's possession, you learn that he/she does not have the item you mention but rather something else instead. Remember to use **ne... pas de (d')** instead of **un, une,** or **des** in the negative part of the sentence.

MODÈLE: Philippe / voiture / moto

Philippe n'a pas de voiture, mais il a une moto.

1. Nathalie / ordinateur / calculatrice

_____

2. tu / appareil photo / radiocassette laser

_____

3. Monique et Didier / chaîne hi-fi / baladeur

_____

4. vous / cassettes / CD

_____

5. nous / magnétoscope / lecteur DVD

_____

6. je / caméscope / appareil photo

_____

Note grammaticale

Many common expressions use the verb **avoir.** Among the most frequently used are:

avoir besoin de (d')	*to need*
avoir faim	*to be hungry*
avoir soif	*to be thirsty*

J'ai besoin d'un stylo.   ***I need** a pen.*
Je n'ai pas faim, mais **j'ai très soif.**   ***I'm not hungry,** but **I'm very thirsty.***

*XXIV. **Qu'est-ce qu'il y a?***(What's the matter?)* When used with the question form **qu'est-ce que,** the expression **il y a** has the idiomatic meaning of *What's the matter?* or *What's wrong?* Based on the drawings, answer the question **Qu'est-ce qu'il y a?** using **je** or **nous** and the expression **avoir besoin de.**

MODÈLE:

Qu'est-ce qu'il y a, Philippe?

J'ai besoin d'un stylo.

1. Qu'est-ce qu'il y a, Dominique?

_____

2. Qu'est-ce qu'il y a, Marc et Hélène?

_____

3. Qu'est-ce qu'il y a, Bernard?

_____

4. Qu'est-ce qu'il y a, Frank et Pascale?

_____

When used with the question form **qu'est-ce que,** the verb **avoir** has the idiomatic meaning of *What's the matter with?* or *What's wrong with (him, her, them, you)?* Based on the drawing, answer the question **Qu'est-ce que tu as (vous avez),** using the expressions **avoir faim** or **avoir soif** and explaining what you would like to eat or drink.

MODÈLE:

Qu'est-ce que tu as, Marie-Laure?

J'ai (très) soif. Je voudrais aller au Café de France boire un coca ou un Orangina.

5. Qu'est-ce que tu as, André?

_____

6. Mais qu'est-ce que vous avez, vous deux?

_____

7. Mais qu'est-ce que tu as, Régine?

_____

8. Qu'est-ce que vous avez, vous?

_____

Contrôle 7: *The irregular verb* avoir; *the expressions* avoir besoin de, avoir faim, *and* avoir soif

Complete the following sentences with the appropriate form of the verb **avoir.**

1. —Dis donc, Annie. Tu _____ une moto?

   — Non, mais j' _____ un vélo *(bike).*

2. —Pardon, Madame. Vous _____ des tennis blancs?

   — Non, Madame. Nous _____ tennis rouges.

3. —Est-ce qu'Évelyne et Véronique _____ un lecteur CD?

   — Non, mais Véronique _____ un baladeur CD.

4. Est-ce qu'on _____ besoin d'un billet *(ticket)* pour aller au concert?

Complete the following sentences with the correct form of the appropriate **avoir** expression.

5. —Alors, tu voudrais manger quelque chose?

   —Non, je _____. Mais _____. Est-ce que tu as un coca

   ou un Orangina?

   —Mais qu'est-ce qu'elle a, Nathalie? Pourquoi est-ce qu'elle veut aller à La Redoute?

   — C'est qu'elle _____ un blouson blanc à porter avec son nouveau *(new)* jean.

You will find answers to this test on page 371. A perfect score is 14 (1 point for each, except 2 points for 2b/5a, b/6). If your score is below 11, you should review the verb **avoir** and its related expressions before going to class.

As a *review* of the vocabulary and grammar that you've studied in this chapter, do Exercises XXV, XXVI, XXVII, XXVIII, and XXIX.

Intégration

ÉCRIVEZ!

XXV. Je vais aller au centre commercial. Write 10 sentences about your proposed trip to the shopping mall. In each sentence, use one or more items from each of the five groups below.

> MODÈLE: *Je voudrais aller à la Fnac pour acheter un walkman.*

Je voudrais	bijouterie	un appareil photo
Je vais	café	un ballon de foot
J'ai envie de (d')	Fnac	un bracelet
(I feel like)	magasin de matériel	un CD de...
J'ai l'intention de (d')	électronique	une chemise
(I intend to)	magasin de sports	un chemisier
	magasin de	un collier de diamants
	vêtements	*(diamond necklace)*
aller au	parfumerie	un flacon de parfum
aller à la	La Pizza	*(bottle of perfume)*
aller à l'	Quick	une jupe
boire	La Croissanterie	un ordinateur
manger		un pantalon
		une raquette de tennis
	pour acheter	un téléviseur
	pour boire	*+ all the other nouns*
	pour manger	*you've learned for*
		things to buy, eat,
		and drink

1. _____

2. _____

3. _____

4. _____

5. _____

6. _____

7. _____

8. _____

9. _____

10. _____

XXVI. Une invitation. You're spending the semester in Toulouse in southwestern France. Using the invitation below as a model, write a note to a friend inviting him/her to go to a concert of classical music at the **église Saint-Exupère.** Since your friend is from Belgium and doesn't know Toulouse very well, you give him/her directions on how to get to the church once he/she gets off the **métro.** Consult the map below. Use a separate sheet of paper.

MODÈLE:

Chère Isabelle,

    Tu aimes le blues? Nous allons au Ragtime demain soir *(tomorrow night)*. Tu veux écouter les Siou Brothers avec nous? Le Ragtime est sur la place Arnaud Bernard. Quand tu sors du métro *(when you leave the subway)*, tu vas tout droit dans le boulevard Lascrosses, tu traverses l'avenue Honoré et tu tournes à gauche dans la rue d'Arcole. Le Ragtime est à côté d'une boulangerie-pâtisserie. Moi, je vais porter un pantalon et un pull.

                                        Chris

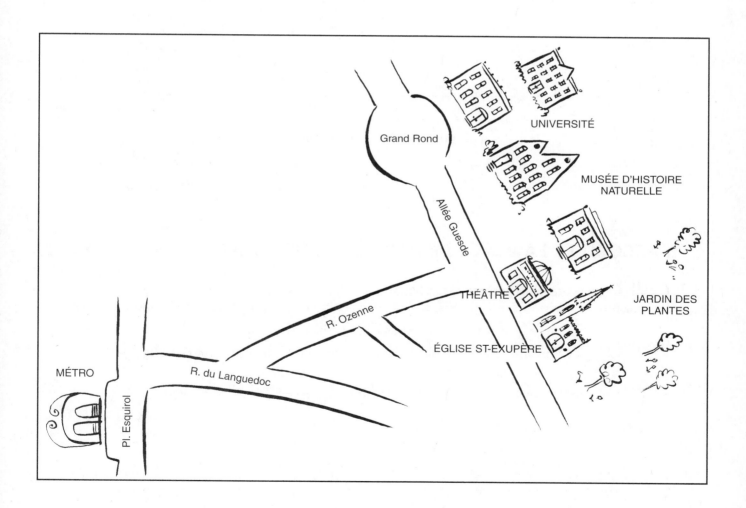

◘ Mise au point

The following exercises will help you review the grammatical structures you've studied in this chapter. The page numbers in parentheses refer to the explanations of these structures in this **Manuel de préparation.**

L'ARTICLE DÉFINI ET LES PRÉPOSITIONS À ET *DE* (MP, pages 60–61)

*XXVII. Où vont-ils? On the basis of the cues given below, indicate where you and your friends go, how frequently, and where these places are located.

> MODÈLE: Mireille / souvent / cinéma Rex / près de / hôtel de ville
>
> *Mireille va souvent au cinéma Rex. Il est près de l'hôtel de ville.*

1. de temps en temps / Henri / la bibliothèque municipale / en face de / le musée

2. Jacqueline et moi, nous / souvent / le magasin de musique / à côté de / la papeterie Plein Ciel

3. Pierrette et Blanche / rarement / La Pizza / loin de / le lycée

4. quelquefois / je / le magasin de sport / près de / maison de mon ami Jacques

L'ACCORD ET LA PLACE DES ADJECTIFS DE COULEUR (MP, pages 74–75)

*XXVIII. Qu'est-ce qu'ils portent généralement? Using the cues provided, indicate what each of the following people usually wears when doing certain activities. In each case, add appropriate colors of your choice.

> MODÈLE: aller au cinéma / Marc / un jean / un tee-shirt / des baskets
>
> *Pour aller au cinéma, Marc porte généralement un jean noir, un tee-shirt bleu et des baskets rouges.*

1. aller au théâtre / Élodie / une robe / des chaussures

2. aller à l'université / nous / un jean / un tee-shirt / des baskets

3. aller au travail / Jean et Pierre / un pantalon / une chemise / des chaussures

_____

_____

4. jouer au tennis / tu / un short / un tee-shirt / des tennis

_____

_____

5. aller à un mariage *(wedding)* / vous (les hommes) / un costume / une chemise / une cravate

_____

_____

6. aller à un concert de rock / je / ???

_____

_____

LES VERBES *ÊTRE* (MP, page 70) ET *AVOIR* (MP, page 82)

*XXIX. Des légendes. *(Captions.)* Write captions for the following drawings. First, using the appropriate form of the verb **être** and one of the expressions provided, indicate where the people are. Then, using the verb **avoir** or one of the expressions with **avoir (avoir besoin de, avoir faim, avoir soif),** describe the situation.

MODÈLE:

Monique...

Monique est au travail. Elle a besoin d'une calculatrice.

LIEUX *(Places):* **à la Fnac / à la maison** *(at home)* **/ à table / au club de tennis / au travail / dans le désert / dans la rue**

1. Henri _____

_____

2. Mireille et Chantal _____

_____

(un chien = *dog,* **un chat** = *cat)*

3. «Christine, tu _____

_____»

4. Nous _____

_____

(**une moto** = *motorcycle*)

5. «Vous _____

_____»

6. Je _____

_____

This checklist is designed to help you review material for the chapter test. The vocabulary and communicative expressions from the chapter are also available on the online **Manuel de préparation** for listening and repetition.

Expressions

_____ To indicate where something is located (MC, p. 71)

_____ To talk about where someone lives (MC, p. 75)

_____ To indicate frequency (MC, p. 75)

_____ To ask for and give directions (MC, p. 77)

_____ To comment on a price (MC, p. 86)

_____ To buy an item of clothing (MC, p. 88)

_____ To talk about paintings (MC, p. 92)

_____ To talk about one's possessions (MC, p. 96)

Vocabulaire

_____ Public places (MC, p. 67)

_____ Commercial buildings (MC, p. 73)

_____ Clothing (MC, p. 84)

_____ Numbers from 21 to 1,000,000 (MC, pp. 84, 95)

_____ Colors (MC, p. 87)

_____ Electronic equipment (MC, p. 94)

Grammaire

_____ The prepositions **à** and **de** with definite articles (MC, pp. 69, 72, 74; MP, pp. 60–61)

_____ The pronoun **y** (MC, p. 75)

_____ The verb **être** (MC, p. 81; MP, p. 69)

_____ Agreement and position of adjectives of color (MC, pp. 87, 90; MP, pp. 74, 75)

_____ The verb **avoir** (MC, p. 98; MP, p. 82)

Culture

_____ Cities in France (MC, p. 80)

_____ Shopping in the Francophone world (MC, p. 99)

◻ **Lexique**

Pour indiquer où se trouve un bâtiment *(To indicate where a building is located)*
Où est... ? *Where is . . . ?*
Il est / Elle est... *It's . . .*
dans la rue... *on . . . Street*
dans l'avenue... *on . . . Avenue*
dans (sur) le boulevard... *on . . . Boulevard*
sur la place... *on . . . Square*

Pour situer quelque chose *(To indicate where something is located)*

au bout de *at the end of*
au coin de *at the corner of*
à droite (de) *to the right (of)*
à gauche (de) *to the left (of)*
de l'autre côté de *on the other side of*
en face de *across from*
à côté de *next to*
(tout) près de *(very) near*
loin de *far from*
entre *between*
devant *in front of*
derrière *behind*

Pour décrire un endroit *(To describe a place)*
C'est une (assez) grande ville. *It's a (fairly) big city.*
C'est une (assez) petite ville. *It's a (fairly) small city.*
C'est un (petit) village. *It's a (little) town.*
Est-ce qu'il y a un (une)... ? *Is there a . . . ?*
Est-ce qu'il y a des... ? *Are there (some) . . . ?*
Qu'est-ce qu'il y a à... ? *What is there in . . . ?*

Pour indiquer la fréquence *(To indicate frequency)*
une fois par semaine *once a week*
deux ou trois fois par mois *two or three times a month*
quatre ou cinq fois par an *four or five times a year*
souvent *often*
de temps en temps *from time to time*
quelquefois *sometimes*
rarement *rarely*
ne... jamais *never*

Pour demander des renseignements *(To ask for directions)*
Pardon, Madame (Monsieur, Mademoiselle). La rue (l'avenue, le boulevard, la place)..., s'il vous plaît?
S'il vous plaît, Madame (Monsieur, Mademoiselle). La rue (l'avenue, le boulevard, la place)... *Pardon me, Ma'am (Sir, Miss). Can you please tell me where . . . Street (Avenue, Boulevard, Square) is, please?*

Pour dire comment aller quelque part *(To say how to go somewhere)*
Vous sortez (Tu sors) de la gare (du musée, de l'hôtel) *You come out of the train station (museum, hotel) . . .*
Vous prenez (Tu prends) le boulevard (la rue, l'avenue)... *You take . . . Boulevard (Street, Avenue).*
Vous allez (Tu vas) tout droit. *You go straight ahead.*
Vous tournez (Tu tournes) à gauche (à droite) dans la rue (dans l'avenue, sur le boulevard)... *You turn left (right) on . . . Street (Avenue, Boulevard).*
Vous continuez (Tu continues) jusqu'à la rue... (jusqu'à la place..., jusqu'à l'avenue..., jusqu'au boulevard..., jusqu'au feu). *You continue (up) to . . . Street (up to . . . Place, up to . . . Avenue, up to . . . Boulevard, up to the traffic light).*
Vous traversez (Tu traverses) le boulevard (la rue, l'avenue, la place)... *You cross . . . Boulevard (Street, Avenue, Place).*

Pour parler d'argent *(To talk about money)*
un euro *euro*
un billet *bill*
un euro cent *one euro cent*
une pièce *coin*

Pour commenter les prix *(To comment on prices)*
C'est (très, assez, un peu) cher. *It's (very, fairly, a little) expensive.*
C'est un (très) bon prix. *It's a (very) good price.*
C'est un prix intéressant. *It's an attractive price.*
Il/Elle est (Ils/Elles sont) en solde. *It's (They're) on sale.*

Pour acheter un vêtement	(To buy an item of clothing)	Pour parler de ses possessions	(To talk about one's possessions)
De quelle couleur?	*What color?*	**j'ai un (une, des)...**	*I have a (a/an, some) . . .*
Je cherche...	*I'm looking for*	**je n'ai pas de (d')...**	*I don't have a (an, any) . . .*
Je le (la) prends.	*I'll take it.*	**j'aimerais avoir un (une, des)...**	*I would like to have a (a/an, some) . . .*
Quelle taille?	*What size?*	**j'ai besoin d'un (d'une, de)...**	*I need a (a/an, some) . . .*
		je n'ai pas besoin de (d')...	*I don't need a (an, any) . . .*

Pour parler de tableaux	(To talk about paintings)
le peintre	*painter*
le tableau	*painting*
utiliser	*to use*
les couleurs claires	*light colors*
les couleurs foncées	*dark colors*
les couleurs vives	*bright colors*

Thèmes et contextes

Les endroits publics *(m.pl.)*	(Public places)
un aéroport	*airport*
une bibliothèque	*library*
une boutique	*shop*
un bureau de poste	*post office*
un café	*cafe*
une cathédrale	*cathedral*
un cimetière	*cemetery*
un cinéma	*movie theatre*
un collège	*junior high school*
un commissariat de police	*police station*
une école primaire	*elementary school*
une église	*church*
une gare	*train station*
une gare routière	*bus station*
un hôtel	*hotel*
un hôtel de ville / une mairie	*city hall*
un lycée	*high school*
un magasin	*store*
une mosquée	*mosque*
un musée	*museum*
un palais de justice	*courthouse*
un parc / un jardin public	*park*
un parking	*parking lot*
une piscine	*swimming pool*
un restaurant	*restaurant*
un stade	*stadium*
une synagogue	*synagogue*
un temple	*(Protestant) church*
un théâtre	*theater*
une université	*university*

Les bâtiments commerciaux *(m.pl.)*	(Commercial buildings)
une banque	*bank*
une bijouterie	*jewelry store*
une boucherie	*butcher shop*
une boulangerie-pâtisserie	*bakery*
un (bureau de) tabac	*store that sells tobacco, stamps, etc.*
un centre commercial	*mall*
une charcuterie	*delicatessen*

une épicerie	*small grocery store*
une librairie	*bookstore*
un magasin de matériel électronique	*electronics store*
un magasin de musique	*music store*
un magasin de sports	*sporting goods store*
un magasin de vêtements	*clothing store*
une papeterie	*stationery store*
une pharmacie	*drugstore, pharmacy*
un salon de coiffure	*hair dresser, barber shop*

Les couleurs *(f.pl.)*	(Colors)
beige	*beige*
blanc (blanche)	*white*
bleu(e)	*blue*
brun(e)	*brown*
gris(e)	*gray*
jaune	*yellow*
marron	*brown*
mauve	*mauve (reddish purple)*
noir(e)	*black*
orange	*orange*
rose	*pink*
rouge	*red*
vert(e)	*green*
violet(te)	*purple*

Le matériel électronique	(Electronic equipment)
un caméscope	*camcorder*
une chaîne hi-fi	*stereo system*
un clavier	*keyboard*
des haut-parleurs *(m.pl.)*	*speakers*
un lecteur DVD	*DVD player*
un magnétoscope	*VCR*
un magasin de matériel électronique	*electronics store*
un moniteur	*monitor*
un portable	*cell phone*
un ordinateur	*computer*
une radiocassette laser	*boombox with CD player*
une souris	*mouse*
une télécommande	*remote control*
un téléviseur	*TV set*

Les vêtements *(m.pl.)* (Clothing)

un anorak	*winter jacket*	**un pantalon**	*pants*
un blouson	*jacket*	**un pull**	*sweater*
des baskets *(f.pl.)*	*sneakers*	**une robe**	*dress*
des bottes *(f.pl.)*	*boots*	**des sandales** *(f.pl.)*	*sandals*
des chaussettes *(f.pl.)*	*socks*	**un short**	*shorts*
des chaussures *(f.pl.)*	*shoes*	**des souliers** *(m.pl.)*	*shoes*
une chemise	*shirt*	**un sweat**	*sweatshirt*
un chemisier	*blouse*	**un tailleur**	*(woman's) suit*
un costume	*(man's) suit*	**un tee-shirt**	*t-shirt*
une cravate	*tie*	**des tennis** *(m.pl.)*	*sneakers*
un débardeur	*tank top*	**une veste**	*light jacket*
un jean	*jeans*	**les vêtements** *(m.pl.)* **pour**	*men's/women's clothing*
un jogging	*warmup suit*	**femmes (hommes)**	
une jupe	*skirt*		

Pour compter de 21 à 1 000 000
See MC, pp. 84 and 95.

Vocabulaire général

Noms
un drapeau	*flag*

Verbes
avoir	*to have*
être	*to be*
je mets	*I put on, wear*
tu mets	*you put on, wear*

Autres expressions
à	*to, at, in*
ce, cet, cette, ces	*this, that, these, those*
clair	*light (with colors)*
d'accord	*OK*
de	*of, from*
foncé	*dark (with colors)*
il n'y a pas de (d')	*there isn't/aren't*
il y a	*there is / are*
J'arrive!	*I'll be right there!*
y	*there*

C'est quoi, ça? **Qu'est-ce que c'est?**	*What's that?*
Où es-tu/êtes-vous?	*Where are you?*
Où est...?	*Where is . . .?*

Branchez-vous!

MP, p. 95 La ville de Nîmes (Lecture)

MP, p. 98 Rendez-vous au... (Activité écrite)

MP, p. 99 Où sommes-nous? (Exercice d'écoute)

MP, p. 99 Les jeunes et la mode (Jeu)

Lecture: *La ville de Nîmes*

Située à 704 kilomètres au sud de Paris, Nîmes est une ville touristique importante avec de beaux monuments romains et le magnifique jardin de la Fontaine.

Les Arènes de Nîmes

Les Arènes

- amphithéâtre romain datant du 1er siècle avant Jésus-Christ
- ruine très bien conservée
- de la place pour 21 000 spectateurs

La Maison Carrée

- temple romain datant du 1er siècle avant Jésus-Christ
- influence de l'art grec sur l'art romain
- bizarrement appelée la Maison Carrée, elle est vraiment rectangulaire

Le jardin de la Fontaine

- construit au 18e siècle
- ruines appelées le temple de Diane
- piscine et escalier à double rampe

Pour visiter la ville de Nîmes: un itinéraire

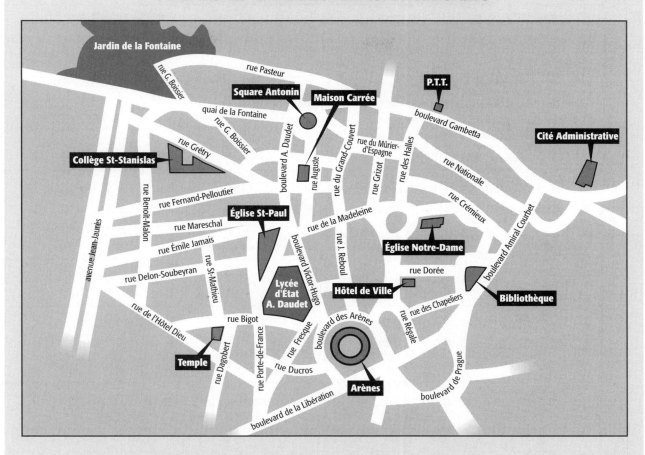

Prendre comme point de départ de la visite le boulevard des Arènes.

Visiter les Arènes (l'amphithéâtre de Nîmes).

Suivre en voiture le boulevard Amiral Courbet jusqu'au boulevard Gambetta. Tourner à gauche et suivre le boulevard Gambetta jusqu'au square Antonin; prendre le boulevard A. Daudet. Laisser la voiture près de la Maison Carrée.

Visiter la Maison Carrée.

Reprendre la voiture. Suivre la rue Auguste et tourner à gauche après le square Antonin, puis suivre le quai de la Fontaine jusqu'au jardin de la Fontaine.

Visiter le parc.

Reprendre la voiture et revenir aux Arènes par le boulevard Victor-Hugo.

➤ Qu'est-ce que vous avez compris?

What are the main tourist attractions in Nîmes? How far back in time do these sites date from? Can you trace on the map the route suggested by the guidebook?

Avez-vous remarqué? Did you notice that guidebooks written in French often use the infinitive **(prendre, visiter, suivre,** etc.) rather than the present tense when laying out an itinerary?

Dico

avant: *before*
carrée: *square*
laisser: *to leave*
rampe: *staircase*
suivre: *to follow*

◧ **Activité écrite:** *Rendez-vous au...*

While spending a month in the city of Troyes, you meet two French-speaking students from Germany. Since they've just arrived in the city, you leave them notes telling what your plans are, where and when to meet, and how to get there. Use the map on page 63.

Grammar: Avoir expressions; Locative pronoun **y**; Numbers; Prepositions of location
Vocabulary: Direction and distance; Time expressions; Time of day
Phrase: Expressing distance; Giving directions

The information listed above may be of help as you do the writing assignment. If you have access to the *système-D Writing Assistant for French*, you will find these categories on your computerized program.

1. Your friends, Antonio and Gabriela, are staying with friends in the **rue Saussier.** Write them a note, asking them to meet you in front of the **cinéma Zola.**

Nous allons au cinéma ce soir. Rendez-vous à 8h devant le cinéma Zola, dans la rue Zola. Vous allez jusqu'à la rue Salengro et...

2. It's another day. This time you're going to a soccer match. You'll meet them at the stadium before 7:30. Give them directions on how to get from the **rue Saussier** to the stadium.

Il y a un match de foot ce soir au stade municipal. Rendez-vous au stade avant 7h30.

3. Now imagine that Antonio (or Gabriela) has come to visit you at your university. He (or she) is staying on campus. Write a note making plans to meet you somewhere in town. Give directions on how to get there from campus.

■ Exercice d'écoute: *Où sommes-nous?*

Listen to the four conversations that take place somewhere in a city. Identify where the speakers are and what they're doing. Be as specific as possible.

■ Jeu: *Les jeunes et la mode*

Clothing plays an important role in the lives of young people in France just as it does in the United States. Can you match up the various "looks" with their descriptions? Read the descriptions below, then write the name of the look under the appropriate photo on page 100.

Les jeunes en France appartiennent à différentes catégories, à différentes «tribus». La tribu est déterminée par les vêtements que les jeunes portent. Voici un petit guide du look des jeunes en France.

Le B.C.B.G.
- le look préféré des parents
- vêtements élégants, chic et chers
- marques des grands couturiers (Yves Saint-Laurent, Chanel, Pierre Cardin, etc.)

Le Punk
- pour choquer la société
- garçons: tee-shirts déchirés, pantalons serrés, grosses chaussures
- filles: jupes courtes, bas déchirés
- couleur préférée: le noir

Le Funky
- un look assez sport
- tennis, blousons de toile, polos
- apparence propre et nette

Le Baba Cool
- le hippie des années 90
- vêtements amples, tissus indiens, pulls en laine
- médaillons

Le Hard-Rocker
- a souvent une grosse moto
- blouson en cuir
- grosses bottes

Le Rappeur
- vêtements de sport: tee-shirt ou sweat-shirt
- baskets
- casquette de base-ball

Dico

amples: *large*
appartiennent: *belong*
bas: *stockings*
couturiers: *fashion designers*
déchirés: *torn*
nette: *clean cut*
propre: *clean*
serré: *tight*
tribu: *tribe*

CHAPITRE 3

On sort ce soir?

À faire! (3-1) — *Manuel de classe, pages 119–124*

As a *follow-up* to the presentation of vocabulary in class, study pages 120 and 122 in the **Manuel de classe** and do Exercises I, II, III, IV, and V below.

As *preparation* for work in class, do the following:
- read the explanation of verbs ending in **-re** and the note about **prendre;**
- listen to MP Audio CD2, TRACKS 2–3;
- write Exercises VI and VII;
- take **Contrôle 8.**

Contexte: *Les moyens de transport à Paris*

*I. Mots croisés: Les moyens de transport. Use the cues to help you choose the appropriate word from the list to fill in the grid. Note that in French crossword puzzles, you don't put in accents.

autobus / avion / métro / pied / train / vélo / voiture

1. Moi, je voudrais avoir un ... à 21 vitesses *(speeds)*.

2. Tu n'as pas de voiture, tu n'as pas de vélo, tu dois y aller à ... .

3. L'... est un moyen de transport public.

4. On peut prendre le ... pour aller de New York à Philadelphie.

5. Le ... de Paris est meilleur que *(better than)* le ... de New York.

6. On utilise la ... à l'intérieur et à l'extérieur de la ville.

7. L'... est plus rapide que le train.

REMEMBER! An asterisk (*) preceding an exercise number indicates that the exercise is self-correcting. You will find the answers to **Chapitre 3** at the back of this **Manuel de préparation,** beginning on page 371.

101

*11. À comparer. Complete each sentence using the appropriate expression.

1. L'avion est _____ que le train. (plus rapide / moins rapide)

2. La voiture est _____ que le train. (plus rapide / moins rapide)

3. L'autobus est _____ que l'avion. (plus cher / moins cher)

4. Le train est _____ que la voiture. (plus cher / moins cher)

5. Le métro est _____ que l'autobus. (plus agréable / moins agréable)
   (agréable = *nice, enjoyable*).

6. Le vélo est _____ que la voiture. (plus agréable / moins agréable)

*111. Quel moyen de transport? Which means of transportation best fits the description? The same answer may be used more than once.

1. Le moyen de transport le plus rapide *(the fastest)*, c'est _____.

2. Le moyen de transport le plus économique, c'est _____.

3. Le moyen de transport le plus cher, c'est _____.

4. Le moyen de transport le plus dangereux, c'est _____.

5. Le moyen de transport le moins *(least)* populaire aux États-Unis *(in the United States)*, c'est

   _____.

6. Le meilleur *(best)* moyen de transport pour l'habitant d'une grande ville (comme Paris ou New York), c'est

   _____.

7. Le meilleur moyen de transport pour le voyageur transatlantique, c'est _____.

Un petit truc

In French, just as in English, there's often more than one way to say something. For example, when talking about transportation, you can either use the verb **prendre** followed by a noun with an article (**le train, la voiture, un vélo**) or you can use the verb **aller** followed by a noun with a preposition (**en train, en voiture, à vélo**).

prendre	**aller**
l'autobus	**en autobus**
l'autocar	**en autocar**
l'avion	**en avion**
le métro	**en métro**
une motocyclette	**à motocyclette**
un taxi	**en taxi**
le train	**par le train**
un vélo	**à vélo**
un vélomoteur	**à vélomoteur**
une voiture	**en voiture**

Note, however, that the verb **prendre** can't be used with the expression **à pied**.

*IV. Des transpositions. In the following sentences, change the verb from **aller** to **prendre (il/elle prend, ils/elles prennent),** making any necessary changes.

MODÈLE: Il va à Bordeaux par le train.
Il prend le train pour aller à Bordeaux.

1. Elle va à New York en avion.

_____

2. Ils vont à l'école en métro.

_____

3. Elles vont à St-Germain-en-Laye en voiture.

_____

4. Il va à Lille par le train.

_____

5. On va à l'école en autobus.

_____

Now change the verb from **prendre** to **aller,** making any necessary changes.

MODÈLE: Elle prend le train pour aller à Bordeaux.
Elle va à Bordeaux par le train.

6. Il prend l'avion pour aller à Londres (London).

_____

7. Elles prennent l'autocar pour aller à Rouen.

_____

8. Elle prend le vélo pour aller à l'école?

_____

9. Ils prennent la voiture pour aller en ville.

_____

10. On prend le métro pour aller au Louvre.

_____

*V. Comment y aller? Use expressions from the *Lexique* (p. 134) to complete the following dialogue.

—Excusez-moi, Madame. Je _____ à la place de Verdun.

Je _____?

—Non, Monsieur. C'est trop loin.

—Je _____?

—Non, Monsieur. Il n'y a pas de métro à Grenoble.

—Est-ce qu' _____?

—Oui, Monsieur. Il y a un autobus.

—Il _____?

—Un quart d'heure, _____.

—Merci, Madame.

—Je vous en prie, Monsieur.

Structure grammaticale:
Verbs ending in -re and the verb prendre

L'AUTOBUS OU LE MÉTRO?

 MP Audio CD2, TRACK 2

FILS: **On prend** le métro, maman?
MÈRE: Non, **nous prenons** l'autobus. C'est plus facile.
FILS: Où est-ce qu'**on descend,** maman?
MÈRE: Normalement, moi, **je descends** rue du Bac.

EXPLICATION

First, read the following **Explication** section, then listen to the audio track that accompanies it. MP Audio CD2, TRACK 3

To conjugate a verb ending in **-re,** such as **descendre** (*to go down, to get off*) and **attendre** (*to wait for*), you drop the **-re** and add endings as follows:

		descendre	attendre
je	**-s**	je **descends**	j'**attends**
tu	**-s**	tu **descends**	tu **attends**
il/elle/on	[no ending]	il/elle/on **descend**	il/elle/on **attend**
nous	**-ons**	nous **descendons**	nous **attendons**
vous	**-ez**	vous **descendez**	vous **attendez**
ils/elles	**-ent**	ils/elles **descendent**	ils/elles **attendent**

—Où est-ce que **je descends?**   *Where do **I get off**?*
—**Tu descends** à place d'Italie.   *You get off at place d'Italie.*

—Qu'est-ce que **vous attendez?**   *What are **you waiting for**?*
—**Nous attendons** un taxi.   *We're waiting for a taxi.*

Not every verb ending in **-re** follows this pattern, however. For example, notice that the plural forms (**nous, vous, ils/elles**) of **prendre** *(to take)* in the present tense are different:

prendre *(to take, eat, get)*	
je **prends**	nous **prenons**
tu **prends**	vous **prenez**
il/elle/on **prend**	ils/elles **prennent**

When talking about meals or food or beverages, **prendre** is also the equivalent of the English *to have* or *to eat (drink)*; when referring to tickets, it's the equivalent of the English *to get* or *to buy*.

> **Nous prenons** souvent un verre de vin avec le dîner.
> ***We often have (drink)*** *a glass of wine with dinner.*

> **Ils vont prendre** des billets pour le concert.
> ***They're going to buy*** *tickets for the concert.*

Application

*VI.   Les verbes en -re. First, complete the sentences about people waiting. Use the appopriate form of **attendre.**

1. Qu'est-ce qu'elle _____?

2. Qu'est-ce qu'ils _____?

3. Est-ce que tu _____ l'autobus?

4. Non, j' _____ un taxi.

5. Où est-ce que nous _____?

6. Vous _____ ici.

Now complete the sentences about getting off the subway or bus with the appropriate form of **descendre.**

7. Où est-ce que nous _____?

8. Vous _____ à gare de Lyon.

9. Je _____ à Châtelet.

10. Non, non. Tu _____ à St-Michel.

11. Où est-ce qu'elles _____?

12. Je ne sais pas. Jacques, il _____ avec nous.

Finally, complete the sentences describing what people usually have to drink at the café. Use the appropriate form of **prendre.** Remember that the plural forms of **prendre** don't follow the normal **-re** verb patttern.

13. Robert et moi, nous _____ d'habitude une bière.

14. Moi, je _____ une bière française.

15. Robert, lui, il _____ une bière allemande.

16. Émilie et Isabelle _____ souvent un verre de vin.

17. Et vous, qu'est-ce que vous _____?

18. Comment? Tu ne _____ pas de boisson?

*VII. Pour aller au travail ou à l'école. (*In order to get to work or to school.*) All of the following people take the bus in the morning; however, they get off at different stops. Use the information provided to write sentences about how they get to work or school. Be sure to choose the appropriate forms of **prendre** and **descendre**.

MODÈLE: Annick / à l'école / rue de Varenne
Annick prend l'autobus pour aller à l'école. Elle descend rue de Varenne.

1. Éric / à l'université / rue des Écoles

_____

_____

2. nous / à l'école / rue de l'Église

_____

_____

3. tu / au travail / place de l'Opéra

_____

_____

4. je / en ville / place de la Concorde

_____

_____

5. M. et Mme Duchemin / au travail / la gare du Nord

_____

_____

6. vous / à l'école / rue Bonaparte

_____

_____

◼ Contrôle 8: *Verbs ending in -re (including the verb prendre)*

People spend a lot of time waiting. Complete the following sentences with the appropriate forms of the verb **attendre.**

1. Qu'est-ce que tu _____ ?

2. Est-ce qu'ils _____ depuis longtemps?

3. Où est-ce que nous _____ ?

4. J' _____ le train.

5. Qu'est-ce que vous _____ ?

6. Est-ce qu'elle _____ un taxi?

People use different means of transportation to get around. Complete the following sentences with the appropriate forms of the verb **prendre.**

7. Éric _____ l'autobus.

8. Laurent et moi, nous _____ le métro.

9. Toi, tu _____ souvent ta voiture.

10. D'habitude, M. et Mme Beller _____ un taxi.

11. Moi, je _____ souvent le métro.

12. Et vous, qu'est-ce que vous _____ pour aller en ville?

You will find the answers to this test on page 372. Give yourself 1 point for each correct answer. A perfect score is 12. If your score is below 10, you should review the conjugations of these verbs before going to class.

À faire! (3-2)

Manuel de classe, pages 125–131

As a *follow-up* to the work you did in class on the Paris **métro,** do the following:
• read pages 128–130 in the **Manuel de classe,** then do Exercise VIII below;
• read the passage in Exercise IX and complete the questions.

Contexte: *On prend le métro?*

ÉCRIVEZ!

VIII. Prenez le métro! Using the following information and the **métro** map on page 128 of the **Manuel de classe,** write notes to the following people, telling them how to use the subway to meet you.

Grammar: Present tense
Vocabulary: Means of transportation
Phrases: Advising; Giving directions; Sequencing events

1. Your German friend Greta is staying in the Latin Quarter. She wants to see **l'arc de Triomphe.**
   DÉPART: **station Saint-Michel** (E6)—ARRIVÉE: **station Charles de Gaulle–Étoile** (C4) /
   SORTIE: **avenue de Friedland.**

Greta,
On va visiter l'arc de Triomphe. Tu vas à la station de métro Saint-Michel et tu prends la
direction _____. *Tu changes à* _____, *direction*
_____. *Tu descends à la station* _____. *Rendez-vous*
(We meet) *à 3 heures à la sortie* (exit) *avenue de Friedland.*

---

2. Your Brazilian friend Jorge is staying behind the **gare Montparnasse.** He wants to go see a play at the **Comédie-Française. Départ: station Pasteur** (D6)—**Arrivée: station Palais Royal** (D5) / **Sortie: rue de Rivoli.**

_____ ,

_____

_____

_____

_____

_____

3. Your Egyptian friends Anwar and Farah are staying near the **place d'Italie.** They want to see the basilica of the Sacred Heart (**Sacré-Cœur**) in Montmartre. **Départ: station Place d'Italie** (F7)—**Arrivée: station Barbès–Rochechouart** (E3) / **Sortie: boulevard Rochechouart.**

_____ ,

_____

_____

_____

_____

_____

LISEZ!

*IX. Les liaisons Paris/aéroports

Planes arriving in Paris arrive at one of the two major airports serving the city—Charles-de-Gaulle (Roissy) or Orly. Since neither of these airports is in the center of the city, one of the first situations travelers need to deal with is getting from the airport into the city. On page 109 is some information from your in-flight magazine about getting from the airports to the city by the Air France bus.

A. Which of the following types of information can you get from this brochure?

_____ cost of trip

_____ departure and arrival times

_____ departure and arrival points

_____ distance from airport to city

_____ frequency of trips

_____ routes

_____ time of trip

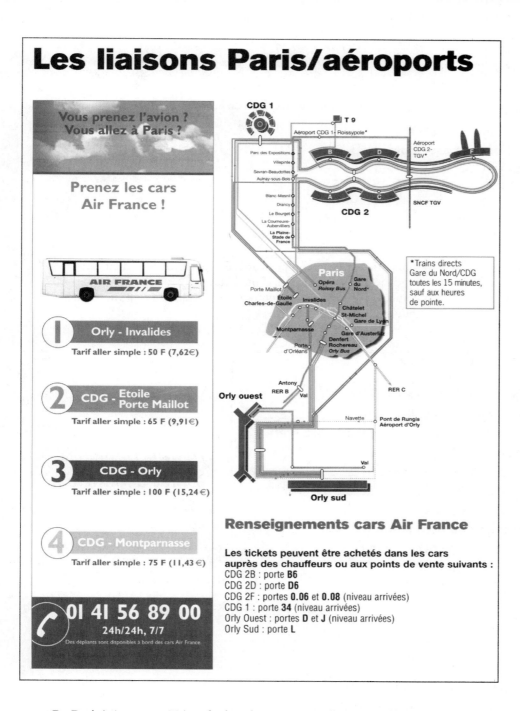

Les liaisons Paris/aéroports

**Vous prenez l'avion ?
Vous allez à Paris ?**

**Prenez les cars
Air France !**

AIR FRANCE

1 Orly - Invalides

Tarif aller simple : 50 F (7,62€)

2 CDG - Etoile
Porte Maillot

Tarif aller simple : 65 F (9,91€)

3 CDG - Orly

Tarif aller simple : 100 F (15,24€)

4 CDG - Montparnasse

Tarif aller simple : 75 F (11,43€)

📞 **01 41 56 89 00**
24h/24h, 7/7

Des dépliants sont disponibles à bord des cars Air France.

CDG 1

T 9

Aéroport CDG 1 - Roissypole *

Parc des Expositions
Villepinte
Sevran-Beaudottes
Aulnay-sous-Bois

Blanc-Mesnil
Drancy
Le Bourget
La Courneuve-Aubervilliers
La Plaine-Stade de France

B   D
A   C

CDG 2

Aéroport CDG 2 - TGV *

SNCF TGV

Paris
Porte Maillot
Étoile
Charles-de-Gaulle
Invalides
Opéra
Roissy Bus
Gare du Nord*
Châtelet
St-Michel
Gare de Lyon
Montparnasse
Gare d'Austerlitz
Porte d'Orléans
Denfert Rochereau
Orly Bus

*Trains directs
Gare du Nord/CDG
toutes les 15 minutes,
sauf aux heures
de pointe.

Antony
RER B   Val

Orly ouest

RER C

Navette   Pont de Rungis
Aéroport d'Orly

Val

Orly sud

Renseignements cars Air France

**Les tickets peuvent être achetés dans les cars
auprès des chauffeurs ou aux points de vente suivants :**
CDG 2B : porte **B6**
CDG 2D : porte **D6**
CDG 2F : portes **0.06** et **0.08** (niveau arrivées)
CDG 1 : porte **34** (niveau arrivées)
Orly Ouest : portes **D** et **J** (niveau arrivées)
Orly Sud : porte **L**

B. Paris/aéroports. Using the brochure, answer the questions about train and bus service.

1. You're arriving from the U.S. at Terminal 1 at Charles-de-Gaulle airport.

   a. Where can you go to get an Air France bus into Paris? _____

   b. If your hotel is on the Right Bank, where should you get off the bus? _____

   c. How much will a bus ticket cost? _____

2. It's rush hour and you don't want to take a bus.

   a. What option do you have? _____

   b. How many possible stops are there before you get into Paris? _____

3. You're ready to go back to Charles-de-Gaulle airport. What would be the advantage of taking the **métro** from a station near your hotel to the **gare du Nord?** _____

As a *follow-up* to talking about shopping in the past, write Exercises X and XI.

As *preparation* for work in class, do the following:
• read the explanation of the **passé composé;**
• listen to MP Audio CD2, TRACKS 4–5;
• write Exercises XII, XIII, XIV, and XV;
• take **Contrôle 9.**

*X. **Des cartes postales.*** Tourists of all nationalities love to send postcards to their friends and families. Complete the following postcards sent by French tourists visiting the United States. The first card can be completed by adding a single work to each blank; the second card often requires the addition of more than one word in the blanks (use the first card as a model).

Chère Marielle,

    Me voici enfin à New York! Tout va très bien.
J' _____ beaucoup la ville. Il y a un _____ comme à Paris, mais moi, je _____ l'autobus. C'est moins (*less*) dangereux.

    Je fais beaucoup de shopping. Hier je suis _____ à Macy's, un très grand magasin. J'y ai _____ des tee-shirts et un _____. J'ai payé $65 (70€).
C'_____ un assez bon prix, non?
           Bises (*Love and kisses*),
            Anne

Marielle Le Mintier
63, rue d'Amsterdam
75385 PARIS
FRANCE

Cher _____,

    _____ enfin à San Francisco! C'est fantastique! _____ le tramway (trolley, cable car); c'est très facile.

    _____ beaucoup de shopping. Hier _____ à Nordstrom's, un grand magasin.
Là, j'ai acheté _____ et _____.
    J'ai payé $_____ (_____ €).
C'est _____, non?
        Amitiés (Friendly greetings),
          Jean-Claude

André DEPOIX
189, boulevard de
   Courbevoie
92510 Neuilly-sur-Seine
FRANCE

ÉCRIVEZ!

XI. Une carte postale. You're in Paris and, like most tourists, you've promised to send a postcard to your French instructor. In the postcard you describe your initial reactions to Paris and then talk about a shopping trip to a store of your choice. Write on a separate sheet of paper, imitating the format of a postcard. Then bring your "postcard" to class.

Grammar: Adjective agreement; Adjective position; Compound past tense
Vocabulary: Food; Leisure; Meals; Store
Phrases: Expressing an opinion; Writing a letter (informal)

◼ Structure grammaticale: *The* passé composé

RENDEZ-VOUS À L'AÉROPORT

 MP Audio CD2, TRACK 4

JEANNE: Comment! Toi et ta femme, **vous n'êtes pas allés** ensemble à l'aéroport? Pourquoi pas?

MICHEL: Eh, bien, moi, **j'ai amené** *(took)* Alain chez un copain. **Ma femme a déposé** *(left)* la petite chez mémé *(at grandma's)*. Ensuite **elle est allée** à la banque; moi, **je suis allé** chercher des papiers au bureau. Et puis **nous sommes arrivés** à l'aéroport juste à temps pour prendre l'avion.

EXPLICATION

First, read the following **Explication** section, then listen to the audio track that accompanies it.  MP Audio CD2, TRACK 5

In French, to talk about actions that occurred in the past, you use the past tense called the **passé composé** (*compound past*). This tense is called "compound" because it's made up of two parts: *a helping or auxiliary verb*, which agrees with the subject, and *a past participle*. For most French verbs, the helping verb is **avoir;** for a limited number of verbs, the helping verb is **être.**

SUBJECT	AUXILIARY VERB	PAST PARTICIPLE	ENGLISH EQUIVALENT
nous	avons	acheté	*we bought*
nous	sommes	allés	*we went*

To form the negative of a verb in the **passé composé,** simply insert **ne** and **pas** around the helping verb. Remember that **ne** becomes **n'** before a vowel.

SUBJECT	+	ne	+	AUXILIARY VERB	+	pas	+	PAST PARTICIPLE	ENGLISH EQUIVALENT
nous				n'avons pas				acheté	*we didn't buy*
nous				ne sommes pas				allés	*we didn't go*

The passé composé with *avoir*

The great majority of verbs in French are conjugated with **avoir** in the past. Here are all the forms of **acheter.**

acheter	
j'**ai acheté**	nous **avons acheté**
tu **as acheté**	vous **avez acheté**
il/elle/on **a acheté**	ils/elles **ont acheté**

One of the keys to using the **passé composé** is learning the past participles. The past participle of an **-er** verb sounds exactly like the infinitive; however, the written form ends in **-é.**

INFINITIVE	PAST PARTICIPLE
regarder	regardé
écouter	écouté
payer	payé

The past participles of verbs other than **-er** verbs follow different patterns.

attendre ⟶ attendu

prendre ⟶ pris

Application

*XII. **Le passé composé avec _avoir_.** First, complete the following sentences with the appropriate form of the **passé composé** of **téléphoner.**

1. À qui est-ce que vous _____?

2. Moi, j' _____ à mon amie Françoise.

3. Ensuite, Chantal et moi, nous _____ à nos cousins de Lille.

4. Maman _____ à mémé (_grandma_).

5. Ensuite, maman et papa _____ à l'oncle Gérard.

6. Et toi, Victor, à qui est-ce que tu _____?

Now complete the sentences with the appropriate form of the **passé composé** of the verbs in parentheses.

7. (payer) Combien est-ce qu'ils _____ la chaîne hi-fi?

8. (ne pas regarder) Elle _____ les actualités (_news_).

9. (travailler) Est-ce que vous _____ pendant le week-end?

10. (écouter) J' _____ une discussion sur la politique en France.

11. (ne pas acheter) Nous _____ la voiture de Philippe.

12. (aimer) Est-ce que tu _____ le concert?

The _passé composé_ with _être_

There are a small number of verbs that use **être** in the past. Here is the complete conjugation of **aller.** Notice that the past participle of verbs conjugated with **être** acts like an adjective—i.e., it agrees in gender (masculine or feminine) and in number (singular or plural) with the subject.

aller	
je **suis allé** (m.)	nous **sommes allés** (m.pl.)
je **suis allée** (f.)	nous **sommes allées** (f.pl.)
tu **es allé** (m.)	vous **êtes allé** (m.sing.)
tu **es allée** (f.)	vous **êtes allée** (f.sing.)
	vous **êtes allés** (m.pl.)
	vous **êtes allées** (f.pl.)
il/on **est allé**	ils **sont allés**
elle **est allée**	elles **sont allées**

Unfortunately, there's no automatic way to know which verbs use **être.** You have to learn them. Here is a partial list; other verbs will be added in later chapters.

INFINITIVE	PAST PARTICIPLE
aller	**allé(e)(s)**
arriver (_to arrive_)	**arrivé(e)(s)**
descendre	**descendu(e)(s)**
entrer (_to enter_)	**entré(e)(s)**
rentrer (_to go or come home_)	**rentré(e)(s)**
rester (_to stay_)	**resté(e)(s)**

Application

＊XIII. Le passé composé avec être. First, complete the following sentences with the appropriate form of the **passé composé** of **aller.** Remember to make the past participle agree with the *subject.*

1. Sylvie _____ au cinéma.

2. —Où est-ce que vous _____, toi et Julien?

   —Julien et moi, nous _____ à un concert.

3. Paul et Marc _____ au match de basket, non?

4. —Et toi, Francine, où est-ce que tu _____?

   —Moi, je _____ au cinéma avec Sylvie.

5. Chantal et Marguerite, est-ce qu'elles _____ au concert?

Now complete the sentences with the appropriate form of the **passé composé** of the verbs in parentheses. Again remember to make the past participle agree with the subject.

6. (arriver) À quelle heure est-ce qu'ils _____?

7. (descendre) Elle _____ à Maubert-Mutualité.

8. (ne pas aller) M. et Mme Pernelet, pourquoi est-ce que vous _____ au concert?

9. (rentrer) Nous _____ après 11h.

10. (rester) Comment, Jacqueline! Tu _____ chez Alain jusqu'à 3h du matin!

11. (ne pas entrer) Je _____ dans la cathédrale.

＊XIV. Samedi dernier. *(Last Saturday.)* Annick Malavoy is describing what happened last Saturday morning at her house. Use the words provided to recreate her description of the family's activities. Remember to use **être** with **aller, descendre, rentrer,** and **rester;** the other verbs are conjugated with **avoir.** The first item has been done for you as a model.

je (Annick)

1. descendre *(to come downstairs)* à 8h *(8 o'clock)*
   Je suis descendue à 8h.
   _____

2. regarder des dessins animés à la télé
   _____

3. téléphoner à ma copine Marie-Hélène
   _____

mon frère *(my brother)* **Julien**

4. rester au lit *(in bed)* jusqu'à 9h
   _____

5. aller à la boulangerie
   _____

6. acheter deux baguettes et aussi des croissants
   _____

mes parents

7. descendre manger avec nous dans la cuisine

_____

8. travailler dans le jardin

_____

ma sœur *(my sister)* **Mireille**

9. prendre une douche *(shower)*

_____

10. ne pas prendre le petit déjeuner avec nous

_____

Mireille et moi, nous

11. aller en ville faire du shopping

_____

12. rentrer à 3h

_____

Note grammaticale

The following time expressions are frequently used with verbs in the **passé composé:**

hier	*yesterday*
hier matin	*yesterday morning*
hier après-midi	*yesterday afternoon*
hier soir	*last night*
la semaine dernière	*last week*
(lundi) dernier	*last (Monday)*
il y a huit jours	*a week ago*
il y a quinze jours	*two weeks ago*

*XV. Une quinzaine très chargée. *(A busy two weeks.)* The Malavoy family has had a very busy two weeks. Using the calendar as a guide, complete the sentences describing their activities. Today is Thursday, the 22nd; consequently, all of the verbs must be in the **passé composé.**

LUNDI	MARDI	MERCREDI	JEUDI	VENDREDI	SAMEDI	DIMANCHE
5	6	7	8 **M. et Mme:** *acheter une nouvelle voiture*	9	10	11
12 **M. et Mme:** ——— **M:** *prendre l'avion pour aller à Berlin* **Mme:** *aller à Genève par le train*	13	14 *Voyager en Allemagne et en Suisse*	15 **Annick:** *aller à un concert de rock*	16 ⟶ **M. et Mme:** *rentrer en France*	17 **Julien:** *aller au cinéma avec ses copains* **autres:** *regarder un film à la télé*	18 **Mme et Mireille:** *travailler dans le jardin* **M. et Julien:** *regarder un match de tennis à la télé* **Annick:** *jouer avec ses copines*
19 **M. et Mme:** *dîner en ville* **enfants:** *manger une pizza*	20	21 **enfants:** *aller à Paris avec M.* **Mme:** *téléphoner à ses parents*	22	23	24	25

MODÈLE: Hier les enfants *(children)...*
Hier, les enfants sont allés à Paris avec M. Malavoy.

1. Hier soir, Mme Malavoy _____.

2. Lundi soir, M. et Mme Malavoy _____.

3. Les enfants _____.

4. Dimanche dernier, Mireille et Mme Malavoy _____.

5. Julien et M. Malavoy _____.

6. Annick _____.

7. Samedi dernier, Julien _____.

8. Les autres *(The others)* _____.

9. La semaine dernière, M. et Mme Malavoy _____.

10. Le matin du 12, M. Malavoy _____.

11. Et Mme Malavoy _____.

12. Le 16, ils _____.

13. Il y a huit jours, Annick _____.

14. Il y a quinze jours, M. et Mme Malavoy _____.

◘ Contrôle 9: *The passé composé*

Arlette Dhioury is describing how she and her husband Marc spent last Tuesday. Complete her description by giving the appropriate form of the **passé composé** of the verb in parentheses. Remember that it's Arlette who is saying **je.**

Mardi matin, j(e) (1. prendre) _____ une douche et Marc (2. rester)

_____ au lit. Il (3. écouter) _____ les actualités à

la radio. Nous (4. ne pas manger) _____ ensemble. Vers 9h, nous (5. aller)

_____ en ville pour travailler. À midi *(noon),* Marc (6. aller)

_____ au Café Mably pour déjeuner. Moi, j(e) (7. travailler)

_____ à mon bureau.

Hier soir, moi, j(e) (8. rentrer) _____ la première et j(e) (9. préparer)

_____ le dîner. Après le dîner, nos amis les Ambler (10. téléphoner)

_____ pour nous inviter à aller au cinéma. Mais Marc (11. décider)

_____ qu'il était trop fatigué *(that he was too tired).* Par conséquent, nous (12. ne pas

aller) _____ au cinéma. Nous (13. regarder) _____ un film

à la télé.

You will find the correct answers on page 373. Give yourself 1 point for each correct auxiliary verb and 1 point for each correct past participle. A perfect score is 26. If your score is less than 21, you should review the conjugation of the **passé composé** before going to class.

À faire! (3-4)

Manuel de classe, pages 138–149

As a *follow-up* to the work done in class with days of the week and with the **passé composé,** do Exercises XVI, XVII, and XVIII.

As a *follow-up* to work done in class with movie vocabulary, do the following:
- ◉ listen to MP Audio CD2, TRACK 6, and do Exercise XIX;
- do Exercise XX.
- ◉ listen to MP Audio CD2, TRACK 7;
- ◉ listen to MP Audio CD2, TRACK 8, and do Exercise XXI.

*XVI. L'emploi du temps d'un étudiant de première année. *(A first-year student's schedule.)* Jacques Blondet is a first-year student of English at Le Mirail, one of the campuses of the University of Toulouse. Answer the questions about his class schedule.

LUNDI			14–15.30	Civilisation américaine Salle 1068
			16–17.00	Version (anglais) Salle 1090
MARDI	9.30–10.30	Thème (anglais) Salle 1090	14–15.30	Littérature américaine Salle 1068
MERCREDI	9.30–11	Langue française (Lettres modernes)	15.30–16.30	Thème (anglais)
JEUDI	10.30–11.30	Version (anglais)	14–15	Histoire de l'art
VENDREDI	9–10	Histoire anglaise		

Un petit truc

Place the word **le** in front of a day of the week in order to indicate that something occurs every week on the same day: **le samedi** = *on Saturdays, every Saturday.*

Add the words **matin** *(morning)*, **après-midi** *(afternoon)* or **soir** *(evening)* to give more precise information: **le samedi soir** = *on Saturday evenings, every Saturday evening.*

MODÈLE: Quand est-ce qu'il a son *(his)* cours d'histoire?
Il a son cours d'histoire le vendredi matin.

1. Quand est-ce qu'il a son cours de littérature américaine?

   _____

2. Quand est-ce qu'il a son cours d'histoire de l'art?

   _____

3. Quand est-ce qu'il a son cours de français?

   _____

4. Quand est-ce qu'il a son cours d'histoire anglaise?

   _____

5. Quand est-ce qu'il a son cours de civilisation américaine?

   _____

6. Quand est-ce qu'il a ses cours d'anglais?

   _____

✳XVII. Qu'est-ce qu'on a fait? With the help of the information provided, write short paragraphs describing what each of the subjects did. All verbs should be in the **passé composé.** Add your own details.

MODÈLE: mercredi dernier / je / aller à la Fnac / acheter / payer
Mercredi dernier, je suis allé(e) à la Fnac. J'ai acheté une calculatrice Sony. Je l'ai payée 85 euros.

1. hier soir / je / aller au cinéma / voir / aimer ou ne pas aimer

_____

_____

_____

2. samedi dernier / nous / aller en ville / prendre l'autobus / visiter / rentrer à pied

_____

_____

_____

3. hier après-midi / Valérie / aller aux Galeries Lafayette / acheter / payer

_____

_____

_____

4. hier soir / Olivier et Alain / rester à la maison *(to stay home)* / ne pas regarder / écouter

_____

_____

_____

ÉCRIVEZ!

✗VIII. Ce que j'ai fait la semaine dernière. Write a paragraph of at least five sentences in French mentioning places you went and things you did *last week.*

> **Système-D**
> **Grammar:** Compound past tense; Verbs with auxiliary
> **Vocabulary:** Leisure; Meals; Means of transport; Time expressions
> **Phrases:** Linking ideas; Sequencing events; Telling time

_____

_____

_____

_____

_____

_____

_____

Contexte: *On va au cinéma*

*XIX. 🔘 MP Audio CD2, Track 6 **Qu'est-ce que vous recommandez comme film?** Listen to some young people talking about the types of films they prefer. Write each person's name under the film you think he/she would like best.

Names: **Éric, Ghislaine, Bertrand, Christine, Pierre**

TESTAMENT DU DOCTEUR MABUSE (LE). — Allemand, noir et blanc (32). Épouvante, de Fritz Lang: Mabuse se substitue au directeur de l'asile où il est interné. Avec Rudolf Klein-Rogge, Otto Wernikke, Gustave Diessl. **Républic Cinémas 11ᵉ** (vo).

_____

▲ **ALIENS, LE RETOUR.** — Amér., coul. (86). Fantastique, de James Cameron: Ripley, seule rescapée de la catastrophe du Nostromo, est invitée à participer à une expédition sur la planète Acheron. Le commando découvre un spectacle d'horreur et le cauchemar recommence. Avec Sigourney Weaver, Paul Reiser, Lance Hendriksen, Carrie Henn, Bill Paxton, William Hope. **Grand Pavois 15ᵉ** (vo).

_____

JACQUES BREL. — Franç., noir et blanc (81). Documentaire, de Frédéric Rossif: Un récital posthume du célèbre chanteur. Avec Jacques Brel. **Grand Pavois 15ᵉ**.

_____

◆ **ASTÉRIX CHEZ LES BRETONS.** — Franç., coul. (86). Dessin animé, de Pino van Lawsweerde: Astérix et ses compagnons, en volant au secours d'un village breton menacé par les Romains, se laissent ravir le précieux tonneau contenant leur potion magique. **Saint-Lambert 15ᵉ**.

8 ET DEMI (Otto e mezzo). — Italien, noir et blanc (62). Comédie dramatique, de Federico Fellini: Un metteur en scène, préparant son prochain film et harcelé par sa femme et sa maîtresse, s'isole dans une station thermale. Il y puisera l'inspiration. Avec Marcello Mastroianni, Claudia Cardinale, Anouk Aimée, Sandra Milo. **Denfert 14ᵉ** (vo).

_____

ASCENSEUR POUR L'ÉCHAFAUD. — Franç., noir et blanc (58). Policier de Louis Malle: Le déroulement d'un crime, parfait jusqu'à l'imprévisible incident qui retient l'assassin prisonnier d'un ascenseur. Avec Jeanne Moreau, Maurice Ronet, Lino Ventura, Félix Marten. **Studio Galande 5ᵉ, 14 Juillet Parnasse 6ᵉ**.

_____

POULE ET FRITES. — Franç., coul. (86). Comédie, de Luis Rego: Roger mène une double vie depuis dix ans. Tout irait bien s'il ne finissait par s'embrouiller dans ses mensonges . . . Quiproquos et rebondissements, le vaudeville par excellence. Avec Luis Rego, Anémone, Michel Galabru. **Forum Orient Express 1ᵉʳ, George V 8ᵉ, UGC Boulevard 9ᵉ, UGC Lyon Bastille 12ᵉ, Gaumont Alésia 14ᵉ, Gaumont Parnasse 14ᵉ, Gaumont Convention 15ᵉ, Clichy Pathé 18ᵉ**.

XX. Quels genres de films préférez-vous? Indicate your likes and dislikes by completing the following sentences. Mention as many types of films as you wish in each category. Be sure to use the definite article **les** with each type of film.

1. Moi, j'aime beaucoup _____

_____

2. J'aime assez bien _____

_____

3. Je n'aime pas beaucoup _____

_____

4. Je déteste _____

_____

▣ Prononcez bien!

LES VOYELLES *a, i, o, u*

In French, the letters **a, i,** and **u**—when not combined with another vowel or with the consonants **m** or **n**—are pronounced as follows:

- ◆ **a**   between the **a** sounds in the English words *fat* and *father;* pronounced with the mouth rounded

         la   **papa**   **ça**   **va**

- ◆ **i**   similar to the **i** sound in the English word *machine;* pronounced with the lips spread wide, as in a smile

         si   **ici**   **il**   **habite**

- ◆ **u**   unlike any English sound; to learn to make the sound represented by the letter **u,** first pronounce the French letter **i** (remember to spread your lips in a smile); then, keeping the interior of your mouth in the same tense position, move your lips forward as if to whistle

         tu   **une**   **musique**

The letter **o** represents two different sounds in French:

- ◆ **o** [o]   similar to the vowel sound in the English word *go,* but more rounded and without letting your voice slide to add a second vowel; keep your mouth tense
- ◆ **o** [ɔ]   similar to the vowel sound in the English word *lost*

The sound [o] is used when the letter **o** is:
1. the last sound of a word—**métro**
2. before **s** plus a vowel—**rose**
3. when the letter **o** has a circumflex—**hôtel**

In other cases, the letter **o** is pronounced [ɔ]: **bonne, short, omelette.**

The combinations **ai, au,** and **eau** are pronounced as single vowel sounds in French:

- ◆ **ai**   similar to the **e** sound in the English word *melt*

         j'aime   **français**   **vais**

- ◆ **au** and **eau**   similar to the **o** sound in the English word *hope*

         au   **Claude**   **beau**

The combination **oi** is pronounced as a consonant plus a vowel in French:

- ◆ **oi**   similar to the **wa** sound in the English word *watt*

         moi   **noir**   **trois**

The combination **ou** represents two different sounds in French:

- ◆ **ou** [u]   similar to the **oo** sound in the English word *boot,* but without letting your voice slide to add a second sound
- ◆ **ou** [w]   similar to the **w** sound in the English word *will*

The [w] sound is used when the combination **ou** is followed by a vowel sound: **oui, ouest, silhouette.**

In all other cases, the [u] sound is used: **beaucoup, Louvre, cousin, pour.**

XXI. 🔘 MP Audio CD2, Track 8 **Les voyelles _a, i, o, u._** Do the following pronunciation exercises.

A. Read each word aloud, making an effort to pronounce the vowels in the French manner. First, open your mouth to pronounce **a.**

> la / ma / Ça va? / papa / un agenda / un baladeur / à la gare

Now spread your lips (smile!) when saying **i.**

> il / ici / dîne / la ville / un livre / imiter

For the **u** sound, remember to maintain the tension inside your mouth while positioning your lips as far forward as possible, as if you were whistling.

> une / tu / du / fume / sur / la lune / Jules / une mule

B. Read each pair of words aloud, being careful to clearly pronounce the [ɔ] of the first word and to avoid making two sounds with the [o] of the second word.

> notre, nos / votre, vos / téléphone, métro / sport, hôtel / octobre, rose / monotone, quelque chose

C. Now read each word aloud, being careful to pronounce each vowel combination as a single vowel sound.

> aime / français / anglais / je vais / aussi / autobus / de Gaulle / beau / ciseaux / rouge / cousin / le Louvre / souvent / Toulouse / Carcassonne / un sac à dos / la musique classique / une quiche aux épinards

In the following words, be sure to pronounce the vowel combination correctly.

> oui / ouest / silhouette / pirouette / jouer / toi / moi / trois / poisson / soixante

Now read aloud these words that include two or more of the sounds practiced above.

> d'habitude / pharmacie / Italie / politique / habiter / salut / autobus / portugaise / aujourd'hui / chocolat / appareil photo / caméscope / beaucoup / obligatoire / Strasbourg

D. Try the following tongue-twisting sentences. Listen first to the CD for the model pronunciation.

> Le papa de ma camarade va à la gare.
>
> L'ami à qui il rend visite habite l'Île de la Cité.
>
> Le mur murant Namur rend Namur murmurant.
>
> J'ai laissé l'aîné chez les Français.
>
> Au château, Claude boit de l'eau chaude.
>
> Voilà trois pois noirs pour toi et pour moi.

As a *follow-up* to the verbs learned in this chapter **(vouloir, pouvoir, sortir),** do Exercise XXII.

As a *follow-up* to the vocabulary associated with official time and with invitations to do something:
• ⊚ listen to MP Audio CD2, Track 9, and do Exercise XXIII;
• do Exercises XXIV and XXV.

As a *follow-up* to the vocabulary and structures learned in this chapter, do Exercises XXVI, XXVII, and XXVIII.

As a *review* of grammatical structures from this chapter, do Exercises XXIX and XXX.

FLASH GRAMMAIRE

Les verbes *vouloir, pouvoir* et *sortir*

vouloir *(to want, wish)*

je **veux**	nous **voulons**
tu **veux**	vous **voulez**
il/elle/on **veut**	ils/elles **veulent**

pouvoir *(to be able to, [can])*

je **peux**	nous **pouvons**
tu **peux**	vous **pouvez**
il/elle/on **peut**	ils/elles **peuvent**

sortir *(to go out, leave)*

je **sors**	nous **sortons**
tu **sors**	vous **sortez**
il/elle/on **sort**	ils/elles **sortent**
PASSÉ COMPOSÉ: **sorti (être)**	

٭XXII. Trois verbes. Complete the following sentences using the appropriate forms of the indicated verb.

A. Dimanche après-midi. You and your friends are talking about what you want to do Sunday afternoon. Use the present tense of **vouloir.**

1. Alors, qu'est-ce qu'on _____ faire dimanche après-midi?

2. Hélène _____ aller au parc.

3. Mon père dit *(My father says)*: «Maman et moi, nous _____ aller au musée.»

4. Moi, je _____ faire un tour en voiture.

5. Max et Julien _____ regarder un match de foot à la télé.

6. Janine et Nezra, est-ce que vous _____ faire un pique-nique?

7. Et toi, qu'est-ce que tu _____ faire?

B. On ne peut pas sortir. The following exchanges take place at the home of your French family when people want to go out but can't. Use the present tense of **pouvoir.**

8. —Est-ce que je _____ aller chez Monique?

   —Non, tu ne _____ pas sortir cet après-midi.

9. —Est-ce que nous _____ aller voir le nouveau film aux 7 Parnassiens?

   —Non, vous ne _____ pas sortir ce soir.

10. —Annick ne _____ pas aller à la fête?

   —Non, mais Renée et Sylvie _____ y aller.

C. Qu'est-ce que vous allez faire? You question your classmate about his/her plans for this evening. Use the present tense of **sortir.**

10. —Avec qui est-ce que tu _____ ce soir?

—Je _____ avec Dovi et Moustafa.

—Ah, vous _____ tous ensemble?

—Oui, nous _____ en voiture.

—Mais quand est-ce que tu fais tes devoirs? Tu _____ tous les soirs!

D. Samedi dernier. Find out what your friends did last Saturday. Use the **passé composé** of **sortir.**

11. —Est-ce que vous _____ samedi soir?

—Oui. Marie-Ange _____ avec des amies et moi, je _____ avec mon grand-père.

*XXIII. 💿 MP Audio CD2, TRACK 9 **Matin, après-midi ou soir.** In each of the conversations you hear, a time (using the 24-hour clock) will be mentioned. Indicate whether the time referred to is in the morning (**le matin**), the afternoon (**l'après-midi**), or the evening (**le soir**).

1. le film (*Le Genou de Claire*) _____

2. le concert (*Les Blues Brothers*) _____

3. le musée Picasso _____

4. la pièce de théâtre (*La Cantatrice chauve*) _____

5. les matchs de tennis (*Roland-Garros*) _____

6. le restaurant thaïlandais (*Pattaya*) _____

LISEZ!

*XXIV. Flash: L'Hebdo Loisirs. When visiting a city, or even when you live there, you'll want to read about opportunities for entertainment. The city of Toulouse, in southwestern France, publishes a bi-weekly entertainment guide called **Flash: L'Hebdo Loisirs.** In this activity, you'll need to make use of your skimming and scanning skills in order to read parts of an issue of **Flash.**

A. Pré-lecture. Before looking at the text, think about reading an entertainment guide for an American city with which you're familiar.

1. The first thing you'd probably want to do is to locate the table of contents. What cues (visual and linguistic) will help you find it? _____

_____

2. Describe how you'd go about making use of the guide, once you'd found the table of contents.

_____

_____

_____

FLASH

L'Hebdo Loisirs

Semaine du 3 au 9 mars 2001
N° 597 - 5F

Sommaire

1

AU BLUE'S NOTE

PHILIPPE LEJEUNE
GERARD FREMAUX
Duo jazz

Philippe Lejeune : *piano*
Gérard Frémaux : *batterie*

CALLEJA QUARTET
Les 9 et 10 mars

Se succèdent blues, compositions originales et standards hiératiques. De plus Calleja a su réunir la section rythmique idéale. On a pu lire dans Jazz Magazine à propos de Richard Calleja *"qu'il est l'un des saxophonistes français les plus intéressants à l'heure actuelle."*

A 22 H AU RAGTIME

SIOU BROTHERS
Sextet blues
Les 9 et 10 mars

Le Ragtime
14 place Arnaud Bernard.
05.61.22.73.01.

LE RENDEZ-VOUS ROCK
DU SUD TOULOUSAIN

A 18 H A LA BODEGA
LE FLAMENCO
PACO DE ALHAMBRA
Flamenco

A 22H AU MANDALA
BATUCADA
Musique brésilienne

SPECIAL JAZZ CLUB, les mardis et mercredis.

Le Mandala :
23, rue des Amidonniers.
05.61.23.95.58.

11

ENSEMBLE PONTORMO
GROUPE VOCAL DE TOULOUSE

Direction : Alix BOURBON

«LE VOYAGE A LUBECK»

Œuvres de J. S Bach et D. Buxtehude

**Mardi 13 mars, à 21h,
en L'Eglise Saint-Exupère**

20

ESPACE CROIX-BARAGNON
24 rue Croix-Baragnon
05.61.52.57.72.
Du 21 février au 24 mars
Isabelle Mottes
Peintures

DIAGONAL
37 place des Carmes 05.61.55.57.59.
Jusqu'au 24 mars
Graham Rawle
"Boxes, photo-collages, tableaux en trois D, installations.

GALERIE, CHARLENE RIBIERE
2 rue Dalayrac 05.61.99.09.99.
Jusqu'au 31 mars
Monique Malbert
peintures
"Femmes, Fleurs et Fruits"

**GALERIE MUNICIPALE
DU CHATEAU D'EAU**
Place Laganne 05.61.42.61.72
Du 1er mars au 2 avril
Espace I, II et III
"20 ans de photographies créatives en France"

ART-SUD
17 rue Peyras 05.61.23.37.27.
Jusqu'au 10 mars
Isabelle Bloch
Peintures

ESPACE DES ARTS
Plein Centre - Colomiers 05.61.78.15.41
Du 23 février au 31 mars
André Nouyrit
Sculptures et peintures
Mercredi 14 mars, à 20h30,
conférence de Marguerite Gaston
sur le thème «Sculpture et Nature».

GALERIE AXE ACTUEL
11 pl. de la Daurade 05.61.22.43.32.
Jusqu'au 17 mars
Marie Ducaté
Œuvres récentes

47

B. Answer the following questions about the pages of *Flash* you've just looked at.

1. On what page is the table of contents found? _____

2. Were you able to use the same cues that you identified in Part A? Explain. _____
_____

3. Tell the following friends which page(s) of **Flash** they should consult for information about the activities in which they're interested.

   a. Katie would like to see a play. _____

   b. Tom would like to go see a French movie. _____

   c. Diane would like to see an exhibit of paintings. _____

   d. Lynn has heard that there's a place in Toulouse where you can take free-fall lessons. _____

   e. Jim wants to hear some jazz. _____

   f. Roger is mainly interested in having a good meal. _____

   g. Ginny wants to hear some Bach or some Beethoven. _____

   h. Kari wants to see a new movie. _____

C. Not all of your friends can read French; help those who ask for your assistance to use the listings on pages 11, 20, and 47 of **Flash.**

1. Diane, who is a painter herself, is interested in seeing the work of other women painters. How many choices does she have? _____ She wants to know what hours the galleries are open. On the basis of the information provided in **Flash,** what would be the easiest way for you to get her this information?
_____

2. Where will Jim be able to listen to some jazz? _____
_____

3. Some of your other friends like music but don't particularly care for jazz. What other kinds of music can you hear in Toulouse?
_____

4. Will Ginny be able to hear some Bach or Beethoven? _____ Where? _____
In what form? _____
_____

ÉCRIVEZ!

XXV. Deux invitations. You're still in Toulouse. Using the expressions you've learned for making plans, write two invitations to some friends asking them to join you for activities chosen from the listings in *Flash* (page 125). Use a separate sheet of paper.

Grammar: Future with **aller**
Vocabulary: Arts; Leisure; Means of transportation; Time expressions; Time of day
Phrases: Giving directions; Greetings; Inviting; Offering

Chère Isabelle,
Tu aimes le blues? Est-ce que tu veux venir avec nous samedi soir? Nous allons au Ragtime écouter les Siou Brothers. Si tu peux y aller, on se retrouve à 21h45 devant le Ragtime, 14 place Arnaud Bernard.
Amitiés,
Jim

MODÈLE:

1. In the first invitation, you're free to choose any activity you wish. Invite one friend, whom you'll meet at the site of the activity.
2. In the second invitation, you're planning to go to a concert at the **église Saint-Exupère.** You're inviting two friends from Belgium. Since they don't know Toulouse very well, you give them directions on how to get to the church once they get off the **métro** at **place Esquirol.** See the map provided.

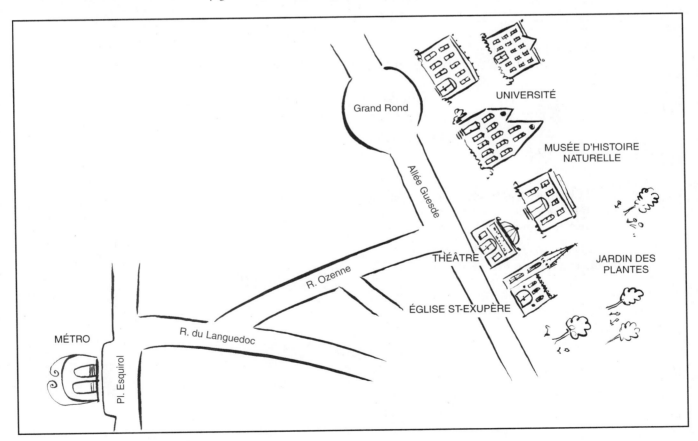

◻ Intégration

*XXVI. Des questions. Write three possible questions someone might ask in each of the following situations. Consult the **Lexique** for this and previous chapters, if necessary.

1. two students meet for the first time while waiting for a class to begin

   a. _____

   b. _____

   c. _____

2. several students find themselves downtown at lunchtime

   a. _____

   b. _____

   c. _____

3. a stranger in Paris stops a passerby in order to get information about how to get somewhere (by subway, bus, or on foot)

   a. _____

   b. _____

   c. _____

4. a person learns that his/her friend went shopping last Friday evening

   a. _____

   b. _____

   c. _____

5. a person learns that his/her friend went to the movies last Saturday evening

   a. _____

   b. _____

   c. _____

XXVII. Le week-end dernier. Imagine that you and a friend were in Paris last weekend. Describe what the two of you did—together and separately. Use at least 10 of the suggested verbs at least once; verbs may be used more than once, if appropriate. Use a separate sheet of paper.

VERBS: **acheter / aller / attendre / changer / déjeuner** (to have lunch) **/ descendre / dîner / faire / manger / prendre / regarder / sortir / visiter / voir**

*XXVIII. LECTURE: «Déjeuner du matin» de Jacques Prévert. Read this short poem about a couple having breakfast, then answer the questions that follow.

Déjeuner du matin

Il a mis le café
Dans la tasse
Il a mis le lait
Dans la tasse de café
Il a mis du sucre
Dans le café au lait
Avec la petite cuillère
Il a tourné
Il a bu le café
Et il a reposé la tasse
Sans me parler
Il a allumé
Une cigarette
Il a fait des ronds
Avec la fumée
Il a mis les cendres
Dans le cendrier
Sans me parler
Sans me regarder
Il s'est levé
Il a mis
Son chapeau sur sa tête
Il a mis
Son manteau de pluie
Parce qu'il pleuvait
Et il est parti
Sous la pluie
Sans une parole
Sans me regarder
Et moi j'ai pris
Ma tête dans ma main
Et j'ai pleuré.

Jacques Prévert, *Paroles*
© Éditions Gallimard

 Dico

a allumé: *lit*
a bu: *drank*
ai pleuré: *cried*
a mis: *put*
a reposé: *put down again*
cendres: *ashes*
cendrier: *ashtray*
cuillère: *spoon*
est parti: *left*
fumée: *smoke*
il pleuvait: *it was raining*
manteau de pluie: *raincoat*
Ma tête dans ma main: *My head in my hand*
parole: *word*
Sans me parler: *Without speaking to me*
s'est levé: *got up*
son chapeau sur sa tête: *his hat on his head*
Sous: *in*
tasse: *cup*

1. Where are the two people in the poem? _____

2. What are they doing? _____

_____

3. What seems to be the attitude of the **il** character? On what do you base your answer? _____

_____

4. What seems to be the attitude of the **je** character? On what do you base your answer? _____

_____

5. What scenario(s) can you imagine to explain what has happened and is happening in the poem?

_____

_____

◖ Mise au point

The following exercises will help you review the grammatical structures you've studied in this chapter. The page numbers in parentheses refer to the explanations of these structures in this **Manuel de préparation.**

LES VERBES EN *-RE* ET LE VERBE *PRENDRE* (MP, pages 104–105)

*XXIX. Des légendes. (*Captions.*) Write captions for the drawings, using one of the following verbs: **attendre / descendre / prendre / vendre.**

MODÈLE:

Mme Chanterac *attend un taxi.*

1. Aminata et moi, nous _____

_____ .

2. Aminata _____

_____ .

3. Moi, je _____

_____ .

4. Nathalie et Nelly  _____

_____ .

5. Chez Darty on _____

_____ .

6. Pardon! Est-ce que vous _____

_____ ?

7. Pour aller à son travail, M. Chanterac _____
_____?

8. Pour aller à Rome, est-ce que tu _____
_____?

LE PASSÉ COMPOSÉ (MP, pages 112, 113)

*XXX. **Un samedi à la campagne.** Marie-Laure spent last weekend with her parents (**M. et Mme Godin**) and her brother (**Didier**) at their country house. Play the role of Marie-Laure (i.e., Marie-Laure = JE) and describe your activities as well as those of the other members of your family. Use the verbs and expressions suggested and add details where necessary. Use a separate sheet of paper.

1. *Samedi matin*

MARIE-LAURE (JE): déjeuner / parler avec son papa et sa maman

DIDIER: faire la grasse matinée *(to stay in bed)* / manger / jouer au golf avec son papa

2. *Samedi après-midi*

MARIE-LAURE (JE) ET MME GODIN: aller en ville / faire du shopping / acheter / rentrer

DIDIER ET M. GODIN: (après le golf) rentrer / prendre une douche / regarder un match de foot à la télé

3. *Samedi soir*

TOUTE LA FAMILLE: dîner ensemble

M. ET MME GODIN: (après le dîner) faire un petit tour à pied / rentrer / écouter

MARIE-LAURE (JE) ET DIDIER: (après le dîner) sortir / aller à la discothèque / danser / voir... à la discothèque

In addition to the grammatical review you've just completed, you should review the verbs **vouloir, pouvoir,** and **sortir** (p. 123).

This checklist is designed to help you review material for the chapter test. The vocabulary and communicative expressions from the chapter are also available on the online **Manuel de préparation** for listening and repetition.

Expressions

_____ To indicate how to get around (MC, p. 122; MP, p. 102)

_____ To compare means of transportation (MC, p. 122)

_____ To talk about getting from one place to another (MC, p. 123)

_____ To talk about using the **métro** (MC, p. 130)

_____ To get information (MC, pp. 141, 142)

_____ To talk about and react to films (MC, pp. 147, 148, 149)

_____ To use the telephone (MC, p. 150)

_____ To plan and organize an activity (MC, p. 152)

Vocabulaire

_____ Means of transportation (MC, p. 120)

_____ Days of the week (MC, p. 141)

_____ Types of films (MC, p. 147)

_____ Activities (MC, p. 153)

Grammaire

_____ Verbs ending in **-re** and the verb **prendre** (MC, p. 126; MP, pp. 104–105)

_____ The **passé composé** (MC, pp. 138, 139; MP, pp. 112, 113)

_____ The verbs **vouloir** and **pouvoir** (MC, p. 152; MP, p. 123)

_____ The verb **sortir** (MC, p. 153; MP, p. 123)

Culture

_____ The Paris **métro** and other means of transportation (MC, pp. 120, 130, 131)

_____ Transportation in the Francophone world (MC, p. 125)

_____ Diversity of French people (MC, pp. 132–133)

_____ Official time (MC, p. 151)

_____ Movies from Francophone Africa (MC, pp. 154–155)

Lexique

Pour se débrouiller

Pour indiquer le moyen de transport	*(To indicate the means of transportation)*
prendre l'avion (le train, le bus, le car, un taxi, etc.)	*to take the plane (train, bus, intercity bus, a taxi, etc.)*
y aller en avion (en bus, en autocar, en train, en métro, en voiture)	*to go (there) by plane (bus, intercity bus, train, subway, car)*
y aller à pied (à vélo, à vélomoteur)	*to go (there) on foot (by bike, by motorbike)*
Pour comparer les moyens de transport	*(To compare means of transportation)*
C'est plus rapide.	*It's faster.*
C'est moins cher.	*It's cheaper. (It's less expensive.)*
C'est plus agréable.	*It's more pleasant.*
C'est plus amusant.	*It's more fun.*
C'est plus (moins) dangereux.	*It's more (less) dangerous.*
Pour indiquer sa destination	*(To indicate where you're going)*
Je dois aller...	*I have to go . . .*
Je voudrais aller...	*I'd like to go . . .*
Pour apprendre les moyens de transport possibles	*(To find out the possible means of transportation)*
Comment y aller?	*How can I get there?*
Je peux y aller (à pied, en voiture, en bus, etc.)?	*Can I get there (on foot, by car, by bus, etc.)?*
Il y a un autobus (un train, etc.)?	*Is there a bus (a train, etc.)?*
Pour savoir la durée du trajet	*(To find out how long the trip takes)*
Il faut combien de temps pour y aller?	*How long does it take to get there?*
un quart d'heure	*a quarter of an hour*
vingt minutes	*twenty minutes*
une demi-heure	*half an hour*
trois quarts d'heure	*three quarters of an hour*
une heure au maximum	*one hour at most*
Pour demander comment prendre le métro	*(To ask how to take the subway)*
Où est-ce que j'achète un ticket? je change? je descends?	*Where do I buy a ticket? I change trains? I get off?*
Quelle direction est-ce que je prends?	*What direction do I go in?*

Pour expliquer comment prendre le métro	*(To explain how to take the subway)*
Vous achetez (Tu achètes) un ticket (au guichet).	*You buy a ticket (at the ticket window).*
Vous prenez (Tu prends) la direction...	*You go in the . . . direction.*
Vous changez (Tu changes) à...	*You change at . . .*
Vous descendez (Tu descends) à...	*You get off at . . .*
Pour raconter une suite d'actions	*(To tell a succession of actions)*
d'abord	*first*
ensuite / puis	*next*
enfin	*finally*
Pour indiquer l'origine nationale d'un film	*(To give the national origin of a film)*
C'est un film étranger.	*It's a foreign film.*
C'est un film allemand.	*It's a (an) German film.*
américain.	*American film.*
anglais.	*English film.*
espagnol.	*Spanish film.*
français.	*French film.*
italien.	*Italian film*
japonais.	*Japanese film.*
russe.	*Russian film.*
Pour donner une réaction positive (films)	*(To give a positive reaction to a film or type of film)*
J'aime (J'aime beaucoup, J'adore) les films...	*I like (like a lot, love) . . . films.*
Ça me plaît beaucoup.	*I like it a lot.*
J'ai (beaucoup) aimé...	*I (really) liked . . .*
Pour donner une réaction négative (films)	*(To give a negative reaction to a film or type of film)*
Je n'aime pas (du tout) les films...	*I (really) don't like . . . films.*
(Les films d'action), c'est pas mon truc.	*(Action films), that's not my thing.*
Ça ne me plaît pas (du tout).	*I don't like it (at all).*
Je n'ai pas aimé...	*I didn't like . . .*

Pour dire ce qu'on a aimé ou pas aimé à propos d'un film *(To say what you liked or didn't like about a movie)*

J'ai aimé (Je n'ai pas aimé)... *I liked (I didn't like). . .*
  les effets spéciaux *(m.pl.)* *the special effects*
  la violence *the violence*
  l'intrigue *(f.)* *the plot*
  l'histoire *(f.)* *the story*
  le décor *the setting*
  la musique *the music*
  les acteurs *the actors*
  le suspense *the suspense*

Pour téléphoner *(To talk on the phone)*

Allô. *Hello.*
Je voudrais parler à... *I'd like to speak to . . .*
Est-ce que je peux parler à... *Could I speak to . . . ?*
C'est de la part de qui? *May I say who's calling?*
C'est... à l'appareil. *It's . . . calling.*
Ne quittez (quitte) pas. *Hang on.*
Je vais le (la) chercher. *I'll go get him (her).*
Je vous (te) le (la) passe. *Here he (she) is.*

Pour proposer une activité *(To suggest an activity)*

Tu voudrais (Vous voudriez)...? *Would you like (to) . . . ?*
Tu veux (Vous voulez...?) *Do you want (to) . . . ?*

Pour accepter *(To accept)*

Bien sûr. *Certainly.*
Pourquoi pas? *Why not?*
Oui. C'est une bonne idée. *Yes. That's a good idea.*
Oui. Je veux bien. *Yes. I'd like to.*

Pour refuser *(To refuse)*

Je voudrais bien, mais je ne peux pas. *I'd like to, but I can't.*
Malheureusement je ne peux pas. *Unfortunately, I can't.*

Pour exprimer son plaisir *(To express your pleasure)*

Chouette! *Great!*
Super! *Terrific!*

Pour exprimer sa déception *(To express your disappointment)*

C'est dommage. *That's too bad.*
Une autre fois, peut-être. *Another time, perhaps.*

Pour fixer un rendez-vous *(To arrange to meet)*

On se retrouve... *We'll meet . . .*
Rendez-vous...

Pour identifier des activités *(To name some activities)*

aller à un concert *to go to a concert*
aller à une fête *to go to a party*
aller à un match de foot (de basket) *to go to a soccer match (a basketball game)*
faire les magasins *to go shopping*
faire un pique-nique *to have a picnic*
faire un tour à pied (à vélo) *to go for a walk (a bike ride)*
sortir dîner *to go out for dinner*

Les jours de la semaine *(The days of the week)*

lundi *Monday*
mardi *Tuesday*
mercredi *Wednesday*
jeudi *Thursday*
vendredi *Friday*
samedi *Saturday*
dimanche *Sunday*

Thèmes et contextes

Les moyens de transport *(Means of transportation)*

un autocar (un car) *intercity or tourist bus*
un autobus (un bus) *city bus*
un avion *airplane*
un car de ramassage *school bus*
le métro *(city) subway*
une moto(cyclette) *motorcycle*
le RER *subway (from suburbs to Paris)*
un taxi *taxi*
un train *train*
un vélo *bike*
un vélomoteur *motorbike*
une voiture *car*

Vocabulaire général

Les genres de film

Les genres de film	*(Types of films)*
une biographie	*biography*
une comédie (dramatique, musicale)	*(dramatic, musical) comedy*
un dessin animé	*cartoon*
un documentaire	*documentary*
un film comique	*comedy*
un film d'action	*action film*
un film d'amour	*love story (film)*
un film d'animation	*animated (cartoon) film*
un film d'aventures (d'action)	*adventure film*
un film d'épouvante (d'horreur)	*horror film*
un film d'espionnage	*spy film*
un film de guerre	*war film*
un film de science-fiction	*science fiction film*
un film dramatique	*drama*
un film expérimental	*experimental film*
un film historique	*historical film*
un film policier	*police (detective) drama*
un western	*western*

Verbes

arriver	*to arrive*
attendre	*to wait (for)*
déjeuner	*to have lunch (or breakfast)*
descendre	*to get off, go down*
entrer	*to enter*
pouvoir	*to be able to*
prendre	*to take, eat, get*
rentrer	*to go (come) home*
rester	*to stay*
retourner	*to return, go back*
réveiller	*to wak someone up*
sortir	*to go out, leave*
voir (vu)	*to see*
vouloir	*to want*

combien de... est-ce que...?	*how much, many?*
combien est-ce que...?	*how much?*
comment est-ce que...?	*how?*
quand est-ce que...?	*when*

Branchez-vous!

Exercice d'écoute: *Le métro de Paris*

MP Audio CD2, TRACK 10

Part of using the Paris **métro** system involves recognizing the station names. To familiarize yourself with some of these proper names, listen to the short conversations between people talking about using the **métro.** In each conversation, two stations will be mentioned by name. Find each station in the list and put the number of the conversation next to it.

_____ **Porte de la Chapelle**

_____ **Châtelet**

_____ **Châtillon-Montrouge**

_____ **Porte de Clignancourt**

_____ **Concorde**

_____ **Place d'Italie**

_____ **Monparnasse Bienvenüe**

_____ **Mairie de Montreuil**

_____ **Nation**

_____ **Pont de Neuilly**

_____ **Porte d'Orléans**

_____ **Église de Pantin**

_____ **République**

_____ **St-Denis-Université**

_____ **Pont de Sèvres**

_____ **Château de Vincennes**

Exercice d'écoute / Enregistrement:
Deux messages

MP Audio CD2, TRACK 11

A. **Je ne comprends pas très bien...** (*I don't understand very well . . .*) Your French friend, Frédéric Chaumet, has sent you a note. Unfortunately, part of it got wet and you're having trouble deciphering the message. After reading his note, you call him up, but you get his answering machine. Record (on your own cassette) a message to Frédéric, following the outline provided.

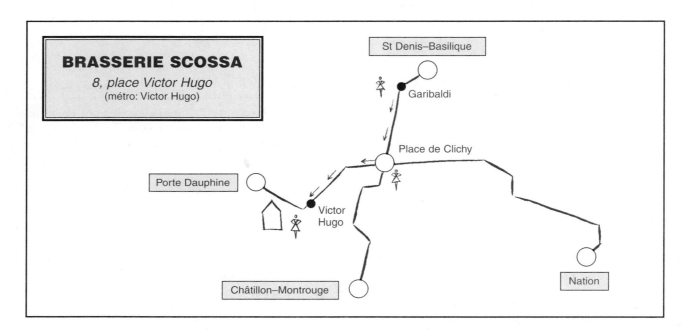

> Salut, ça va? _____ a besoin de vêtements. Il va aller aux
> Il veut y aller _____ après-midi. Il voudrait acheter un _____
> Il y a des soldes. Les shorts coûtent seulement 15€. Nous y allons en _____
> Si tu veux nous accompagner, téléphone-moi.
>
> Frédéric

Your message: Frédéric, c'est *[your name]*. Je ne comprends pas très bien le message que tu m'as envoyé. *[Continue by asking five questions about the information missing from the note. End by asking him to phone you and then say good-bye.]*

B. Déjeuner dimanche à 13h. You've invited your Swiss friend, Michèle Requet, who is staying with some relatives near the **Garibaldi métro** station, to have lunch with you at a restaurant on Sunday. She leaves a message on your answering machine asking for some details. Listen to her message, take notes if you wish, and then record (on your own cassette) a message for Michèle's answering machine. Use the drawing below to help answer Michèle's questions.

BRASSERIE SCOSSA
8, place Victor Hugo
(métro: Victor Hugo)

St Denis–Basilique

Garibaldi

Place de Clichy

Porte Dauphine

Victor Hugo

Châtillon–Montrouge

Nation

▣ Lecture: *Plan et horaires*

One of the principal means of getting around many big French cities is by bus. Use your reading skills (skimming, scanning, recognizing cognates, predicting from format) to read a schedule from the bus system in Toulouse, a city of some 350,000 inhabitants located in southwestern France.

A. Avant la lecture. Before looking at the schedule, jot down a list of the kinds of information you'd want to know about taking a bus in a city you're visiting.

_____

_____

_____

LIGNE 148

réseau urbain

plan et horaires

Semvat

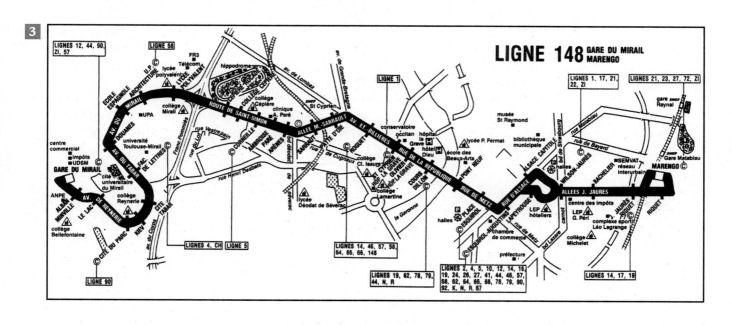

LIGNE 148 GARE DU MIRAIL MARENGO

PREMIERS ET DERNIERS DEPARTS
FREQUENCES.

		LUNDI A VENDREDI		SAMEDI		LUNDI A VENDREDI VACANCES SCOLAIRES		DIMANCHES ET JOURS FERIES	
		PREMIERS DEPARTS	DERNIERS DEPARTS	PREMIERS DEPARTS	DERNIERS DEPARTS	PREMIERS DEPARTS	DERNIERS DEPARTS	PREMIERS DEPARTS	DERNIERS DEPARTS
148	Marengo vers Gare du Mirail	6.05 - 6.30	20.40 - 21.00	6.05 - 6.30	20.30 - 21.00	6.05 - 6.30	20.30 - 21.00	6.50 - 7.25	20.35 - 21.00
	Gare du Mirail vers Marengo	5.30 - 5.50	20.05 - 20.25	5.30 - 5.50	19.55 - 20.25	5.30 - 5.50	19.55 - 20.25	6.15 - 6.50	20.00 - 20.25
	Fréquence moyenne de passage	7 mn		9 à 12 mn		9 à 12 mn		16 à 30 mn	

Les dimanches et jours fériés, le terminus Marengo est reporté à Matabiau.

B. Renseignez-vous! *(Find out some information!)*

1. Rapidly skim the brochure. Then tell what *kinds* of information are provided on each page.

   a. cover _____

   b. back page _____

   c. inside, upper _____

   d. inside, lower _____

2. You're staying in a hotel on the **rue d'Alsace** near the **boulevard de Strasbourg.** Scan the brochure to find the answers to the following questions.

   a. Is this a schedule for the whole bus system or for a single bus line? How can you tell? _____

   _____

   b. What is the most convenient place for you to buy tickets?

   _____

   c. How often do buses run during the week? on Sunday? _____

   _____

   d. On your first Saturday in Toulouse, you decide to go to the **centre commercial** near the **Gare du Mirail.** At what time should you be at your bus stop to avoid missing the last bus back to your hotel?

   _____

Jeu: *Les moyens de transport*

Unscramble the following sets of letters to form the French names of various means of transportation. Then reassemble the circled letters to form the name of a frequently used **direction** of the Paris **métro** system.

T N R I A   ___ ___ ___ (___) ___

B U T U S O A   (___) ___ ___ (___) ___ ___ (___)

L O V E   ___ (___) (___) ___

R O T E M   ___ (___) ___ (___) (___)

I D A E P   ___ (___) ___ (___)

T O O M   ___ ___ (___)

I U V T E R O   ___ ___ ___ (___) ___

Direction ___ ___ ___ ___ ___ ___ , ___ ___ ___ ___ ___ ___

Une famille française

La cathédrale
de Reims

Le départ
pour l'école

Une rue
commerçante
à Reims

CHAPITRE 4

Les Batailler chez eux

À faire! (4-1)

Manuel de classe, pages 166-174

As an *introduction* to Unit 2, read pages 166–167 in the **Manuel de classe.**

As a *follow-up* to the presentation of the rooms in a house or apartment in the **Manuel de classe,** do Exercises I and II below.

As *preparation* for work in class, do the following:
• read the explanation of the agreement and placement of adjectives;
• 🔘 listen to MP Audio CD2, TRACKS 12–13;
• study the new vocabulary on page 146;
• write Exercises III, IV, V, and VI;
• take **Contrôle 10.**

🔲 Contexte: *La maison des Batailler*

I. Le plan de la maison. Using the cues provided by the furniture and appliances, label the floors and the rooms of the Batailler house (pages 142 and 143).

le cabinet de toilette / la chambre d'Adeline / la chambre de Benoît / la chambre de Cecilia / la chambre de M. et Mme Batailler / la cuisine / l'entrée / l'escalier / le garage / le jardin / le premier étage / le rez-de-chaussée / la salle de bains / la salle de séjour

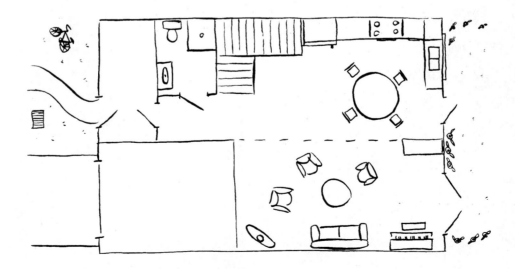

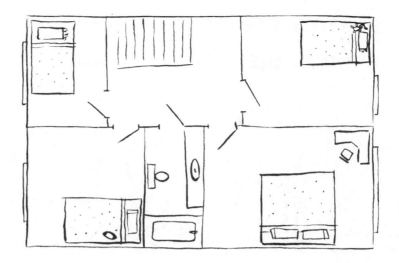

*11. Où est la cuisine? Use the suggested expressions to describe the location of various rooms (or objects) in the Batailler house.

au rez-de-chaussée / au premier étage / à côté de / en face de / devant / derrière / entre / près de

MODÈLE: Où est la cuisine?
Elle est au rez-de-chaussée. Elle est à côté de la salle de séjour.

1. Où est la salle de séjour?

_____

_____

2. Où est la chambre de Cecilia?

_____

_____

3. Où est la chambre de M. et Mme Batailler?

_____

_____

4. Où est la salle de bains?

_____

_____

5. Où est le cabinet de toilette?

_____

_____

6. Où est le vélo de Benoît?

_____

_____

7. Où est le jardin?

_____

_____

◘ Structure grammaticale: *Descriptive adjectives*

L'APPARTEMENT D'ÉLODIE

MARTINE:	J'ai vu (*I saw*) le **nouvel** appartement d'Élodie. Il est très **joli.**
JEANNE:	Oui... mais les chambres sont assez **petites,** non?
MARTINE:	D'accord (*Agreed*). . . mais il a une **grande** salle de séjour **ensoleillée** (*sunny*).
JEANNE:	Et une cuisine bien **équipée.**

EXPLICATION

First, read the following **Explication** section, then listen to the audio track that accompanies it. MP Audio CD2, TRACK 13

Je cherche un stylo **bleu.**   Elle porte une jupe **verte.**

Up until now, the adjectives you've seen have been primarily adjectives of color. However, lots of other adjectives can be used to describe places where people live.

Charles habite un bâtiment **moderne.** Le bâtiment est assez **grand,** mais les appartements sont très **petits.**

*Charles lives in a **modern** building. The building is fairly **big** (tall), but the apartments are very **small.***

Bernadette habite une **vieille** maison. La maison n'est pas très **grande,** mais elle a une **jolie** façade.

*Bernadette lives in an **old** house. The house is not very **big,** but it has a **pretty** front.*

Application

*///. Les adjectifs. Even though you may not recognize every word in these sentences, there are enough cognates to allow you to pick out and circle the ten adjectives used by the speakers.

1. JEANNE: Nous allons faire un long voyage. Nous allons visiter beaucoup de régions touristiques.
2. JACQUES: Le TGV est un train très rapide qui relie des villes importantes comme Paris, Lyon, Marseille et Genève.
3. GUY: Moi, je vais prendre une salade américaine et une eau minérale.
4. PAULETTE: Mes grands-parents maternels habitent un petit village de 150 habitants.
5. ÉLIANE: J'adore la musique classique. Mon compositeur favori, c'est Beethoven.

When using adjectives, you need to pay attention to two things—*agreement* and *position.*

1. Adjective agreement

Just like color words, other descriptive adjectives must also agree in both *gender* (masculine or feminine) and *number* (singular or plural) with the nouns they modify. The basic rules for forming the feminine and the plural are as follows:

Feminine: add **-e** to the masculine form unless the masculine already ends in **-e**

    petit → petite   américain → américaine
    BUT: **touristique** → **touristique**

Plural: add **-s** to the singular form unless the masculine already ends in **-s**

    maternel → maternels   intéressante → intéressantes
    BUT: **gris** → **gris**

2. Adjective placement

Josyane porte une jupe **bleue.**
J'ai des stylos **rouges.**
Nous habitons un appartement **moderne.**
Ils ont une cuisine bien **équipée.**

Just like color words, most descriptive adjectives in French *follow* the nouns they modify.

Elle habite dans un **petit** appartement.
Ils ont une **jolie** maison.
Il y a deux **grandes** chambres.

However, a small group of commonly used adjectives are normally placed *before* the nouns they modify. You will need to learn the list below and then add to it as you learn new adjectives.

When two adjectives modify the same noun, each adjective occupies its normal position, either before or after the noun. For example, **une jolie petite maison** or **une belle cuisine ensoleillée** or **des fleurs rouges et jaunes.**

Common adjectives that precede the nouns they modify			
grand	*big, tall*	**bon**	*good*
petit	*small, short*	**mauvais**	*bad*
joli	*pretty, attractive*	**nouveau**	*new*
beau	*beautiful*	**vieux**	*old*

Un petit truc

Some of these adjectives that precede the nouns they modify have special forms. For example, the feminine of **bon** is **bonne: un bon vélo, une bonne voiture.**

The adjectives **beau, nouveau,** and **vieux** have several special forms, including one used before a masculine singular noun beginning with a vowel (sound) so as to allow liaison: **un bel hôtel, un nouvel ami, un vieil appartement.**

Study this chart that summarizes these special forms.

MASCULINE SINGULAR	**beau**	**nouveau**	**vieux**
MASCULINE SINGULAR BEFORE A VOWEL SOUND	**bel**	**nouvel**	**vieil**
MASCULINE PLURAL	**beaux**	**nouveaux**	**vieux**
FEMININE SINGULAR	**belle**	**nouvelle**	**vieille**
FEMININE PLURAL	**belles**	**nouvelles**	**vieilles**

Adjectives frequently used to describe places where people live	
moderne	*modern*
traditionnel / traditionnelle*	*traditional*
ancien / ancienne*	*old*
grand / grande	*big, tall*
petit / petite	*small*
vieux / vieille	*old*
nouveau / nouvelle	*new*
joli / jolie	*pretty*
laid / laide	*ugly*
moche	*ugly*
sombre	*dark*
ensoleillé / ensoleillée	*sunny*
sale	*dirty*
propre	*clean*
confortable	*comfortable*
bien aménagé / bien aménagée	*well laid out, fixed up*
bien équipé / bien équipée	*well equipped*

*Note that **traditionnel** doubles the **l** and **ancien** doubles the **n** before adding **-e** in the feminine.

Application

*IV. Comment est la maison d'Édouard? (*What's Edward's house like?*) When asked to describe various houses and parts of houses, you respond by choosing, on the basis of the drawing, the appropriate adjective. Begin your answers with **il/elle est** or **ils/elles sont,** and be sure to make the adjective agree with the noun.

MODÈLE:
Comment est la maison d'Édouard? (grand / petit)
Elle est grande.

1. Comment est le jardin des Pigot? (grand / petit)

   _____

2. Comment est la salle de bains chez Gérard? (propre / sale)

   _____

3. Comment est l'appartement de Claude? (confortable / bien équipé)

   _____

4. Comment est le garage des Delcourt? (grand / laid)

   _____

5. Comment est la salle de séjour des Thouron? (sombre / ensoleillé)

   _____

6. Comment sont les meubles (*furniture*, m.) des Eskenazi? (moderne / traditionnel)

   _____

7. Comment sont les maisons de Calmoutier? (vieux / nouveau)

   _____

8. Comment sont les bâtiments d'Aubervilliers? (propre / sale)

   _____

9. Comment est la cuisine de M. et Mme Charpentier? (confortable / bien équipé)

   _____

10. Comment est la chambre de Sophie? (sombre / ensoleillé)

    _____

*V. C'est comment? Add the adjectives in parentheses to the sentences. First, make each adjective agree in gender and number with the noun; then place it correctly in the sentence (before or after the noun).

MODÈLE: J'ai une calculatrice. (noir / petit)
          J'ai une petite calculatrice noire.

1. Nous avons une maison. (nouveau)

   _____

2. J'ai un ami. (nouveau)

   _____

3. Nous allons manger dans un restaurant. (bon)

   _____

4. Il porte une chemise. (bleu / nouveau)

   _____

5. L'appartement a une salle de séjour. (grand / ensoleillé)

   _____

6. Jacques Aumont est un ami. (vieux)

   _____

7. C'est une maison. (vieux / petit)

_____

8. Regarde les fleurs. (blanc et jaune / joli)

_____

9. Ils ont une maison. (très propre / bien aménagé)

_____

10. Il y a un escalier au bout du couloir. (grand)

_____

11. Je voudrais acheter une voiture. (beau / italien)

_____

12. Mon cousin a des idées (ideas, f.). (original / intéressant)

_____

*VI. Nous ne sommes jamais d'accord. No matter what you and your friends talk about, you never seem to agree. Contradict each statement by using an adjective with the opposite meaning.

MODÈLE: C'est un petit appartement.
            Au contraire! C'est un grand appartement.

1. Ils ont une grande maison.

_____

2. La maison a une cuisine ensoleillée.

_____

3. Ils ont des meubles modernes.

_____

4. Ils ont une salle de bains très propre.

_____

5. Elle a un vieil appartement.

_____

6. Elle est en cours avec deux nouvelles amies.

_____

7. Elles mangent souvent (often) dans un mauvais restaurant italien.

_____

8. Elles portent souvent des tee-shirts noirs.

_____

◘ Contrôle 10: *Adjective agreement and position*

Catherine Galesne is describing where she lives; however, her description remains a bit lifeless because she doesn't give many details. Rewrite her description adding the adjectives in parentheses. Pay attention to agreement and to placement.

J'habite dans une maison (blanc / petit). C'est une maison à deux étages (vieux). Au rez-de-chaussée, il y a une salle de séjour (grand). Il y a aussi une cuisine (bien équipé) et un cabinet de toilette (très propre). Pour monter au premier étage il y a un escalier (vieux). En haut, j'ai deux chambres (traditionnel). Il y a aussi une salle de bains (moderne). Derrière la maison, j'ai un jardin (beau) avec une terrasse (joli). Dans le garage j'ai une voiture (nouveau).

_____

_____

_____

_____

_____

_____

You will find the answers on page 374. Give yourself 1 point for each correct form and 1 point for each correct placement. A perfect score is 24. If your score is less than 19, you should review this section before going to class.

À faire! (4-2)

Manuel de classe, pages 175–181

As a *follow-up* to your work in class with descriptive adjectives and furniture, do Exercises VII and VIII.

As a *follow-up* to the reading and discussion of housing in class, read the apartment ad and do Exercises IX and X.

*VII. Qu'est-ce qu'il y a chez les Fornier? On the basis of the drawings, answer the questions about each of the rooms at the Fornier house.

1

Qu'est-ce qu'il y a dans la salle de séjour?

_____

_____

_____

2

Qu'est-ce qu'il y a dans la salle à manger?

_____

_____

_____

➤➤

3

Qu'est-ce qu'il y a dans la chambre de M. et Mme Fornier? _____

_____

_____

4

Qu'est-ce qu'il y a dans la chambre de Vincent?

_____

_____

_____

*VIII. J'aimerais bien... (*I would like. . .*) For each item, choose one or two adjectives to describe your preference. Pay attention to agreement and placement of the adjectives.

> MODÈLE: appartement (habiter dans)
> *J'aimerais bien habiter dans un nouvel appartement.* OU
> *J'aimerais bien habiter dans un petit appartement moderne.*

1. maison (habiter dans)

   _____

2. fauteuil (acheter)

   _____

3. lit (avoir)

   _____

4. voiture (avoir)

   _____

5. restaurant (manger dans)

   _____

LISEZ!

Le parc des Renardières

The following apartment ad is trying to attract Parisians to the suburbs. The title of the ad—**Gare et paix**—(*Train station and peace*) is a word play on the title of the famous Russian novel by Tolstoy—**Guerre et paix**—(*War and Peace*).

First, skim the ad to see what kinds of information are included. Then, with the help of your other reading strategies, do the exercise that follows.

*IX. Le parc des Renardières. Answer in English the following questions about the apartment complex in the ad.

1. How long does it take to get there by train from Paris? _____ At what station do you get off?

_____

2. If you go by car on the four-lane highway (**A13**), in what direction are you going in relation to Paris?

_____ At what exit do you get off? _____

3. This apartment is classified as **un 4 pièces.** However, there are obviously more than four rooms. Which rooms are probably included in this designation?

_____

4. What other rooms does the apartment have?

_____

5. What additional advantages does the ad mention in its effort to interest possible buyers?

_____

_____

ÉCRIVEZ!

X. **Une publicité.** You've been hired by an American company to find housing for some employees of their French affiliate who will be living in the United States. In a newspaper or a magazine from your region, find an ad for an interesting apartment. Then create a French version of that ad for the new employees. Include a small map showing the location, a drawing of the apartment with the rooms labeled, and a paragraph suggesting some of the advantages of living there. You need not include every detail from the ad; concentrate on those details for which you have learned the French vocabulary. Use a separate sheet of paper.

À faire! (4-3)

Manuel de classe, pages 182–189

As a *follow-up* to the presentation of the family, professions, and nationalities, do Exercises XI, XII, and XIII. Consult the lists on pages 183, 184, 186, and 187 of the **Manuel de classe** for help with vocabulary.

As *preparation* for work in class, do the following:
• read the explanation of possessive adjectives;
• 💿 listen to MP Audio CD2, TRACKS 14–15;
• write Exercises XIV and XV;
• take **Contrôle 11.**

Contexte: *La famille Batailler*

*XI. **La famille Batailler.** Use the suggested expressions to write sentences about family relationships among the various members of the Batailler family.

> MODÈLE: Adeline / fille
> *Adeline est la fille d'André et d'Hélène Batailler.*

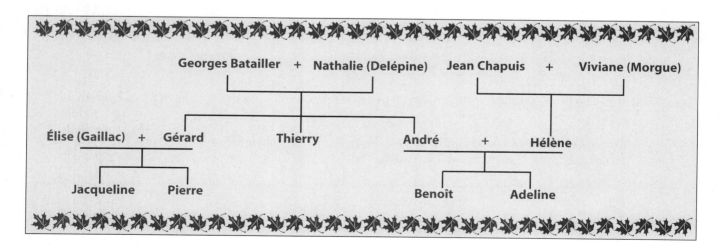

1. Adeline / sœur

_____

2. Benoît / fils

_____

3. Jean Chapuis / père

_____

4. Nathalie Batailler / grand-mère

_____

5. Élise Batailler / tante

_____

6. Jacqueline et Pierre / cousins

_____

7. Viviane / femme

_____

8. Thierry / oncle

_____

9. Benoît / petit-fils *(grandson)*

_____

10. Jacqueline / petite-fille *(granddaughter)*

_____

11. Hélène / mère

_____

12. André / frère

_____

13. Gérard / mari

_____

14. Jean Chapuis / grand-père

_____

15. Hélène / fille

_____

16. Adeline / cousine

_____

*XII. Les cartes de débarquement. You're working for a tourist group that coordinates travel for international groups. Using the information on your group list, fill out in French the landing cards (**cartes de débarquement**) for the members of your group. They will be traveling from New York to Paris on Air France flight 017.

Group #2087   17 July 2000   New York–Paris   AF 017

NAME	GENDER	CITY, COUNTRY	ADDRESS	OCCUPATION
Abruzzi, Marcello	M	Turin, Italy	via Garibaldi	businessman
Delteil, Jean-Claude	M	Montréal, Canada	rue Sainte-Catherine	accountant
Fodéba, Annie	F	Lyon, France	rue Jean Moulin	doctor
Frye, Alan	M	Bristol, England	Dickens Mew	farmer
Kramer, Hilda	F	Munich, Germany	Leopold Strasse	secretary
Oh, Mata	F	Sapporo, Japan	Hamamatsucho	dentist
Sormani, Helen	F	Zurich, Switzerland	Dietzinger Strasse	teacher

CARTE DE DÉBARQUEMENT
DISEMBARKATION CARD

ne concerne pas les voyageurs de nationalité française
ni les ressortissants des autres pays membres de la C.E.

not required for nationals of France
nor for other nationals of the E.C. countries

1 **NOM** : _____
   NAME (en caractère d'imprimerie — please print)

   Prénoms : _____
   Given names

2 **Lieu de naissance** : _____
   Place of birth

3 **Nationalité** : _____
   Nationality

4 **Profession** : _____
   Occupation

5 **Domicile** : _____
   address

6 **Aéroport ou port d'embarquement** : _____
   Airport or port of embarkation

Marcello Abruzzi

Jean-Claude Delteil

CARTE DE DÉBARQUEMENT
DISEMBARKATION CARD

ne concerne pas les voyageurs de nationalité française
ni les ressortissants des autres pays membres de la C.E.

not required for nationals of France
nor for other nationals of the E.C. countries

1 **NOM** : _____
   NAME (en caractère d'imprimerie — please print)

   Prénoms : _____
   Given names

2 **Lieu de naissance** : _____
   Place of birth

3 **Nationalité** : _____
   Nationality

4 **Profession** : _____
   Occupation

5 **Domicile** : _____
   address

6 **Aéroport ou port d'embarquement** : _____
   Airport or port of embarkation

CARTE DE DÉBARQUEMENT
DISEMBARKATION CARD

ne concerne pas les voyageurs de nationalité française
ni les ressortissants des autres pays membres de la C.E.

not required for nationals of France
nor for other nationals of the E.C. countries

1 **NOM** : _____
   NAME (en caractère d'imprimerie — please print)

   Prénoms : _____
   Given names

2 **Lieu de naissance** : _____
   Place of birth

3 **Nationalité** : _____
   Nationality

4 **Profession** : _____
   Occupation

5 **Domicile** : _____
   address

6 **Aéroport ou port d'embarquement** : _____
   Airport or port of embarkation

Annie Fodéba

Alan Frye

CARTE DE DÉBARQUEMENT
DISEMBARKATION CARD

ne concerne pas les voyageurs de nationalité française
ni les ressortissants des autres pays membres de la C.E.

not required for nationals of France
nor for other nationals of the E.C. countries

1 **NOM** : _____
   NAME (en caractère d'imprimerie — please print)

   Prénoms : _____
   Given names

2 **Lieu de naissance** : _____
   Place of birth

3 **Nationalité** : _____
   Nationality

4 **Profession** : _____
   Occupation

5 **Domicile** : _____
   address

6 **Aéroport ou port d'embarquement** : _____
   Airport or port of embarkation

CARTE DE DÉBARQUEMENT
DISEMBARKATION CARD

ne concerne pas les voyageurs de nationalité française
ni les ressortissants des autres pays membres de la C.E.

not required for nationals of France
nor for other nationals of the E.C. countries

1 **NOM** : _____
NAME (en caractère d'imprimerie — please print)

Prénoms : _____
Given names

2 **Lieu de naissance** : _____
Place of birth

3 **Nationalité** : _____
Nationality

4 **Profession** : _____
Occupation

5 **Domicile** : _____
address

6 **Aéroport ou port d'embarquement** : _____
Airport or port of embarkation

Hilda Kramer

Mata Oh

CARTE DE DÉBARQUEMENT
DISEMBARKATION CARD

ne concerne pas les voyageurs de nationalité française
ni les ressortissants des autres pays membres de la C.E.

not required for nationals of France
nor for other nationals of the E.C. countries

1 **NOM** : _____
NAME (en caractère d'imprimerie — please print)

Prénoms : _____
Given names

2 **Lieu de naissance** : _____
Place of birth

3 **Nationalité** : _____
Nationality

4 **Profession** : _____
Occupation

5 **Domicile** : _____
address

6 **Aéroport ou port d'embarquement** : _____
Airport or port of embarkation

CARTE DE DÉBARQUEMENT
DISEMBARKATION CARD

ne concerne pas les voyageurs de nationalité française
ni les ressortissants des autres pays membres de la C.E.

not required for nationals of France
nor for other nationals of the E.C. countries

1 **NOM** : _____
NAME (en caractère d'imprimerie — please print)

Prénoms : _____
Given names

2 **Lieu de naissance** : _____
Place of birth

3 **Nationalité** : _____
Nationality

4 **Profession** : _____
Occupation

5 **Domicile** : _____
address

6 **Aéroport ou port d'embarquement** : _____
Airport or port of embarkation

Helen Sormani

FLASH GRAMMAIRE

When identifying someone's profession, use être + the name of the profession *without* an article.

Elle **est avocate**.	She**'s a lawyer.**
Ils **sont ouvriers**.	They**'re factory workers.**

In French, adjectives of nationality are NOT capitalized.

Il est **italien**.	He**'s Italian.**
Nous avons une voiture **italienne**.	We have an **Italian car.**

*XIII. Traduisons! (*Let's translate!*) Give the French equivalent of each English sentence, paying particular attention to the differences between the two languages.

1. My father is a factory worker.

   _____

2. My mother is a traveling salesperson.

   _____

3. My uncle is an accountant.

   _____

4. My aunt is a pharmacist.

   _____

5. My brother is an engineer.

   _____

6. My sisters are both lawyers.

_____

7. Marc is Belgian.

_____

8. Éric is French.

_____

9. Roy is English.

_____

10. Helga and Krista are German.

_____

11. Marie has a Japanese car.

_____

12. Gina has a Swiss bike.

_____

Structure grammaticale: _Possessive adjectives_

UN ALBUM DE PHOTOS

 MP Audio CD2, TRACK 14

ANNICK:	Et cette _(this)_ photo? C'est **ton** frère?
MURIEL:	Oui, c'est **mon** frère avec **sa** femme et **leurs** enfants.
ANNICK:	Et c'est qui, ça?
MURIEL:	Ce sont **nos** amis les Fontenaille. Ma sœur et moi, nous sommes allées à Londres avec eux.

EXPLICATION

First, read the following **Explication** section, then listen to the audio track that accompanies it.  MP Audio CD2, Track 15

You've already encountered the possessive adjective forms for *my* (**mon, ma, mes**) and the "familiar" *your* (**ton, ta, tes**). The third person singular forms are similar: **son, sa, ses**. However, since adjectives agree with the noun they modify, NOT with (as in English) the person who possesses the noun, these forms (**son, sa, ses**) are the equivalent of both *his* AND *her*.

son vélo	*his bike* OR *her bike*
sa chambre	*her room* OR *his room*
ses amis	*his friends* OR *her friends*

The equivalents of *our*, "formal or plural" *your*, and *their* have only two forms—singular and plural (**notre, nos / votre, vos / leur, leurs**). No distinction is made between masculine and feminine.

notre maison	*our house*
votre appartement	*your apartment*
leur chambre	*their bedroom*
nos livres	*our books*
vos amis	*your friends*
leurs cassettes	*their cassettes*

> **Un petit truc**
> With a singular feminine noun beginning with a vowel sound (**une étagère, une amie, une eau minérale**), use the masculine form **mon, ton,** or **son** to provide liaison: **mon étagère, ton amie, son eau minérale**. Also, the **s** of **mes, tes,** and **ses** is silent, except before a vowel sound. Then liaison takes place: **mes livres,** but **mes amis.**

The following chart summarizes the possessive adjectives in French:

	MASCULIN SINGULIER	FÉMININ SINGULIER	PLURIEL	
je	**mon**	**ma**	**mes**	*my*
tu	**ton**	**ta**	**tes**	*your*
il/elle/on	**son**	**sa**	**ses**	*his/her/one's*
nous	**notre**	**notre**	**nos**	*our*
vous	**votre**	**votre**	**vos**	*your*
ils/elles	**leur**	**leur**	**leurs**	*their*

Application

*XIV. L'inventaire. (*The inventory.*) You and your roommate (**camarade de chambre**) have been renting an apartment from a landlord (**propriétaire**) who likes to kid you. As he watches you pack at the end of the year, you're discussing who has what. Complete the conversation by using **mon, ma, mes** or **ton, ta, tes** or **votre, vos** or **notre, nos.**

VOUS: Bon, j'ai _____ baladeur, _____ chaîne hi-fi et _____ cassettes. Est-ce que

tu as _____ calculatrice, _____ cahiers et _____ ordinateur?

VOTRE CAMARADE DE CHAMBRE: Oui. Et en plus (*in addition*) nous avons _____ téléviseur,

_____ lampes et _____ magnétoscope.

VOTRE PROPRIÉTAIRE: Oui. Mais vous n'avez pas _____ CD et _____ appareil photo. Et

attention! Vous avez _____ clés (*keys*)?

Pierre and his sister Danielle have been away at college. Their father watches them unpack and describes to his wife what the kids have brought back. Complete the father's description with **son, sa, ses** or **leur, leurs.**

PÈRE: Bon, Pierre a _____ magnétoscope, _____ chaîne hi-fi, _____ DVD *(pl.)* et _____ appareil photo. Et Danielle, elle a _____ calculatrice, _____ vélo et _____ cassettes. Elle n'a pas _____ baladeur. Bon... et les deux, ils ont _____ ordinateur, _____ vêtements et _____ voiture. Mais où est _____ argent?!

*XV. À qui est-ce? *(Whose is it?)* Using the information provided, complete the following exchanges by adding the appropriate possessive adjectives.

1. *Alain is looking for his pens. Francine sees where they are.*

ALAIN: Où sont _____ stylos?

FRANCINE: Mais ils sont là! Regarde!

Dans _____ cahier.

2. *Alain and Francine are looking at Didier's house.*

ALAIN: Francine, ça, c'est _____ maison?

FRANCINE: Non, c'est la maison de Didier. Elle est très jolie, _____ maison, non? Moi, j'habite dans un appartement.

ALAIN: Ah, oui? _____ appartement est près d'ici?

3. *Francine has found some cassettes.*

FRANCINE: Didier et Christine, ce sont _____ cassettes?

CHRISTINE: Oui, ce sont _____ cassettes. Merci.

4. *Alain is looking at a bike.*

ALAIN: Christine, ça, c'est le vélo de Didier?

CHRISTINE: Non, _____ vélo est noir. Toi, tu as un vélo?

ALAIN: Oui, et _____ vélo est noir aussi.

5. *Alain is pointing out a house to Didier and Francine.*

François et Michèle Deliou
145, avenue de Verdun
36000 Châteauroux

ALAIN: Bon, et ça, c'est la maison des Deliou.

FRANCINE: Mais non. Ce n'est pas _____ maison. Ils n'habitent pas dans la rue Briçonnet.

ALAIN: Ah, non? Quelle est _____ adresse?

DIDIER: 145, avenue de Verdun.

6. *Alain is looking for the camcorder belonging to him and Francine.*

ALAIN: Où est _____ caméscope?

DIDIER: _____ caméscope est chez moi. Je l'ai oublié (*I forgot it*).

7. *Francine wants to listen to some of Didier's CDs.*

FRANCINE: Didier, où sont _____ CD?

DIDIER: Ils sont dans _____ chambre. Tu veux que je les cherche?

8. *Didier is asking Christine about Alain and Francine's keys.*

DIDIER: Alain et Francine, ils ont _____ clés?

CHRISTINE: Francine a _____ clés, mais on ne peut pas trouver les clés d'Alain.

◻ Contrôle 11: *Possessive adjectives*

Complete the following conversations with the appropriate possessive adjectives.

1. —Tu habites avec _____ parents?

   —Non, _____ parents sont décédés. J'habite avec _____ oncle et _____ tante et _____ fils.

2. —Salut, Chantal. Comment vas-tu?

   —Très bien, Jean-Patrice. Et toi?

   —Oh, je vais bien. Écoute, où est-ce qu'elle habite, _____ cousine Michèle?

   —Michèle? Elle habite à La Roche-sur-Yon avec _____ parents et _____ frère, René.

3. —Dominique et Philippe, où est-ce que _____ grands-parents habitent?

   —Eh bien, _____ grands-parents paternels habitent à Rouen. _____ grand-père maternel habite à Paris.

4. —Laurence, où vas-tu?

   —Je vais à Orsay.

   —Alors, tu vas voir _____ amie Isabelle?

5. —Alors, Mademoiselle. Vous avez combien de frères?

   —J'ai un frère, Monsieur.

   —Et où est-ce qu'il habite, _____ frère?

   —Il habite à Montpellier avec _____ femme et _____ deux enfants.

> You will find the answers on page 375. Give yourself 1 point for each correct answer. A perfect score is 15. If your score is less than 12, you should rework this section before going to class.

À faire! (4-4)

Manuel de classe, pages 189–195

As a *follow-up* to your work in class describing people:
- do Exercise XVI (consult the lists on pages 192 and 194 of the **Manuel de classe** for help with vocabulary);
- read the passage on pages 164–165 and do Exercise XVII.

As *preparation* for the work in class, do the following:
- read the explanation of irregular descriptive adjectives;
- ◉ listen to MP Audio CD2, TRACKS 16–17;
- write Exercises XVIII and XIX;
- take **Contrôle 12.**

◻ Contexte: *Nos voisins, les Kambouta*

✱XVI. Comment sont-ils? On the basis of the drawings, describe the following people. You may choose the color of each person's hair and eyes.

MODÈLE:

Il est (assez) jeune. Il est grand et costaud. Il a les cheveux blonds et les yeux bleus. Il est sportif et (très) ambitieux.

1. _____

_____

_____

_____

2. _____

_____

_____

_____

3. _____

_____

_____

_____

4. _____

_____

_____

_____

5. _____

_____

_____

_____

LISEZ!

«Je suis...»

Read the short portraits of the five people pictured below, then do part A of Exercise XVII. Reread the portraits and then complete part B of the exercise.

Je suis présidente d'une grande entreprise. J'ai une grande maison, quatre téléviseurs couleur et trois voitures. Mon mari et moi, nous voyageons beaucoup. Nous avons un chalet en Suisse et un appartement à Paris. Mes enfants sont dans une école privée et chacun a une chaîne hi-fi, un grand nombre de CD et de vidéos et une voiture. Ma vie est très intéressante et je n'ai pas de problèmes.

Je suis étudiante. Je travaille comme serveuse dans un restaurant et j'habite dans une petite chambre en ville. J'aime beaucoup le sport, surtout le tennis. J'adore la musique classique. Je n'ai pas de CD, mais j'écoute souvent la radio. J'étudie les langues (l'anglais et l'espagnol), la littérature et la linguistique parce que ce sont des sujets fascinants. J'aime ma vie; je n'ai pas de problèmes.

Je suis père de famille. J'ai deux enfants: un fils et une fille. Notre maison est très petite, mais elle est assez jolie et très confortable. Ma femme et moi, nous faisons beaucoup de choses avec nos enfants. Nous aimons le camping et le sport. Ma femme fait du ski; moi, j'aime mieux le football. Nous célébrons les fêtes en famille—oncles, tantes, cousins, cousines et grands-parents—nous dînons tous ensemble. Ma vie est très agréable; je n'ai pas de problèmes.

Je suis à la retraite—c'est-à-dire que je ne travaille plus. Ma femme est morte en 1998. J'habite avec mon fils Michel à Rennes. Il est marié. Sa femme s'appelle Renée. Ils ont deux enfants. Puisque je suis trop âgé pour travailler, j'ai beaucoup de temps libre. J'aime beaucoup la nature et je fais souvent des promenades dans la forêt. Le soir, je mange avec la famille et après le dîner, je regarde la télévision. Ma vie est assez agréable; je n'ai pas de problèmes.

Je suis professeur en psychiatrie. Je travaille dans une clinique à Bordeaux. J'ai un mari très gentil. Nous aimons aller au théâtre et au cinéma ensemble. Nous avons beaucoup d'amis avec qui nous aimons discuter. Nous parlons des crises d'identité, du matérialisme, de la famille, des influences sociales sur la personnalité. Dans mon travail, je passe mon temps à analyser les personnes qui disent: «Je n'ai pas de problèmes.»

*XVII. **Qu'est-ce que vous avez compris?** *(What did you understand?)*

A. Les mots apparentés. *(Cognates.)* What do you think each of the following cognates means?

la présidente / privé(e) / la quantité / intéressant(e) / le problème / la littérature / la linguistique /

_____

fascinant / le camping / célébrer / agréable / la nature / la forêt / la psychiatrie / la clinique /

_____

l'identité / le matérialisme / l'influence / social(e) / la personnalité / analyser

_____

B. Vrai ou faux? Which statements about each person are true **(vrais)?** Which are false **(faux)?** Underline in the text the information on which you base your answers.

1. **La présidente d'entreprise**
   a. Je suis matérialiste.
   b. J'ai une grande maison.
   c. Je suis riche.
   d. Je passe beaucoup de temps *(lots of time)* avec mes enfants.

2. **L'étudiante**
   a. Je travaille dans un magasin.
   b. Je joue au tennis.
   c. J'habite dans un appartement.
   d. J'étudie les sciences naturelles à l'université.
   e. J'ai beaucoup de CD.

3. **Le père de famille**
   a. J'ai cinq enfants.
   b. J'ai trois filles.
   c. Je n'aime pas le camping.
   d. Je fais du sport, surtout du ski.
   e. Je passe les jours de fête *(holidays)* en famille.

4. **L'homme à la retraite**
   a. J'habite avec mon fils et sa famille à Rennes.
   b. Je fais des promenades avec ma femme.
   c. Je dîne au restaurant avec des amis.
   d. Le soir *(In the evening)*, je suis à la maison.

5. **Le professeur en psychiatrie**
   a. J'aime bien mon mari.
   b. Je n'aime pas le cinéma.
   c. J'aime mieux les idées que les actes.
   d. J'adore les discussions.
   e. J'analyse les problèmes des présidentes d'entreprise, des étudiantes, des pères de famille et des retraités.

Structure grammaticale:
Irregular descriptive adjectives

DEUX SŒURS

MP Audio CD2, Track 16

JACQUES:	Alors, toi, tu es comme ta sœur?
PASCALE:	Oh, non. Elle est très **sportive** et moi, je suis plutôt *(rather)* **intellectuelle.**
JACQUES:	Mais vous êtes toutes les deux *(both)* assez **ambitieuses,** n'est-ce pas?
PASCALE:	Oui, et nous sommes très **gentilles** aussi, ma sœur et moi.

EXPLICATION

First, read the following **Explication** section, then listen to the audio track that accompanies it. MP Audio CD2, Track 17

While doing the exercises involving descriptions, you've probably noticed that the written forms of some feminine adjectives have special forms. The following are a few basic patterns for you to learn:

-f	changes to	-ve	sportif	→	sportive
-n	changes to	-nne	bon	→	bonne
-el	changes to	-elle	intellectuel	→	intellectuelle
-il	changes to	-ille	gentil	→	gentille
-x	changes to	-se	sérieux	→	sérieuse
-et	changes to	-ète	discret	→	discrète
-er	changes to	-ère	cher	→	chère

In addition, remember the special forms of the adjectives previously learned: **beau, nouveau,** and **vieux.**

MASCULINE SINGULAR	beau	nouveau	vieux
MASCULINE SINGULAR + VOWEL SOUND	bel	nouvel	vieil
MASCULINE PLURAL	beaux	nouveaux	vieux
FEMININE SINGULAR	belle	nouvelle	vieille
FEMININE PLURAL	belles	nouvelles	vieilles

Application

*XVIII. Comparaisons. You and your friend are making comparisons. For each statement, write another statement that uses the cue in parentheses. Remember to make the adjectives agree with the nouns.

MODÈLE: Ma chemise est italienne. (pantalon)
Mon pantalon est italien aussi.

1. Mon appartement est ancien. (maison)

_____

2. J'ai une nouvelle voiture. (vélo)

_____

3. Les ordinateurs sont chers. (chaînes hi-fi)

_____

4. J'ai un nouveau jean. (jupe)

_____

5. Nos croque-monsieur sont bons. (omelettes)

_____

6. Notre pizza est délicieuse. (croissants)

_____

7. Jean-Jacques est cruel. (Nathalie)

_____

8. Boukary est très beau. (ses frères)

_____

9. Koffi est très actif. (sa sœur)

_____

10. Olivier est souvent indiscret. (Brigitte)

_____

11. Yannick est très gentil. (Marie-Louise)

_____

12. Mon père est assez vieux. (mes parents)

_____

*XIX. Des contraires. It's often easier if you try to learn adjectives in pairs of antonyms (for example: **grand / petit**). Write logical sentences using the nouns and adjectives suggested. In some cases, the choice of which adjective to use with which noun is a question of personal opinion.

MODÈLE: le musée d'Orsay / la cathédrale de Notre-Dame (ancien / nouveau)
Le musée d'Orsay est (assez) nouveau; la cathédrale de Notre-Dame est ancienne.

1. les films de George Lucas / les pièces *(plays, f.)* de Shakespeare (récent / ancien)

   _____

   _____

2. Blanche-Neige *(Snow White)* / sa marraine *(stepmother)* (cruel / gentil)

   _____

   _____

3. les hommes / les femmes (discret / indiscret)

   _____

   _____

4. moi / mon ami(e)... (actif / paresseux)

   _____

   _____

5. Meryl Streep / le capitaine Hook (beau / laid)

   _____

   _____

6. les grands-mères / les petites filles (jeune / vieux)

   _____

   _____

7. les films d'horreur / les comédies dramatiques (bon / mauvais)

   _____

   _____

8. les maisons à San Francisco / les appartements à Kansas City (cher / raisonnable)

   _____

   _____

■ Contrôle 12: *Irregular adjectives*

Complete the sentences using the adjectives listed below. The adjectives marked with an asterisk (*) can each be used twice; the other adjectives can only be used once.

ADJECTIVES: **beau* / bon / cher / curieux / discret / gentil / intellectuel / nouveau* / sportif / vieux***

1. Qu'est-ce qu'ils sont _____, Robert Redford et Leonardo di Caprio!

2. Ma sœur joue au tennis, au golf et au volley. Elle est très _____.

3. Notre maison date de 1689. Elle est très _____.

4. Ma sœur Andrée et son amie Régine sont très _____; elles posent beaucoup de questions.

5. Je vais manger encore des croissants. Ils sont très _____.

6. Mes sœurs Françoise et Marie-Laure aiment beaucoup la littérature, la musique classique et l'opéra.

   Elles sont très _____.

7. Voici les _____ livres pour notre cours de biologie; ils viennent de sortir *(they were just published)*.

8. Moi, je trouve que Julia Roberts est très _____.

9. Annie et toi, vous ne révélez *(reveal)* jamais les secrets de vos amis. Vous êtes très

   _____.

10. Comment! La Renault que M. Giovanni voudrait acheter coûte 50 000 €! Elle est très

    _____.

11. Tu aimes ma _____ robe? Je viens de l'acheter *(I just bought it)*.

12. Ma femme a 90 ans et moi, j'ai 88 ans. Nous sommes _____.

13. Véronique, tu es vraiment très _____. Tu souris *(smile)* beaucoup, tu aides ta mère à la maison, tu joues avec tes petits frères.

You will find the answers and instructions for scoring the test on page 376. A perfect score is 13. If your score is less than 10, you should rework this section before going to class.

À faire! (4-5)

Manuel de classe, pages 195–198

As a *follow-up* to work done in class about the family, read the text on page 170 and do Exercise XX.

 To practice the pronunciation of the letter *e*, listen to MP Audio CD2, TRACKS 18–19, and do Exercise XXI.

As a *summary* activity about family, write Exercise XXII.

As a *review* of the grammatical structures presented in Chapter 4, do Exercise XXIII.

LISEZ!

De nouveaux modèles familiaux

The following short passage is taken from a book providing information about France. Read through the passage once to get the general ideas, then reread the passage as you do activity XX. Try to do the activity WITHOUT looking up any words. If this proves too difficult, consult the **Dico** on p. 171.

> Le modèle traditionnel de la famille comportant un couple marié et des enfants issus de ce mariage coexiste de plus en plus avec des modèles nouveaux. Le développement de la cohabitation a entraîné celui des enfants hors mariage: près de 40% des naissances aujourd'hui. L'accroissement des divorces a provoqué celui des familles monoparentales: 9% des enfants vivent avec un seul de leurs parents. Les remariages ont multiplié les situations dans lesquelles des enfants vivent avec d'autres enfants issus d'un ou plusieurs mariages précédents: 11% des enfants vivent ainsi dans des familles «recomposées».
>
> Il faut ajouter enfin les cas de cohabitation de personnes du même sexe (homosexuels), d'amis ou de communauté. Enfin, l'allongement de la durée de vie et du veuvage et du nombre de célibataires explique la croissance du nombre des mono-ménages: 29% des ménages français ne comptent qu'une personne. Toutes ces situations autrefois marginales se sont développées au cours des dix dernières années. Elles sont à l'origine de nouveaux modes de vie.
>
> Gérard Mermet, *Francoscopie 1999*, p. 156

*XX. Qu'est-ce que vous avez compris? Answer the following questions on the basis of your reading(s) of the passage.

1. What is the general subject of the passage?

   _____

   _____

2. Sociologists like to invent terms to describe various social phenomena. Using your reading strategies (in particular, cognates and word families), explain the meaning of the following terms:

   a. **familles monoparentales**

   _____

   b. **familles «recomposées»**

   _____

   c. **mono-ménages**

   _____

3. What does each of the following statistics refer to?

   a. 9% _____

   b. 11% _____

   c. 29% _____

   d. 40% _____

accroissement: *increase*
allongement de la durée de vie: *lengthening of how long people live*
au cours des dernières années: *in the last few years*
célibataires: *single (unmarried) people*
hors: *outside of*
issus de: *coming from*
ménages: *households*
naissances: *births*
ne comptent qu': *include only*
un seul: *only one*
veuvage: *widowhood*

Prononcez bien!

 MP Audio CD2, Track 18

THE LETTER *e*

The pronunciation of the letter **e** in French varies considerably, depending on the type of accent mark that accompanies it.

◆ **é** When accompanied by an **accent aigu,** the letter **é** is pronounced like the vowel sound in the English word *fail;* however, the French vowel is not a diphthong—i.e., it is a single, steady sound. For example: **répéter, école, lycée.**

◆ **è, ê** When accompanied by an **accent grave** or an **accent circonflexe,** the letter **è, ê** is pronounced like the **e** in the English words *bed* and *belt*. For example: **mère, achète, êtes.**

◆ **e** When written without an accent, the letter **e** may represent three different sounds in French:

like **é** when followed by a silent consonant at the end of a word. For example: **les, parler, assez.**

like **è, ê** when followed by a pronounced consonant in the same syllable. For example: **elle, omelette.**

like **e** in **le** in two-letter words and at the end of a syllable. For example: **me, ne, petit.**

XXI.  MP Audio CD2, Track 19 **La voyelle e.** Do the following exercises dealing with the various sounds represented by the letter **e**.

A. Read each word aloud, being sure to pronounce **é** with enough tension to avoid a diphthong (i.e., letting the vowel slide to a different sound).

thé / café / église / métro / cathédrale / été / écoute / étudié / stéréo / téléphone / université / lycée / télévision

B. Now read each word aloud, being careful to pronounce **è** and **ê** with a short, open sound.

mère / père / frère / crème / achète / bibliothèque / êtes / fête

C. Now read each word aloud, being careful to distinguish among the three sounds of **e**.

like **é:** des / mes / aller / et toi? / assez / manger / avez

like **è** or **ê:** baguette / appelle / hôtel / express / lessive / vaisselle / il est

like **le:** de / le petit / demain / retour / demande / me / ne

D. Le *e* caduc. *(The falling or dropped e.)* Read each word aloud, dropping the **e** when indicated by a slash and retaining it when it's underlined.

sam¢di/ mercredi / om¢lette / méd¢cin / ach¢ter / appartement / bouch¢rie / tartelette / je n¢ vais pas / je n¢ veux pas / où est-c¢ que tu vas / pas d¢ pain

E. Finally, listen to this passage from Racine's French classical tragedy (17th century) written in verse, paying special attention to the various pronunciations of **e.** You should notice that in poetry the unaccented **e** in the middle of a word or a group of words is usually pronounced, unlike what happens in conversation.

Andromaque	Andromaque
Seigneur, que faites-vous, et que dira la Grèce?	*My lord, reflect. What will Greece say of you?*
Faut-il qu'un grand cœur montre tant de faiblesse?	*Must from so great a heart such weakness flow?*
Voulez-vous qu'un dessein si beau, si généreux,	*Must such a noble, generous design (plan)*
Passe pour le transport d'un esprit amoureux?	*Pass for the impulse of a doting heart?*
Captive, toujours triste, importune à moi-même,	*A captive, always hateful to herself,*
Pouvez-vous souhaiter qu'Andromaque vous aime?	*How can you wish me to return your love?*
Quels charmes ont pour vous des yeux infortunés	*What magic can you find in these sad eyes*
Qu'à des pleurs éternels vous avez condamnés?	*Condemned by you to everlasting tears?*
Non, non, d'un ennemi respecter la misère,	*No, to respect an enemy's mishaps,*
Sauver des malheureux, rendre un fils à sa mère,	*To give a son back to his mother's arms,*
De cent peuples pour lui combattre la rigueur,	*To fight a hundred nations' cruel will,*
Sans me faire payer son salut de mon cœur,	*Without expecting, as your price, my heart*
Malgré moi, s'il le faut, lui donner un asile:	*To give him refuge, even in spite of me,*
Seigneur, voilà des soins dignes du fils d'Achille.	*These aims are worthy of Achilles' son.*

◻ Intégration

ÉCRIVEZ!

XXII. **Voici ma famille.** Your family has invited a French-speaking high school student to spend the summer with you as part of an international exchange program. You're asked to write an e-mail to the exchange student, expressing your pleasure at her upcoming visit and describing the family. Complete the e-mail, first giving information about yourself and then, in the second paragraph, describing your family. Include in your desciptions physical appearance, work and/or interests, and personality traits.

Grammar: Adjective agreement; Adjective position; Present tense
Vocabulary: Family members; Leisure; Personality
Phrases: Describing people; Expressing an opinion; Welcoming

The information listed above may be of help as you do the writing assignment. If you have access to the *système-D Writing Assistant for French,* you will find these categories on your computerized program.

Chère Colette,

Je suis très heureux (heureuse) d'apprendre que vous allez passer l'été chez nous. Je m'appelle

_____ . J'ai _____ ans et je suis

étudiant(e) à _____ .

_____

_____

_____

_____

_____

Maintenant je voudrais vous faire une petite description de ma famille. Nous sommes

_____

_____

_____

_____

_____

_____

_____

_____

Nous attendons avec impatience votre arrivée. À bientôt.

Cordialement,

_____

Mise au point

The following exercises will help you review the grammatical structures you've studied in the chapter. The page numbers in parentheses refer to the explanations of these structures in this **Manuel de préparation.**

LES ADJECTIFS DE DESCRIPTION (MP, pages 144, 166)
LES ADJECTIFS POSSESSIFS (MP, page 159)

*XXIII. Comparez-les! Using the adjectives provided, describe the object or person indicated. Then, in comparison, describe a similar object or person from your own experience.

MODÈLES: Michel a une chambre dans une résidence universitaire. (grand / ensoleillé / joli)
Sa chambre est grande. Elle est ensoleillée. Elle est très jolie.

Toi, tu as une chambre aussi.
Ma chambre est (grande aussi). Mais elle est (sombre) et elle est (assez laide).

1. M. Navarre a une voiture. (grand / vieux / bleu)

   _____

   _____

   Toi, tu as (Tes parents ont) une voiture aussi.

   _____

   _____

2. Jacques habite dans un appartement. (petit / moderne / confortable)

   _____

   _____

   Tes amis (cousins, parents, etc.) habitent dans un appartement aussi.

   _____

   _____

3. Colette Michaud habite dans une maison. (petit / traditionnel / blanc)

   _____

   _____

   Tes parents (grands-parents) habitent dans une maison aussi.

   _____

   _____

4. Véronique a des grands-parents. (gentil / patient / bavard)

   _____

   _____

   Toi et tes frères (tes sœurs, tes cousins), vous avez des grands-parents aussi.

   _____

   _____

SOMMAIRE

This checklist is designed to help you review material for the chapter test. The vocabulary and communicative expressions from the chapter are also available on the online **Manuel de préparation** for listening and repetition.

Expressions

_____ To situate yourself (MC, p. 173)

_____ To give your age (MC, p. 184)

_____ To describe your family (MC, p. 184)

_____ To give a physical description of a person (MC, p. 192)

Vocabulaire

_____ Rooms of a house or apartment (MC, p. 170)

_____ Floors of a house or building (MC, p. 170)

_____ Adjectives describing a house or apartment (MC, p. 177)

_____ Furniture (MC, p. 178)

_____ Family members (MC, p. 183)

_____ Professions (MC, p. 186)

_____ Nationalities (MC, p. 187)

_____ Personality traits (MC, p. 194)

Grammaire

_____ Descriptive adjectives (MC, pp. 177, 195; MP, pp. 144, 166)

_____ Possessive adjectives (MC, p. 189; MP, p. 159)

Culture

_____ Housing in France (MC, p. 175)

_____ Housing in the Francophone world (MC, p. 180)

_____ Regional origins (MC, p. 188)

_____ Family in France (MC, p. 208)

◘ Lexique

Pour se situer — *(To situate oneself)*
à côté (de) — *next door (next to)*
à droite (de) — *to (on) the right (of)*
à gauche (de) — *to (on) the left (of)*
au bout (de) — *at the end (of)*
au (premier) étage — *on the (second) floor*
au rez-de-chaussée — *on the first (ground) floor*
au sous-sol — *in the basement*
devant — *in front of*
derrière — *behind*
en bas — *downstairs*
en haut — *upstairs*
en face (de) — *across (from)*
entre — *between*
(tout) près de — *(very) near*

Pour décrire une maison — *(To describe a house)*
être ancien(ne) — *to be old*
  beau (belle/bel) — *beautiful*
  bien aménagé(e) — *well set up, laid up*
  bien équipé(e) — *well equipped*
  confortable — *comfortable*
  ensoleillé(e) — *sunny*
  grand(e) — *large, tall, big*
  joli(e) — *pretty*
  laid(e) — *ugly*
  moche — *ugly*
  moderne — *modern*
  nouveau (nouvelle/nouvel) — *new*
  petit(e) — *little, small*
  propre — *clean*
  sale — *dirty*
  sombre — *dark*
  traditionnel(le) — *traditional*
  vieux (vieille/vieil) — *old*

Pour parler de son âge — *(To talk about one's age)*
avoir... ans — *to be . . . years old*
Quel âge as-tu (avez-vous)? — *How old are you?*
Quel âge tu as? — *How old are you? (familiar)*
J'ai (dix-neuf) ans. — *I'm (19) years old.*

Pour décrire sa famille — *(To describe your family)*
avoir (être d') une famille nombreuse — *to have (be from) a large family*
il y a... personnes dans (ma) famille — *there are . . . people in (my) family*
être fils (fille) unique — *to be an only son (daughter)*
être l'aîné(e) — *to be the eldest*
être marié(e) avec — *to be married to*
être divorcé(e) — *to be divorced*
être décédé(e) — *to be deceased*
être vivant(e) — *to be alive*

Pour parler de ses origines — *(To talk about one's origins)*
être d'origine + adjectif au féminin — *to be of . . . background*

Pour décrire le physique d'une personne — *(To give someone's physical description)*
avoir les cheveux blonds (bruns [châtains, marron], gris, noirs, roux) — *to have blond (brown, chestnut, gray, black [(dark], red) hair*
avoir les cheveux longs (courts, frisés, raides) — *to have long (short, curly, straight) hair*
être chauve — *to be bald*
avoir les yeux bleus (bruns, marron, verts) — *to have blue (brown, chestnut, green) eyes*
être (assez) âgé(e) — *to be (fairly) old*
  beau (belle) — *handsome (beautiful)*
  costaud — *stocky*
  grand(e) — *tall, big*
  jeune — *young*
  joli(e) — *pretty*
  maigre — *skinny*
  mince — *thin*
  petit(e) — *short, small*

Pour identifier les traits de caractère — *(To identify personality traits)*
être actif (active) — *to be active*
  ambitieux (ambitieuse) — *ambitious*
  bavard(e) — *talkative*
  courageux (courageuse) — *courageous, brave*
  cruel(le) — *cruel*
  de bonne (mauvaise) humeur — *good (ill)-humored, in a good (bad) mood*
  discret (discrète) — *discrete*
  dynamique — *dynamic*
  égoïste — *selfish, self-centered*
  frivole — *frivolous, flighty*
  généreux (généreuse) — *generous*
  gentil(le) — *nice*
  honnête — *honest*
  idéaliste — *idealistic*
  impatient(e) — *impatient*
  indépendant(e) — *independent*
  intellectuel(le) — *intellectual*
  intelligent(e) — *intelligent*
  malhonnête — *dishonest*
  marrant(e) — *funny*
  naïf (naïve) — *naïve, innocent*
  optimiste — *optimistic*
  paresseux (paresseuse) — *lazy*
  pessimiste — *pessimistic*
  réaliste — *realistic*

réservé(e)	*reserved*
sérieux (sérieuse)	*serious*
sportif (sportive)	*likes sports*

sympathique (sympa)	*nice*
timide	*timid, shy*
travailleur (travailleuse)	*hard-working*

Thèmes et contextes

Le logement	*(Housing)*	**la sœur**	*sister*
un appartement	*apartment*	**le demi-frère**	*half-brother, stepbrother*
une caravane	*trailer*	**la demi-sœur**	*half-sister, stepsister*
une maison	*house*	**les grands-parents** *(m.pl.)*	*grandparents*
une résidence universitaire	*dormitory*	**la grand-mère**	*grandmother*
		le grand-père	*grandfather*
La maison	*(House)*	**l'oncle** *(m.)* **/ la tante**	*uncle / aunt*
le balcon	*balcony*	**le cousin / la cousine**	*cousin*
le bureau	*study*	**le neveu / la nièce**	*niece/nephew*
le cabinet de toilette	*toilet, half-bath*	**la belle-mère /**	*stepmother (mother-in-law)/*
la cave (à vin)	*(wine) cellar*	**le beau-père**	*stepfather (father-in-law)*
la chambre (d'amis)	*bedroom (guest room)*		
le couloir	*hallway*	**Les professions** *(f.pl.)*	*(Professions)*
une cour	*courtyard*	**un acteur / une actrice**	*actor / actress*
la cuisine	*kitchen*	**un agriculteur / une**	*farmer*
l'entrée *(f.)*	*entryway*	**agricultrice**	
l'escalier *(m.)*	*stairs*	**un(e) architecte**	*architect*
le garage	*garage*	**un(e) artiste**	*artist*
le jardin	*yard, garden*	**un(e) assistant(e)**	*teaching assistant*
une pièce	*room*	**un(e) athlète**	*professional athlete*
la salle à manger	*dining room*	**professionnel(le)**	
la salle de bains	*bathroom*	**un(e) avocat(e)**	*lawyer*
la salle de séjour / le	*living room*	**un cadre / une femme cadre**	*business executive*
living / le salon		**un chanteur / une chanteuse**	*singer*
la terrasse	*terrace*	**un(e) commerçant(e)**	*shopkeeper*
la véranda	*porch*	**un(e) commercial(e)**	*traveling salesperson*
les WC *(m.pl.)* **/**	*toilet*	**un(e) comptable**	*accountant*
les toilettes *(f.pl.)*		**un(e) dentiste**	*dentist*
		un(e) élève	*elementary, middle-school, high*
Les meubles *(m.pl.)*	*(Furniture)*		*school student*
une armoire	*wardrobe, free-standing closet*	**un(e) employé(e) de maison**	*housekeeper*
un bureau	*desk*	**un(e) étudiant(e)**	*(university) student*
un canapé / un sofa	*couch, sofa*	**une femme au foyer**	*housewife*
une chaise	*chair*	**un fermier / une fermière**	*farmer*
une commode	*chest of drawers, dresser*	**un(e) fonctionnaire**	*civil servant*
une étagère	*bookshelf*	**un homme (une femme)**	*businessman / businesswoman*
un fauteuil	*armchair*	**d'affaires**	
une lampe	*lamp*	**un homme (une femme)**	*politician*
un lit	*bed*	**politique**	
une table	*table*	**un infirmier / une infirmière**	*nurse*
		un ingénieur / une femme	*engineer*
Les membres de la famille	*(Family members)*	**ingénieur**	
les parents *(m.pl.)*	*parents, relatives*	**un(e) journaliste**	*journalist, reporter*
la femme	*wife*	**un(e) mécanicien(ne)**	*mechanic*
le mari	*husband*	**un médecin / une femme**	*doctor*
la mère	*mother*	**médecin**	
le père	*father*	**un(e) musicien(ne)**	*musician*
les enfants *(m.pl.)*	*children*	**un ouvrier / une ouvrière**	*factory worker*
la fille	*daughter*	**un(e) pharmacien(ne)**	*pharmacist*
le fils	*son*	**un(e) prof, un professeur**	*teacher, professor*
le fils (la fille) unique	*only child*	**un programmeur / une**	*computer programmer*
le frère	*brother*	**programmeuse**	

un(e) représentant(e) de commerce	sales representative	espagnol(e)	Spanish
un(e) secrétaire	secretary	français(e)	French
un vendeur / une vendeuse	salesperson (in a store)	italien(ne)	Italian
		japonais(e)	Japanese
Les nationalités (f.pl.)	(Nationalities)	marocain(e)	Moroccan
allemand(e)	German	mexicain(e)	Mexican
américain(e)	American	portugais(e)	Portuguese
anglais(e)	English	québécois(e)	Quebecker
belge	Belgian	russe	Russian
canadien(ne)	Canadian	sénégalais(e)	Senegalese
chinois(e)	Chinese	suisse	Swiss
égyptien(ne)	Egyptian	vénézuélien(ne)	Venezuelan
		vietnamien(ne)	Vietnamese

Vocabulaire général

Noms

| une jeune fille au pair | au pair girl |
| une fleur | flower |

Autres expressions

| chez | at the home of, the place of |
| tous (toutes) les deux | both |

Verbes

| avoir l'air | to seem, appear, look |
| monter | to go up |

Branchez-vous!

Activité écrite: *Une lettre*

You're going to spend a semester studying in France and have requested to stay with a French family. To help the French housing director match you with a family, you write a short self-portrait describing yourself, your family background, your likes and dislikes, and your personality traits. Begin and end the letter as suggested below. Use a separate sheet of paper.

Système-D

Grammar: Adjective agreement; Adjective position; Possessive adjectives
Vocabulary: Nationality; Personality; Professions
Phrases: Describing people; Writing a letter (formal)

BEGIN: Chère Madame,

   Suite à votre lettre du 15 juin, voici quelques renseignements personnels pour vous aider à me trouver une famille.

END: En attendant avec impatience mon séjour en France, je vous prie de croire à mes sentiments les meilleurs.

◘ Activité écrite: *Le courrier électronique*

You've just learned that a French exchange student will be coming to spend three weeks with you and your family. Send him/her an e-mail in which you describe yourself and your family as well as where you live. Follow the format suggested below. Use a separate sheet of paper or, if your instructor agrees, send him/her the e-mail.

 Grammar: Adjective agreement; Adjective position; Future with **aller**; Possessive adjectives
Vocabulary: Family members; House; People; Personality
Phrases: Describing people; Expressing an opinion; Writing a letter (informal)

À: *[e-mail address of your correspondent]*

De: *[your e-mail address]*

Objet: Lettre d'accueil *(Letter of greeting)*

Cher (Chère)...

Ma famille et moi, nous sommes très heureux d'apprendre que vous allez passer trois semaines chez nous. Nous attendons avec impatience votre arrivée.

[description of you, of your family, and of where you live]

Je suis sûr(e) que nous allons bien nous amuser ensemble. À bientôt.

◘ Exercice d'écoute: *Qui est le coupable?* MP Audio CD2, TRACK 20

You're at the airport, listening to your walkman while waiting for a plane. You hear a report about a crime that has just been committed. A witness describes the criminal, and then the police indicate that he is believed to be heading for the airport. Suddenly, you notice a person who seems to fit the description. Circle the drawing of the person who looks like the criminal, then write your own description of that person. Use a separate sheet of paper.

asperge: *asparagus*
bronzé: *tanned*
nez: *nose*
visage: *face*

◘ Exercice d'écoute: *Trois appartements*

 MP Audio CD2, TRACK 21

Listen to the radio announcements describing three different apartments for rent. Then write the number of the apartment that best fits each of the following sets of requirements.

You and your friends are looking for a large apartment not far from the university. You want at least two bedrooms, a living room, and preferably a dining room. You need a large bathroom. Since you don't have any furniture, you need a furnished apartment that has a fully equipped kitchen. If the utilities are included, you can pay as much as 800 euros per month.

Appartement numéro _____

A family you know is looking for an unfurnished apartment in the suburbs. They don't want to pay more than 1,500 euros a month. The apartment should have three bedrooms, a large bathroom, a living room, and a modern kitchen.

Appartement numéro _____

Your parents are going to spend a year in France. They're interested in an apartment that has at least two bedrooms and are willing to live in the suburbs. They would like a living room, but they don't care about a dining room. They're hoping to pay 1,100 euros or less per month.

Appartement numéro _____

◘ Enregistrement: *Ma famille et moi*

Your family will be hosting a young French person for two weeks next summer. One of the program's requirements is that you send a cassette describing a little of what the French visitor can expect to find when he/she arrives at your home. Your family has asked you to make this cassette in French. Include on your recording basic information about yourself and other family members as well as a description of your house or apartment.

◘ Jeu: *Qui gagne le lecteur CD?*

Five students of different nationalities are attending a private school in Switzerland. One of them would like a CD player, but his/her parents refuse to buy one. However, he/she enters a lottery and wins the first prize—a CD player! Using the cues given, find out which of the five students is the winner.

HINT: After reading each clue, write something down. If you can fill in one of the boxes in the chart, do so. For example, for the statement **Le garçon canadien a un frère et une sœur,** put **Montréal** in the city box next to the number 2 in the **Frères et sœurs** column. If you don't get enough information to fill a box, jot down a connection outside of the chart. For example, for **Éric aime écouter des CD de Bruce Springsteen,** write down **Éric CD →** **musique.** Be careful: write only one name or item per box!

Les élèves s'appellent Jacques, Louise, Éric, Sara et Peter.

Ils sont de Londres, Paris, New York, Montréal et Madrid.

Ils ont le nombre suivant de frères et sœurs: 0, 1, 2, 3, 4.

Les pères des lycéens sont avocat, ingénieur, homme d'affaires, médecin et professeur.

Les élèves aiment beaucoup la musique, le football, le cinéma, le théâtre et la politique.

Ils ont (ou voudraient avoir) une voiture, un magnétoscope, un lecteur CD, une chaîne hi-fi et une moto.

1. Le jeune Canadien a un frère et une sœur.
2. Éric aime écouter des CD de Bruce Springsteen.
3. La fille anglaise s'intéresse beaucoup aux élections.
4. Éric n'est pas canadien.
5. Le père de Sara travaille dans une université. Il enseigne la littérature.
6. L'élève qui a une Kawasaki 500 a un frère et n'a pas de sœurs.
7. Sara aime regarder les films d'épouvante.
8. Le père de Sara parle espagnol.
9. Le fils du médecin a beaucoup de cassettes.
10. L'élève qui aime le sport est canadien.
11. Le médecin a trois filles et deux fils.
12. Le fils de l'homme d'affaires aime beaucoup Shakespeare et Molière.
13. Jacques adore le football.
14. Louise est la fille de l'ingénieur.
15. Sara a deux frères et une sœur.
16. Le père canadien n'est pas ingénieur et il n'est pas dans les affaires.
17. Peter voudrait être à Broadway.
18. Le fils de l'avocat a une Volkswagen.
19. La fille du professeur invite ses amis à regarder des vidéos.
20. Le fils de l'homme d'affaires a un frère, mais il n'a pas de sœurs.

Qui gagne le lecteur CD? _____

Nom	Ville d'origine	Frères et sœurs	Profession du père	Activités	Possessions
		0			
		1			
		2			
		3			
		4			

CHAPITRE 5

Une journée chargée

Manuel de classe, pages 210–217

À faire! (5-1)

As a *follow-up* to work done in class with time, daily routines, and the verbs **partir** and **quitter,** read pages 211–216 in the **Manuel de classe** and do Exercises I, II, III, and IV.

As *preparation* for the next class, do the following:
• read the explanation of pronominal verbs;
• 💿 listen to MP Audio CD3, TRACKS 2–3;
• write Exercises V, VI, VII, and VIII;
• take **Contrôle 13.**

◘ **Contexte:** *La journée des enfants Batailler*

*1. La journée de M. et Mme Batailler. On the basis of the drawings, answer the questions about the parents' routine.

1. À quelle heure est-ce que M. Batailler se lève?

_____

2. Qu'est-ce qu'il fait ensuite?

_____

REMEMBER! An asterisk (*) preceding an exercise number indicates that the exercise is self-correcting. You will find the answers to **Chapitre 5** at the back of this **Manuel de préparation,** beginning on page 376.

183 ◘

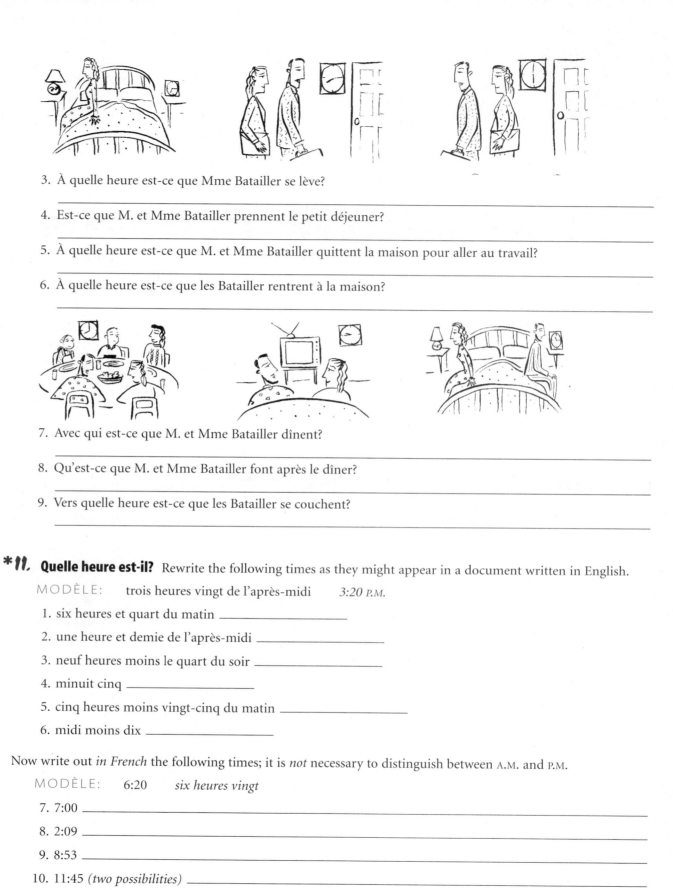

3. À quelle heure est-ce que Mme Batailler se lève?

_____

4. Est-ce que M. et Mme Batailler prennent le petit déjeuner?

_____

5. À quelle heure est-ce que M. et Mme Batailler quittent la maison pour aller au travail?

_____

6. À quelle heure est-ce que les Batailler rentrent à la maison?

_____

7. Avec qui est-ce que M. et Mme Batailler dînent?

_____

8. Qu'est-ce que M. et Mme Batailler font après le dîner?

_____

9. Vers quelle heure est-ce que les Batailler se couchent?

_____

*11. Quelle heure est-il? Rewrite the following times as they might appear in a document written in English.

MODÈLE: trois heures vingt de l'après-midi   _3:20 P.M._

1. six heures et quart du matin _____

2. une heure et demie de l'après-midi _____

3. neuf heures moins le quart du soir _____

4. minuit cinq _____

5. cinq heures moins vingt-cinq du matin _____

6. midi moins dix _____

Now write out _in French_ the following times; it is _not_ necessary to distinguish between A.M. and P.M.

MODÈLE: 6:20   _six heures vingt_

7. 7:00 _____

8. 2:09 _____

9. 8:53 _____

10. 11:45 _(two possibilities)_ _____

11. 4:15 _____

12. 6:30 _____

FLASH GRAMMAIRE

Les verbes *partir (to leave)* et *quitter (to leave)*

partir	quitter
je **pars**	je **quitte** (la maison)
tu **pars**	tu **quittes** (la maison)
il/elle/on **part**	il/elle/on **quitte** (la maison)
nous **partons**	nous **quittons** (la maison)
vous **partez**	vous **quittez** (la maison)
ils/elles **partent**	ils/elles **quittent** (la maison)
PASSÉ COMPOSÉ: **parti** (être)	PASSÉ COMPOSÉ: **quitté** (avoir)

Un petit truc

The verb **quitter** can also be used with people.

Je dois vous quitter maintenant.
I have to leave (you) now.

Ils ont quitté leurs amis vers 21h.
They left their friends at about 9 P.M.

The verb **partir** can be used alone or with a preposition (such as **à** [*to, for*] or **pour** [*for*]).
> **Je pars** à 8h.
> **Elle part** à l'université.
> **Ils sont partis** à (pour) New York.

The verb **quitter** must have a direct object.
> **Je quitte la maison** à 8h.
> **Nous quittons l'université** après notre dernier cours.
> **Ils ont quitté l'hôtel** hier matin.

---

*III. Le verbe *partir*. Classes are over for the year for Claire Maurant. Her teacher asks about her summer plans. Use the present tense of **partir** (except for the last item, which requires the **passé composé** of **partir**).

—Tu _____ aujourd'hui?

—Oui, je _____ pour la Suisse avec ma cousine.

—C'est formidable! Vous _____ en avion?

—Non, non. Nous _____ en voiture.

—Et vos parents, quand est-ce qu'ils _____?

—Mon père _____ le 15. Ma mère _____ la semaine dernière.

—Eh bien, au revoir! Et bonnes vacances!

*IV. Les verbes *partir* et *quitter*.

A. First, fill in the blanks using the appropriate form of either **partir** or **quitter.** Choose the tense (present or **passé composé**) on the basis of the time expressions.

1. Hier matin, je _____ la maison avant 7h.

2. Quand est-ce que tu _____ pour l'Angleterre?

3. Je _____ en vacances la semaine prochaine.

4. Mon amie Suzanne _____ en vacances la semaine dernière.

5. À quelle heure est-ce qu'elle _____ son travail normalement?

6. Vendredi dernier, nous _____ la maison après les enfants.

B. Now use the elements provided to ask a question and then to give an answer (invent the time or the day).

MODÈLES: à quelle heure / vous / partir pour Chicago (présent)
—*À quelle heure est-ce que vous partez pour Chicago?*
—*Nous partons pour Chicago à (onze heures).*

1. à quelle heure / tu / quitter la maison / normalement le matin (présent)

_____

_____

2. quand / vous / partir pour Miami (passé composé)

_____

_____

3. à quelle heure / tu / quitter le restaurant (passé composé)

_____

_____

4. quand / ils / partir en vacances (présent)

_____

_____

◻ **Structure grammaticale:** *Pronominal verbs*

DEUX ÉTUDIANTS

◉ MP Audio CD3, TRACK 2

HENRI: Comment! Chantal ne fait pas ses études *(doesn't go to school)* ici à Bordeaux?
PAULETTE: Mais non, elle est à l'université de Grenoble.
HENRI: Alors, quand est-ce que **vous vous parlez?**
PAULETTE: C'est facile! **Je me lève** à 7h. **Elle se lève** à 7h aussi. **Nous nous téléphonons** avant les cours.

EXPLICATION

First, read the following **Explication** section, then listen to the audio track that accompanies it. MP Audio CD3, Track 3

Pronominal verbs are verbs that require a pronoun in addition to the subject. This additional pronoun can have two different meanings.

◆ In some cases, it expresses an action that *reflects back* on the subject (reflexive).

Je me lève.	*I get up. (Literally, I get myself up.)*
Elle s'habille.	*She gets dressed. (Literally, she dresses herself.)*

◆ In other cases, it expresses a reciprocal action in which two or more subjects *interact*. In these cases, the subject is always plural.

Nous nous téléphonons.	*We call each other.*
Ils se retrouvent au café.	*They meet (each other) at the café.*

In both cases, the subject (noun or pronoun) is accompanied by its corresponding reflexive (**me, te, se, nous, vous, se**) or reciprocal (**nous, vous, se**) pronoun. This pronoun usually comes directly before the verb, and the verb endings remain the same. For example, the verb **s'habiller** is conjugated as follows:

je **m'habille**	nous **nous habillons**
tu **t'habilles**	vous **vous habillez**
il/elle/on **s'habille**	ils/elles **s'habillent**

Here is a list of some frequently used pronominal verbs.

REFLEXIVES	
s'amuser	to have a good time
se coucher	to go to bed
s'habiller	to get dressed
se lever	to get up
se préparer (pour)	to get ready (for)
se promener	to go for a walk
se promener à vélo (en voiture)	to go for a bike (car) ride
se reposer	to rest

RECIPROCALS	
se parler	to speak (talk) to each other
se retrouver	to meet (each other, by previous arrangement)
se téléphoner	to call, phone each other
se voir	to see each other

Application

*V. Les verbes pronominaux

A. Chez nous, on se couche à... Tell the usual bedtime of each family member by completing the sentences with the appropriate form of the pronominal verb **se coucher.**

1. Ma petite sœur _____ à 9h.

2. Mes parents _____ entre 10h et 11h.

3. En semaine, mon frère et moi, nous _____ vers 11h.

4. Le week-end je _____ vers minuit.

5. Tes sœurs et toi, à quelle heure est-ce que vous _____ d'habitude?

6. Alors, tu _____ après moi.

B. Chez nous, on se lève à... Tell the usual time each family member gets up by completing the sentences with the appropriate form of the pronominal verb **se lever.**

1. Ma petite sœur _____ à 7h30.

2. Mes parents _____ entre 6h et 7h.

3. En semaine, mon frère et moi, nous _____ vers 7h30.

4. Le week-end, je _____ après 11h.

5. Tes sœurs et toi, à quelle heure est-ce que vous _____ d'habitude?

6. Alors, tu _____ avant moi.

> **Un petit truc**
> The verb **se lever** requires an **è** instead of an **e** whenever the vowel following the **v** is NOT pronounced: **je me lève, il se lève,** BUT **nous nous levons.** In this sense, it's like the verb **acheter.**

EXPLICATION (SUITE)

First, read the following **Explication** section, then listen to the audio track that accompanies it. MP Audio CD3, TRACK 3

◆ To ask a question with a pronominal verb, use intonation, **est-ce que,** or an interrogative expression:

Vous vous levez de bonne heure?	*Do you get up early?*
Est-ce que tu t'amuses?	*Are you having a good time?*
À quelle heure est-ce qu'ils se couchent?	*What time do they go to bed?*

◆ To make a negative statement with a pronominal verb, put **ne** in front of the reflexive or reciprocal pronoun and **pas** or **jamais** immediately after the verb:

Je ne me lève jamais avant 8h.	*I never get up before 8 o'clock.*
Nous ne nous parlons pas très souvent.	*We don't talk to each other very often.*

◆ The reflexive or reciprocal pronoun must agree with the subject even when the verb remains in the infinitive form:

Je vais me coucher à 9h ce soir.	*I'm going to go to bed at 9:00 tonight.*
Où est-ce qu'ils vont se retrouver?	*Where are they going to meet?*

> **Un petit truc**
> It may help you to learn to work with pronominal verbs if you memorize these two combinations. Anytime someone asks you a question with **tu te** or **vous vous,** the answer must be **je me** or **nous nous.**
>
> | QUESTION | ANSWER |
> |---|---|
> | **tu te... ?** | **je me...** |
> | **vous vous... ?** | **je me...** OR **nous nous...** |

Application

*VI. Les verbes pronominaux (suite)

A. Des questions. Use the elements to ask questions using pronominal verbs.

MODÈLE: vous / s'amuser (est-ce que)
Est-ce que vous vous amusez?

1. tu / s'amuser (est-ce que)

_____

2. elles / s'amuser (est-ce que)

_____

3. vous / se lever d'habitude (à quelle heure)

_____

4. il / se coucher normalement (quand)

_____

5. nous / se retrouver (où)

_____

6. ils / se voir souvent (est-ce que)

_____

B. Au négatif. Using the expressions in parentheses, make the following sentences negative.

   MODÈLE: Il se lève de bonne heure. (ne... pas)
               Il ne se lève pas de bonne heure.

   7. Ils s'amusent beaucoup. (ne... pas)

_____

   8. Je me couche après minuit. (ne... jamais)

_____

   9. Elles se téléphonent souvent. (ne... pas)

_____

   10. Vous vous reposez tous les jours. (ne... pas)

_____

   11. Elle se promène à vélo. (ne... jamais)

_____

   12. Nous nous voyons régulièrement. (ne... pas)

_____

C. Qu'est-ce qu'on va faire demain? Use **aller** and the suggested infinitive to indicate what the various people are planning to do tomorrow.

   MODÈLE: Jacques / se reposer
               Jacques va se reposer.

   11. je / se promener dans le parc

_____

   12. nous / se reposer

_____

   13. tu / se coucher de bonne heure

_____

   14. elles / se promener à vélo

_____

   15. je / se lever tard *(late)*

_____

*VII. Le matin, chez les Cousineau...   Annick Cousineau is telling what happens at her house on a typical weekday morning. Use the cues to write sentences describing these activities.

>   MODÈLE: mon père / se lever / de bonne heure *(early)*
>   *Mon père se lève de bonne heure.*

1. moi, je / ne pas se lever / avant 8h

_____

2. mon père et ma mère / ne pas se parler / le matin

_____

3. ma mère / aimer / se promener toute seule *(all by herself)* à vélo

_____

4. mon frère et moi, nous / ne pas se parler / non plus

_____

5. *(question)* ta famille et toi, vous / s'amuser / le matin / ?

_____

*VIII. Le dimanche.   Véronique Béziers explains what she does on Sundays. Use the cues to create her explanation. Unless otherwise specified, the subject of the sentence is **je.** Be careful! Not all the verbs are pronominal.

1. d'habitude / s'amuser bien / le dimanche

_____

2. prendre / un café et des croissants

_____

3. téléphoner à / mon amie Patricia

_____

4. (nous) se parler au téléphone / pendant une heure ou deux

_____

5. s'habiller

_____

6. déjeuner / avec ma famille

_____

7. quelquefois / (Patricia et moi, nous) / se retrouver en ville / pour aller voir un film

_____

8. quelquefois / (nous) se promener / au jardin public

_____

9. rentrer à la maison / entre 6h et 7h

_____

10. le soir / se préparer pour la semaine

_____

11. se coucher / vers 10h30 ou 11h

_____

12. le dimanche, c'est le jour de la semaine où / (on) se reposer

_____

◻ Contrôle 13: *Pronominal verbs*

Complete these vacation letters, using the appropriate form of the verb in parentheses.

Chers Maman et Papa,

Tout va bien ici! J'adore la maison d'oncle Jacques. On passe toute la journée à faire du sport et on (manger) (1)_____ très bien. Le seul problème, c'est que nous (se lever) (2)_____ de très bonne heure (6h30 du matin) et que nous (se coucher) (3)_____ assez tôt aussi (9h ou 10h du soir). À part ça, c'est vraiment très bien et je (s'amuser) (4)_____ beaucoup.

Grosses bises,

Édouard

Salut, Annick!

Comment vont les vacances? Tu (s'amuser) (1)_____ bien? Toi et Jean-Pierre, vous (se téléphoner) (2)_____ de temps en temps?

La vie ici n'est pas très gaie. Il n'y a pas grand-chose à faire. Je (ne pas se lever) (3)_____ avant 11h du matin. Puis je (prendre) (4)_____ quelque chose à manger. Mes parents (ils sont profs, tu sais!) (se préparer) (5)_____ pour la rentrée. Et moi, je suis seule avec ma grand-mère. Nous (se parler) (6)_____ pendant des heures ou plutôt elle parle et moi, j'écoute. Le soir, après le dîner, je (se promener) (7)_____ avec mes parents. Nous (rentrer) (8)_____ et nous regardons la télé. On (se coucher) (9)_____ vers 10h30. C'est vraiment ennuyeux (boring)!

À bientôt,

Mireille

> You will find the correct answers on page 377. Give yourself 1 point for each correct verb form. A perfect score is 13. If your score is less than 10, you should review the conjugation of pronominal verbs before going to class.

À faire! (5-2)

Manuel de préparation, pages 218–223

As a *follow-up* to work on pronominal verbs, daily routine, and the verbs **faire** and **mettre,** do Exercises IX, X, and XI.

As a *follow-up* to vocabulary and verbs presented in class, do Exercises XII, XIII, XIV, and XV.

ÉCRIVEZ!

IX. Ma journée. Write a short description in French of your daily routine at your university. Include information about your morning activities, when and where you eat lunch, at what time you return to your dorm room (or apartment or house), and your evening activities. Use a separate sheet of paper.

Grammar: Present tense: Reflexive construction with **se**
Vocabulary: Food; Meals; Time expressions; Time of day; Toilette
Phrases: Linking ideas; Sequencing events; Telling time

VOCABULAIRE UTILE: **aller à mon premier cours** (*to go to my first class*) / **le restaurant universitaire** / **la résidence (universitaire)** (*dormitory*)

LISEZ!

La journée de Claire

Claire Renaudet is a French **lycée** student who lives in Nantes, a city of 250,000 inhabitants located in western France. In this passage, she describes typical school and weekend days.

> Je me lève à 7h 20 et je prends mon petit déjeuner. Puis je me prépare, ce qui me prend à peu près trois-quarts d'heure. Je pars au lycée à 8h 10. J'y vais à pied car il n'y a pas d'autobus qui y aille directement. Cela me prend environ 20 minutes. Généralement mes cours commencent à 8h 30. A midi j'ai une heure et demie pour manger: de 12h 30 à 14h. Je déjeune à la cantine du lycée. Après le déjeuner, je vais dans les classes libres (pour faire mes devoirs) ou je sors du lycée pour me promener avec mes copains. Normalement les cours finissent entre 16h et 17h. Puis je rentre chez moi. Une fois rentrée, je fais mes devoirs pour le lendemain. Chez nous, on dîne vers 19h 45. C'est ma mère qui prépare les repas. Après le dîner, je fais la vaisselle. Puis il y a encore des devoirs! Je me couche généralement vers 10h 30. Ce n'est pas très amusant!
>
> C'est pour ça que je préfère le week-end. Les week-ends français commencent le samedi après-midi après le lycée. Par conséquent, le samedi matin, je me lève à 7h 20 aussi. Après les cours je vais au café avec des amis ou je fais du shopping. Le samedi soir nous allons au cinéma ou nous allons danser. Le dimanche matin, je ne me lève pas tôt ... je fais la grasse matinée jusqu'à 10h. Ensuite je prends mon petit déjeuner avec mes parents. L'après-midi, j'aime me promener avec ma copine Véronique. Et le dimanche soir, si j'ai le temps, je regarde la télé car il y a souvent de bons films.

X. L'écriture (*Handwriting.*) While letters and numbers are the same in both French and English, differences in handwriting styles between the two languages can cause some problems.

A. Les lettres. Rewrite the following words in your own handwriting. Then circle any letters that are formed in a different fashion in French.

1. *mademoiselle* _____
2. *français* _____
3. *généralement* _____
4. *préparer* _____

5. *téléviseur* _____
6. *nature* _____
7. *déjeuner* _____
8. *avez-vous* _____

B. Les chiffres. (*Numbers.*) Study the handwritten French numbers below, then rewrite the following numbers in your own handwriting. Circle the numbers that are formed differently in French.

0 1 2 3 4 5 6 7 8 9

1. 36 _____
2. 50 _____
3. 27 _____
4. 11 _____

5. 49 _____
6. 47 _____
7. 18 _____
8. 62 _____

XI. Comparons! Compare Claire Renaudet's daily schedule with that of a high school student in the town or city where you grew up. Include in your comparison both similarities and differences. Write in French, and use a separate sheet of paper.

Grammar: Reflexive construction with **se**
Vocabulary: Days of the week; Time expressions; Time of day
Phrases: Comparing and contrasting; Sequencing events; Weighing alternatives

En France et aux États-Unis, on...
En France, on... , mais aux États-Unis on...

◧ **Contexte:** *Que font les enfants à la maison?*

＊XII. Deux frères—Philippe et François Jacquemart. Philippe Jacquemart and his older brother, François, don't particularly like doing chores. However, they have no choice. On the basis of the drawings, answer the questions about the tasks they perform.

1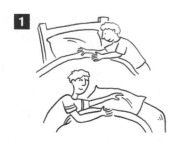

2

3

4

5

1. Qu'est-ce que Philippe et François font le matin avant d'aller à l'école?

_____

2. Qu'est-ce que Philippe fait l'après-midi après l'école? (2 activités) _____

3. Qu'est-ce que François fait pour aider avec le dîner? (2 activités)

_____

_____

4. Que fait François après le dîner?

_____

5. Qu'est-ce qu'ils font le samedi matin?

_____

XIII. Chez moi. Make a list of chores that you perform when you're home and chores that you don't ever do.

MODÈLES: _J'aide à faire la vaisselle._
             Je ne vide jamais la poubelle.

CE QUE JE FAIS	CE QUE JE NE FAIS JAMAIS
_____	_____
_____	_____
_____	_____
_____	_____
_____	_____
_____	_____
_____	_____

*XIV. Le verbe *faire*

A. Les activités de la famille Malavoy. Julien Malavoy talks about what he and his family do during their leisure time. Use appropriate forms of the *present* tense of **faire** to complete the questions and answers.

FLASH **GRAMMAIRE**

The verb *faire* *(to do, to make)*

je **fais**	nous **faisons**
tu **fais**	vous **faites**
il/elle/on **fait**	ils/elles **font**

PASSÉ COMPOSÉ: fait (avoir)

1. Alors, Julien, qu'est-ce que tu _____ pour t'amuser?

2. Moi, je _____ du ski.

3. Et tes parents, qu'est-ce qu'ils _____ pour s'amuser?

4. Ma mère _____ du tennis et mon père, lui, il _____ de la natation *(swimming).*

5. Tes sœurs et toi, est-ce que vous _____ aussi du tennis et de la natation?

6. Nous _____ du tennis, mais pas de natation.

B. Now complete the sentences with the appropriate form of the **passé composé** of faire.

7. Qu'est-ce que tu _____ hier soir, Julien?

8. J' _____ une promenade à vélo avec ma copine Isabelle.

9. Et les autres membres de la famille, qu'est-ce qu'ils _____?

*XV. Le verbe *mettre*.

A. Les vêtements des Malavoy. Now Julien's sister, Annick, talks about the clothes the family puts on. Complete the questions and answers with the appropriate form of the *present* of **mettre.**

FLASH **GRAMMAIRE**

The verb *mettre* *(to put [on], to set [the table])*

je **mets**	nous **mettons**
tu **mets**	vous **mettez**
il/elle/on **met**	ils/elles **mettent**

PASSÉ COMPOSÉ: mis (avoir)

1. Annick, qu'est-ce que tu _____ quand tu sors le soir?

2. Normalement, je _____ un jean et un chemisier ou un tee-shirt.

3. Est-ce que tes parents _____ toujours des vêtements qui sont à la mode *(in fashion)*?

4. Ma mère _____ toujours quelque chose de très chic, mais pas mon père.

5. Et quand il fait froid *(when it's cold out),* ton frère et toi, vous _____ un pull-over?

6. Oui, nous _____ un pull-over ou un sweat.

B. Now complete these sentences with the appropriate form of the **passé composé** of mettre.

7. Est-ce que tu _____ la table?

8. Oui, Julien et moi, nous _____ la table.

À faire! (5-3)

Manuel de classe, pages 224–233

As a *follow-up* to work done in class with additional household tasks, do Exercise XVI.

As a *follow-up* to work done in class on holidays, dates, and vacations, do the following:
• write Exercises XVII and XVIII;
• read the survey on French vacation habits and write Exercises XIX and XX.
• 💿 listen to MP Audio CD3, TRACK 4;
• 💿 listen to MP Audio CD3, TRACK 5 while doing Exercise XXI.

In *preparation* for work in class, do the following:
• read the explanation of the **passé composé** of pronominal verbs;
• 💿 listen to MP Audio CD3, TRACKS 6–7;
• write Exercises XXII and XXIII;
• take **Contrôle 14.**

*XVI. Chez les Malavoy. On the basis of the drawings, complete the description of how the Malavoy family divides up the household chores.

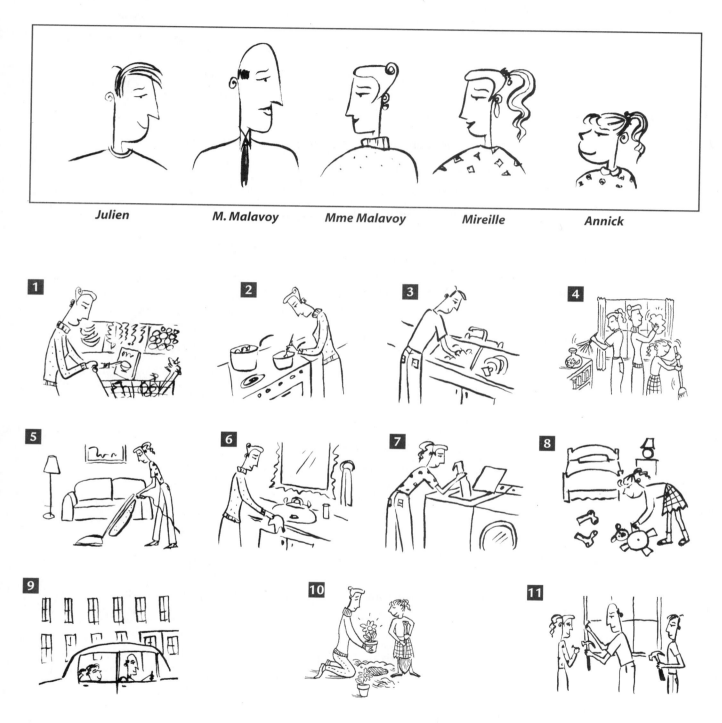

Julien *M. Malavoy* *Mme Malavoy* *Mireille* *Annick*

Mme Malavoy s'occupe des repas. Elle (1)_____ et elle
(2)_____. Mais c'est Julien qui (3)_____.

Mireille et Annick aident leur mère à (4)_____: Mireille
(5)_____; Mme Malavoy (6)_____ et Mireille
(7)_____; Annick (8)_____.

Annick va à l'école primaire. M. Malavoy (9)_____.

Le week-end, Mme Malavoy et Annick (10)_____. Mireille et Julien aident
leur père à (11)_____.

◘ Contexte: *L'année des Français*

*XVII. **Les fêtes aux États-Unis.** Donnez la date où on célèbre les fêtes américaines. Si la date varie, donnez la date de cette année.

MODÈLE: Noël
C'est le 25 décembre.

1. le Jour de l'An _____
2. la Saint-Valentin _____
3. le jour de Mardi gras _____
4. le dimanche de Pâques _____
5. la fête nationale américaine _____
6. la Fête du Travail (*Labor Day*) _____
7. Halloween _____
8. le jour de Thanksgiving _____

*XVIII. **Le 16 septembre 2001.** Whenever Mireille Malavoy gets to class, she takes out her notebook and immediately writes down the date in preparation for taking notes. Translate Mireille's shorthand version of the dates into words.

MODÈLE: 16.9.01
le 16 septembre 2001

1. 4.3.02 _____
2. 20.6.02 _____
3. 1.12.01 _____
4. 15.11.01 _____
5. 10.2.02 _____
6. 28.1.02 _____
7. 17.10.01 _____
8. 11.4.02 _____

LISEZ!

*XIX. Des recherches. Your instructor has asked you to do a project on French vacation habits. As part of your research, you consult information shown from the statistical encyclopedia *Quid* for the answers to the following questions.

Tourisme: Statistiques

Pays visités. Arrivées aux frontières par nationalité (en milliers). France. 36 748 dont 7 656 All.; 5 035 Britanniques; 3 678 Hollandais; 3 714 Suisses; 3 043 Belges; 2 768 Amér. du N.; 2 347 Italiens.

Touristes étrangers. Quels pays visitent-ils (en milliers)? Français. Espagne 9 982; Italie 8 462; G.-B. 1 632; All. 575; Suisse 531; Autriche 499; Yougoslavie 432; Grèce 406; États-Unis 334; Portugal 313; P.-Bas 261; Turquie 103.

Statistiques françaises. Hébergement. Lits 15.8 millions dont en %: villages de vacances et maisons familiales 1,7; hôtellerie 10,2; gîtes et chambres d'hôtes 1; résidences secondaires 71,6.

Hôtels classés. 19 859 (chambres 496 677) dont: *1 étoile:* 10 256 (172 790); *2 ét.:* 7 021 (192 137); *3 ét.:* 1 447 (645 089); *4 ét.:* 281 (18 735); *4 ét. luxe:* 127 (17 667).

Camping-caravaning (terrains classés). Terrains 8 684 (places 2 498 014 en 1985) dont: *1 étoile:* 1 510 (227 629); *2 ét.:* 4 723 (1 280 663); *3 ét.:* 1 447 (645 089); *4 ét.:* 472 (286 832).

Maisons familiales de vacances. 840 (lits 89 221). **Villages de vacances agréés:** 580 (201 022). **Auberges de jeunesse:** 330 (18 452).

Vacances dans l'année. Mode de transport (%). Auto 76,6 (Parisiens 54,5); train 11,7 (29,6); avion 6,1 (13,3); car 3,7 (0,7). **Séjours (genre) en %.** Mer 32,2; campagne 27,6; montagne hors sports d'hiver 24,7; circuit 3,4.

---

1. To save space when dealing with large numbers, statisticians often leave off the zeros. Some of the figures listed are rounded off **en milliers** *(in thousands)*. Remember also that, in French, decimals are expressed with a comma (3,7%) rather than with a period as in English.

   a. How many Germans visited France? _____

   b. How many tourists came from North America? _____

   c. How many French people visited Italy? _____

   d. How many French people came to the United States? _____

   e. What region did some 1,632,000 French people visit? _____

2. a. When on vacation in France, where do the majority of people spend the night? _____

   b. Among the hotels that are rated in France, the greatest number receive how many stars? _____

   c. Is this also true for campgrounds? _____

   d. How many spaces are available in youth hostels in France on a given night? _____

3. When going on vacation, do Parisians and people living in the provinces travel in the same way? Explain.

   _____

   _____

4. What is the most popular kind of vacation for the French? And what is the least popular? _____

   _____

ХХ. Et maintenant à vous! A French friend is doing research about vacation and leisure-time habits in the United States. She sends you a questionnaire to fill out about you and your family.

	toujours	souvent	de temps en temps	rarement	jamais

Les vacances

Quand vous et votre famille partez en vacances...

	toujours	souvent	de temps en temps	rarement	jamais
1. est-ce que vous quittez l'état *(state)* où vous habitez?					
2. est-ce que vous quittez votre région? (le Sud, le «Middle-West», etc.)					
3. est-ce que vous quittez votre pays *(country)*?					
4. est-ce que vous voyagez en voiture?					
5. est-ce que vous voyagez en avion?					
6. est-ce que vous prenez le train?					
7. est-ce que vous allez au bord de la mer?					
8. est-ce que vous allez à la montagne?					
9. est-ce que vous allez à la campagne?					
10. est-ce que vous rendez visite à des membres de votre famille?					
11. est-ce que vous descendez dans un hôtel?					
12. est-ce que vous faites du camping?					

Les activités

Quand vous et votre famille êtes en vacances...

	toujours	souvent	de temps en temps	rarement	jamais
13. est-ce que vous nagez?					
14. est-ce que vous faites de la voile?					
15. est-ce que vous faites de la planche à voile?					
16. est-ce que vous faites de la randonnée?					
17. est-ce que vous vous promenez à bicyclette?					
18. est-ce que vous vous promenez à pied?					
17. est-ce que vous jouez au golf?					
19. est-ce que vous jouez au tennis?					
20. est-ce que vous faites du ski?					
21. est-ce que vous faites du tourisme?					
22. est-ce que vous lisez *(read)*?					

Prononcez bien!

THE CONSONANT *l* AND THE COMBINATIONS *il*, *ll*, AND *ill*

◆ **l**   In general, the single consonant **l** is pronounced [l] as in the English word *lake*.

    la   **Italie**   **hôtel**

◆ **il**   At the end of a word, the combination **il** is pronounced [il] when preceded by a consonant.

    avril   **mil**   **péril**

When preceded by a vowel, the combination **il** is pronounced [j] as in the English word *you*.

    travail   **détail**   **soleil**

◆ **ll**   When preceded by a vowel other than **i**, the combination **ll** is pronounced [l].

    elle   **football**   **folle**

◆ **ill**   When the combination **ill** is at the beginning of a word, the **ll** is also pronounced [l].

    illusion   **illégal**   **illustration**

When the combination **ill** follows a consonant, it may be pronounced either [l] or [j]. In the following words and their derivatives, **ill** is pronounced [l].

    mille   **ville**   **tranquille**

In all other words, the **ll** of **ill** following a consonant is pronounced [j].

    fille   **famille**   **habiller**

When the combination **ill** follows a vowel, it is always pronounced [j]. The **i** does *not* represent a separate sound. To pronounce the combination **aille** [aj], produce only two sounds, [a] + [j]. The same is true of **ouille** [uj] and **eille** [ej].

    travailler   **brouillard**   **bouteille**

XXI. 💿 MP Audio CD3, Track 5 **La consonne *l* et les combinaisons *il*, *ll* et *ill*.** Now do the following pronunciation exercises. Repeat each word or sentence, making an effort to pronounce the [l] and [j] sounds correctly.

A. First, pronounce the sound [l].

village / église / ville / colonne / latin / mille / avril / elle / ils / calme / folle / illumination / Philippe / tranquillité / Italie / Allemagne / base-ball / million / malade / national / siècle / belle / millionnaire / pilote

B. Now pronounce the sound [j].

soleil / travailler / bataille / brouillard / Versailles / travail / détail / fille / vieil / habiller / appareil / Marseille / vieille / bouteille / meilleur / sommeil / réveiller / billet / briller / Mireille / gentille / brillant / merveilleux / taille / fauteuil / guillotine

C. Now read the following sentences, taking care to pronounce the sounds [l] and [j] correctly.

La fille de Marcel habite dans le village de Selles-sur-Cher.

Quand il fait du soleil, ils aiment aller en ville.

Pendant la bataille de Waterloo, les troupes de Napoléon ont attaqué les soldats de Wellington.

Il faut que tu ailles à Marseille pour manger de la bouillabaisse.

Elle est allée à la gare de l'Est pour acheter un billet pour Toulouse.

À l'hôtel Chaplain, les chambres sont ensoleillées et il y a toujours une belle salle de bains et des lits très confortables.

D. Listen to the poem by the sixteenth-century French poet Pierre de Ronsard. The second time the poem is read, repeat in the pauses provided, pronouncing the [l] and [j] sounds with care.

The sonnet was written for Hélène de Surgères, a lady-in-waiting at the court of the king, and it was first published in 1578. Ronsard asks the lady to look into the future and to imagine herself as an old woman, spinning her yarn by candlelight, and regretting the past when she rejected the attentions of the author. He urges her to enjoy the present, to take full advantage of it, and not to wait for tomorrow.

Quand vous serez bien vieille

Quand vous serez bien vieille, au soir, à la chandelle,
Assise auprès du feu, dévidant et filant,
Direz, chantant mes vers, en vous émerveillant,
'Ronsard me célébrait du temps que j'étais belle.'

Lors vous n'aurez servante oyant telle nouvelle,
Déjà sous le labeur à demi sommeillant,
Qui au bruit de mon nom ne s'aille réveillant,
Bénissant votre nom de louange immortelle.

Je serai sous la terre, et fantôme sans os
Par les ombres myrteux je prendrai mon repos;
Vous serez au foyer une vieille accroupie,

Regrettant mon amour et votre fier dédain.
Vivez, si m'en croyez, n'attendez à demain:
Cueillez dès aujourd'hui les roses de la vie!

Pierre de Ronsard, *Sonnets pour Hélène, II, XLIII.*

When You Are Very Old

When you are very old, at dusk by candle-light,
Talking beside the fire while you spin your wool,
Singing my verse, you'll say, something wonderful,
Thus Ronsard, long ago, for love of me did write.

Then not a serving maid, grown drowsy with the night
And slumbering o'er the task she plies beneath your rule,
But startled at my name will quit her spinning-stool,
To bless your name with praise the years shall never blight.

I shall be in my grave, a disembodied ghost,
Resting where myrtles bloom along the shadowy coast;
You crouching o'er the hearth will be an aged crone,

Regretting all the love you proudly put away.
Wait for no morrow. Ah! believe me, snatch to-day
The roses of your life, that shall so soon be gone.

Ronsard & La Pléiade, by George Wyndham, ©1906, New York: The MacMillan Co.

Structure grammaticale:
Le passé composé des verbes pronominaux

UNE MAUVAISE SEMAINE

 MP Audio CD3, TRACK 6

FABIENNE: Alors, Catherine, **tu t'es amusée** chez tes grands-parents la semaine dernière?

CATHERINE: Pas du tout. **On s'est** vraiment **ennuyé.** Il n'y avait absolument rien à faire *(nothing to do).* **Je me suis couchée** avant 10 heures tous les soirs!

EXPLICATION

First, read the following **Explication** section, then listen to the audio track that accompanies it.  MP Audio CD3, TRACK 7

All pronominal verbs are conjugated in the **passé composé** with the auxiliary verb **être**.

se lever	
je **me suis levé(e)**	nous **nous sommes levé(e)s**
tu **t'es levé(e)**	vous **vous êtes levé(e)(s)**
il **s'est levé**	ils **se sont levés**
elle **s'est levée**	elles **se sont levées**

To form the negative, place **ne** in front of the reflexive or reciprocal pronoun and **pas** immediately after the form of **être**.

> Je **ne** me suis **pas** levée très tôt.
> Elles **ne** se sont **pas** amusées.

Although it looks as if the past participle is agreeing with the subject (as with non-pronominal verbs conjugated with **être**), it is actually agreeing with the direct object pronoun (**me, te, se, nous, vous**).

| **Elle s'est levée.** | *She got up.* (Literally: *She got herself up—herself* = direct object) |
| **Ils se sont couchés.** | *They went to bed.* (Literally: *They put themselves to bed—themselves* = direct object) |

Consequently, when the pronoun is an indirect object, there is no agreement of the past participle.

| **Elles se sont parlé.** | *They spoke to each other.* (*each other* = indirect object) |

PRONOMINAL VERBS (DIRECT OBJECT PRONOUN)

s'amuser / se coucher / se disputer *(to have an argument)* **/ s'ennuyer** *(to be bored)* **/ s'habiller / se lever / se préparer / se promener / se reposer / se retrouver**

PRONOMINAL VERBS (INDIRECT OBJECT PRONOUN)

se parler / se téléphoner

Application

*XXII. Le passé composé. Complete the following sentences using the appropriate form of the **passé composé** of the indicated verb.

se coucher (past participle agrees with reflexive pronoun)

1. Jacqueline _____ vers 11h hier soir.

2. Georges et son frère _____ à 9h30, comme d'habitude.

3. Moi (Sylvie), je _____ très tard *(late)*.

4. Moi (Philippe), je _____ très tard aussi.

5. En fait, Sylvie et moi, nous _____ à la même heure.

6. Éric ne _____ pas _____ très tard.

7. Et toi, à quelle heure est-ce que tu _____?

se téléphoner (no agreement with reciprocal pronoun)

8. Ils _____ trois fois hier soir.

9. Est-ce qu'elles _____ ?

10. Comment! Vous ne _____ pas _____ !

11. Nous _____ tout de suite après la fin du match.

*XXIII. La semaine dernière. Using the cues, recount the major events of last week in the lives of Marie-Jeanne (**je**), her family, and her friends.

MODÈLE: lundi—moi / se lever à 6h30
Lundi, je me suis levée à 6h30.

1. lundi—mon amie Diane / ne pas se lever à temps pour aller en classe

_____

2. mardi—mes amis et moi, nous / s'amuser à la piscine

_____

3. mercredi—moi / se disputer avec mon petit ami *(boyfriend)* / mais nous / se téléphoner le soir

_____

_____

4. jeudi—mes amies et moi, nous / se retrouver au parc / et nous / se promener à bicyclette

_____

_____

5. vendredi—mes parents / se lever de très bonne heure *(very early)*

_____

6. samedi—mon frère / se reposer toute la journée / il / ne pas s'habiller avant 5h de l'après-midi

_____

_____

7. dimanche—moi / se coucher très tard

_____

Contrôle 14: *The passé composé of pronominal verbs*

Complete each sentence with the appropriate form of the **passé composé** of the indicated verb.

1.–2. —Est-ce que Jean-Pierre (se disputer) _____ avec ses parents?

—Oui, ils (ne pas se parler) _____ pendant plusieurs jours.

3.–4. —Anne-Marie, est-ce que tu (se coucher) _____ de bonne heure hier soir?

—Non, mais je (se reposer) _____ avant de sortir.

5.–6. —Est-ce que Jeanne et Chantal (se téléphoner) _____ hier matin?

—Oui, et puis elles (se retrouver) _____ à la bibliothèque hier après-midi.

7.–8. —Éric, ton frère et toi, vous (s'amuser) _____ à la soirée?

—Non, pas du tout. Nous (s'ennuyer) _____ .

You will find the correct answers on page 378. Give yourself 1 point for each correct form of the verb and ½ point for each past participle spelled correctly. A perfect score is 12. If your score is less than 10, you should review the conjugation of the **passé composé** of pronominal verbs (page 202) before going to class.

À faire! (5-4)

Manuel de classe, pages 233–240

As a *follow-up* to the work done in class with the verb **devoir,** do Exercise XXIV.

As a *follow-up* to the vocabulary and structures learned in this chapter, do Exercises XXV and XXVI.

As a *review* of the grammatical structures in this chapter, do Exercises XXVII, XXVIII, and XXIX.

FLASH GRAMMAIRE

Le verbe *devoir*

je **dois**	nous **devons**
tu **dois**	vous **devez**
il/elle/on **doit**	ils/elles **doivent**

PASSÉ COMPOSÉ: **dû (avoir)**

The verb **devoir** in the present tense has several meanings:

• owing (money)	**Je dois 20 euros à ma sœur.**	*I owe my sister 20 euros.*
• obligation	**Je dois retrouver Jean au café.**	*I'm supposed to meet Jean at the cafe.*
• probability	**Suzanne n'est pas là? Elle doit être malade.**	*Suzanne's not here? She must be (is probably) sick.*

The verb **devoir** also has multiple meanings in the **passé composé:**

• necessity/obligation	**Ils ont dû aller en ville.**	*They had to go into town.*
• probability/speculation	**Où est Francine? Elle a dû oublier.**	*Where's Francine? She must have forgotten.*

*XXIV. Plusieurs sens. (*Several meanings.*) The verb **devoir** has several meanings, depending on its tense and the context of the sentence.

A. First, use the present tense of **devoir** to tell what people *have to* or *must* do today.

1. Georgette _____ rester chez elle ce soir.

2. Voici ce que vous _____ apprendre pour demain.

Now use the **passé composé** of **devoir** to tell what people *had* to do at some time in the past.

3. Éric n'est pas allé au cinéma avec nous; il _____ attendre l'arrivée de ses cousins.

4. Hier j' _____ passer une heure chez le dentiste.

Now use the present of **devoir** to tell what people *are supposed* to do today.

5. Anne-Marie _____ nous retrouver au café à 6h.

6. Les autres _____ téléphoner s'ils peuvent nous accompagner.

Now use the present of **devoir** to tell what *is probably* true at this time.

7. Caroline est absente? Elle _____ être malade *(sick)*.

8. Mme Vincent? Elle _____ avoir 60 ou 65 ans.

Finally, use the **passé composé** of **devoir** to tell what *was probably* true or what someone *must have* done.

9. Les autres ne sont pas allés au match? Ils _____ avoir des problèmes avec la voiture.

10. Monique n'est pas allée au concert? Elle _____ oublier *(to forget)*.

B. Now give the English equivalent of each of the following sentences.

1.–2.   Nous devons rentrer avant 6h. (2 possibilités)

_____

_____

3. Elle doit avoir 16 ou 17 ans.

_____

_____

4.–5.   Elle a dû aller à la banque. (2 possibilités)

_____

_____

◻ Intégration

XXV. Un personnage de télévision ou de cinéma.
Choose a character from a movie or TV show. Write an essay about this character, following the outline given below. (If necessary, invent some of the details.) Use a separate sheet of paper, and bring your description to class.

- portrait physique
- traits de caractère
- emploi du temps
- vacances
- ce qu'il/elle a fait (dans une scène ou un épisode en particulier)

Grammar: Compound past tense; Reflexive construction with **se**
Vocabulary: Arts; Entertainment; People; Personality; Trades & occupation
Phrases: Describing people; Linking ideas; Sequencing events; Writing an essay

XXVI. Mon journal. You've been keeping a diary in which you record your daily activities. You don't want any of your friends to understand it, so you write in French. Create entries for two days in the last week or so. Choose days that are not similar (for example, a day when you have classes and a day when you don't).

Grammar: Compound past tense; Reflexive construction with **se**
Vocabulary: Leisure; Meals; Time expressions; Time of day; Toilette
Phrases: Sequencing events; Telling time

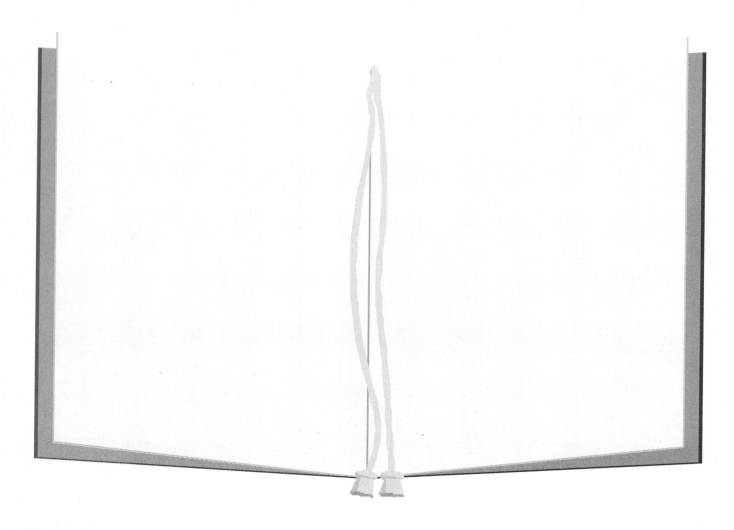

○ Mise au point

LES VERBES PRONOMINAUX (MP, PAGES 187, 188, 202)

*XXVII. Les Berthier. Using the verbs suggested, write sentences describing what's going on in the lives of the Berthier family. Then answer the questions about your own life.

MODÈLE: Antoine / se coucher, regarder la télé
Antoine ne veut pas se coucher à 10h. Il veut regarder la télé.

Et vous, est-ce que vous vous couchez souvent à10h?
Non, moi, je me couche normalement vers minuit ou 1h du matin.

1. Sophie / se lever, rester au lit

_____

_____

Et vous, le matin, est-ce que vous vous levez tout de suite ou est-ce que vous préférez rester un peu au lit?

_____

_____

2. Antoine, Philippe / se retrouver, faire des courses

_____

_____

Et vous, où est-ce que vous retrouvez vos ami(e)s?

_____

3. Sophie / se coucher, finir ses devoirs

_____

_____

Et vous, à quelle heure est-ce que vous vous couchez normalement si vous avez beaucoup de devoirs?

_____

4. M. Berthier, Mme Berthier / jouer au tennis, se promener

_____

_____

Et vous, qu'est-ce que vous préférez, jouer au tennis ou vous promener à vélo?

_____

5. Jacqueline, son petit ami / se disputer avec, se parler

_____

_____

Et vous, est-ce que vous vous disputez souvent avec votre petit(e) ami(e)?

_____

XXVIII. Hier. Describe what went on yesterday with your family and/or friends. Write one sentence with each of the verbs suggested.

MODÈLE: se lever
Moi, je me suis levée à 6h. OU
Ma camarade de chambre et moi, nous nous sommes levées à 7h. OU
Georges et François se sont levés à 10h.

1. se lever

_____

2. s'habiller

_____

3. se préparer pour

_____

4. se disputer

_____

5. se téléphoner

_____

6. s'amuser à (+ infinitif)

_____

7. se retrouver

_____

8. se coucher

_____

LE PASSÉ COMPOSÉ (RÉVISION GÉNÉRALE)

*XXIX. Un week-end au bord de la mer. *(A weekend at the seashore.)* Marie-Laure spent last weekend at the seashore with her parents and her brother Didier. From the drawings, describe Marie-Laure's and Didier's activities. When appropriate, use connecting words such as **d'abord, puis, ensuite,** and **enfin.**

Marie-Laure

1. Samedi matin

   Samedi matin, Marie-Laure s'est réveillée à 8h. D'abord, elle est allée à la plage (beach) *où...*

   _____

   _____

   _____

Marie-Laure / sa mère

2. Samedi après-midi

   _____

   _____

   _____

la famille / Marie-Laure / Didier

3. Samedi soir

   _____

   _____

   _____

Didier / Marie-Laure

4. Dimanche matin

_____

_____

_____

_____

SOMMAIRE

This checklist is designed to help you review material for the chapter test. The vocabulary and communicative expressions from the chapter are also available on the online **Manuel de préparation** for listening and repetition.

Expressions

_____ To ask for and give the time (MC, p. 213)

_____ To ask for and give the date (MC, p. 230)

_____ To talk about holidays and vacations (MC, p. 230)

Vocabulaire

_____ Daily routine (MC, p. 212)

_____ Chores (MC, pp. 222, 224)

_____ Months of the year (MC, p. 230)

_____ Holidays and vacations (MC, p. 230)

Grammaire

_____ Pronominal verbs (MC, p. 218; MP, pp. 187, 188)

_____ The passé composé of pronominal verbs (MC, p. 233; MP, p. 202)

_____ The verbs **partir** and **quitter** (MC, p. 216; MP, p. 185)

_____ The verbs **faire** and **mettre** (MC, p. 223; MP, pp. 194, 195)

_____ The verb **devoir** (MC, p. 237; MP, p. 204)

Culture

_____ Typical day in France (MC, pp. 217, 238)

_____ Daily life in Hanoi (MC, p. 219)

_____ Holidays and vacations in France (MC, pp. 228–229)

Lexique

Pour se débrouiller

Pour demander et donner la date	*(To ask for and give the date)*
Nous sommes le combien aujourd'hui?	
Quelle est la date aujourd'hui?	*What's today's date?*
Quel jour sommes-nous?	
Nous sommes le 5 (avril).	
Aujourd'hui c'est le 5 (avril).	*Today is April 5. (It's the 5 [of April].)*
C'est aujourd'hui le 5 (avril).	
le 5 avril 1995 (dix-neuf cent quatre-vingt-quinze)	*April 5, 1995*
le premier mars 2003 (deux mille trois)	*March 1, 2003*

Pour demander et dire l'heure	*(To ask and tell the time)*
Quelle heure est-il?	*What time is it?*
Vous avez (Tu as) l'heure, s'il vous (te) plaît?	*Do you have the time?*
Il est une heure.	*It's one o'clock.*
Il est deux heures.	*It's two o'clock.*
Il est deux heures dix.	*It's ten after two.*
Il est deux heures et quart.	*It's quarter after two.*
Il est deux heures et demie.	*It's two-thirty (half-past two).*
Il est trois heures moins le quart.	*It's quarter of three.*
Il est trois heures moins dix.	*It's ten of three.*
Il est midi.	*It's noon.*
Il est minuit et demi.	*It's half-past midnight.*

Thèmes et contextes

Les activités quotidiennes	*(Daily activities)*
se coucher	*to go to bed*
dîner	*to have dinner*
faire sa toilette	*to wash up, brush teeth, etc.*
faire ses devoirs	*to do one's homework*
s'habiller	*to get dressed*
jouer avec ses copains	*to play with one's pals*
se lever	*to get up*
prendre une douche	*to take a shower*
prendre un goûter	*to have a snack*
prendre le petit déjeuner	*to have breakfast*
quitter la maison	*to leave the house*
rentrer (à la maison)	*to come home*
Les tâches domestiques	*(Household chores)*
aider... à	*to help . . . (to do something)*
amener... à	*to take (a person somewhere)*
bricoler	*to tinker, do odd jobs*
débarrasser la table	*to clear the table*
donner à manger aux animaux	*to feed the animals (pets)*
faire des petites réparations	*to make small repairs*
faire du jardinage	*to work in the garden*
faire la cuisine	*to do the cooking*
faire la lessive	*to do the laundry*
faire la vaisselle	*to do the dishes, load and unload the dishwasher*

faire le barbecue	*to barbecue*
faire le ménage	*to do housework*
faire les courses	*to do the shopping, run errands*
faire son lit	*to make one's bed*
mettre la table	*to set the table*
nettoyer (la maison)	*to clean (the house)*
s'occuper de	*to take care of*
passer l'aspirateur	*to vacuum*
préparer les repas	*to prepare meals*
promener le chien	*to walk the dog*
ranger sa chambre	*to pick up one's room*
vider la poubelle	*to take out the garbage*
Les mois de l'année	*(The months of the year)*
janvier	*January*
février	*February*
mars	*March*
avril	*April*
mai	*May*
juin	*June*
juillet	*July*
août	*August*
septembre	*September*
octobre	*October*
novembre	*November*
décembre	*December*

Les fêtes et les vacances

aller à la campagne	*(Holidays and vacations)*
	to go to the country
passer le mois de (juillet)	*to spend the month of*
dans sa maison de	*(July) at one's country house*
campagne	
aller au bord de la mer	*to go to the seashore (to*
(à la plage)	*the beach)*
nager	*to swim*
faire de la voile	*to sail*
faire de la planche à voile	*to windsurf*

aller à la montagne	*to go to the mountains*
faire du camping	*to camp*
faire de la randonnée	*to hike*
faire du tourisme	*to be a tourist*
visiter	*to visit (a place)*
passer le mois de...	*to spend the month of . . .*
en famille	*with one's family*
rendre visite à...	*to visit (a person)*

Vocabulaire général

Nom

l'emploi du temps *(m.)*	*schedule*

Verbes

s'amuser	*to have a good time*
avoir juste le temps de	*to just have time to*
devoir	*to have to, be supposed to,*
	must be
se disputer (avec)	*to argue (with)*
s'ennuyer	*to be bored*
faire	*to do, make*
s'installer devant	*to settle down at*
mettre	*to put (on), to set (the table)*
se parler	*to speak to each other*
	(to oneself)
partir	*to leave*
se préparer (pour)	*to get ready (for)*
se promener (à vélo,	*to go for a walk (bike ride,*
en voiture)	*car ride)*
quitter	*to leave*
se reposer	*to rest*
retourner	*to go back*
(se) retrouver	*to meet*
(se) réveiller	*to wake up*
(se) téléphoner	*to call, phone (each other)*
(se) voir	*to see (each other)*

Autres mots et expressions

à	*at*
après	*after*
avant	*before*
chez lui	*at his house*
chez elle	*at her house*
chez eux (elles)	*at their house*
entre	*between*
de l'après-midi	*in the afternoon*
du matin	*in the morning*
du soir	*in the evening*
vers	*about, around, towards*

quand?	*when?*
à quelle heure?	*(at) what time?*

Branchez-vous!

Lecture: *Le travail au pair*

A friend of yours who knows very little French is interested in applying for **au pair** work in France. Help your friend by summarizing for him/her the following information sent by the French Embassy.

CONSULAT GÉNÉRAL DE FRANCE

«AU PAIR»

Pour l'obtention d'un visa «au pair» les pièces suivantes sont à fournir:

- un passeport non périmé
- une photo d'identité (2,5 cm x 2,5 cm) prise de face, en noir et blanc ou en couleurs
- un contrat de travail en bonne et due forme, signé par le Ministère du Travail
- un chèque bancaire ou postal libellé à l'ordre du Consulat de France ou la somme de 60 dollars en liquide. Les frais d'obtention peuvent varier selon le cours du dollar.
- une enveloppe à votre adresse affranchie à 1,95 dollar pour l'envoi en recommandé d'un passeport
- un formulaire d'inscription à une université ou à un lycée français

Si vous ne demandez pas votre visa par correspondance et ne pouvez vous présenter en personne au Consulat général, la personne qui remplira les documents en votre nom doit fournir une procuration.

Le service des visas est ouvert du lundi au vendredi de 9h à 14h.

Now help your friend fill out the two-page visa application.

DEMANDE POUR UN VISA DE PLUS DE TROIS MOIS
(à remplir très lisiblement en français)

Application for a visa exceeding three months
(To be written very clearly in French)

_____

NOM (en capitales) SURNAME *(capital letters)*   PRÉNOMS (en minuscules) *FIRST NAMES (small letters)*

(N° de série annuelle)
(Yearly series number)

_____

NOM de jeune fille (en capitales) *MAIDEN NAME (capital letters)*

Né   le _____   à _____
(Date of birth)   *(place of birth)*

Nationalité actuelle : _____   d'origine : _____
(Present nationality)   *(of origin)*

Domicile habituel : _____
(Home address)

Résidant actuellement à : _____
(Present address, street, n°, etc.)

Profession ou qualité : _____
(Profession)

Situation militaire : _____
(Military status)

Photographie
(Photograph)

Titre de voyage
(Passport)

délivré le : _____
(issued on)

par : _____
(by)

valable jusqu'au : _____
(valid until)

_____

NATURE ET DURÉE DU VISA
(TYPE AND DURATION OF VISA)

Séjour de _____ mois
Établissement définitif *(Permanent residence)*

Carte de séjour (1)
(Permit to stay n°)

N° _____

délivrée le : _____
(issued on)

par: _____
(by)

valable jusqu'au : _____
(Permit expiration date)

_____

Situation de famille : _____   Enfants (nombre) _____
(Married, single, etc.)   *(Children : number)*

âge : _____
age

Voyagerez-vous seul ou avec des membres de votre famille ?
(Will you be traveling alone or with members of your family ?)

Si OUI, indiquez leur nom et prénoms :
(If in the affirmative, state their names and first names)

Motifs détaillés de la demande :
(Detailed reasons for your application)

Avez-vous l'intention d'exercer une activité lucrative ? Si, OUI, laquelle et où ?
(Do you intend obtaining employment or establishing a business or industry in France? If so, state which, and where located)

-Sinon justifiez vos moyens d'existence (attestation bancaire, certificat d'hébergement, pension, etc.)
(If not, can you prove that you have sufficient means to live in France? (Letter from you bank, or a certificate of board and lodging, pension, etc.)

-S'il s'agit d'études universitaires ou stages techniques, indiquez les établissements qui seront fréquentés :
(If for university studies or technical courses, please state which and where)

(1) Titre de séjour détenu par les personnes étrangères au pays dans lequel la demande est présentée, ou carte de séjour des étrangers ayant déjà résidé en France:
Aliens Certificate of Registration, or "Carte de Séjour" for persons who have previously lived in France.

Adresses en France :
(Please indicate your addresses in France during your stay)

Attaches familiales en France (adresses précises et éventuellement professions) :
(Family connections in France) (Exact addresses, street numbers)

Références en France (Adresses précises – Firmes industrielles, commerciales, etc.)
(References in France) (Exact addresses, street numbers)

Avez-vous déjà habité la France pendant plus de trois mois sans interruption ?
Si oui, précisez à quelle date et où ?
(Have you already lived in France for more than three months? If so, indicate when and where)

Références dans le pays de résidence (adresses précises):
(References in the country where you reside) (Addresses, street numbers)

S'il ne s'agit pas d'un visa d'établissement :
  - Où comptez-vous vous rendre en sortant de France ?
(If the application is not for permanent residence: to where do you intend proceeding when leaving France?)

Vous engagez-vous à quitter le territoire français à l'expiration du visa qui vous
sera éventuellement accordé ?
(Do you undertake to leave the French Territory upon the expiration of the visa granted to you?)

Ma signature engage ma responsabilité et m'expose, outre les poursuites
prévues par la loi en cas de fausse déclaration, à me voir refuser tout visa à
l'avenir.
*(My signature binds me and makes me liable to prosecution in case of false declaration and to
refusal of any visa in the future).*

À_____ le _____ 20_____
       (Signature)

> Emplacement réservé
> à l'Administration
> *(Place reserved
> for administration)*

You find yourself alone in the apartment of the French family with which you're staying. The parents (**M. et Mme Loridon**) and their son (**Matthieu**) are all out, so you have to answer the phone. Listen to each conversation, filling in the time, place, and any other relevant information on the message pad by the phone.

✎ **en votre absence**
Date _____ Heure ____
À l'attention de M. _____
M. _____
Société _____
Téléphone _____

A TÉLÉPHONÉ ❑	MERCI D'APPELER ❑
EST PASSÉ VOUS VOIR ❑	VOUS RAPPELLERA ❑
DEMANDE UN ENTRETIEN ❑	**URGENT** ❑

Message: _____
_____
_____
_____
_____
_____

✎ **en votre absence**
Date _____ Heure ____
À l'attention de M. _____
M. _____
Société _____
Téléphone _____

A TÉLÉPHONÉ ❑	MERCI D'APPELER ❑
EST PASSÉ VOUS VOIR ❑	VOUS RAPPELLERA ❑
DEMANDE UN ENTRETIEN ❑	**URGENT** ❑

Message: _____
_____
_____
_____
_____
_____

✎ **en votre absence**
Date _____ Heure ____
À l'attention de M. _____
M. _____
Société _____
Téléphone _____

A TÉLÉPHONÉ ❑	MERCI D'APPELER ❑
EST PASSÉ VOUS VOIR ❑	VOUS RAPPELLERA ❑
DEMANDE UN ENTRETIEN ❑	**URGENT** ❑

Message: _____
_____
_____
_____
_____
_____

■ Aperçu culturel: *La France vinicole*

Pour servir les vins

Les vins rouges se servent «chambrés»—c'est-à-dire, à la température de la pièce où on va les boire.

Les vins blancs et rosés se servent frais (de 5°C à 12°C).

Le champagne et les vins mousseux se servent légèrement «frappés»—c'est-à-dire, dans un bain d'eau et de glace.

Avec le poisson et les fruits de mer, on sert un vin blanc sec et très frais.

Avec les viandes, on sert un vin rouge chambré.

Avec les desserts, on sert un vin blanc doux et très frais.

Avec tout, on sert du champagne bien frappé ou du vin rosé très frais.

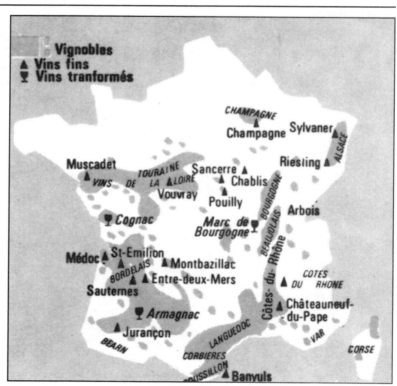

Une étiquette

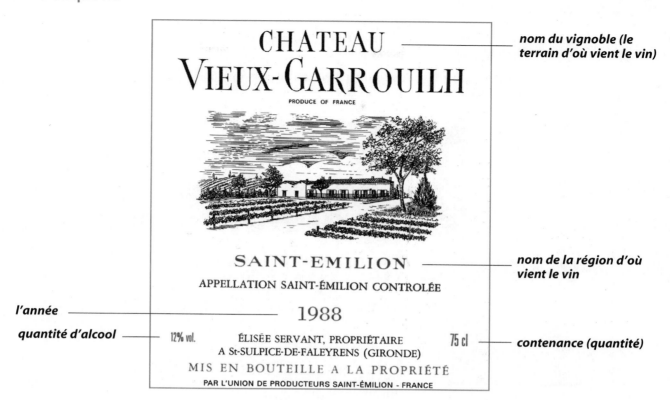

nom du vignoble (le terrain d'où vient le vin)

CHATEAU
VIEUX-GARROUILH
PRODUCE OF FRANCE

SAINT-EMILION
APPELLATION SAINT-ÉMILION CONTROLÉE

nom de la région d'où vient le vin

l'année
1988

quantité d'alcool
12% vol. — ÉLISÉE SERVANT, PROPRIÉTAIRE
A St-SULPICE-DE-FALEYRENS (GIRONDE) — 75 cl — **contenance (quantité)**
MIS EN BOUTEILLE A LA PROPRIÉTÉ
PAR L'UNION DE PRODUCTEURS SAINT-ÉMILION - FRANCE

La consommation du vin

En France, la consommation de vin a diminué de moitié en trente ans. Aujourd'hui, la moitié des Français déclarent ne jamais boire de vin!

Que boivent les Français?
Évolution des quantités de boissons consommées par personne et par an (en litres)

	1970	1980	1995
• Vins courants	95,6	77,1	40,6
• Vins AOC	8,0	11,3	8,0
• Bières	41,4	44,2	37,4
• Eaux minérales et de source	39,9	47,4	108,2

Un mini-projet

Go to a local store that sells French wine. Find at least five different French wines, study their labels, then come back and make a report to your instructor and/or the class.

➤ Qu'est-ce que vous en pensez?

Although the French still drink a lot of wine (almost 50 liters per person per year), the popularity of wine is in decline. What factors might affect that? On the other hand, in the United States, wine is becoming more and more popular. What factors might affect that?

▣ Lecture

In this article from a popular magazine, a teenager writes to Éric, the advice columnist. He presents his problem and gets advice from both Éric and from teenage girls.

First, read the article. Remember that you won't understand every word. Some key words and expressions have been put into a **Dico** for you. Then do the exercises.

C'est moi qui m'occupe de tout à la maison
Je voudrais que ça s'arrête, Éric!

❝Mes parents sont très pris. Ils passent leurs journées au travail, me laissant seul avec ma petite sœur. Je dois m'occuper tout seul de l'entretien de la maison et préparer les repas du soir. Entre le ménage, ma petite sœur et le reste, je n'ai aucun moment à moi. Ça fait 2 ans que ça dure et j'en ai ras-le-bol. Peux-tu me dire comment faire pour que cela cesse?❞

Simon

La réponse d'Éric

...tu en dis trop ou pas assez. Alors je vais te faire deux réponses. La première pour te dire qu'il est normal de donner un coup de main à la maison. Faire son lit, ranger sa chambre ou laver la vaisselle, ça fait partie des tâches domestiques qui sont une corvée pour tout le monde. Et il n'y a aucune raison que tu en sois dispensé! Sauf à laisser à d'autres (merci maman, merci papa) le soin de les faire à ta place.

Maintenant, si tes parents sont vraiment très occupés, il se peut aussi qu'ils t'en demandent un peu plus que d'habitude. Voire un peu trop. Pour le savoir, je t'invite à mesurer ta charge de travail. Combien de temps y consacres-tu chaque jour? Si cela te prend une demi-heure, rien à dire. Au-delà d'une heure ou deux, il est temps de tirer la sonnette d'alarme. Car tu as ta vie à mener... du temps libre pour t'amuser, faire du sport, écouter de la musique...

Au-delà: *Beyond*
corvée: *chore*
de bonne humeur: *in a good mood*
donner un coup de main: *to give a hand*
drôle: *fun*
entretien de la maison: *housework*
j'en ai ras-le-bol: *I'm sick of it*
le soulager: *to relieve him*

malheureux: *unhappy*
pris: *busy*
que tu en sois dispensé: *that you should be left out*
qu'il attende de voir ce qui se passe: *that he wait to see what happens*
qu'il ne fasse plus rien: *that he not do anything*
seul: *alone*
s'il en a marre: *if he's sick of it*
sonnette d'alarme: *alarm bell*

Et qu'en pensent les filles?

Je trouve que ses parents exagèrent!

Il devrait essayer de leur parler un jour où ils sont de bonne humeur. Et le week-end, si ses parents sont là, il pourrait en profiter pour inviter des copains ou sortir avec eux.

Élise

Il devrait discuter avec ses parents.

Il pourrait leur demander de rentrer plus tôt ou d'engager une baby-sitter. C'est pas drôle de s'occuper tout le temps de sa petite sœur ou d'être seul. S'il est malheureux il doit le leur dire.

Olivia

Ça m'arrive de faire des baby-sitting et de préparer le dîner.

Mais pour lui, la seule solution c'est de demander à ses parents d'engager quelqu'un pour le soulager. Ce ne sont pas les copains qui peuvent aider dans ces cas-là.

Zoé

Courage! C'est super sympa de rendre service.

Et de le faire le mieux possible. Mais s'il en a marre il faut qu'il prenne du temps pour lui et qu'il demande à ses parents de se consacrer un peu plus à leur maison et à leur famille.

Sylvie

Je ne sais vraiment pas quoi lui dire!

C'est vrai que moi, j'ai ma maman à la maison et j'aime bien cuisiner mais pas tout le temps! Je trouve en plus que c'est difficile de parler à ses parents quand ils sont toujours absents. La seule chose: qu'il ne fasse plus rien et qu'il attende de voir ce qui se passe.

Nathalie

A. Pour comprendre l'article. Answer the questions (in English) to show that you understood the article.

1. What's Jean-Baptiste's problem?

_____

_____

_____

2. How long has he had this problem?

_____

3. Éric, the advice columnist, gives Jean-Baptiste two answers. What are they?

_____

_____

_____

_____

4. What advice does Julie give?

_____

5. What advice does Manon give?

_____

6. What advice does Alice give?

_____

7. What advice does Sophie give?

_____

8. What advice does Marie give?

_____

B. Analyse du problème. Answer the following questions in English based on the problem raised by Jean-Baptiste. If you want to impress your instructor, you can answer some of the questions in French.

1. In your opinion, does he present a serious problem? Why, why not?

_____

_____

2. What do you think of the advice that the various people give to Jean-Baptiste (comment on each piece of advice)? What advice would you give?

_____

_____

_____

_____

_____

3. In your opinion, do young people do enough to help out at home? Explain.

_____

_____

_____

4. When you were younger, what were you expected to do to help out at home?

_____

_____

_____

5. What lessons did you learn from the chores you were expected to do?

_____

_____

_____

6. Do you think there's a difference in attitude between generations about young people's responsibilities in the home? If so, what's the difference in how an older generation might view the issue and how young people see it?

_____

_____

_____

_____

_____

Jeu: *Les mots croisés—des tâches domestiques*

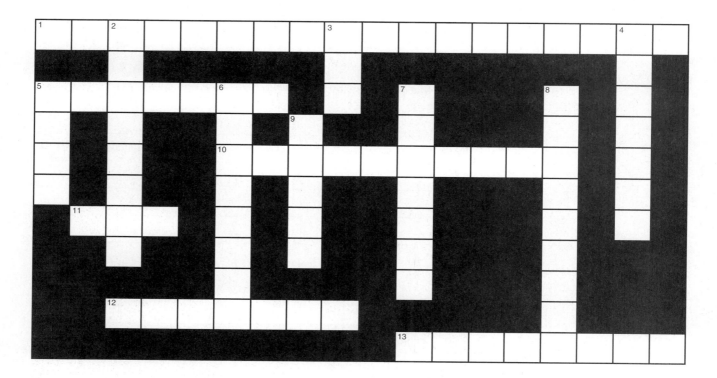

Horizontalement

1. La famille Jacquemart a fini de manger. François va ...

5. Nous ... toujours la vaisselle tout de suite après le dîner.

10. Je n'aime pas ... dans le jardin.

11. Ma sœur ... toujours la table. C'est sa responsabilité.

12. Mes parents font les ... tous les samedis. Ils vont au supermarché du quartier.

13. C'est mon frère qui vide la ...

Verticalement

2. Ma mère aime faire des petites réparations. Elle aime ...

3. Est-ce que Marc fait ... lit le matin?

4. Je n'ai plus de vêtements propres *(clean)*. Il faut faire la ...

5. Tu ... le ménage chez toi?

6. Marie-Jeanne est une fille exceptionnelle. Elle aime ... la maison et s'occuper de ses sœurs.

7. Dans ma famille, nous préparons les repas ensemble. Nous aimons faire la ...

8. Nous avons beaucoup de fleurs dans notre jardin. C'est parce que mon père adore faire du ...

9. Si c'est absolument nécessaire, je ... l'aspirateur. Mais j'aime pas du tout ça.

3 Un voyage de retour

CHAPITRE 6

De Washington à Paris

À faire! (6-1)

Manuel de classe, pages 252–259

As an *introduction* to Chapter 6, read pages 250–252 of the **Manuel de classe.**

As a *follow-up* to the presentation of the hotel vocabulary and **quel,** do Exercises I, II, and III.

As *preparation* for work in class, do the following:
• read the explanation about the use of the infinitive and the subjunctive with expressions of necessity and volition;
• 🔘 listen to MP Audio CD3, Tracks 9–10;
• write Exercises IV, V, VI, VII, and VIII;
• take **Contrôle 15.**

🔘 Contexte: *À l'hôtel Chaplain*

***1.* Qu'est-ce qu'on trouve dans un hôtel?** Based on the vocabulary you learned in the *Contexte,* label the various things you might find in a hotel.

1

2

3

4

_____

_____

_____

_____

5

6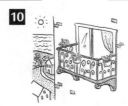

7

8

_____

_____

_____

_____

9

10

11

12

_____

_____

_____

_____

REMEMBER! An asterisk (✱) preceding an exercise number indicates that the exercise is self-correcting.
You will find the answers to **Chapitre 6** at the back of this **Manuel de préparation,** beginning on page 378.

*11. À l'hôtel Saint Germain. Read the hotel's brochure and price card. Then choose the answer that best completes each statement.

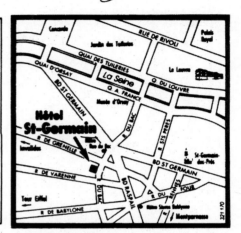

*S*i vous désirez résider au centre de Paris, dans l'un de ses quartiers les plus privilégiés et les plus pittoresques, l'Hôtel Saint-Germain met à votre disposition ses 29 chambres entièrement rénovées. Cet ancien hôtel particulier bénéficie d'une situation exceptionnelle au cœur de Saint-Germain-des-Prés, quartier "rive gauche", symbole d'une réalité artistique, culturelle et historique de Paris. Laissez la voiture au parking et partez à pied à la découverte des boutiques de mode, des antiquaires, des galeries d'art, des musées (Louvre, Orsay, Rodin, Invalides, Tuileries).

Hôtel Saint Germain

HOTEL SAINT-GERMAIN ★★ ᴺᴺ
88, rue du Bac - 75007 PARIS
Tél. : 548-62-92 - 548-94-17

Juin

Madame

En réponse à votre demande nous avons l'avantage de vous communiquer nos prix par jour, Taxe et Service compris :

Chambre grand lit, douche, WC privés .... 50-60€

Chambre 2 lits, salle de bains, WC privés. 60€

Nous vous serions reconnaissants pour confirmer votre réservation de nous envoyer un dépôt *d'un mil*
Dans cette attente nous vous prions d'agréer nos salutations distinguées.

1. The Hotel Saint Germain is

   a. on the outskirts of Paris.

   b. in the center of Paris.

   c. in a picturesque village near Paris.

2. The rooms in the hotel

   a. have been recently renovated.

   b. each represent an artistic period in French history.

   c. are neither of the above.

3. If you're in this hotel and want to visit some of the museums, you should

   a. take your car.

   b. take the subway.

   c. go on foot because the museums are nearby.

4. According to the brochure, the **rive gauche** is

   a. a major cultural center of Paris.

   b. the center of the Parisian fashion world.

   c. the furniture district of Paris.

5. If you want to go to the **rive droite,** when leaving the hotel, you should

   a. go straight ahead.

   b. turn left.

   c. turn right.

6. The price of the hotel room

   a. does not include tax and tip.

   b. includes the tax but not the tip.

   c. includes both the tax and the tip.

7. A room with a double bed, a shower, and a toilet costs

   a. 66 euros.

   b. 50–60 euros.

   c. none of the above.

8. If you want to stay in the hotel,

   a. you have to send a reservation letter but no deposit.

   b. it's best to call, but you don't have to send a deposit.

   c. you have to send a deposit.

FLASH GRAMMAIRE

Quel est... ?
  Quel est le nom de... ? *What's the name of . . . ?*
  Quel est le numéro de téléphone de... ? *What's the phone number of . . . ?*
  Quel est le prix de... ? *What's the price of . . . ?*
Quelle est... ?
  Quelle est l'adresse de... ? *What's the address of . . . ?*
Quel (Quelle) + nom
  Quel hôtel est-ce que tu préfères? *What (Which) hotel do you prefer?*

*III. *Quelle* est la question? Complete the following questions by filling in the blanks.

   A. *Quel(le)* ou *Quel(le) est*? First decide if the correct question form is **quel(le)** or **quel(le) est.**

   1. _____ ton nom?

   2. _____ le numéro de téléphone de Jacques?

   3. _____ restaurant est-ce que tu préfères?

   4. _____ son adresse?

   5. _____ hôtel est-ce que vous cherchez?

   6. _____ prix est le plus raisonnable?

   7. _____ appartement est-ce que vous avez acheté?

   8. _____ le nom de l'hôtel?

   B. Faire l'accord. Now fill in each blank with the correct form of **quel,** making it agree in gender (masculine or feminine) with the noun it modifies.

   1. _____ est ton adresse?

   2. _____ bus est-ce qu'on prend?

   3. _____ est le nom de l'hôtel?

   4. _____ émission est-ce qu'on va regarder?

   5. _____ est le prix de la chambre?

   6. _____ voiture est-ce que tu préfères?

7. _____ maison est-ce que vous allez acheter?

8. _____ est la profession de ton oncle?

9. _____ est le numéro de téléphone du cinéma?

10. _____ vélo est-ce que tu as acheté?

◘ Structure grammaticale: *The infinitive and the subjunctive with expressions of necessity and volition*

LES CHAMPIONNATS DE TENNIS

 MP Audio CD3, Track 9

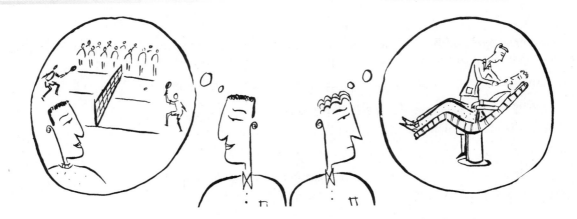

> **BERNARD:** **Je voudrais** bien **aller** à Roland Garros vendredi pour voir les demi-finales. **Tu veux que je t'achète** un billet? Dis-le-moi tout de suite parce qu'**il faut acheter** les billets à l'avance.
>
> **VINCENT:** Oh, j'aimerais bien. J'adore le tennis. Mais c'est pas possible. **Il faut que j'aille** chez le dentiste.

EXPLICATION

First, read the following **Explication** section, then listen to the audio track that accompanies it. MP Audio CD3, Track 10

◆ **Expression de nécessité et de volonté + infinitif**

Qu'est-ce qu'**il faut faire** pour réserver une chambre d'hôtel?

D'abord, **il faut choisir** l'hôtel.

Ensuite, si possible, **il vaut mieux faire** la réservation sur Internet.

Enfin, **il est nécessaire d'attendre** la confirmation de l'hôtel.

Et **tu veux** peut-être **répondre** au message de l'hôtel.

*What do you **have to do** to reserve a hotel room?*

*First, you **have to choose** a hotel.*

*Then, if possible, **it's better to make** the reservation on the Internet.*

*Finally, **it's necessary to wait for** the confirmation from the hotel.*

*And **you may want to answer** the hotel's message.*

If there's no confusion about who's going to carry out the action, you can use an expression of necessity with an infinitive to say what has to be done. To determine if there's no subject confusion, make sure that the subject (stated or implied) is the same for both the main clause and the subordinate clause. In the preceding series of examples, the question **Qu'est-ce qu'il faut faire pour réserver une chambre d'hôtel?** establishes that the generic *you* is the subject of all the things that have to be done.

◆ **Des expressions de nécessité et de volonté utilisées avec l'infinitif**

il faut + infinitif	*it's necessary, you have to*
il est nécessaire de + infinitif	*it's necessary*
il vaut mieux + infinitif	*it's better*
vouloir + infinitif	*to want*
préférer + infinitif	*to prefer*

Le présent du verbe *vouloir* (to wish, want)	
je **veux**	nous **voulons**
tu **veux**	vous **voulez**
il/elle/on **veut**	ils/elles **veulent**

*IV. Dimanche après-midi. You and your friends are talking about what you want to do on Sunday afternoon. Complete each sentence with the appropriate present-tense form of the verb **vouloir**.

1. Alors, qu'est-ce que vous _____ faire dimanche après-midi?

2. Hélène _____ aller au parc.

3. Jean-Claude et moi, nous _____ aller au musée.

4. Moi, je _____ faire un tour en voiture.

5. Paul et ses amis _____ regarder un match de foot à la télé.

6. Et toi, qu'est-ce que tu _____ faire?

V. Qu'est-ce qu'il faut faire? Write down what has to be done to prepare for the following activities. Use expressions of necessity with an infinitive.

MODÈLE:　un voyage

Il faut préparer l'itinéraire. Il faut acheter les billets. Il est nécessaire de réserver les chambres d'hôtel. Il faut faire les valises (to pack). *etc.*

1. un voyage

_____

_____

_____

_____

_____

2. un examen

_____

_____

_____

_____

_____

3. l'anniversaire d'un(e) ami(e)

_____

_____

_____

_____

4. un week-end à la plage

_____

_____

_____

_____

5. une sortie avec des copains

_____

_____

_____

_____

_____

EXPLICATION (SUITE)

First, read the following **Explication** section, then listen to the audio track that accompanies it. MP Audio CD3, TRACK 10

◆ **Expression de nécessité et de volonté + subjonctif**

Je veux que tu téléphones à ta grand-mère.
Il faut que je réponde d'abord à mon courrier électronique.
Bon. Mais **il est nécessaire que tu te dépêches.**
Mémé part cet après-midi pour le Canada.

I want you to call your grandmother.
First I have to answer my e-mail.

OK. But you have to hurry. Grandma is leaving this afternoon for Canada.

When the subject of the main clause is **not** the same as the subject of the subordinate clause (e.g., **I** want **you** to call your grandmother.), you use the expressions of necessity or volition + **que** + the present subjunctive.

◆ **Des expressions de nécessité et de volonté utilisées avec le subjonctif**

il faut que + subjonctif   _it's necessary that_
il est nécessaire que + subjonctif   _it's necessary that_
il vaut mieux que + subjonctif   _it's better that_
vouloir que + subjonctif   _to want that_
préférer que + subjonctif   _to prefer that_

◆ **Le présent du subjonctif**
- To conjugate a verb in the subjunctive, you first find the stem of the verb. Use the **nous** form of the present tense, drop the **-ons,** and you have the stem.
- Once you've found the stem, add the following endings: **-e, -es, -e, -ions, -iez, -ent.**
- These endings are used with all verbs (including reflexive verbs) except **avoir** and **être.**

Infinitive Stem	parler (-er verbs) nous **parlons**	attendre (-re verbs) nous **attendons**
que (qu')	je parl**e**	j'attend**e**
	tu parl**es**	tu attend**es**
	il/elle/on parl**e**	il/elle/on attend**e**
	nous parl**ions**	nous attend**ions**
	vous parl**iez**	vous attend**iez**
	ils/elles parl**ent**	ils/elles attend**ent**

◆ **Les verbes irréguliers au présent du subjonctif**

The present subjunctive of **avoir** and **être** are irregular:

Infinitif	avoir	être
que (qu')	j'**aie**	je **sois**
	tu **aies**	tu **sois**
	il/elle/on **ait**	il/elle/on **soit**
	nous **ayons**	nous **soyons**
	vous **ayez**	vous **soyez**
	ils/elles **aient**	ils/elles **soient**

Both **aller** and **prendre** have a second stem for the first- and second-person plural forms (**nous** and **vous**):

Infinitif	aller	prendre (comprendre, apprendre)
que (qu')	j'**aille**	je **prenne**
	tu **ailles**	tu **prennes**
	il/elle/on **aille**	il/elle/on **prenne**
	nous **allions**	nous **prenions**
	vous **alliez**	vous **preniez**
	ils/elles **aillent**	ils/elles **prennent**

The present subjunctive stems for the verbs **faire, mettre, partir,** and **pouvoir**:

faire	**fass-**	Il faut que **tu fasses** tes devoirs.
mettre	**mett-**	Il faut qu'**il mette** un pull-over.
partir	**part-**	Il faut qu'**elles partent** tout de suite.
pouvoir	**puiss-**	Il faut que **vous puissiez** étudier sans interruption.

*VI. Le subjonctif, c'est facile! Complete the sentences using the correct form of the subjunctive of the verb indicated.

1. **étudier**

   a. Il faut que nous _____.

   b. Je préfère que tu _____ le vocabulaire.

   c. Il est nécessaire qu'ils _____ la grammaire.

   d. Je veux que vous _____ ce soir.

2. **attendre**

   a. Je préfère que tu _____ ta mère ici.

   b. Il faut que vous _____ le bus.

   c. Il vaut mieux que j'_____ devant la maison.

   d. Elle veut que nous _____ le prof.

3. **se lever**

   a. Je veux que tu _____ tout de suite!

   b. Il vaut mieux que vous _____ plus tôt demain matin.

   c. Elle préfère que nous _____ vers 7h.

   d. Il faut qu'elle _____ avant moi.

4. **aller**

   a. Je veux que vous _____ à la boulangerie.

   b. Il faut que j'_____ à la banque.

   c. Il est nécessaire qu'ils _____ voir leurs grands-parents.

   d. Il vaut mieux que tu _____ au match de foot.

5. **faire**

   a. Il faut que tu _____ la vaisselle.

   b. Il vaut mieux que vous _____ la lessive.

   c. Je veux qu'il _____ ses devoirs.

   d. Elle préfère que nous _____ le ménage.

6. **prendre**

   a. Il est nécessaire que tu _____ un cours de géographie.

   b. Le prof veut que nous _____ des notes en cours.

   c. Il faut qu'elle _____ rendez-vous avec le prof.

   d. Il vaut mieux que vous _____ votre déjeuner à 13h.

7. **avoir**

   a. Il faut que vous _____ de la patience.

   b. Il faut que tu _____ du courage.

   c. Il faut que nous _____ du tact.

   d. Il faut qu'ils _____ un bon sens de l'humour.

8. **être**

   a. Il vaut mieux que tu _____ ici vers 20h.

   b. Nous voulons qu'il _____ à l'heure.

   c. Il faut que vous _____ plus calmes.

   d. Il est nécessaire que nous _____ au concert vers 20h30.

9. **mettre**

   a. Vous voulez que je _____ les sacs dans la cuisine?

   b. Il faut que tu _____ une écharpe.

   c. Je veux que vous _____ la table tout de suite.

   d. Elle préfère que nous _____ la table dans la chambre de Jean.

*VII. Des conseils. Your instructor likes to give advice to students. Sometimes certain types of advice are applicable to everyone. Use **il faut, il vaut mieux,** or **il est nécessaire de** + *an infinitive* to recreate that advice. Use each expression at least once.

      MODÈLE: étudier avant l'examen

                      Il faut étudier avant l'examen. (Il vaut mieux étudier avant l'examen.)
                      (Il est nécessaire d'étudier avant l'examen.)

1. faire attention en cours

          _____

2. se reposer suffisamment *(enough)*

          _____

3. aller à tous les cours

          _____

4. prendre des notes

          _____

5. écouter le (la) prof

          _____

Other times, your instructor addresses advice to a particular person or persons. Use **il faut que, je veux que, je préfère que, il vaut mieux que,** or **il est nécessaire que** + *a verb in the subjunctive* to recreate the statements. Use each expression at least once.

      MODÈLE: tu / étudier / avant l'examen

                      Il faut que tu étudies avant l'examen.

6. tu / faire attention en cours

          _____

7. vous / se reposer suffisamment

          _____

8. Michel / aller à tous les cours

          _____

9. vous / prendre des notes

          _____

10. Chantal et Georgette / écouter le (la) prof

          _____

*VIII. Je voudrais... Complete the sentences using either the infinitive (if there is only one subject) or the subjunctive (if there are two different subjects) of the verb in parentheses.

1. (aller) Je voudrais _____ au musée Rodin.

2. (aller) Je voudrais que vous _____ au musée Rodin.

3. (faire) Nous voulons qu'elle _____ le voyage avec nous.

4. (faire) Mais elle ne veut pas _____ le voyage.

5. (se coucher) Maman veut que tu _____ tout de suite.

6. (se coucher) Mais je ne veux pas _____ tout de suite.

7. (aller) Grand-père veut que nous _____ à Londres cet été.

8. (aller) Mais nous préférons _____ à Copenhague.

9. (rester) Nous ne voulons pas _____ à la maison dimanche après-midi.

10. (rester) Mais nos parents veulent que nous y _____ .

11. (partir) Je veux que vous _____ demain matin.

12. (partir) Mais non. Nous voulons _____ ce soir.

13. (être) Il faut _____ patient.

14. (être) Oui, il faut qu'ils _____ patients.

15. (avoir) Je veux que vous _____ de bonnes notes.

16. (avoir) Vous avez raison. Il faut _____ de bonnes notes.

Contrôle 15: *The infinitive and the subjunctive*

Complete the following sentences with an infinitive or with the appropriate form of the subjunctive.

1. (apprendre) Dans notre université il faut _____ une langue étrangère.

2. (aller) Maman ne veut pas que j'_____ en Afrique.

3. (prendre) Il est nécessaire que vous _____ une décision tout de suite.

4. (parler) Ma grand-mère préfère que nous _____ italien à la maison.

5. (acheter) Mon père veut _____ une voiture japonaise.

6. (manger) Pour être en bonne forme, il faut qu'on _____ beaucoup de fruits et de légumes.

7. (faire) Ma mère veut que je _____ mes devoirs avant de sortir avec mes copains.

8. (aller) Il vaut mieux que vous _____ en France ensemble.

9. (prendre) Philippe ne veut pas que tu _____ sa nouvelle voiture.

10. (être) Je veux que vous _____ à l'heure.

11. (mettre) Il vaut mieux _____ des bottes.

12. (partir) Il faut que nous _____ cet après-midi.

13. (faire) Il est nécessaire de _____ les devoirs tous les jours.

14. (avoir) Je veux que tu _____ plus de patience.

15. (se coucher) Je veux que tu _____ tout de suite.

16. (se retrouver) Elle veut que vous _____ devant le cinéma.

17. (pouvoir) Il faut que tu _____ étudier sans interruption.

18. (étudier) Le prof veut que nous _____ le subjonctif.

19. (sortir) Je préfère _____ avec mes copains.

20. (apprendre) D'accord. Mais il est nécessaire d' _____ le subjonctif!

You'll find the correct answers on page 379. Give yourself 1 point for each correct choice (infinitive or subjunctive) and 1 point for each correct spelling of the subjunctive. A perfect score is 34. If your score is less than 27, you should review the use of the infinitive and the subjunctive with expressions of necessity and volition again before going to class.

À faire! (6-2)

Manuel de classe, pages 260–264

As a *follow-up* to work done in class with the subjunctive, do Exercises IX, X, XI, and XII.

As *preparation* for work in class, read the guide for the French high-speed train (**le TGV— le train à grande vitesse**) and do Exercise XIII.

IX. Qui va s'occuper de quoi? (*Who is going to take care of what?*) You and some classmates have rented an apartment together. You've been elected to divide up responsibilities for the three main chores: cleaning, cooking, and shopping (see the suggestions below). First, state what has to be done with an expression of necessity and the infinitive. Then use the subjunctive to assign the tasks to specific people, using the names of your classmates. Follow the model.

MODÈLE: nettoyer l'appartement (passer l'aspirateur—la salle à manger, les chambres / laver les vitres [*windows*] / ranger la cuisine)

Il faut (Il est nécessaire de) nettoyer l'appartement.
Je veux que Paul passe l'aspirateur dans la salle à manger.
Il vaut mieux que Sue passe l'aspirateur dans les chambres.
Il est nécessaire que Kristi et Kevin lavent les vitres.
Et Amy et moi, je préfère que nous rangions la cuisine.

1. nettoyer l'appartement (passer l'aspirateur—la salle à manger, le living, les chambres / laver les vitres / ranger la cuisine / ranger les chambres / nettoyer la salle de bains / ranger les CD, etc.)

_____

_____

_____

_____

2. faire les courses (aller au supermarché / acheter du pain, etc. / aller à la banque, au bureau de poste / prendre la voiture de... / etc.)

_____

_____

_____

_____

3. s'occuper des repas (préparer le dîner, le petit déjeuner / mettre la table / débarrasser la table / faire la vaisselle / vider la poubelle / ranger la cuisine / donner à manger au chien et au chat / etc.)

_____

_____

_____

_____

*X. Des problèmes et des solutions. Read each of the problems and the proposed solutions. Rewrite each of the solutions using an expression of necessity + the subjunctive.

MODÈLE: **_Problème:_** J'ai eu une très mauvaise note à l'examen de français.

Solution possible:
Il faut te concentrer.
Il faut que tu te concentres.

1. **_Problème:_** J'ai eu une très mauvaise note à l'examen de français.
Solutions possibles:

a. Il est nécessaire de parler au prof.

_____

b. Il vaut mieux étudier sans écouter de la musique.

_____

c. Il faut aller à la bibliothèque.

_____

d. Il vaut mieux faire tous les exercices.

_____

2. **_Problème:_** Nous sommes toujours fatigués.
Solutions possibles:

a. Il faut aller voir le docteur.

_____

b. Il vaut mieux se coucher plus tôt.

_____

c. Il est nécessaire de faire de l'exercice.

_____

d. Il faut manger plus de fruits et de légumes.

_____

3. **Problème:** Elle veut faire des études en France mais elle n'a pas assez d'argent.

   Solutions possibles:

   a. Il faut trouver un job.

   _____

   b. Il est nécessaire de dépenser *(spend)* moins d'argent.

   _____

   c. Il est préférable de demander de l'argent à ses parents.

   _____

   d. Il vaut mieux attendre un an avant d'aller en France.

   _____

4. **Problème:** Ils habitent loin de l'université et ils n'ont pas de voiture.

   Solutions possibles:

   a. Il faut prendre le bus pour aller à l'université.

   _____

   b. Il est nécessaire de gagner *(earn)* de l'argent.

   _____

   c. Il vaut mieux habiter plus près de l'université.

   _____

   d. Il est préférable de déménager *(to move)*.

   _____

5. **Problème:** Je ne peux pas trouver de job.

   a. Il faut regarder les annonces de jobs sur Internet.

   _____

   b. Pour le moment, il est préférable de prendre un job à mi-temps *(part-time)*.

   _____

   c. Il vaut mieux reprendre tes études.

   _____

   d. Il est nécessaire de regarder les journaux tous les jours.

   _____

XI. Qu'est-ce que tu me conseilles de faire? *(What do you advise me to do?)* Read the e-mail from a friend in France. She's presenting you with a dilemma. Answer her e-mail by giving her advice. You should write a logical paragraph (or more) that also includes at least four sentences with expressions of necessity and the subjunctive. If you're making a generalization, you can use an expression of necessity with the infinitive. Use another sheet of paper.

From: Sylvie Armand <jeveuxbien@free.fr>
To: [your name]
Subject: J'ai besoin de conseils
Date: Lundi, 31 mars 2002 22:51

Bonsoir,

Il est presque 11h et je t'écris parce que j'ai un petit problème. J'ai demandé des conseils à tous mes copains, mais je ne sais toujours pas quoi faire. Voilà mon problème. J'ai une copine (Chantal) qui a triché *(cheated)* à un examen de maths et elle a eu une très bonne note (15/20). Tu sais que, chez nous en France, un 15 sur 20 est assez rare... Je sais que ma copine n'est pas très forte en maths et elle m'a dit qu'elle avait trouvé une copie de l'examen dans la salle de classe. Je suis sûre qu'elle a pris l'examen du bureau du prof.

Voilà donc mon dilemme. Je connais Chantal depuis toujours et on est copines depuis l'école primaire. Nos familles partent même souvent en vacances ensemble. J'aime bien Chantal et je ne veux pas lui faire de mal. Mais, en même temps, je ne peux pas supporter l'idée que Chantal soit malhonnête. Qu'est-ce que je fais? Mes autres copains me conseillent d'oublier *(to forget)* cet incident et de ne rien dire.

Qu'est-ce que tu en penses toi? Qu'est-ce qu'il faut que je fasse? Je n'ai encore rien dit à Chantal. En fait, pour le moment, il n'y a que mes amis qui savent pourquoi je suis si tourmentée. Tu es peut-être un peu plus objectif(ve) parce que tu ne connais pas Chantal. J'attends donc ta réponse avec impatience. Réponds-moi vite!

Amitiés,
Sylvie

XII. Une réservation par fax. Read the following fax requesting a room reservation at the hôtel Chaplain in Paris. Then write your own letter based on the model, making reservations for you and a friend or family member. Make sure to follow the format of the model letter.

MODÈLE:

Jeannette Bragger
83 North Pleasant St.
Washington, D.C.
USA

Hôtel Chaplain
11 bis, rue Jules Chaplain
75006 Paris
FRANCE

Monsieur, Madame,
   Je vous serais obligée *(I would appreciate it)* de bien vouloir me réserver une chambre simple *(single room)* avec douche et WC du 5 au 10 juin. J'arrive des États-Unis le matin du 5 juin et je pense donc être à l'hôtel entre 10h et 11h.
   Je vous remercie à l'avance de me répondre rapidement avec tous les renseignements nécessaires. Je voudrais savoir le prix de la chambre et du petit déjeuner, et si vos chambres sont équipées d'un téléphone direct et d'une télévision.
   Je vous prie d'agréer, Monsieur, Madame, l'expression de ma considération distinguée.

Jeannette Bragger

VOTRE LETTRE: Now write your letter to one of the hotels in Vesoul, the department seat of Haute-Saône, ten kilometers from the village of Calmoutier. Since you don't have a **Guide Michelin,** you only have the hotel address. Be sure to ask for as much information as possible. Use a separate sheet of paper.

HÔTELS: **Vendanges de la Bourgogne,** 49, bd Charles de Gaulle, 70000 Vesoul, France
   Lion, 4, pl. République, 70000 Vesoul, France
   Relais N19, route nationale 19, 70000 Vesoul, France

◻ Lisez!

*The following passages about the French high-speed train (**train à grande vitesse** or **TGV**) are taken from various guides designed for travelers. Read through the passages once, skimming for the main ideas. Then read the questions in Exercise XIII and read the passages again to get the details needed to answer the questions.*

Le train à grande vitesse (TGV)

Paris-Lyon en 2 heures, Paris-Genève en 3 heures 29, Paris-Marseille en 4 heures 40 et Paris-Montpellier en 4 heures 40, et des gains de temps sur l'ensemble du réseau Sud-Est: le train à grande vitesse n'a plus à prouver ses mérites. Pour le prix d'un billet normal de 1ère ou 2ème classe (supplément aux périodes de pointe) après réservation obligatoire de votre place, il vous conduira à 270 km/h (sur la ligne à grande vitesse) dans des conditions de confort parfaites, vers la Bourgogne, les Alpes ou le Midi méditerranéen. Vers l'Ouest, le TGV Atlantique atteint 300 km/h pour vous conduire au Mans en 1 heure 37, à Angers en 2 heures 17, à Nantes ou à Rennes en 2 heures 50.

Guide Bleu France, Hachette, p. 19

Les services à bord

La restauration à la place

Aux heures du petit-déjeuner ou du déjeuner, un service de restauration "à la place" vous est proposé en 1ʳᵉ classe dans la plupart des TGV ayant un temps de parcours supérieur à une heure.
Le repas, régulièrement renouvelé, comprend hors d'œuvre, plat chaud ou froid, fromage, dessert, boisson et café.
Sans réservation, nous vous proposons sur certains TGV une formule plat chaud accompagné d'une salade, d'un café et d'une coupelle d'eau.

Un conseil : Réservé à l'avance, votre petit-déjeuner vous coûte moins cher, et vous êtes sûr d'être servi. Attention : Le titre repas n'est valable que dans le train pour lequel vous avez effectué une réservation.

Le bar

Pour une restauration rapide, une pause-café ou à l'heure du thé, un bar (non fumeur) est à votre disposition à bord de tous les TGV, entre les voitures de première et deuxième classes. Vous y trouverez un large choix de boissons chaudes ou froides, un coffret petit déjeuner, des tartines, des sandwiches, plats chauds et salades. Vous pourrez également vous y procurer des télécartes, magazines…
Pour vous diriger vers le bar, suivez le logo présent dans toutes les voitures.

Le téléphone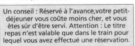

Vous pouvez téléphoner vers le monde entier depuis les cabines téléphoniques à votre disposition en 1ʳᵉ et 2ᵉ classe.

Voyageur à mobilité réduite

Vous vous déplacez en fauteuil roulant ? Un espace a été spécialement aménagé en première classe :
– un siège à assise relevable vous permet de vous installer.
– les toilettes ont été adaptées pour vous être accessibles.

Renseignez-vous en gare, agence de voyages ou demandez le "Guide du voyageur à mobilité réduite".

Paris → Dijon → Lausanne et Bern

	N° du TGV		ⓔⓒ 21	ⓔⓒ 23	ⓔⓒ 29	ⓔⓒ 429	ⓔⓒ 27
	Particularités		(2)	(3) (4)			(4)
	Restauration		⊡	⊡			⊡
HORAIRES	Paris-Gare de Lyon	D	7.18	12.18	15.48	15.48	17.54
	Dijon	A	8.58	13.59	17.29	17.29	19.34
	Dole	A	9.23				
	Mouchard	A	9.48				20.17
	Frasne	A	10.24	15.15	18.44	18.44	21.53
	Vallorbe	A	10.44	15.35	19.00		21.13
	Lausanne	A	11.18	16.10	19.38		21.47
	Pontarlier	A	a 10.52	a 15.32		19.06	a 21.19
	Neuchâtel	A		a 16.14		19.49	a 22.04
	Bern	A	b 13.11	a 16.49		20.22	a 22.37
SEMAINES TYPES	Du 1ᵉʳ juin au 11 juillet et du 18 août au 27 septembre	Lundi	2	3	1	1	3
		Mardi à Jeudi	2	1	1	1	4
		Vendredi	2	1	4	4	4
		Samedi	1	3	1	1	3
		Dimanche	1	1	3	3	3
	Du 12 juillet au 17 août (5)	Lundi	1	3	1	1	3
		Mardi à Jeudi	1	3	1	1	3
		Vendredi	1	3	3	3	4
		Samedi	1	3	1	1	1
		Dimanche	1	1	3	3	3
JOURS PARTICULIERS	JUILLET	Dimanche 13	1	1	1	1	3
		Lundi 14	1	1	3	3	3
		Mardi 15	1	3	1	1	1
	AOÛT	Jeudi 14	1	3	3	3	4
		Vendredi 15	(1)	(1)	(1)		
		Samedi 16	(1)	(1)	(1)		
		Dimanche 17	(1)	(1)	1	1	1
	SEPTEMBRE	Lundi 22	2	3	4	4	4

D Départ   A Arrivée
ⓔⓒ TGV Eurocity
a Correspondance à Frasne.
b Correspondance à Lausanne.
(2) Du 3 au 11 août, départ de Paris à 6.34.
(3) Du 3 au 11 août, départ de Paris à 12.35.
(4) Réservation obligatoire au départ de Frasne et Pontarlier pour Neuchâtel et Bern.
(5) Du 3 au 11 août, tous les TGV sont 1
⊡ Service restauration à la place, en 1ʳᵉ classe, en réservation.

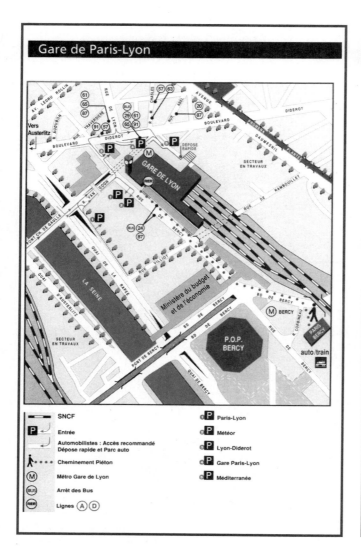

SNCF

P Entrée

Automobilistes : Accès recommandé
Dépose rapide et Parc auto

Cheminement Piéton

M Métro Gare de Lyon

BUS Arrêt des Bus

RER Lignes Ⓐ Ⓓ

P Paris-Lyon

P Météor

P Lyon-Diderot

P Gare Paris-Lyon

P Méditerranée

Votre billet

UN PRIX QUI COMPREND LA RESERVATION

Dans les TGV Sud-Est comme dans tous les TGV, la réservation est obligatoire (sauf dans les TGV verts*).
Lorsque vous achetez votre billet, son prix comprend celui de la réservation.
Le billet n'est valable que dans le TGV pour lequel il a été émis.

*XIII. Prenons le TGV! Your friends are planning a trip to France and Switzerland. Since they've heard so much about the French high-speed train, they want to have the chance to travel on the **TGV.** Their travel agent has sent them the **Guide du Voyageur** but, unfortunately, they don't read French. They give you the brochure with some questions for you. Write down the answers to their questions based on what you learn from the brochure.

1. Exactly how fast does the French high-speed train really travel? How fast in kilometers? What's that in miles?

_____

2. If we wanted to visit the south of France, how long would it take from Paris?

_____

3. From which train station in Paris do we leave for the southeast?

_____

4. Do we have to make reservations for the TGV?

_____

5. What kinds of services can we expect on the train?

_____

_____

_____

_____

6. At what times can we leave Paris and when would we get to Lausanne, in Switzerland? At what time would we get to Bern, the capital of Switzerland?

_____

_____

7. We heard that there is also a train in the middle of the afternoon. Why can't we take that one to get to Bern?

_____

_____

8. What if we wanted to go to Lausanne and spend a few days there? Could we leave in the middle of the afternoon?

_____

9. If we go directly to Bern, do we have to change trains anywhere along the line?

_____

10. What are the different ways we can get to the **gare de Lyon** in Paris?

_____

_____

À faire! (6-3)

Manuel de classe, pages 270–279

As a *follow-up* to work done in class on train travel, do Exercise XIV.

In *preparation* for work in class, do the following:
• read the explanation about prepositions with geographical names;
• ⊙ listen to MP Audio CD3, TRACKS 11–12;
• write Exercises XV, XVI, XVII, and XVIII;
• do **Contrôle 16.**

◘ Contexte: *Paris-Vesoul par le train*

*XIV. Des horaires de trains. Your friend is going to travel by train in France and Switzerland. Since he doesn't read French, you answer his questions in writing so that he can use what you write as a reference for making his plans.

Symboles

A	Arrivée		⊏	Couchettes	♿	Facilités handicapés
D	Départ		⊏	Voiture-lits	EA	Euraffaires réservation
			✗	Voiture-restaurant		nécessaire en 1ère CL
			⊗	Grill-express	⊕	Vélo
⊏	Eurocity		⊡	Restauration à la place	#	Train à supplément modulé
⊏	Cabine 8		♈	Bar		
			⊏	Vente ambulante		

Remarque

Les trains circulant tous les jours ont leurs horaires indiqués en gras
Tous les trains offrent des places assises en 1ᵉ et 2ᵉ classe, sauf indication contraire dans les notes.
Certains trains circulant rarement ne sont pas repris dans cette fiche

Numéro de train		498	59	57	57	57	67234	66538/9	66538/9	203/2	203/2	55	94	1917	90	53	357/6	1709	253
Notes à consulter		1	2	3	4	5	6	7	6	8	9	10	11	12	13	14	15	16	17
			#													#	#		
Paris-Est	D		06.57	08.45	08.58	08.58			10.45	10.57	**13.03**		16.03		**17.16**	18.49	**19.47**	**22.58**
Epernay	D												17.11				20.56	
Reims	D																	
Chalons-sur-Marne	D		08.18						12.04	12.18			17.28				21.14	00.33
Bar-le-Duc	A		08.52	10.38	10.49	10.49			12.39	12.53			18.07		20.47	21.55	01.14
Bar-le-Duc	D		08.53	10.39	10.51	10.51			12.40	12.54			18.08		20.48	22.08	01.24
Metz-Ville	A		09.44	11.48	11.43	11.43			13.51	13.48	15.44		19.04		**19.55**	21.39	22.59	02.17
Metz-Ville	D	03.02	09.48		11.50	12.04	12.36	12.36	13.55	13.55		16.04		19.12	20.01	21.42	23.03
Hagondange	A		09.59			12.01	12.24	12.52	12.52	14.06	14.06				20.12	21.54	23.14
Thionville	A	03.24	10.10			12.10		13.02	13.02	14.15	14.15		16.24		19.32	20.22	22.04	23.23
Thionville	D	03.39	10.14			12.12			13.04	14.17	14.17		**16.26**		**19.34**	20.24	22.09	23.27
Luxembourg	A	04.05	10.35			12.33			13.26	14.38	14.38		16.49		19.56	20.45	22.30	23.48

1. On one of my trips, I'm going from Paris to Thionville, where I have a cousin.

   a. If I want to get to Thionville by about 8:30 P.M., which train should I take? How many stops does that train make before Thionville? How long does that train stop in Metz? Do I have time to get off and get my cousin a present?

   _____

   _____

   _____

   b. What if I want to get to Thionville by around noon, which train should I take?

   _____

   c. When does this train leave Metz?

   _____

Numéro de train		11711	1611	66327	17103	11961	1621	17107	68527	1903	1701	61213	17111	68529	17119	1623	1623	17123	1625	1705	1705	68521	68723	17127	17131	1927	1807	68823	1917	1627	1707	68621
Notes à consulter		1	2	3	4	5	6	4	7	8	9	10	11	12	13	14	15	16	17	18	19	20	21	13	11	22	23	24	25	26	27	28
Paris-Est	D	00.05	**00.15**		06.12	07.01	**07.16**	07.19		08.01	08.01	08.15	08.17		10.12	11.03	11.03	12.17	12.52	13.17	13.17			14.15	14.44	15.02	15.24		16.03	16.19	**16.28**
Chateau-Thierry	A	00.59	**01.09**		07.23	07.49		08.30		08.48	08.48		09.25		11.22	11.49	11.49	13.29	13.38		14.03			15.25	15.52					17.09
Dormans	A					08.03										12.02			13.50									
Epernay	A	01.25	**01.34**	01.44		08.17	**08.25**		08.33	09.12	09.12		10.05		12.15	12.15		14.04	14.25	14.25	14.35	14.35			16.32	16.46	17.10	17.33	**17.38**	17.44
Reims	A		02.06			**08.45**		09.10		09.47	10.28		10.40		12.36	12.36		14.24			15.02	15.09			16.29		17.12			17.53	18.24

2. I want to go visit the Batailler family in Reims.

   a. Which train should I take from Paris if I want to get there before 9:00 A.M.? How many stops does that train make before Reims?

   _____

   b. The Bataillers have invited me for dinner at 7:00 P.M. What's the last *direct* train I can take to get there in time?

   _____

   c. I've heard that Reims has a beautiful cathedral. I'd like to get there around 12:30 P.M. so that I can spend the afternoon sightseeing before going to the Bataillers' for dinner. Which is the best train to take?

   _____

150 Genève-Aéroport — Genève — Lausanne

Tous les trains Genève-Aéroport ✈ –Genève voir 152, Renens–Lausanne voir 202

CFF, Lausanne	3023	EC 106	3435	1621	3023	1921	IC 521	IC 721	3027	3441	1877	EC 31	3027	1923	IC 623	IC 723	3033	3445	1625
Genève-Aéroport ✈				9 15		9 38	9 44	9 48				10 15	10 24	10 38	10 44	10 48			11 15
Genève 151				9 22		9 45	9 51	9 55				10 22	10 31	10 45	10 51	10 55			11 22
Genève	9 02	9 07		9 25		9 48	9 54	9 58	10 05			10 25	10 34	10 48	10 54	10 58	11 02		11 25
Chambésy									10 09								11 06		
Les Tuileries									10 11								11 08		
Genthod-Bellevue		9 07							10 12								11 10		
Creux-de-Genthod									10 14								11 12		
Versoix		9 15							10 17								11 15		
Pont-Céard		9 17							10 19								11 17		
Mies		9 19							10 21								11 19		
Tannay		9 21							10 23								11 21		
Coppet		9 24							10 25								11 24		
Founex		9 27							10 28								11 27		
Céligny		9 29							10 30								11 29		
Crans		9 31							10 32								11 31		
Nyon 155		9 35			9 38		10 00		10 36			10 38		11 00			11 35		11 38
Nyon		→			9 39	10 01			→			10 39		11 01	10 47		→		11 39
Prangins					9 41										10 51				
Gland					9 43														
Gilly-Bursinel					9 46														
Rolle					9 49										10 56				
Perroy					9 53										10 58				
Allaman					9 55										11 01				
Etoy					9 59										11 03				
St-Prex					10 01										11 07				
Tolochenaz					10 05										11 09				
Morges 156			9 34	9 55	10 07	10 17				10 34	10 55			11 13	11 17			11 34	11 55
Morges-St-Jean			9 36							10 36								11 36	
Lonay-Préverenges			9 38							10 38								11 38	
Denges-Echandens			9 41							10 41								11 41	
Renens VD 102, 200, 202, 210			9 46		10 17					10 46			11 21					11 46	
Lausanne 202		9 41	9 51	10 05	10 22	10 27		10 32		10 51	11 05	11 08	11 26	11 27		11 32		11 51	12 05
Lausanne 250			9 53					10 34		10 53	11 10					11 34			
Fribourg 250								10 34			11 10					11 34			
Bern 250								11 18			11 57					12 18			
Basel SBB 500								11 42			12 22					12 42			
Zürich HB 650								12 59								13 59			
Zürich Flughafen ✈ 750								12 57								13 57			
								13 16								14 16			
Lausanne 210		9 48		10 12			20			11 12				20				12 12	
Neuchâtel 210		10 35		10 59			11 05			11 59				12 05				12 59	
Biel/Bienne 210		10 55		11 21			11 25			12 21				12 25				13 21	
Basel SBB 230		12 01		12 36			12 36							13 36				14 36	
Zürich HB 650							12 53			13 53				13 53					
Lausanne 100			9 55			10 32					11 13		11 32				11 55		
Sion			11 03			11 41					12 07		12 41				13 03		
Brig			11 52			12 23					12 36		13 23				13 52		

3. When I'm in Geneva, I plan to make several trips to Lausanne.

   a. How long does it take to make the trip from Geneva to Lausanne on a direct, non-stop train?

   _____

   b. What if I want to get to Lausanne at about noon but want to stop in Nyon for about an hour and a half? Which train should I take? When does it get to Nyon? Which train should I take to Nyon to get to Lausanne by around noon?

   _____

250 Lausanne–Fribourg–Bern

Trains régionaux Fribourg–Bern voir 290

		3455	4325	IC 729	3461	1889	3461	4327	IC 733	3465	4329	IC 691	IC 737	3471	1893	3471	4333	IC 739	2073	3475
Genève-Aéroport ✈ 150			13 15	13 48		14 15			14 48			15 15	15 48		16 15			16 48		
Genève 150			13 25	13 58		14 26			14 58			15 25 ⑪ 15 57	15 58		16 25			16 58		
Lausanne	○		14 05	14 32		15 05			15 32			16 05 ⑪ 16 31	16 32		17 05			17 32		
CFF/SBB, Lausanne					ⓧ		⊗			ⓧ			ⓧ	ⓧ					ⓧ		
Lausanne 🔟		13 53	14 14	14 34	14 53	15 10		15 14	15 34	15 53	16 14	⑪ 16 33	16 34	16 53	17 10	17 14		17 34	ⓐ 17 49	17 53
Pully-Nord		13 56	14 17		14 56			15 17		15 56	16 17			16 56		17 17				17 56
La Conversion		13 58	14 20		14 58			15 20		15 58	16 20			16 58		17 20				17 58
Bossière		14 00	14 22		15 00			15 22		16 00	16 22			17 00		17 22				18 00
Grandvaux		14 03	14 25		15 03			15 25		16 03	16 25			17 03		17 25				18 03
Puidoux-Chexbres 111 🚆	○	14 06	14 29		15 06			15 29		16 06	16 29			17 06		17 29				18 06
Puidoux-Chexbres		14 07	14 30		15 07			15 30		16 07	16 30			17 07		17 30			17 59	18 07
x Moreillon		×14 09	× 14 32		×15 09			×15 32		×16 09	×16 32			×17 09		×17 32				×18 09
Palézieux 251, 256 🚆	○	14 15	14 38		15 15	15 25		15 38		16 15	16 38			17 15	17 25	17 38			ⓐ 18 06	18 15
Palézieux		14 16	⑫14 52		15 16	15 26		15 39		16 16	16 39			17 16	17 26	17 39			ⓐ 18 07	→
Oron 🚆		14 20			15 20					16 20				17 20						
Vauderens 🚆		14 26			15 26					16 26				17 26						
Siviriez 🚆		14 30			15 30					16 30				17 30						
Romont 254 🚆	○	14 34			15 34	15 40				16 34				17 34	17 40					
Romont		14 44		→	15 41	15 44				16 44				→	17 41	17 44				
Villaz-St-Pierre 🚆		14 48				15 48				16 48						17 48				
Chénens 🚆		14 52				15 52				16 52						17 52				
Cottens 🚆		14 55				15 55				16 55						17 55				
Neyruz		14 58				15 58				16 58						17 58				
Rosé 🚆		15 01				16 01				17 01						18 01				
Matran		15 04				16 04				17 04						18 04				
Villars-sur-Glâne 🚆		15 07				16 07				17 07						18 07				
Fribourg 252, 255 🚆	○	15 11		15 18	15 57	16 11		16 18	17 11			17 16	17 18		17 57	18 11		18 18	
Fribourg 290				15 19	15 59			16 19				17 17	17 19		17 59			18 19	
Bern 🔟	○			15 42	16 22			16 42			⑪ 17 40	17 42		18 22			18 42	
Bern 450				15 45				16 45					17 45					18 45	
Olten 450	○			16 57				17 57					18 57					19 57	
Zürich HB 650	○			17 16				18 16					19 16					20 16	
Zürich Flughafen ✈ 750	○																			
Bern 450				15 48				16 48					17 48					18 48	
Olten 450	○			16 30				17 30					18 30					19 30	
Basel SBB 500	○			16 59				17 59					18 59					19 59	
Bern 460				⑩15 48	16 31			17 31			⑪ 17 44	⑩17 48		18 31			⑩19 25	
Luzern	○			⑩17 12				18 49			⑪ 19 06	⑩19 12		19 46			⑩21 04	

🚆 Voir voitures directes

Lausanne–Palézieux ⊕ dans les trains régionaux

⑩ Via Olten (avec changement)

⑪ ⑤ et 16 avr; sauf 27 déc, 3 jan et 17 avr

⑫ Ⓒ dp 14 39 au lieu de 14 52

🔟 Les trains sont en correspondance lorsque le battement est d'au moins
 – 6 minutes à Bern
 – 4 minutes à Lausanne

---

4. From Lausanne, I plan to go to Fribourg and the Swiss capital city of Bern.

   a. If I decide to spend the night in Fribourg, I'd like to get there by 4:00 P.M. Since I don't know the area, I wouldn't mind if the train stopped a few times. Which train should I take? _____

   b. Which is the most direct train from Lausanne to Fribourg before 4:00 P.M.? _____

   c. On a fairly direct train from Lausanne to Bern, how long does it take on average? _____

   d. Which is the best train to take if I'm meeting some friends at the Bern train station at 6:30 P.M.? _____

   e. How long does it take, on average, to get from Fribourg to Bern? _____

   f. If I want to go from Bern to Luzern, which train should I take to arrive at around 8:00 P.M.? _____

   g. About how long does it take to get from Bern to the airport in Zurich? _____

Structure grammaticale:
Prepositions with geographical names

IL FAIT BEAUCOUP DE VOYAGES

STÉPHANE: Comment? Tu pars encore? Mais tu viens de rentrer **du** Canada, **des** États-Unis et **d'**Angleterre! Et le mois prochain, tu dois aller **au** Portugal!

LAURENT: Oui, je sais. Et avant d'être à Lisbonne, il faut que j'aille à Nîmes.

STÉPHANE: Ah, tu vas donc dans le Midi *(South of France)*? J'aimerais bien t'accompagner. J'ai une cousine qui habite à Aix.

LAURENT: Ça serait bien. Mais **de** Nîmes, je vais **au** Portugal avant de rentrer **en** France. Tu voudrais venir avec moi?

STÉPHANE: Non, je ne peux pas. Il vaut mieux que je rentre **à** Paris tout de suite.

EXPLICATION

First, read the following **Explication** section, then listen to the audio track that accompanies it.

- You've already learned that most city names in French appear without an article. Most other geographical names are preceded by a definite article, including continents (**l'Europe, l'Asie, l'Afrique, l'Amérique, l'Australie**), countries (**la France, l'Italie, les USA**), French provinces (**la Normandie, la Provence, la Bretagne**), rivers (**la Seine, le Mississippi, le Susquehanna**), and mountains (**les Alpes, les Pyrénées, le Jura**).

- However, when you want to express the idea of being *in* or *at* a place or of going *to* or coming *from* somewhere, the definite article either disappears (**en France, d'Alsace**) or is combined with the preposition **à** or **de** (**aux États-Unis, du Maroc**).

	FEMININE COUNTRY OR MASCULINE COUNTRY BEGINNING WITH A VOWEL SOUND	MASCULINE COUNTRY BEGINNING WITH A CONSONANT	PLURAL COUNTRY	CITY
to, in, at	en	au	aux	à
from	de (d')	du	des	de

- The great majority of geographical names ending in **-e** are feminine: **la France, la Bretagne, la Chine, la Belgique.** One exception is **le Mexique.**
- Geographical names ending in a letter other than **-e** are usually masculine: **le Canada, le Japon, le Danemark, Israël** (no article used), **les États-Unis (les USA).** Remember that masculine names beginning with a vowel or a vowel sound use **en** and **de (d')** to allow for liaison and élision: **en Iran, d'Irak.**
- With cities that have a definite article, use **à** and **de** with the definite article, making the contraction, if necessary: **Le Havre (au Havre, du Havre), La Rochelle (à La Rochelle, de La Rochelle), La Nouvelle-Orléans (à La Nouvelle-Orléans, de La Nouvelle-Orléans).**

LES PAYS DU MONDE

l'Europe *(f.)*
l'Allemagne *(f.)*
l'Angleterre *(f.)*
la Belgique*
le Danemark
l'Espagne *(f.)*
la France
la Grèce
l'Italie *(f.)*
les Pays-Bas *(m.pl.)*
le Portugal
la Russie
la Suède
la Suisse*

l'Afrique *(f.)*
l'Afrique du Sud *(f.)*
l'Algérie* *(f.)*
le Cameroun*
la Côte-d'Ivoire*
la Libye
le Maroc*
la République
    démocratique
    du Congo*
le Sénégal*
la Tunisie*

l'Asie *(f.)*
la Chine
l'Inde *(f.)*
le Japon
le Viêt Nam

le Proche-Orient
l'Égypte *(f.)*
l'Irak *(m.)*
l'Iran *(m.)*
Israël *(m.)*

l'Océanie *(f.)*
l'Australie *(f.)*
la Nouvelle-Zélande
les Philippines *(f.pl.)*

l'Amérique du Nord *(f.)*
le Canada*
les États-Unis
    (les USA) *(m.pl.)*
le Mexique

l'Amérique du Sud *(f.)*
l'Argentine *(f.)*
le Brésil
la Colombie
le Pérou
le Vénézuela

Consult your dictionary for countries not listed here.

* = pays francophones (où le français est une des langues parlées)

Application

*XV. Quelle langue est-ce qu'on parle... ? Using the countries in parentheses, indicate where the following languages are spoken. Remember that you can use the last letter of the country to help you determine the gender. However, beware of exceptions!

MODÈLE:　Où est-ce qu'on parle allemand? (Allemagne / Suisse)

On parle allemand en Allemagne et en Suisse.

1. Où est-ce qu'on parle français? (France / Tunisie / Canada / Maroc / Suisse)

_____

2. Où est-ce qu'on parle anglais? (Angleterre / Australie / USA)

_____

3. Où est-ce qu'on parle chinois? (Chine)

_____

4. Où est-ce qu'on parle espagnol? (Espagne / Pérou / Argentine / Mexique)

_____

5. Où est-ce qu'on parle japonais? (Japon)

_____

6. Où est-ce qu'on parle suédois? (Suède)

_____

7. Où est-ce qu'on parle portugais? (Portugal / Brésil)

_____

8. Où est-ce qu'on parle russe? (Russie)

_____

* XVI. Où se trouve...? Indicate in which countries the following cities are located.

MODÈLE: Paris

        Paris se trouve en France.

1. Madrid _____

2. Montréal _____

3. Rome _____

4. Berlin _____

5. Tokyo _____

6. Londres _____

7. Baton Rouge _____

8. Moscou _____

9. Lisbonne _____

10. Bruxelles _____

11. Mexico _____

12. Jérusalem _____

13. Beijing _____

14. Dakar _____

15. Copenhague _____

16. Buenos Aires _____

17. Manille _____

18. Calcutta _____

19. Genève _____

20. Le Caire _____

*XVII. Un congrès mondial. *(An international meeting).* The following is a list of the number of delegates at an international meeting. Indicate how many delegates come from each of the countries.

MODÈLE:　　la France (12)　　*Il y a douze délégués de France.*

1. l'Algérie (3)　　_____

2. l'Allemagne (10)　　_____

3. la Belgique (5)　　_____

4. le Canada (10)　　_____

5. le Cameroun (2)　　_____

6. la Côte d'Ivoire (6)　　_____

7. le Danemark (3)　　_____

8. les États-Unis (8)　　_____

9. l'Iran (4)　　_____

10. Israël (7)　　_____

11. l'Italie (6)　　_____

12. le Mexique (5)　　_____

13. la Suisse (7)　　_____

14. les Philippines (1)　　_____

15. la Russie (10)　　_____

Note grammaticale: Les régions de France et les états des USA

MP Audio CD3, TRACK 12

	LES RÉGIONS DE FRANCE	LES ÉTATS DES USA
to, in	en / dans le	dans l'état de / en / au (dans le)
from	de (d') / du	de l'état de / de (d') / du

◆ **French Regions (Provinces)**
- The regions of France (previously called **les provinces**) are either feminine (end in **-e**) or masculine (end in a consonant).
- To say *to* or *in*, use **en** with regions that are feminine (**en Provence, en Bretagne, en Alsace, en Franche-Comté, en Champagne, en Normandie, en Guadeloupe, en Martinique**) and **dans le** with regions that are masculine (**dans le Roussillon, dans le Languedoc**).
- To say *from*, use **de (d')** with regions that are feminine (**de Champagne, de Guadeloupe**) and **du** with regions that are masculine (**du Roussillon, du Languedoc**).

◆ **States of the USA**

- The easiest way to deal with the states of the USA is to use the expressions **dans l'état de** (**dans l'état de Californie, dans l'état de Massachusetts**) to say *to* or *in,* and **de l'état de** (**de l'état de Pennsylvanie, de l'état de Minnesota**) to say *from.* By using these two expressions, you don't have to remember whether a state is masculine or feminine. If in doubt, use these expressions!

- The gender of states is determined the same way as for other geographical names. Names that end in **-e** in French are feminine. All the others are masculine.

Some states that are feminine

California	**la** Californie	**en (de) Californie**
North Carolina	**la** Caroline du Nord	**en (de) Caroline du Nord**
Florida	**la** Floride	**en (de) Floride**
Georgia	**la** Géorgie	**en (de) Géorgie**
Louisiana	**la** Louisiane	**en (de) Louisiane**
Pennsylvania	**la** Pennsylvanie	**en (de) Pennsylvanie**
South Carolina	**la** Caroline du Sud	**en (de) Caroline du Sud**
Virginia	**la** Virginie	**en (de) Virginie**

Exception: **le Maine**   **dans le Maine**

- Masculine states that begin with a vowel take **en** and **d'** as prepositions.

Arizona	**l'**Arizona *(m.)*	**en (d') Arizona**
Arkansas	**l'**Arkansas *(m.)*	**en (d') Arkansas**

✱ XVIII. D'où tu viens, toi? Où tu habites? Fill in the blanks using the correct preposition with the geographical names. Don't use the expressions **dans (de) l'état de** in this exercise.

—D'où tu viens, toi?
—Je viens...

1. _____ Normandie.
2. _____ Arizona.
3. _____ Caroline du Sud.
4. _____ Provence.
5. _____ Martinique.
6. _____ Texas.
7. _____ Mississippi.
8. _____ Champagne.
9. _____ Languedoc.
10. _____ Maine.

—Où tu habites?
—J'habite...

11. _____ Louisiane.
12. _____ Roussillon.
13. _____ Caroline du Nord.
14. _____ Savoie.
15. _____ Minnesota.
16. _____ Guadeloupe.
17. _____ Kansas.
18. _____ Californie.
19. _____ Montana.
20. _____ Bretagne.

◘ Contrôle 16: *Prepositions with geographical names*

Fill in the blanks using the appropriate prepositions.

Nous sommes allés...

1. _____ France.
2. _____ Maroc.
3. _____ Israël.
4. _____ Philadelphie.
5. _____ Danemark.
6. _____ Suisse.
7. _____ Japon.
8. _____ Égypte.
9. _____ La Nouvelle-Orléans.
10. _____ Pays-Bas.

Ils sont revenus...

11. _____ États-Unis.
12. _____ Montréal.
13. _____ Brésil.
14. _____ Tunisie.
15. _____ Philippines.
16. _____ Mexique.
17. _____ Genève.
18. _____ Italie.
19. _____ Le Caire.
20. _____ Norvège.

J'habite...

21. _____ Texas.
22. _____ Guadeloupe.
23. _____ Californie.
24. _____ Alabama.
25. _____ Normandie.
26. _____ Wyoming.
27. _____ Roussillon.
28. _____ Champagne.
29. _____ Martinique.
30. _____ Géorgie.

> You'll find the correct answers on page 380. Give yourself 1 point for each correct answer.
> A perfect score is 30 points. If your score is below 24, you should review prepositions with
> geographical names before going to class.

À faire! (6-4)

Manuel de classe, pages 280–292

As a *follow-up* to work done in class, do the following:
• write Exercises XIX, XX, and XXI.
• ◉ listen to MP Audio CD3, TRACK 13;
• ◉ listen to MP Audio CD3, TRACK 14, and do Exercise XXII.
• as a review of the whole chapter, do Exercises XXIII, XXIV, and XXV.

XIX. Un pays que je voudrais voir. Pick a country you'd really like to visit, do some research on the country (web sites, library, interview with someone from that country), and then write a composition giving the reasons why you want to go to this particular country. Feel free to illustrate your composition with photos or drawings. Use a separate piece of paper.

Helpful phrases: ... parce que je voudrais voir (visiter / étudier, etc.)
... parce que je suis d'origine... (par exemple, ma mère est née en...)
... parce qu'il y a...
pour + *infinitif* (par exemple, Je voudrais aller au Maroc pour voir...)
à cause de + *nom* (*because of* + noun)

LISEZ!: *La ville de Washington, D.C.*

The following text comes from a multilingual tourist brochure of Washington, D.C. Since you probably know most of the general information, focus your attention on the details and then do Exercise XX. Don't worry if you don't understand all of the words used.

WASHINGTON, D.C.

Washington, notre capitale, fut il y a deux cents ans environ, témoin de l'arrivée du petit groupe d'hommes qui composait alors notre gouvernement. Ils venaient de Philadelphie pour faire de Washington la capitale permanente de la jeune république. Transformer cette ville-frontière en une communauté métropolitaine fut un travail lent et parfois décourageant. Au long des années, Washington s'est largement développé.

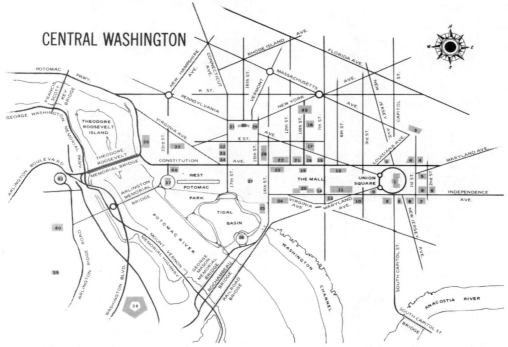

◀ LE MÉMORIAL THOMAS JEFFERSON

Situé à l'extrémité est du bassin à marée dans le parc West Potomac, cet édifice plein de dignité et très classique est construit en marbre du Vermont et en marbre blanc de Géorgie. Son diamètre est de 600 pieds (182 m. environ), et dans l'austère et unique pièce centrale, se trouve une statue impressionnante de Thomas Jefferson.

LE CAPITOLE

Le grand dôme du Capitole est formé d'une double épaisseur de fonte, peinte en blanc pour s'harmoniser avec le revêtement de marbre du bâtiment. Au sommet, à 285 pieds (85m environ) au-dessus de la place se tient la "Statue de la Liberté".

LES CERISIERS EN FLEUR AU PRINTEMPS ET LE MONUMENT WASHINGTON

Ces cerisiers *(cherry trees)* connus dans le monde entier, plantés le long du bassin à marée dans le parc West Potomac ont été offerts en 1912 par la ville de Tokyo.

Illuminé la nuit d'une manière impressionnante, le monument de Washington dont l'obélisque de marbre blanc atteint 555 pieds (167 m environ) se trouve sur la promenade du Mall. De la plateforme d'observation située à cinq cents pieds (152 m., environ), les visiteurs peuvent admirer tout le District de Columbia ainsi que des parties des états de Maryland et de Virginie.

MONUMENT AUX ANCIENS COMBATTANTS DU VIÊT NAM

Le monument aux anciens combattants du Viêt Nam rend hommage à tous les morts et disparus de cette guerre avec plus de 58.000 noms gravés sur ses plaques de granite noir poli. Les statues des personnages sont revêtues d'uniformes et portent le matériel de guerre. [...] Le monument est situé dans les "Constitution Gardens" près du "Lincoln Memorial".

LE CENTRE DE JOHN F. KENNEDY POUR LES PERFORMING ARTS

Le monument commémoratif du président Kennedy dans la capitale nationale. Il mesure 640 pieds sur 300 (environ 192,07m x 91,46m), et a trois théâtres au premier étage—l'opéra, le théâtre d'Eisenhower et la salle de concert. Le grand foyer, joignant les trois salles, est dominé par une sculpture en bronze de la tête du président Kennedy. On peut voir Watergate à gauche.

MUSÉE NATIONAL DE L'HISTOIRE AMÉRICAINE

Ce musée de l'institution Smithsonian contient des objets témoignant du développement culturel et technologique de notre nation de l'époque coloniale au présent.

▲ LE MÉMORIAL LINCOLN ▲

Ce magnifique monument en marbre blanc du Colorado comprend 36 colonnes doriques représentant le nombre des États de l'Union à l'époque de la mort de Lincoln. Il se situe à l'extrémité ouest du Mall sur les berges de la rivière Potomac, près du pont mémorial d'Arlington. Les plans en furent tracés par Henry Bacon et il fut achevé en 1922. La statue de Lincoln se trouve dans le hall central du Mémorial. Elle fut sculptée par Daniel Chester French. L'abondante illumination nocturne de la statue donne un spectacle d'un effet impressionnant.

LA MAISON BLANCHE ▶

1600 Pennsylvania Avenue N.W., Washington, D.C. Les plans originaux en furent tracés par James Hoban, et la première pierre fut posée en 1792. Achevée en 1800, elle fut incendiée *(burned)* par les Anglais pendant la Guerre de 1812. Elle fut restaurée et modifiée en 1902 et 1948. Les visiteurs peuvent en visiter certaines parties selon l'autorisation du président au pouvoir.

XX. Exercice de compréhension. Write down at least six facts that you didn't know about Washington, D.C. and that are included in the brochure.

1. _____
2. _____
3. _____
4. _____
5. _____
6. _____

Now send a short e-mail message in French to another student in your class telling him/her something about Washington, D.C. and why he/she should visit the city. If you live in Washington, D.C., go find some multilingual tourist brochures (that include French) and share them with your classmates.

XXI. Ma ville. Now write a description of your own town. You can illustrate your description with pictures from tourist brochures or photos you've taken yourself.

◙ Prononcez bien!

NASAL VOWELS

MP Audio CD3, Track 13

The most commonly used nasal vowels in French are [ã], [ɛ̃], and [ɔ̃]. A vowel is nasalized when it is followed by the letter **m** or **n** *in the same syllable.* In this situation, the vowel is nasalized and the **m** or **n** is *not* pronounced. Once you learn which spellings are associated with each nasal vowel, the actual prononciation of the vowels is relatively simple.

◆ [ã] The [ã] sound, represented by the spellings **am, an, em,** and **en,** is pronounced like the nasal vowel in the English word *flaunt.*

   camping   tante   temps   descendre

◆ [ɛ̃] The [ɛ̃] sound is represented by the spellings **aim, ain, eim, ein, im, in, ym, yn,** and **en** and the endings **-ien, -yen, -éen.** In addition, the combinations **un** and **um** are pronounced [ɛ̃]. There is no exact equivalent to the [ɛ̃] sound in English, but the vowel sound in the word *and* can serve as an approximate guide for pronunciation.

   faim   magasin   train   bien   européen   simple   vin

◆ [ɔ̃] The [ɔ̃] sound is represented by the spellings **om** and **on.** Again, there is no exact English equivalent, but the vowel sound in the word *tone* is a reasonable approximation of the pronunciation.

   bonjour   monde   tomber   compter

XXII. MP Audio CD3, Track 14 **Les voyelles nasales.** Do the following pronunciation exercises. Repeat each word or sentence, making an effort to pronounce the nasal vowels correctly.

A. First, pronounce the sound [ã]:

roman / langage / comment / présenter / souvent / temps / rarement / envie / gentille / intéressant / en / vent / vêtements / fantastique / aventure / camping / croissant / jambon / orange / menthe / banque / chanter / commander / manger / changer / blanc / descendre / rentrer / prendre / comment / embêter / devant / en bas / entre / ensoleillé / grand / ambitieux / patient / indépendant / marrant / parents / chambre / représentant

B. Now pronounce the sound [ɛ̃]:

bien / copain / quelqu'un / magasin / dessin / pain / raisin / cinq / vin / combien / enfin / chien / simple / cousin / jardin / bain / mécanicien / médecin / musicien / canadien / italien / marocain / mexicain / vietnamien / européen / matin / lundi / juin / principal / train / plein / printemps / ski alpin / peinture / timbres / bouquin / un / brun

C. Now pronounce the sound [ɔ̃]:

saumon / jambon / poisson / oignon / monde / bon / décontracté / façon / tomber / disque compact / bonjour / trombone / citron / ballon / rencontrer / allons-y / blouson / complet / pantalon / marron / nom / avion / montrer / confortable / sombre / nombreuse / prénom / oncle / balcon / comptable / maison / fonctionnaire / non / mon / compris / réunion

D. Listen to the poem by the 20th-century French poet Robert Desnos. The predominant nasal sound in the poem is [ã]. Repeat each line the second time the poem is read.

Le pélican

Le capitaine Jonathan,
Étant âgé de dix-huit ans,
Capture un jour un pélican
Dans une île d'Extrême-Orient.

Le pélican de Jonathan,
Au matin, pond un œuf tout blanc   pond un œuf: *lays an egg*
Et il en sort un pélican
Lui ressemblant étonnamment.   Lui: *Him (the pelican)* / étonnamment: *amazingly*

Et ce deuxième pélican
Pond, à son tour, un œuf tout blanc   à son tour: *in turn*
D'où sort, inévitablement,
Un autre qui en fait autant.   qui en fait autant: *who does the same*

Cela peut durer pendant très longtemps   durer: *(to) last*
Si l'on ne fait pas d'omelette avant.

Robert Desnos,
Chantefables et Chantefleurs,
Éditions Gründ, Paris

◘ Intégration

XXIII. Un voyage en Europe. You're on a trip in Europe. As your trip progresses, you send e-mail messages to your French instructor. In addition to the information provided, you can find out more about any of the three cities on the Internet and include some of the information in your messages. Use a separate sheet of paper.

1. In the first message, you talk about your arrival in Paris, the hotel you're staying at and what the room is like. Say that you are going to go to Versailles tomorrow because you want to see Louis XIV's chateau. Also talk about some of the things you want to see and do in Paris (go to the Musée d'Orsay, spend time in cafés, visit monuments, take the métro, etc.).

2. In the second message, you talk about what you did yesterday. You took a trip with friends to the city of Reims. Say how you got there (train), what you did in Reims (visited the gothic cathedral, walked around, went to the **Parc Léo Lagrange**), which hotel you stayed in (**le Grand Hôtel du Nord**), and where you went to dinner (**restaurant Continental**).

3. You're now in the city of Lyon. First explain how you got to Lyon from Paris (**TGV**) and where you're staying (with friends of your parents). Then talk about what you did in Lyon (visited the old part of town, went to a three-star restaurant, visited the roman theaters, and walked along the Rhône river). Explain that you're leaving France tomorrow on a trip that's going to take you to four different countries. Say where you're going to go, how you're going to get there, and how long you're going to stay in each country. You might also explain why you decided to visit these particular countries.

◧ Mise au point

L'EMPLOI DE L'INFINITIF ET DU SUBJONCTIF AVEC LES EXPRESSIONS DE NÉCESSITÉ ET DE VOLONTÉ (MP, pages 229, 231)

XXIV. Moi, je préfère. When you're with your friends and family, there are always conflicts between you and the others. Usually these conflicts are between, on the one hand, studying (**étudier, aller à la bibliothèque**), housework (**nettoyer, ranger, faire la vaisselle**), other responsibilities (**aider quelqu'un à, s'occuper de**), or other people's plans and, on the other hand, your own wishes and preferences. Using the expressions provided, describe some of these conflicts.

MODÈLE: Moi, j'aimerais... , mais... veut que je...

Moi, j'aimerais bien regarder un match à la télé, mais ma femme veut que je l'aide à faire des réparations.

1. Moi, j'aimerais... , mais... veut que je...

_____

_____

_____

2. Moi, je préfère... , mais il faut...

_____

_____

_____

3. Mon père veut que je... , mais je préfère...

_____

_____

_____

4. Moi, je veux... , mais il vaut mieux que...

_____

_____

_____

5. Moi, j'aime... , mais il est souvent nécessaire...

_____

_____

_____

_____

LES PRÉPOSITIONS ET LES NOMS GÉOGRAPHIQUES (MP, page 247)

*ⅩⅩⅤ. Leurs expériences internationales. For each of the people mentioned, say (a) where he/she is from, (b) which city he/she is going to (is going to go to, went to), and (c) in which country the city is located. Follow the model.

MODÈLE: Simone Chartrand / France / Berlin (futur immédiat)

Simone Chartrand vient de France. Elle va aller à Berlin. Berlin se trouve en Allemagne.

1. Michèle Bosquet / Belgique / New York (passé composé)

   _____

   _____

2. Najip Bouhassoun *(m.)* / Maroc / Londres (présent)

   _____

   _____

3. Louise Hébert / Canada / Madrid (futur immédiat)

   _____

   _____

4. Keke Fleurissant *(f.)* / Haïti / Lisbonne (passé composé)

   _____

   _____

5. Monique Dupuy / Suisse / Le Caire (présent)

   _____

   _____

6. Giulio Massano / Italie / Dijon (futur immédiat)

   _____

   _____

7. Angèle Kingué / Cameroun / Tokyo (passé composé)

   _____

   _____

8. Epoka Mwantuali *(m.)* / Mali / Manille (présent)

   _____

   _____

SOMMAIRE

This checklist is designed to help you review material for the chapter test. The vocabulary and communicative expressions from the chapter are also available on the online **Manuel de préparation** for listening and repetition.

Expressions

_____ To ask for a hotel room (MC, p. 258)

_____ To specify the type of hotel room (MC, p. 258)

_____ To get information at the hotel (MC, p. 258)

_____ To make a train reservation (MC, p. 275)

_____ To situate a place using a compass (MC, p. 291)

Vocabulaire

_____ Hotel (MC, p. 254)

_____ Train travel (MC, p. 273)

_____ Itinerary (MC, p. 283)

_____ Village (MC, p. 288)

_____ City (MC, p. 291)

Grammaire

_____ **Quel** (MC, p. 257)

_____ The infinitive and the subjunctive with expressions of necessity and volition (MC, p. 260; MP, p. 229)

_____ The subjunctive (MP, p. 231; MC, p. 260)

_____ The verb **vouloir** (MP, p. 230)

_____ Prepositions with geographical names (MP, p. 247; MC, p. 282)

Culture

_____ Hotels in France (MC, p. 255)

_____ Travels/Vacations of the French (MC, p. 265)

_____ Train travel in France (MC, p. 270)

_____ Traveling by car in France (MC, p. 276)

_____ Means of transportation in Senegal, Morocco, Switzerland, Martinique (MC, p. 281)

_____ The French village of Calmoutier (MC, p. 288)

🔲 Lexique

Pour demander une chambre d'hôtel
(To ask for a hotel room)

Est-ce que vous avez une chambre pour (deux personnes / ce soir / etc.)?
Do you have a room for (two people / tonight / etc.)?

Je voudrais une chambre...
I'd like a room . . .

J'ai réservé une chambre au nom de...
I reserved a room in the name of . . .

Il me faut une chambre...
I need a room . . .

Pour préciser le type de chambre
(To specify the type of room)

Une chambre...
A room . . .

> **... pour une (deux, trois) personne(s)**
> *. . . for one (two, three) person (people)*
>
> **... avec un grand lit (deux lits)**
> *. . . with one large bed (two beds)*
>
> **... avec (une) douche ([une] baignoire)**
> *. . . with (a) shower ([a] bath)*
>
> **... avec (des) WC**
> *. . . with (a) toilet*
>
> **... avec (sans) salle de bains**
> *. . . with (without) a bathroom*
>
> **... au premier (deuxième, etc.) étage, si possible**
> *. . . on the second (third, etc.) floor, if possible*
>
> **... avec (un) balcon**
> *. . . with (a) balcony*
>
> **... une chambre qui donne sur la cour**
> *. . . a room that overlooks the courtyard*
>
> **... une chambre qui ne donne pas sur la rue**
> *. . . a room that doesn't overlook the street*

Pour se renseigner à l'hôtel
(To get information at the hotel)

C'est à quel étage?
What floor is it on?

C'est combien, la chambre? (Quel est le prix de la chambre?)
How much is the room? (What's the price of the room?)

Le petit déjeuner est compris?
Is breakfast included?

Est-ce qu'il y a un téléviseur dans la chambre?
Is there a TV in the room?

Et le téléphone, est-ce qu'il est direct? (Est-ce que c'est une ligne directe?)
Is it a phone with a direct outside line?

Vous fermez à quelle heure, le soir?
(At) what time do you close in the evening?

Est-ce qu'il y a un ascenseur?
Is there an elevator?

Pour réserver sa place dans le train
(To reserve a place in the train)

Je voudrais acheter (Il me faut) deux billets pour...
I'd like to buy (I need) two tickets for . . .

> **aller simple / aller-retour**
> *one-way / round-trip*
>
> **première classe / deuxième classe**
> *first class / second class*
>
> **une couchette**
> *a sleeping berth*
>
> **un wagon-lit**
> *a sleep compartment (sleeping-car of a train)*

Je voudrais réserver (J'ai besoin de) trois places pour...
I'd like to reserve (I need) three seats for . . .

> **fumeur / non-fumeur**
> *smoking / non-smoking*

Est-il possible d'avoir une place dans le train de 14h35?
Is it possible to get a place in the 2:35 P.M. train?

(Il y a encore des places dans le train de 14h35?)
(Is there still room in the 2:35 P.M. train?)

Pour situer un endroit à l'aide d'une boussole
(To situate a place using a compass)

à (dans) l'est (de)
to (in) the east (of)

au (dans le) nord (nord-est, nord-ouest) (de)
to the (in the) north (northeast, northwest) (of)

à (dans) l'ouest (de)
to (in) the west (of)

au (dans le) sud (sud-est, sud-ouest) (de)
to the (in the) south (southeast, southwest) (of)

au centre
to the center

Pour situer un endroit en calculant les distances
(To situate a place by calculating distances)

à... km de...
at . . . kilometers from . . .

à une distance de...
at a distance of . . .

L'hôtel (m.)

un ascenseur	elevator
une baignoire	bathtub
un balcon	balcony
une chaise	chair
une chambre	room
une clé	key
la climatisation	air conditioning
une douche	shower
un escalier	stairs
un fauteuil	armchair
l'heure (f.) de fermeture	closing time
un lavabo	sink
un lit	bed
le petit déjeuner	breakfast
la réception	hotel registration desk
une salle de bains	bathroom
un téléphone direct	direct-line telephone
les WC (m.pl.)	toilet

L'itinéraire (m.)

coucher	to spend the night
partir	to leave
passer	to spend
prendre	to take
rentrer	to return home
repartir	to leave (again)
reprendre	to pick up again, to resume

Le train (noms)

un arrêt	stop
l'arrivée (f.)	arrival
un billet (aller simple, aller-retour)	(one-way, round-trip) ticket
un composteur	ticket validation machine
une couchette	sleeping berth
le départ	departure
un distributeur (de billets)	automatic ticket machine
fumeur, non-fumeur	smoking, non-smoking
une gare	train station
un guichet	ticket window
l'heure (f.) de départ (d'arrivée)	departure (arrival) time
l'horaire (m.) des trains	train schedule
une place	seat (place) in a train
première (deuxième) classe	first (second) class
un quai	train departure/arrival platform
le TGV (train à grande vitesse)	high-speed train
une voie	train track
une voiture	train car
un wagon-lit	train car with individual sleeping compartments

Le train (verbes)

acheter un billet	to buy a ticket
(s') arrêter	to stop
arriver	to arrive
attendre	to wait for
changer de train	to change trains
composter (le billet)	to validate (the ticket)
faire une réservation	to make a reservation
partir	to leave

Un village

agricole	agricultural
un agriculteur	farmer
l'agriculture (f.)	agriculture
un champ	field
une église	church
un endroit	place
le paysage	countryside
une place	(town) square
un pont	bridge
une rivière	river
une rue	street, road
rural(e)	rural, country
une vallée	valley
un village	village
les villageois (m.pl.)	villagers

Une ville

une agglomération	urban area
une autoroute périphérique	beltway (around a city)
la banlieue	suburbs
un bâtiment	building
un (grand) boulevard	(major) boulevard
une boutique	small shop, boutique
un centre urbain	urban center
le centre-ville	downtown, city (town) center
les citadins (m.pl.)	city people
un embouteillage	traffic jam
les faubourgs (m.pl.)	outskirts (of a city)
un gratte-ciel	skyscraper
un immeuble	apartment building
industriel(le)	industrial
un magasin	store
la périphérie	city limits, outskirts (of a city)
un quartier (résidentiel, élégant, pauvre)	(residential, elegant, poor) neighborhood
un réseau routier	road network
un supermarché	supermarket
urbain(e)	urban
une (petite / grande) ville (moyenne)	(small, large, mid-size) city

Vocabulaire général

Autres expressions

il est nécessaire (de, que)	*it's necessary (to, that)*
il faut (que)	*it's necessary (that)*
il me faut	*I need*
il vaut mieux (que)	*it's better (that)*
ils vont me retrouver	*they're going to meet me*
je vais t'attendre	*I'm going to wait for you*
Quel(le) est... ?	*What's . . .?*

Branchez-vous!

Activité écrite: *Lettre d'un voyage*

First, read the e-mail that Jeannette wrote about her trip from the United States to Calmoutier to a friend of hers in Toulouse. You'll recognize most of what you read. Don't worry about some words you might not know.

> Bonjour Delphine,
>
> Me voilà enfin arrivée à Calmoutier. Je t'ai beaucoup parlé de ce voyage de retour et c'est avec grande joie que j'ai retrouvé ma famille après une absence de 16 ans.
>
> Le voyage a été assez agréable. J'ai pris un vol Air France de l'aéroport Dulles jusqu'à Paris. On a eu des délais... question de problèmes mécaniques... on nous a dit. Après un délai de deux heures, nous sommes enfin partis. Bien entendu, c'était un vol de nuit, ce qui n'est jamais très agréable. J'ai des difficultés à dormir dans les avions. Mais il faut dire que les repas ont été tout à fait exceptionnels. Vous, les Français, vous trouvez toujours le moyen d'offrir des plats délicieux et bien présentés. Même dans un avion!
>
> Mon arrivée à Charles de Gaulle a été facile et les formalités ont été rapides. Il n'y avait pas de queue au contrôle des passeports ni à la douane. J'ai pris le bus Air France jusqu'à la place de l'Étoile où j'ai pris un taxi pour aller à l'hôtel. Comme tu me l'avais suggéré, je suis descendue à l'hôtel Chaplain. Tu avais bien raison: c'est un hôtel à prix modéré qui est propre et se trouve dans une rue assez tranquille. J'avais même un balcon.
>
> Après quelques jours passés à jouer la touriste à Paris, j'ai pris le train pour Vesoul. Ce voyage s'est aussi passé sans problèmes. J'adore les trains et ça ne me dérange pas du tout de passer des heures à regarder par la fenêtre et à écouter le bruit du train. À Vesoul, ma cousine Annie m'attendait et nous avons fait les dix kilomètres jusqu'à Calmoutier en voiture. À notre arrivée, toute la famille nous attendait devant la porte. Tu imagines un peu l'émotion!
>
> Voilà donc mon voyage. Je suis très heureuse d'être de retour en France et de refaire la connaissance de tous les membres de ma famille. Je compte aussi rentrer en Suisse pour quelques jours.
>
> J'espère que tout va bien chez toi. Dis bonjour de ma part à Jacques, Daphné et Yvan.
>
> Amitiés,
> Jeannette

Now, on a separate sheet of paper, write your own letter or e-mail message about a trip you took. Be sure to write several sentences about each of the following topics: where you went and why, where you stayed, how you got there and how you traveled around, and what you did.

Grammar: Compound past tense; Prepositions of location; Prepositions with places

Vocabulary: Geography; Leisure; Means of transportation; Rooms; Traveling

Phrases: Describing objects; Sequencing events

The information listed above may be of help as you do the writing assignment. If you have access to the *système-D Writing Assistant for French,* you will find these categories on your computerized program.

Lecture / Activité écrite: *«Message d'Annie Buhler»*

Chère Jeannette,

Nous espérons que tu as franchi l'année 2002 en forme et avec beaucoup d'enthousiasme, de courage et d'optimisme. Nous te souhaitons plein de bonnes choses et surtout une bonne santé et la réalisation de tes projets immédiats et lointains.

Noël s'est fêté selon la coutume à Calmoutier et pour ce qui me concerne, je suis partie pour le 1er en Suisse. Je suis restée huit jours au chalet où j'ai entamé un cycle «écriture»: mon courrier souffre d'un sérieux retard et j'avais l'intention d'y voir plus clair pendant ces journées dans le calme des montagnes.

Depuis quelques jours je viens de m'établir un programme: anglais chaque jour pour raviver mes connaissances, aller plus loin et peut-être les utiliser un jour... , continuer le classement de mes photos (du début du siècle jusqu'à ta visite) commencé il y a deux ans. Maintenant tout est prêt pour la mise en page des albums. Un travail de recherches sur l'histoire de Calmoutier aux archives départementales m'a été demandé par Michel (le maire). Je vais toujours trouver quelques occupations en dehors du travail, mais ma détermination pour l'anglais est prioritaire.

Que deviens-tu, Jeannette? Ton livre avance-t-il? Je vais te quitter, en renouvelant mes vœux pour 2002 et en te remerciant pour le sweat qui me va à merveille.

Grosses bises affectueuses,
Annie

Dico

bonne santé: *good health*	**j'ai entamé:** *I began*	**raviver:** *renew*
connaissances: *knowledge*	**lointains:** *long-term*	**renouvelant:** *renewing*
courrier: *correspondence*	**Nous te souhaitons:** *We wish you*	**siècle:** *century*
en forme: *in good health*	**plein de bonnes choses:** *lots of good things*	**vœux:** *wishes*
franchi: *crossed into*	**Que deviens-tu?:** *What's happening with you?*	

Portrait de... In her message, Annie talks about her interests and the things she's doing. Write a portrait of someone you know well. Talk about this person's travels and his/her interests and activities. Use a separate sheet of paper.

Grammar: Present tense
Vocabulary: Family members; Geography; Leisure; Traveling
Phrases: Comparing and contrasting; Describing people; Linking ideas

Une invitation. One of the reasons that Annie is working so hard on her English is that she'd like to visit the United States one day. Write her an e-mail message urging her to make the trip to the U.S. Talk about interesting places to see (e.g., particular states and sights) and try to convince her to come to your region. Use a separate sheet of paper.

Grammar: Future tense; Subjunctive
Vocabulary: City; Direction; Distance; Geography
Phrases: Inviting; Persuading; Reassuring; Writing a letter

Note: If you're working with a keypal in a French-speaking country you can send this message to your keypal instead of addressing it to Annie.

◘ **Enregistrement:** *Itinéraire d'un voyage*

Record a short account of a trip you once took. Talk about the itinerary, the means of transportation you used, where you stayed, and what you did. Remember to use some linking words such as **d'abord, ensuite (puis),** and **enfin (finalement).** Useful vocabulary: **le lendemain / le jour suivant** *(the next day),* **la veille** *(the day before),* **ce jour-là** *(that day).*

◘ **Exercice d'écoute:** *Messages au haut-parleur*

MP Audio CD3, Track 15

Whenever you're in a train station or airport in France, American tourists who don't understand French ask you questions about the train or plane announcements made on the loudspeakers. Listen to the announcements and then answer their questions.

1. a. What track does the train from Nantes arrive on?

_____

   b. When will it be here?

_____

   c. Do we have plenty of time to get our luggage onto the train?

_____

2. a. What time does the train leave for Strasbourg?

_____

   b. We don't smoke. Should we go to the front or the back of the train?

_____

   c. We have first-class tickets. Where do we go?

_____

3. a. When is the TGV going to pull out?

_____

   b. Are there any stops before we get to Marseille?

_____

4. What did the announcement say about Flight 432 from Pointe-à-Pitre?

_____

5. a. What's the destination of Flight 24?

_____

   b. What gate does it leave from?

_____

◘ Lecture: «Calmoutier, USA»

In this reading, you're going to find out about the former community of Calmoutier, in Ohio. Although the town no longer exists officially, it continues to live on in the memories of older people and through the gravestones in the old parish cemetery.

Marguerite, épouse de François Marthey

Ici Repose le Père Bollet

Ici Repose en Paix Clarice, fille de B. & E. Girard, née le 13 avril 1850, décédée le 6 mai 1870, âgée de 20 ans

Mort le 27 sept. 1970, âgé de 60 ans, 7 mois et 7 jours, Boigegrain

L'église Sainte-Geneviève

Voilà quelques inscriptions sur les croix de fer et les monuments de pierre dans le vieux cimetière Sainte-Geneviève de la paroisse de Calmoutier, dans l'état d'Ohio. Ce cimetière est un des seuls vestiges d'une communauté qu'était, autrefois, ce village prospère.

L'histoire de ce village américain est très intéressante et remonte à l'époque de l'inondation d'une partie de Calmoutier, en France (le 9 août 1832). C'est en cette année que Claude Drouho, sa famille et d'autres habitants ont quitté Calmoutier pour s'installer aux États-Unis. En arrivant, ce groupe s'est arrêté dans la riche région agricole de l'Ohio, où ils ont fondé leur communauté et lui ont donné le nom de leur village d'origine. Deux ans plus tard, avec l'encouragement de M. Drouho, Calmoutier, USA a commencé à accueillir des prêtres catholiques français qui faisaient le tour des communautés. Augustin Rollinet, né en 1796, était un de ces prêtres itinérants et il a été enterré dans le cimetière Sainte-Geneviève.

Jusqu'à la fin du XIXᵉ siècle, d'autres familles françaises sont venues s'installer à Calmoutier. Les noms du cimetière et des annales de la paroisse témoignent de cette immigration: Bresson, Boigegrain, Chenevey, Chollet, Malcuit, Mérillat, Roussel, Grosjean, Jeanvoine, Valot, Marthey, Deveaux, Mougin, Pailliotet, Besançon.

L'histoire de la famille Besançon est particulièrement révélatrice. Dix membres de cette famille se sont embarqués du port du Havre (France) en 1847 sur un bateau qui portait le nom de Crotons. Ils ont apporté avec eux leur rouet et un métier à tisser. Les femmes de la famille ont donc continué à filer la laine et le coton qui étaient utilisés pour fabriquer les vêtements des gens du village.

Clétus Hosfeld, à l'âge de 98 ans, habite encore aujourd'hui avec sa femme et sa fille dans une maison à côté du cimetière. Ses souvenirs du passé sont très précis. Écoutons ce qu'il nous raconte en anglais:

"Our people were all farmers. They came over by ship to New York, came up the Hudson River, then rode the canal to Erie and over to Cleveland. Then they took the canal to Massillon and got to Calmoutier by horse and wagon."

Clarence Besançon, lui, est un des résidents permanents les plus vieux de Calmoutier. Il se souvient bien des gens qui habitaient Calmoutier autrefois et les visiteurs qui cherchent des renseignements sont souvent envoyés chez lui.

Aujourd'hui, Calmoutier n'existe que dans les noms et les souvenirs d'une trentaine de personnes qui habitent encore la paroisse. Les festivals d'été ont disparu, les habitants sont morts ou dispersés, mais, écoutons encore ce que dit M. Hosfeld:

"It was a wonderful time then. But things change and so has Calmoutier and most remember it. The French are gone and the Amish are here. But it's been a good life for those of us who remained and we don't regret it."

C'est en rétablissant l'histoire de leur village qu'un groupe d'habitants a fait un séjour à Calmoutier, en France, au début des années 80. C'était un retour émouvant pour les habitants de Calmoutier des deux côtés de l'Atlantique.

Dico

accueillir: *to welcome*	**enterré:** *buried*	**paroisse:** *parish*	**se souvient bien:** *remembers well*
agricole: *agricultural*	**filer la laine:** *to spin the wool*	**prêtres:** *priests*	
bateau: *ship*	**inondation:** *flood*	**remonte:** *goes back to*	**s'est arrêté:** *stopped*
croix de fer: *iron crosses*	**métier à tisser:** *weaving loom*	**rétablissant:** *reestablishing*	**témoignent de:** *bear witness*
des deux côtés: *on both sides*	**monuments de pierre:** *headstones*	**rouet:** *spinning wheel*	**trentaine:** *thirty or so*
émouvant: *moving*	**n'existe que:** *exists only*	**séjour:** *stay*	**vieux:** *old*

Compréhension du texte. Based on what you read, reconstitute the historical chronology of the founding of Calmoutier, USA. Give as many details as you can and talk about what traces of the village still remain. If you wish, you can do this in English. Use a separate piece of paper.

◙ Jeu: *Es-tu vagabond(e) ou sédentaire?*

In this game, leave from box number 1. Answer the questions and move in the direction of the arrows that correspond to your answers. Once you've arrived at one of the exits (A, B, C, D, E, or F), verify your answers on page 270.

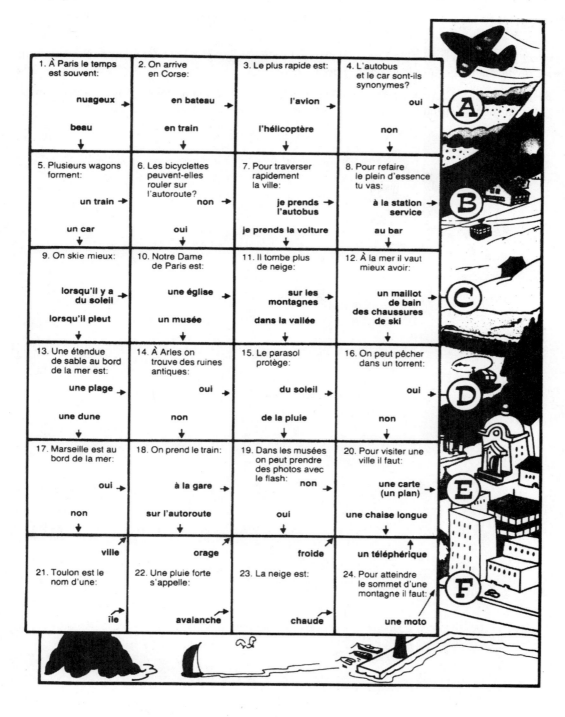

1. À Paris le temps est souvent:
   nuageux →
   beau ↓

2. On arrive en Corse:
   en bateau →
   en train ↓

3. Le plus rapide est:
   l'avion →
   l'hélicoptère ↓

4. L'autobus et le car sont-ils synonymes?
   oui →
   non ↓

5. Plusieurs wagons forment:
   un train →
   un car ↓

6. Les bicyclettes peuvent-elles rouler sur l'autoroute?
   non →
   oui ↓

7. Pour traverser rapidement la ville:
   je prends l'autobus →
   je prends la voiture ↓

8. Pour refaire le plein d'essence tu vas:
   à la station service →
   au bar ↓

9. On skie mieux:
   lorsqu'il y a du soleil →
   lorsqu'il pleut ↓

10. Notre Dame de Paris est:
    une église →
    un musée ↓

11. Il tombe plus de neige:
    sur les montagnes →
    dans la vallée ↓

12. À la mer il vaut mieux avoir:
    un maillot de bain
    des chaussures de ski ↓

13. Une étendue de sable au bord de la mer est:
    une plage →
    une dune ↓

14. À Arles on trouve des ruines antiques:
    oui →
    non ↓

15. Le parasol protège:
    du soleil →
    de la pluie ↓

16. On peut pêcher dans un torrent:
    oui →
    non ↓

17. Marseille est au bord de la mer:
    oui →
    non ↓

18. On prend le train:
    à la gare →
    sur l'autoroute ↓

19. Dans les musées on peut prendre des photos avec le flash:
    non →
    oui ↓

20. Pour visiter une ville il faut:
    une carte (un plan) →
    une chaise longue ↓

ville ↗   orage ↗   froide ↗   un téléphérique ↑

21. Toulon est le nom d'une:
    île ↗

22. Une pluie forte s'appelle:
    avalanche ↗

23. La neige est:
    chaude ↗

24. Pour atteindre le sommet d'une montagne il faut:
    une moto ↑

A B C D E F

SOLUTIONS—**Es-tu vagabond(e) ou sédentaire?:**   1. nuageux   2. en bateau   3. l'avion   4. oui   5. un train
6. non   7. je prends l'autobus   8. à la station service   9. lorsqu'il y a du soleil   10. une église   11. sur les
montagnes   12. un maillot de bain   13. une plage   14. oui   15. du soleil   16. oui   17. oui   18. à la gare
19. non   20. une carte (un plan)   21. ville   22. orage   23. froide   24. un téléphérique

Sortie A: Tu es un vrai «pigeon voyageur», tu ne crains pas *(don't fear)* les barrières climatiques ou linguistiques...
Bon voyage!

Sortie B: Tu es sans aucun doute fait(e) pour voyager; pendant les vacances peut-être as-tu déjà vu de nombreux
pays, sinon, dès que tu le pourras, prépare tes valises et prends la route!

Sortie C: Avec une bonne provision de cartes géographiques et de dictionnaires, tu es prêt(e) pour l'aventure...
Commence par ton pays et continue ensuite à l'étranger...

Sortie D: Bouger un peu ne te ferait pas de mal; tu es préparé(e), mais tu as encore besoin de nombreuses
expériences...

Sortie E: Te déplacer tout seul n'est peut-être pas très prudent pour toi. Essaie de te faire adopter par un groupe
de jeunes et essaie de découvrir le goût de l'aventure petit à petit.

Sortie F: Tu as des affinités avec l'écrivain romancier Salgari qui, sans avoir jamais voyagé, imagina des contrées
lointaines et les décrivit merveilleusement. Tu peux, cependant, commencer par acheter un atlas...

7 Un repas de fête

À faire! (7-1)

As a *follow-up* to work done in class with food vocabulary and the partitive, read pages 313–317 in the **Manuel de classe** and do Exercises I, II, and III.

In *preparation* for the next class, do the following:
• read the explanation about the expressions of quantity and the pronoun **en**;
• 💿 listen to MP Audio CD4, TRACKS 2–4;
• write Exercises IV, V, VI, VII, VIII;
• take **Contrôle 17.**

▣ Contexte: *On se met à table*

FLASH GRAMMAIRE

Partitive articles: **du, de la, de l', des** *(some)*

du pain *(some) bread*
Tu achètes **du** pain?   *Are you buying bread?*
Oui, j'achète **du** pain.   *Yes, I'm buying bread.*
Non, je **n'**achète **pas de** pain.   *No, I'm not buying bread.*

de la confiture *(some) jam*
Tu veux **de la** confiture?   *Do you want (some) jam?*
Oui, je veux **de la** confiture?   *Yes, I want (some) jam.*
Non, je **ne** veux **pas de** confiture.   *No, I don't want (any) jam.*

de l'eau *(some) water*
Vous avez **de l'**eau minérale?   *Do you have mineral water?*
Oui, nous avons **de l'**eau minérale.   *Yes, we have mineral water.*
Non, nous **n'**avons **pas d'**eau minérale.   *No, we don't have mineral water.*

des tomates *(some) tomatoes*
Tu vas acheter **des** tomates?   *Are you going to buy (some) tomatoes?*
Oui, je vais acheter **des** tomates.   *Yes, I'm going to buy (some) tomatoes.*
Non, je **ne** vais **pas** acheter **de** tomates.   *No, I'm not going to buy (any) tomatoes.*

271 ▣

*I. C'est quoi, ça? Use the partitive to identify each of the following food items.

> MODÈLES: C'est quoi, ça?
>
> pain   *C'est du pain.*
> oranges *Ce sont des oranges.*

C'est quoi, ça?

1. eau _____
2. pâté _____
3. bière _____
4. framboises _____
5. vin blanc _____
6. poulet _____
7. jambon _____
8. salade de tomates _____
9. saumon fumé _____
10. crevettes _____
11. dinde _____
12. brocolis _____
13. oignons _____
14. (pommes) frites _____
15. vinaigrette _____
16. camembert _____
17. gâteau au chocolat _____
18. spaghettis _____
19. glace _____
20. coca _____

*II. Qu'est-ce que je te sers? Use the partitive to complete the following short sentences. Be careful to use just **de** when the sentence is negative.

1. —Qu'est-ce que je t'offre à boire?

   —Je prendrais volontiers _____ café.

2. —Et tu veux manger quelque chose?

   —Merci, non. Je viens de manger _____ pâtisseries.

3. —Je ne veux pas _____ oignons mais je prendrais bien ____ brocolis.

4. —Je peux vous servir _____ pommes de terre?

   —Oui, volontiers. Et je prendrais bien encore _____ salade.

5. —Comment? Il n'y a pas _____ pâtisseries? Est-ce qu'il y a _____ petits gâteaux?

6. —Tu reprends _____ gâteau?

   —Merci, non. Mais peut-être _____ glace.

7. —Tenez, je vous sers _____ poulet et _____ carottes.

   —Non, merci, pas _____ carottes.

8. —Alors, les enfants, mettez-vous à table. Il y a _____ soupe à l'oignon, _____ pain,

   _____ légumes et _____ dinde.

9. —Elle a acheté _____ fromage?

   —Oui, il y a _____ brie et _____ camembert.

   —Pas _____ gruyère? Dommage.

10. —Pour le dessert, je mange toujours _____ fruits. Et je bois toujours _____ thé.

*III. Mes préférences. Name the food items that you like, dislike, or eat sometimes. The number of items you're to name depends on the number of lines you have to fill in. Use the definite article with the verbs **aimer** and **détester** and the partitive with the verbs **manger** and **consommer**.

MODÈLES: les fruits que j'aime   les viandes que je mange souvent
         J'aime les bananes.   *Je mange souvent du poulet.*
         J'aime les oranges.   *Je mange souvent du porc.*

1. les fruits que j'aime   _____

   _____

   _____

   _____

2. les légumes que j'aime   _____

   _____

   _____

   _____

3. les fruits que je n'aime pas _____

   _____

4. les légumes que je déteste _____

   _____

5. le poisson que je mange quelquefois _____

6. les viandes que je mange souvent _____

   _____

7. les viandes que je déteste _____

   _____

8. les desserts que je mange souvent _____

   _____

9. les boissons que je consomme souvent _____

   _____

   _____

Structure grammaticale:
Expressions of quantity and the pronoun en

CONVERSATION À LA CHARCUTERIE

EMPLOYÉ:	Bonjour, Madame. Vous désirez?
CLIENTE:	Voyons. Donnez-moi **250 grammes de** salade de tomates et **quatre tranches de** jambon.
EMPLOYÉ:	Et avec ça? **Un peu de** pâté?
CLIENTE:	Non, j'**en** ai encore. Mais donnez-moi **une boîte de** petits pois.

EXPLICATION

First, read the following **Explication** section, then listen to the audio track that accompanies it. MP Audio CD4, TRACK 3

You've already learned the question **combien de?** to express *how much?* or *how many?*. But up to now, you've generally used numbers to answer these questions: **Combien de sœurs est-ce que tu as? J'ai deux sœurs.** Now you'll learn a variety of expressions of quantity, either general or specific, that you can use in your answers. As you study these expressions, note that all of them are followed by an invariable **de,** regardless of the gender or the number of the noun they modify.

◆ GENERAL QUANTITIES

—**Combien de** CD est-ce que tu as?
—J'ai **beaucoup de** CD, mais j'ai **très peu de** cassettes.
　*I have **a lot of** CDs, but I have **very few** cassettes.*

beaucoup de	*a lot of, a great deal of, many, much*
ne... pas beaucoup de	*not a lot, not many, not much*
un peu de	*a little, a little bit of*
très peu de	*very little, very few*

◆ SPECIFIC QUANTITIES

—Qu'est-ce que tu as acheté?
—J'ai acheté **un morceau de** pâté et six **tranches de** jambon.
　*I bought **a piece of** pâté and six **slices of** ham.*

un kilo de	*a kilogram of*
une livre de	*a (French) pound (500 grams) of*
50 grammes de	*50 grams of*

un litre de	a liter of
une bouteille de	a bottle of
une douzaine de	a dozen
un morceau de	a piece of
un bout de	a piece of (colloquial)
une tranche de	a slice of
une boîte de	a can of

◆ EXPRESSIONS OF SUFFICIENCY

—**Combien d'**argent est-ce que tu as?
—Je n'ai **pas assez d'**argent pour acheter un vélo.
  *I **don't** have **enough** money to buy a bike.*

trop de	too much, too many
assez de	enough
ne... pas assez de	not enough

◆ COMPARISON OF NOUNS

—**Combien d'**argent est-ce que tu as?
—J'ai **plus d'argent que** Paul. J'ai **autant d'argent** que Marie. J'ai **moins d'argent que** toi.
  *I have **more money than** Paul. I have **as much money as** Mary. I have **less money than** you.*

The expressions of quantity **plus de** (*more*), **autant de** (*as much*), and **moins de** (*less*) are used to compare nouns and are also followed by **que**. If you want to use a pronoun rather than a noun in the second part of your comparison, use the stress pronouns **moi, toi, lui, elle, nous, vous, eux** (*they,* m.*)*, **elles**.

| J'ai plus d'argent que **lui**. | *I have more money than **he** (does).* |
| J'ai autant de patience qu'**eux**. | *I have as much patience as **they** (do).* |

Application

*IV. **Questions d'argent.** Describe each person's financial situation, using the expressions **beaucoup,** **pas beaucoup, un peu,** and **très peu.**

Monique: 8€   Sylvie: 1 030€   Edgar: 1€   Jean-Paul: 4€

MODÈLE: Est-ce que Monique a de l'argent?
           Oui, mais elle n'a pas beaucoup d'argent.

1. Est-ce qu'Edgar a de l'argent?

_____

_____

2. Et Sylvie?

_____

_____

3. Et Monique?

_____

_____

4. Et Jean-Paul?

_____

_____

Now decide if each person has enough or not enough money to buy the things indicated. Use the expressions **assez de** and **pas assez de.**

MODÈLE: Une calculatrice coûte 8 euros. (Monique)
Monique a assez d'argent pour acheter une calculatrice.

5. Un ordinateur coûte 1 800 euros. (Sylvie)

_____

6. Un ticket de métro coûte 1 euro. (Monique)

_____

7. Un petit pain coûte 25 euro cents. (Edgar)

_____

8. Un vélo coûte 180 euros. (Sylvie)

_____

9. Un walkman coûte 22 euros. (Jean-Paul)

_____

10. Un CD coûte 10 euros. (Jean-Paul)

_____

11. Un coca coûte 1 euro 25 cents. (Edgar)

_____

12. Une tarte aux pommes coûte 10 euros. (Monique)

_____

*V. Qu'est-ce que vous avez acheté? Tell how much of each item each person bought yesterday.

MODÈLE: Mme Tanson / eau minérale (1 bouteille)
Mme Tanson a acheté une bouteille d'eau minérale.

1. mon père / pommes (2 kilos)

_____

2. je / coca (1 litre)

_____

3. Mlle Lecuyer / jambon (4 tranches)

_____

4. nous / croissants (1 douzaine)

_____

5. M. Robichou / pâté (250 grammes)

_____

6. elles / gruyère (1 bout)

_____

7. je / brie (250 grammes)

_____

8. Mme Batailler / fromage (1 morceau)

_____

9. Jacques / carottes (500 grammes)

_____

10. Yves / abricots (1 livre)

_____

*VI. Des comparaisons. Use the elements to make comparisons between how many of something the different people have.

MODÈLE: cassettes (Suzanne = 20 / Jacques = 10)
Suzanne a plus de cassettes que Jacques.
Jacques a moins de cassettes que Suzanne.

1. CD (Élodie = 15 / Pierre = 23)

_____

_____

2. jeux vidéo (Nicolas = 6 / Laura = 4)

_____

_____

3. dictionnaires (Antoine = 3 / Aurélie = 3)

_____

_____

4. bouquins (Thérèse = 70 / Antoine = 50)

_____

_____

5. magazines de sports (Lydie = 5 / Alexandre = 5)

_____

_____

6. cahiers (Solange = 9 / Thomas = 12)

_____

_____

7. bracelets (Nicole = 8 / Michèle = 8)

_____

_____

Note grammaticale: The pronoun *en*

The object pronoun **en** replaces nouns introduced by the preposition **de**. It usually refers to things rather than people. You've just learned how to use the partitive and how to express quantities. In both cases, the preposition **de** is used and, therefore, substitutions are made with the pronoun **en**.

◆ To replace a noun preceded by a partitive (**du, de la, de l', des**)

In this case, the English equivalent of **en** is *some* or *any*.

Qui veut **de la glace**?	*Who wants **some ice cream**?*
Moi, j'**en** veux.	*I want **some**.*
Moi, je n'**en** veux pas.	*I don't want **any**.*

◆ To replace a noun used with an expression of quantity (**beaucoup de, une tranche de, un kilo de,** etc.)

In this case, **en** often has no equivalent in English.

Elle a **beaucoup d'argent**?	*Does she have **a lot of money**?*
Oui, elle **en** a **beaucoup**.	*Yes, she has **a lot** (of it).*
Non, elle n'**en** a pas **beaucoup**.	*No, she doesn't have **a lot** (of it).*

◆ To replace a noun preceded by a number

In this case, **en** often has no equivalent in English (note that in the French negative response the number is omitted).

Tu as **un dictionnaire**?	*Do you have **a dictionary**?*
Oui, j'**en** ai **un**.	*Yes, I have **one**.*
Non, je n'**en** ai pas.	*No, I don't have **one**.*

In a sentence, **en** takes the same position as the other object pronouns you've learned:

◆ Before the conjugated verb in simple and compound tenses.

J'**en** prends une douzaine.   Il **en** a acheté deux bouteilles.

◆ Before the infinitive in the combination conjugated verb + infinitive.

Elles ont l'intention d'**en** manger.
Ils vont **en** acheter un kilo.

*VII. Pour faire du poulet suisse et des roulés au jambon. Study the recipe below and answer the questions using the pronoun **en** as often as possible in your answers.

Poulet suisse et roulés au jambon

Recette micro-ondes

1½	tasse (375 ml.) de poulet cuit grossièrement haché
1	boîte 10¾ oz (320 gr) de soupe crème de poulet condensée
1	oignon vert, finement tranché
6	tranches de jambon bouilli
2	tasses (500 ml.) de riz cuit
¼	tasse (65 ml.) de crème sure ou yaourt
¼	tasse (65 ml.) de lait
½	tasse (125 ml.) de fromage suisse râpé
paprika	

Dans un bol à mélanger, combiner le poulet, ⅓ (75 ml.) de soupe et l'oignon. Mettre ¼ tasse (65 ml.) de ce mélange sur chaque tranche de jambon et rouler. Fixer avec des cure-dents si nécessaire.

Étendre le riz dans un plat à micro-ondes peu profond de 1½ pinte (1,30 l.). Placer le jambon roulé sur le riz. Mélanger le reste de la soupe avec la crème sure et le lait. Verser sur les roulés. Cuire à HI (max.) 12 à 14 minutes. Saupoudrer de fromage et de paprika. Couvrir et laisser reposer 5 minutes avant de servir.

MODÈLES: Est-ce qu'il faut du sucre pour faire ce plat?
Non, il n'en faut pas.

Est-ce qu'il faut du yaourt pour faire ce plat?
Oui, il en faut un quart de tasse (cup).

1. Est-ce qu'il faut des carottes pour faire ce plat?

_____

2. Est-ce qu'il faut du riz *(rice)*?

_____

3. Combien de tasses de poulet haché *(chopped)* est-ce qu'il faut?

_____

4. Est-ce qu'on met *(put)* du lait dans ce plat?

_____

5. Combien de tranches de jambon est-ce qu'il faut acheter?

_____

6. Est-ce qu'on met des oignons verts dans ce plat?

_____

7. Où est-ce qu'on met un quart de tasse *(a quarter of a cup)* du mélange *(mixture)*?

_____

8. Pourquoi est-ce qu'il faut des cure-dents *(toothpicks)*?

_____

*VIII. En écoutant... *(While listening . . .)* The following is a series of conversations you've heard in a variety of contexts. Complete them using the suggested elements with the pronoun **en.**

À table

MODÈLES: —Tu veux de la salade? (non)
—*Non, merci. Je n'en veux pas.*

—Tu n'aimes pas la salade? (non / ne jamais manger)
—*Non, je n'en mange jamais.*

1. Tu veux du fromage? (non)

_____

Tu n'aimes pas le fromage? (non / manger très peu)

_____

2. Tu veux des oignons? (non)

_____

Tu n'aimes pas les oignons? (non / ne jamais manger)

_____

3. Tu veux du pain? (oui)

_____

Ah, tu aimes le pain? (oui / manger à tous les repas)

_____

À l'épicerie

MODÈLES: —Tu aimes les pommes? (oui / beaucoup)
—*Oui, j'aime beaucoup les pommes.*

—Tu vas acheter des pommes? (un kilo)
—*Oui, je vais en acheter un kilo.*

4. Tu aimes les bananes? (oui / beaucoup)

_____

Combien de bananes est-ce que tu vas acheter? (six)

_____

5. Tu as acheté de l'eau minérale? (trois bouteilles)

_____

Tu vas servir de l'eau minérale avant le dîner? (non / avec le dîner)

_____

6. Tu aimes les brocolis? (non / détester)

_____

Tu ne veux pas acheter de brocolis? Ils sont très bons. (non, merci)

_____

Au centre commercial

MODÈLES: —Est-ce qu'il y a une bijouterie ici? (oui / à côté du magasin de matériel électronique)
—*Oui, il y en a une à côté du magasin de matériel électronique.*

—Est-ce qu'ils ont des bracelets? (oui / une grande sélection)
—*Oui, ils en ont une grande sélection.*

7. Tu as vu un magasin de sports? (oui / au premier étage)

_____

Est-ce qu'ils ont des skis? (non)

_____

8. Tu vas acheter des livres? (non)

_____

Tu n'as pas assez d'argent? (non)

_____

9. On mange des frites? (oui / au Macdo)

_____

Et tu veux un hamburger? (oui)

_____

Contrôle 17: *The partitive, expressions of quantity, the pronoun* en

Part A

Complete the following dialogue by adding the appropriate definite article or partitive.

—Par où est-ce qu'on commence?

—Moi, il faut que j'aille à la papeterie pour acheter (1) _____ cartes postales et (2) _____ stylos. Je n'ai pas (3) _____ stylo.

—Ce n'est pas très intéressant. Moi, je préfère aller à la bijouterie. Ils ont (4) _____ bracelets et (5) _____ boucles d'oreilles.

—Bon, on y va. Mais moi, je veux aussi aller au magasin de sports. Mon frère adore (6) _____ football et c'est bientôt son anniversaire.

—Mon frère préfère (7) _____ musique. Je vais donc lui acheter (8) _____ CD.

—Écoute, j'ai aussi promis à ma mère d'aller au supermarché pour acheter (9) _____ café, (10) _____ confiture et (11) _____ eau minérale. Et nous n'avons pas (12) _____ glace.

—Alors moi, je vais peut-être faire mes courses aussi. Il me faut (13) _____ pain, (14) _____ oignons, (15) _____ brocolis, (16) _____ œufs et (17) _____ lait. Je vais aussi acheter (18) _____ fruits. Ma famille adore (19) _____ bananes et (20) _____ oranges d'Espagne.

—Bon. On a beaucoup à faire aujourd'hui. Commençons par la papeterie.

Part B

Use the cues to respond to the salesperson's question. Then, since the salesperson wasn't sure he understood your second request, formulate the next question he would ask using the pronoun **en**.

MODÈLE: Qu'est-ce que je peux faire pour vous? (1 kilo / abricots; 1 livre / salade de tomates)
—*Un kilo d'abricots et une livre de salade de tomates, s'il vous plaît.*
—*La salade de tomates, vous en voulez une livre?*

Qu'est-ce que je peux faire pour vous?

1. 1 litre / vin rouge; 8 tranches / gruyère

_____

_____

2. 1 bouteille / Perrier; 2 kilos / pommes

_____

_____

3. 200 grammes / pâté; 1 petit morceau / brie

_____

_____

4. une douzaine / œufs; 1 livre / salade de concombres

_____

_____

5. un bout / gruyère; 1 livre / jambon

_____

_____

Part C

Make the following comparisons using the cues in parentheses (+ means more, – means less, = means an equal number or amount).

MODÈLE: Janine n'a pas beaucoup de pulls. (– / Jacques)
Janine a moins de pulls que Jacques.

1. Hugues a peu de cassettes. (– / Monique)

   _____

2. Francine achète beaucoup de magazines. (+ / Noëlle)

   _____

3. Zoé a beaucoup de CD. (= / Vincent)

   _____

4. Patrick achète peu de livres. (– / Renée)

   _____

5. Gabrielle a très peu de boucles d'oreilles. (– / sa mère)

   _____

6. Xavier a beaucoup de cravates. (= / Bernard)

   _____

7. Solange achète beaucoup de fruits. (+ / Richard)

   _____

8. Perrine mange beaucoup de légumes. (+ / son frère)

   _____

You will find the correct answers on page 382. In Part A, give yourself 1 point for each correct answer (a total of 20 points). In Part B, give yourself 2 points for each of the quantities and 1 point for each sentence with **en** (a total of 15 points). In Part C, give yourself 1 point for each correct comparison (a total of 8 points). A perfect score for all three parts is 43 points. If your score is below 34 points or if you did particularly poorly in one of the three sections, you should review pages 271, 274–275, and/or 278 before going to class.

À faire! (7-2)

Manuel de classe, pages 323–331

As a *follow-up* to work done on expressions of quantity and the pronoun **en,** do the following:
• write Exercise IX;
• read the text about bread and do Exercise X;
• write Exercise XI.

As *preparation* for work in class, do the following:
• 🔘 listen to MP Audio CD4, TRACK 5 (the sounds **c, g, s, ch**);
• 🔘 listen to MP Audio CD4, TRACK 6 and do Exercise XII.

*IX. Des questions personnelles. Answer the following questions using the pronoun **en** in your responses.

Votre famille

1. Combien de personnes est-ce qu'il y a dans votre famille?

   _____

2. Est-ce que vous avez des frères? Combien?

   _____

3. Est-ce que vous avez des sœurs? Combien?

   _____

4. Avez-vous des oncles et des tantes qui habitent la même ville que vous?

   _____

Vos loisirs

5. Combien de films avez-vous vus le mois dernier?

   _____

6. Combien de matchs sportifs avez-vous vus le mois dernier?

   _____

7. Combien d'émissions de télévision est-ce que vous regardez par semaine?

   _____

Ce que vous mangez

8. Est-ce que vous mangez beaucoup de fruits?

   _____

9. Est-ce que vous mangez du chocolat? Combien de fois par semaine?

   _____

10. Est-ce que vous mangez assez de légumes?

    _____

11. Est-ce que vous buvez beaucoup de café?

    _____

12. Est-ce que vous buvez de l'alcool? Combien? (pas beaucoup, beaucoup, trop)

    _____

LISEZ!

✗. Du travail et du pain, du pain et du travail... In this excerpt from her novel *Une soupe aux herbes sauvages*, Émilie Carles recalls the role that bread and bread baking played in her childhood. As you read the text, focus on the main ideas of when and how Émilie's community made bread and in what order they did things. The verb tense used throughout most of the text is the imperfect, which indicates what the community *used to do* and how things *used to be*. You already know the present and the **passé composé** of many of these verbs. In the imperfect, **avait** comes from **avoir, étaient** comes from **être, faisaient** comes from **faire,** etc.

Du travail et du pain, du pain et du travail, il n'y avait rien de plus important. À la fin de l'été,... les paysans[1] cuisaient[2] le pain. Ils le faisaient pour six mois, après ce n'était plus possible, la coutume voulant[3] que le pain soit cuit collectivement dans un four[4] communal[5] et, passé novembre, le froid, la neige et le mauvais temps interdisaient[6] ce genre d'activités.

Ces fours communaux étaient de taille[7] respectable, il y en avait plusieurs dans la commune... Le jour de la Toussaint[8] les paysans apportaient leur bois,[9] chaque famille venait[10] avec sa charrette et sa cargaison[11] et ce bois était mis en commun et réparti en tas[12]... La difficulté était de porter le four à la bonne température... Quand il était chaud c'était facile, il suffisait[13] de l'entretenir, mais celui qui cuisait son pain en premier prenait le risque d'avoir un four insuffisamment chaud. C'est la raison pour laquelle, lorsque les tas de bois étaient prêts, pour éviter les discussions et les injustices, les paysans procédaient à un tirage au sort.[14] Chacun tirait un numéro, c'était une loterie toute simple, des bouts de papier pliés[15] dans un chapeau[16] et le sort en était jeté:[17] «Toi tu as le numéro un, toi le deux, toi le trois», et ainsi de suite[18] jusqu'au dernier tas de bois. Celui qui tirait le numéro un était de corvée.[19] C'est lui qui devait allumer[20] le four et le chauffer.[21] C'était un travail extrêmement pénible...

La tradition voulait que le numéro un, le «pas de chance»[22], ait l'initiative de démarrage.[23] C'est lui qui annonçait le jour et l'heure de la mise en route du four et, le lendemain ou le surlendemain, comme il avait été dit, il cuisait son pain. Les autres venaient après. Ces journées étaient tout à fait exceptionnelles, presque des jours de fête, tout au moins pour nous les enfants... Les femmes profitaient du four pour confectionner des gâteaux, des tartes et des tourtes au chou...

Ce pain, qui devait durer tout l'hiver, nous le portions au grenier,[24] nous l'étalions[25] sur d'immenses tréteaux[26] suspendus et c'est là que nous allions le chercher au fur et à mesure de[27] nos besoins. Évidemment il était aussi dur[28] que du bois, pour le ramollir[29] on en suspendait à l'avance quelques miches[30] dans la bergerie,[31] juste au-dessus des moutons. La chaleur et l'humidité l'attendrissaient[32] un peu, mais ce n'était pas du pain frais,... et, du début à la fin de l'hiver, nous mangions du pain rassis.[33] Pour le couper,[34] nous avions un couteau[35] spécial tellement il était dur, il éclatait en morceaux[36] qui s'en allaient aux quatre coins de la cuisine. Mais c'était bon... Ce pain avait une odeur extraordinaire, et un goût! Mes sœurs et moi nous nous disputions les croûtons,[37] nous le sucions[38] avec délice comme si ç'avait été du gâteau. Ce pain trempé[39] dans du café au lait était un vrai régal.[40]

Après le pain, c'était l'hiver.

Émilie Carles. *Une soupe aux herbes sauvages.* pp. 22–24

Vocabulaire: 1. peasants   2. baked   3. requiring   4. oven   5. community
6. made impossible   7. size   8. All Saints' Day   9. wood   10. came   11. cargo
12. divided into piles   13. it was sufficient   14. lottery   15. folded   16. hat
17. the die was cast   18. and so on   19. had the hardest job   20. to light
21. to heat it up   22. unlucky one   23. start-up   24. attic   25. spread it out
26. boards   27. according to   28. hard   29. to soften it   30. loaves   31. sheep pen
32. softened it   33. stale   34. to cut it   35. knife   36. flew into pieces
37. ends   38. sucked on it   39. dunked   40. feast

A. La chronologie des événements. Reread the text and put the following main ideas into chronological order by numbering them from 1 to 9. When you've completed this task, read the statements again in the right order to arrive at the general meaning of the text.

_____ The loaves of bread were suspended above the sheep in the sheep pen.

_____ The wood was divided into piles.

_____ Everyone in the community made their bread in November.

_____ The loaves were put on boards in the attic.

_____ They held a lottery.

_____ The peasants brought their wood on All Saints' Day.

_____ The women baked cakes and pies.

_____ The person who was "number one" announced the day and time when the oven would be started up.

_____ The loaves were cut with a special knife.

B. Appréciation du texte. Answer the following questions to arrive at a more in-depth analysis of Émilie Carles's text.

1. In general, what might you conclude from the fact that the author devoted more than two pages of her novel to her childhood memory of bread making in her community?

_____

_____

2. What role did each group in the community play in this bread-making event (men, women, children)?

_____

_____

_____

3. How is the bread described by the author?

_____

_____

4. Given the description of this particular event, describe what life was like generally in this community. For example, how did the people most likely make their living? How much schooling did the children probably have? What was the role of the women in the community? In what kinds of houses did the villagers probably live?

_____

_____

_____

5. Can you think of a specific event from your childhood that is analogous to the author's memory of bread baking? Describe it briefly.

_____

_____

_____

_____

_____

ÉCRIVEZ!

XI. Un dîner pour deux. You're planning to prepare a French dinner for a special friend or relative. You want to serve bread and wine along with a main course, salad, cheese, and dessert. Tell what stores you'll go to and what you'll buy there. Begin your paragraph with **D'abord, je vais aller à la boulangerie.** End the paragraph with **Enfin, je vais rentrer et je vais préparer le dîner.** Use a separate sheet of paper.

Système-D	
Grammar:	Partitive **du, de la, des;** Future with **aller;** Verb with infinitive
Vocabulary:	Bread; Cheeses; Drinks; Food; Meat; Stores
Phrases:	Expressing intention; Sequencing events; Stating a preference

Prononcez bien!

 MP Audio CD4, Track 5

THE CONSONANTS *c, g, s,* AND THE COMBINATION *ch*

◆ **c**   Depending on the sound that follows it, the French consonant **c** may represent the hard sound [k], as in the English word *car,* or the soft sound [s], as in the English word *nice.* The hard sound [k] occurs before another consonant and before the vowels **a, o,** and **u.**

   classe   **car**   **corps**   **curieux**

   The soft sound [s] occurs before the vowels **e, i,** and **y.** The **c** is also soft when it has a cedilla (**ç**).

   face   **facile**   **Cyril**   **français**

◆ **g**   The consonant **g** may represent either the hard sound [g], as in the English word *great,* or the soft sound [ʒ] as in *sabotage.* The hard sound [g] occurs before another consonant and before the vowels **a, o,** and **u.**

   grand   **gare**   **gorille**   **guide**

   The soft sound [ʒ] occurs before the vowels **e, i,** and **y.**

   âge   **rigide**   **gymnase**

◆ **s**   Depending on the sounds that surround it, the letter **s** may represent the sound [s], as in the English word *rinse,* or the sound [z], as in the English word *rise.* The consonant **s** represents the sound [s] when it is the first letter in a word and when it is followed by a second **s** or by another consonant.

   sœur   **dessert**   **disque**

   The consonant **s** represents the sound [z] when it occurs between two pronounced vowels or when it is followed by a mute (unpronounced) **e.**

   visage   **désert**   **rose**

◆ **ch**   In English, the combination **ch** is usually pronounced with the hard sounds [tch] or [k]: *chicken, reach* or *character, architect.* In French, the combination **ch** usually has a softer sound, much like the *sh* in the English word *sheep.* Notice the difference in the following pairs.

ENGLISH	FRENCH
chief	*chef*
touch	*touche*
architect	*architecte*

XII. 🔘 MP Audio CD4, Track 6 **Les consonnes *c, g, s,* et la combinaison *ch.*** Repeat each word or sentence, making an effort to pronounce the sounds correctly.

A. First, pronounce the consonant **c,** being careful to give it the appropriate hard or soft sound.

café / citron / croissant / ça / cahier / pièces / combien / Françoise / calculatrice / cassette / policier / classique / copain / fréquence / comédie musicale / bracelet / collier / flacon / motocyclette / sac de couchage / en face de / confortable / décédé / intellectuel / mince / secret / balcon / commerçant / fonctionnaire / mécanicien / musicienne / pharmacien / marocain / scolaire / cinéma / mercredi / octobre / cathédrale / lycée / épicerie / charcuterie

B. Now pronounce the consonant **g,** being careful to give it the appropriate hard or soft sound.

Orangina / goûts / rouge / fromage / portugais / belge / langue / Roger / égyptienne / boulangerie / baguette / synagogue / église / gare / garage / orage / verglas / neige / wagon-lit / goûter / gigot / spaghettis / vinaigrette / gruyère / manger / nous mangeons / gorge / vertige / migraine / grippe / régime / grandir / nager / magazine / visage / genou / gourmand / dommage / exagérer / grand / généreux / gris / orange / gomme

C. Now pronounce the consonant **s,** being careful to give it the appropriate hard or soft sound.

dessert / désert / poisson / poison / coussin / cousin / russe / ruse / désirez / souvent / croissant / Mademoiselle / brésilien / suisse / musique classique / église / maison / professeur / musée / passer / ensuite / salut / cassette / espionnage / raser / dessiner / désigner / présenter / semaine / assez / sympathique / intéressant / pâtisserie / ciseaux / classeur / lasagne / raisin / express / télévision / caisse / chemisier / rose

D. Now pronounce the combination **ch.**

chante / chose / Chantal / chinois / chien / chambre / machine / chat / chaîne / chercher / chef / chic / blanche / acheter / machin / cher / quiche / chemise / chemisier / achat / sac de couchage / rez-de-chaussée / cheveux / chauve / architecte / chouette / charcuterie / supermarché / couchette / chocolat / pêche / tranche / planche à roulettes / bouche

E. Now repeat the following sentences, taking care to pronounce the sounds correctly.

Je pense qu'Élise ne se sent pas bien. Elle tousse.

Le chauffeur est venu nous chercher devant la gare.

Nous avons consulté un architecte pour la construction de notre maison neuve.

Il est chauve, il a des moustaches et une barbe; il ne se rase jamais.

Il y a une grande différence entre le poisson et le poison, entre le dessert et le désert.

Il y a trop de choses dans notre garage: une motocyclette ancienne, un réfrigérateur et toutes sortes d'autres choses.

F. Repeat the following proverbs from various countries. Either an English equivalent or a literal translation is provided for each proverb.

1. Les absents sont assassinés à coups de langue. (français)
   (Those who are absent are done in by gossip.)

2. On ne vit qu'en laissant vivre. (allemand)
   (Live and let live.)

3. Pierre qui roule n'amasse pas mousse. (français)
   (A rolling stone gathers no moss.)

4. Toute chose est comme on l'estime. (italien)
   (Things are what one thinks they are.)

5. On se lasse de tout, sauf de l'argent. (grec)
   (One gets tired of everything, except money.)

6. L'association est une chaîne qui a la force de son plus faible chaînon. (indien)
   (A relationship is a chain that is only as strong as its weakest link.)

7. Un étranger qui parle ma langue m'est plus cher qu'un compatriote qui l'ignore. (kurde)
   (A stranger who speaks my language is more dear to me than a compatriot who does not know it [my language].)

8. Cœurs voisins, c'est mieux que cases voisines. (anonyme)
   (Hearts that are close are better than neighboring houses.)

As a *follow-up* to work done in class with the verb **lire** and leisure-time activities, do Exercises XIII, XIV, and XV.

In *preparation* for the next class, do the following:
• read the explanation about the conditional;
• ⊚ listen to MP Audio CD4, TRACKS 7–8;
• write Exercises XVI, XVII, and XVIII;
• take **Contrôle 18.**

FLASH GRAMMAIRE

Le verbe *lire* *(to read)*

je **lis**	nous **lisons**
tu **lis**	vous **lisez**
il/elle/on **lit**	ils/elles **lisent**

PASSÉ COMPOSÉ: **j'ai lu**
SUBJONCTIF: **que je lise**
FUTUR: **je lirai**

*XIII. Ils lisent beaucoup. Fill in the blanks using the appropriate tense of the verb **lire.**

1. Jeannette _____ des romans policiers tous les soirs avant de s'endormir (*to go to sleep*).

2. Hier, Jean-Claude est allé à la bibliothèque où il _____ un roman et un article sur les élections américaines.

3. Il faut absolument que tu _____ ce magazine. Il y a beaucoup de choses intéressantes.

4. Quand nous ne pouvons pas dormir (*to sleep*), nous _____ des magazines.

5. Et vous, qu'est-ce que vous _____ quand vous ne pouvez pas dormir?

6. Je vous recommande cet article. Il faut que vous le _____.

7. Quand je serai en vacances, je _____ beaucoup de livres.

8. Le semestre prochain, mes étudiants _____ un roman de Camus.

9. Je suis très contente. Mes filles _____ presque tous les jours. Elles adorent lire.

10. Est-ce que tu _____ cette pièce de théâtre le semestre dernier?

*XIV. Un week-end au bord de la mer. *(A weekend at the seashore.)* Marie-Laure spent last weekend at the seashore with her parents. From the drawings, describe what Marie-Laure and Didier did. When appropriate, use connecting words such as **d'abord, ensuite (puis),** and **enfin.** The first sentence has been started for you.

Marie-Laure

1. samedi matin

Marie-Laure s'est levée à 8h. D'abord, elle est allée à la plage (beach) où...

_____

_____

Marie-Laure et sa mère

2. samedi après-midi

_____

_____

Didier et Marie-Laure

3. samedi soir

_____

_____

_____

4. dimanche matin

_____

_____

_____

5. dimanche soir

_____

_____

_____

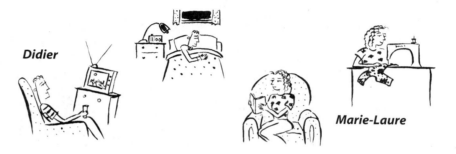

XV. Qu'est-ce qu'ils aiment faire? Write a short paragraph describing the favorite leisure-time activities of each of the following people.

MODÈLE: votre père (ou votre frère, ou votre oncle, ou votre mari)
Mon père adore faire du jardinage. Il se passionne aussi pour le golf et il joue au golf tous les samedis en été. Il aime aussi lire, surtout des romans historiques. etc.

1. votre père (ou votre frère, ou votre oncle, ou votre mari)

_____

_____

_____

_____

2. votre mère (ou votre sœur, ou votre tante, ou votre femme)

_____

_____

_____

_____

3. votre ami

_____

_____

_____

_____

4. votre amie

_____

_____

_____

_____

5. vous

_____

_____

_____

_____

◻ Structure grammaticale: *The conditional*

UN DÎNER POUR LE PATRON *(boss)*

 MP Audio CD4, TRACK 7

JULIEN:	Je **voudrais** inviter mon patron à dîner. Toi, tu **pourrais** faire la connaissance de sa femme et moi, j'**aurais** l'occasion de lui parler de ma promotion.
ISABELLE:	Ça **serait** bien. Nous **pourrions** leur préparer un repas chinois.
JULIEN:	Bonne idée! Et si on voulait vraiment les impressionner, on leur **servirait** un bon vin blanc du Val de Loire.

EXPLICATION

First, read the following **Explication** section, then listen to the audio track that accompanies it. MP Audio CD4, TRACK 8

The conditional is the equivalent of the English structure *would + verb* (e.g., *If I were you, I would [I'd] go to France next year.*). You've already learned to use the conditional in polite expressions such as **je voudrais** and **tu pourrais**. To form the conditional, simply add the *imperfect endings* (*-ais, -ais, -ait, -ions, -iez, -aient*) to the *infinitive* of the verb. Notice that the final *-e* of a verb ending in *-re* is dropped before the conditional ending is added:

LE CONDITIONNEL		
arriver	**partir**	**prendre**
arriver-	**partir-**	**prendr-**
j'arriver**ais**	je partir**ais**	je prendr**ais**
tu arriver**ais**	tu partir**ais**	tu prendr**ais**
il/elle/on arriver**ait**	il/elle/on partir**ait**	il/elle/on prendr**ait**
nous arriver**ions**	nous partir**ions**	nous prendr**ions**
vous arriver**iez**	vous partir**iez**	vous prendr**iez**
ils/elles arriver**aient**	ils/elles partir**aient**	ils/elles prendr**aient**

A few verbs have irregular stems. You learned these stems when studying the future tense.

aller	**ir-**	**j'irais, nous irions**
avoir	**aur-**	**tu aurais, vous auriez**
être	**ser-**	**elle serait, nous serions**
faire	**fer-**	**je ferais, nous ferions**
falloir	**faudr-**	**il faudrait**
pouvoir	**pourr-**	**tu pourrais, vous pourriez**
savoir	**saur-**	**ils sauraient, nous saurions**
venir	**viendr-**	**je viendrais, vous viendriez**
voir	**verr-**	**tu verrais, nous verrions**
vouloir	**voudr-**	**elle voudrait, ils voudraient**

In addition to expressing politeness, the conditional is used in two other ways.

◆ To give advice:

À ta place, **je trouverais** le temps d'y aller.
*If I were you, **I'd find** the time to go.*

À mon avis, **tu ferais** mieux de rester au lit.
*In my opinion, **you'd do** better to stay in bed.*

◆ To indicate that a certain event may not occur. Note that the verb used in the **si** clause has to be in the imperfect tense (regardless of where it occurs in the sentence), while the verb in the resulting clause is in the conditional (regardless of where it occurs in the sentence).

Si **j'avais** le temps, j'en **parlerais** à mon patron.
*If **I had** the time, **I would (I'd) talk** to my boss about it.* (implied: but I don't have the time)

Nous ferions un voyage si **nous avions** l'argent.
***We would (We'd) take** a trip if **we had** the money.* (implied: but we don't have the money)

Application

*XVI. Au restaurant. You're at a restaurant with friends. Use the conditional of the verb **vouloir** to complete each sentence.

1. Henri _____ le menu à 15€.

2. Janine et Annette _____ un steak-frites et une salade.

3. Je _____ le saumon fumé.

4. Noëlle, est-ce que tu _____ une salade?

5. Qu'est-ce que vous _____, Marc et Suzanne?

6. Et nous, nous _____ deux bouteilles d'eau minérale... de la Badoit.

*XVII. Quelle trouvaille! *(What a find!)* You've just read an article about someone who found a suitcase full of money. Imagine what you and the people you know would do if the same thing happened to you. Use the conditional of the verb provided along with the other elements to form your sentences.

Si nous avions cet argent...

1. je / acheter des cadeaux pour tous mes amis

_____

2. Paul / mettre de l'argent à la banque

_____

3. mes parents / ne plus travailler

_____

4. vous / inviter vos amis au restaurant

_____

5. tu / voyager partout en Europe

_____

6. Philippe / aller au Mexique

_____

7. nous / faire le tour du monde

_____

8. mes amis / s'amuser

_____

*XVIII. Quels conseils donneriez-vous? Your friends talk to you about their problems. Use the elements in parentheses to indicate what you would do if you were in their situation.

MODÈLES: Je suis toujours très fatigué. (se coucher plus tôt)
À ta place, je me coucherais plus tôt.

Mon frère s'ennuie à son travail. (chercher un autre poste)
À sa place, je chercherais un autre poste.

1. Depuis quelques mois, je grossis énormément. (ne plus manger de choses sucrées)

_____

2. Mes parents n'aiment pas l'appartement où nous habitons. (acheter une maison)

_____

3. Je n'ai jamais assez d'argent à la fin du mois. (ne plus aller au centre commercial au milieu du mois)

_____

4. La femme d'Hervé ne parle pas français. (prendre des leçons de français)

_____

5. J'ai la grippe depuis cinq jours. (consulter le médecin)

_____

6. Nous n'avons pas envie de faire la cuisine ce soir. (dîner au restaurant)

_____

7. Mon frère a des difficultés en cours de chimie. (aller voir le prof)

_____

8. J'ai mal à la tête. (prendre des cachets d'aspirine)

_____

9. Nous ne savons pas qui inviter. (inviter mes meilleurs amis)

_____

10. Ma sœur a encore besoin d'argent. (ne plus lui donner d'argent)

_____

Contrôle 18: *The conditional*

Part A

Put each of the sentences into a more polite form by using the conditional.

MODÈLE: Je veux vous parler.
Je voudrais vous parler.

1. Nous voulons parler à M. Imbert.

_____

2. Pouvez-vous m'indiquer son adresse?

_____

3. Savez-vous où il est allé?

_____

4. Elles peuvent nous aider?

_____

5. Est-ce que vous avez le temps de me parler?

_____

6. Je suis contente de lui téléphoner.

_____

7. Est-ce que tu peux dîner avec nous ce soir?

_____

8. Vous faites ça pour moi?

_____

9. Il va à la boulangerie pour nous?

_____

10. Tu es gentil de m'aider.

_____

Part B

Change the following statements from the more certain to the more hypothetical. Each statement is written in the present and the future tenses. To form hypotheses, change them to the imperfect and the conditional. Remember that the imperfect is in the clause that contains **si.**

MODÈLE: Si j'ai de l'argent, je voyagerai en Afrique.
           Si j'avais de l'argent, je voyagerais en Afrique.

1. Si nous avons assez de temps, nous irons à New York.

_____

2. Si tu prends ce cours, je pourrai te prêter mes notes.

_____

3. Est-ce que tu viendras si on t'invite?

_____

4. Qu'est-ce que vous ferez si elle refuse?

_____

5. Si elles finissent les devoirs, elles sortiront.

_____

6. Je serai contente si je réussis à cet examen.

_____

You'll find the correct answers on page 383. Give yourself 1 point for each correct verb in Part A, for a total of 10 points. Give yourself 2 points for each sentence (1 point for the correct imperfect, 1 point for the correct conditional) in Part B, for a total of 12 points. If your score is below 18, you should review page 292 before going to class.

À faire! (7-4)

As a *follow-up* to work done in class, do Exercise XIX.

In *preparation* for the next class, do the following:
• read the explanation about the imperfect tense;
• listen to MP Audio CD4, Tracks 9–10;
• write Exercises XX, XXI, XXII, XXIII, and XXIV;
• take **Contrôle 19.**

ÉCRIVEZ!

XIX. **La vie idéale.** Imagine the ideal life that you would like to have someday. Use the conditional tense and some of the suggested topics to write your composition. Use a separate sheet of paper.

POSSIBLE TOPICS: **état civil (célibataire ou marié[e]) / logement / lieu de domicile / enfants (oui ou non, combien) / temps libre / voyages / travail / biens matériels /** etc.

Grammar: Conditional; Subjunctive
Vocabulary: Family members; House; Leisure; Professions
Phrases: Comparing and contrasting; Expressing intention; Hypothesizing; Weighing alternatives

◘ Structure grammaticale: *The imperfect tense*

LES VACANCES D'ÉTÉ

 MP Audio CD4, Track 9

Quand j'**étais** petit, ma famille **passait** tous les étés au bord de la mer. Nous **avions** une maison près de Noirmoutier. D'habitude, nous y **allions** début juillet. Mes frères et moi, nous **étions** toujours très contents de retrouver le rythme des vacances. On **se levait** assez tard, on **faisait** des promenades, on **se baignait,** on **retrouvait** des amis et on **oubliait** *(forgot)* le stress de la vie scolaire. Et toi, qu'est-ce que tu **faisais** pendant les vacances quand tu **étais** petit(e)?

EXPLICATION

First, read the following **Explication** section, then listen to the audio track that accompanies it.  MP Audio CD4, Track 10

Comment est-ce que **tu t'amusais**
  quand **tu étais** petite?
Je jouais avec mes copains.
Nous avions un petit lapin et **nous**
  le **promenions** dans le quartier.

What **did you do for fun** when **you**
  were little?
I played with my friends.
We had a little rabbit and **we used to walk**
  him around the neighborhood.

You've already learned to express actions in the past using the **passé composé** as well as a few forms of the imperfect (**j'étais, il faisait,** etc.). Now you'll learn this second past tense more thoroughly. The imperfect tense will allow you to describe what *you used to do.*

To form the imperfect, begin with the **nous** form of the present tense, drop the **-ons** ending, and add the endings **-ais, -ais, -ait, -ions, -iez, -aient** (notice that these are the same endings used in the conditional). This rule applies to all French verbs except **être,** which has the irregular stem **ét-** (the endings remain the same, however).

L'IMPARFAIT			
INFINITIVE	**parler**	**faire**	**être**
STEM	nous **parl**ons	nous **fais**ons	**ét-**
je/j'	parl**ais**	fais**ais**	**ét**ais
tu	parl**ais**	fais**ais**	**ét**ais
il/elle/on	parl**ait**	fais**ait**	**ét**ait
nous	parl**ions**	fais**ions**	**ét**ions
vous	parl**iez**	fais**iez**	**ét**iez
ils/elles	parl**aient**	fais**aient**	**ét**aient

Application

*XX. Les soirs d'été. Françoise Delain is remembering the summer evenings she used to spend at her grandparents' home in the mountains. Complete each sentence with the appropriate imperfect tense form of the verb in parentheses.

1. (passer) Nous _____ l'été avec mes grands-parents.

2. (avoir) Ils _____ une maison à la montagne.

3. (aimer) J'_____ les soirées chez mes grands-parents.

4. (faire) Après le dîner, ma mère et moi, nous _____ la vaisselle.

5. (s'installer) Mon père et mon grand-père _____ dans le jardin.

6. (être / vouloir) Mon frère, qui _____ le plus jeune de la famille,
   _____ toujours que pépé parle de sa jeunesse (*youth*).

7. (habiter) «Pépé, où est-ce que tu _____ avant d'acheter cette maison?»

8. (jouer / être) «Est-ce que vous _____ ensemble, toi et mémé, quand vous
   _____ petits?»

9. (sortir) Quelquefois, le soir, nous _____ tous ensemble pour aller au cinéma.

10. (aller / lire / écouter) Quand j'_____ à la plage, je
   _____ un roman ou j'_____ de la musique.

Note grammaticale: Uses of the imperfect

◆ Habitual actions in the past

Tous les étés, **nous allions** au
bord de la mer.

*Every summer **we used to go (would go)**
to the seashore.*

Je restais quelquefois au lit jusqu'à
midi, mais **mon père se levait**
toujours avant 7h.

*Sometimes **I stayed (would stay)** in bed until
noon, but **my father** always **got up** before
7 o'clock.*

The imperfect tense is used to describe what happened over and over again in the past. Certain adverbs and expressions often accompany the imperfect tense and therefore give you a clue as to when to use it. These expressions reinforce the idea of habitual actions—things that *used to be done* or *would be done* repeatedly. Among these adverbs and expressions are:

autrefois	*in the past*
d'habitude / en général	*usually*
souvent / fréquemment	*often / frequently*
quelquefois	*sometimes*
toujours	*always*
tous les jours	*every day*
une (deux, etc.) fois par jour	*once (twice, etc.) a day*
une (deux, etc.) fois par semaine	*once (twice, etc.) a week*
le lundi, le mardi, etc.	*Mondays, Tuesdays, etc.*
le matin, l'après-midi, le soir	*mornings, afternoons, evenings*

In addition to expressing habitual actions, the imperfect tense is used to tell about several other situations in the past:

◆ To indicate that actions *were going on*:

Pendant que **nous parlions, elle regardait** la télé.
*While **we were talking, she was watching** TV.*

◆ To set the background or context for a story:

Il était neuf heures. **J'étais** en visite à Berlin. **C'était** la fin de l'hiver et **il faisait** encore très froid. **Nous étions** trois dans un petit restaurant.
*It was 9 o'clock. **I was** visiting Berlin. **It was** the end of winter and **it was** still very cold. **There were** three of us in a small restaurant.*

The specific events of the story will be told mainly in the **passé composé:**
Soudain une vieille femme a ouvert la porte et a crié... (*Suddenly an old lady opened the door and shouted . . .*).

◆ To describe physical attributes and age:

Il avait les cheveux blonds.
Elle avait cinquante ans.

He had blond hair.
She was fifty years old.

*XXI. Pendant que nos parents étaient en Italie... Last year, Jean Carrer's parents spent two months in Italy. Use the elements provided and the imperfect tense to describe what Jean's and his sister's life was like during their parents' absence.

MODÈLE: en général / ma sœur et moi / s'occuper de tout (to take care of everything)

En général, ma sœur et moi, nous nous occupions de tout.

1. tous les matins / nous / se réveiller de bonne heure

   _____

2. quelquefois / elle / rester au lit pendant une heure ou deux

   _____

3. d'habitude / je / se lever tout de suite

   _____

4. je / prendre une douche / toujours

   _____

5. le matin / je / ranger la maison

   _____

6. ma sœur / faire les courses

   _____

7. nous / déjeuner ensemble / fréquemment

   _____

8. l'après-midi / nous / se séparer

   _____

9. elle / retrouver ses amies / au stade

   _____

10. je / aller en ville

    _____

11. le vendredi soir / ma sœur et ses amies / dîner en ville

    _____

12. le samedi soir / je / sortir avec mes copains

    _____

*XXII. La soirée de Claire. Claire Maurant and her friends organized a party. All of the guests except Alain got to the party by 9:00. Use the imperfect and the elements given to describe what everyone was doing when Alain finally arrived.

MODÈLE: Cécile / chanter   *Cécile chantait.*

1. Sacha / écouter de la musique   _____

2. Michèle / parler avec Yvette   _____

3. Georges et Véronique / danser   _____

4. Claire / chercher des boissons   _____

5. Jacques et Henri / manger

    _____

6. Jérôme / regarder la télé

    _____

7. M. Matignon / prendre des photos

    _____

8. tout le monde / s'amuser

    _____

*XXIII. Le bon vieux temps. (*The good old days.*) Much has changed since your grandparents were young. Many people look back and think that things were better in the good old days. This is what happened when sixteen-year-old **Madeleine** described her current activities to her grandfather. Use the cues in parentheses and the imperfect tense to state the grandfather's memories.

MODÈLE: Je mange tous les jours à la cafétéria. (à la maison)
                Moi, je mangeais tous les jours à la maison.

1. Mes amis et moi, nous allons souvent au cinéma. (café)

    _____

    _____

2. Je regarde la télé tous les jours. (écouter la radio)

    _____

    _____

3. Ma mère et mon père travaillent. (aussi)

    _____

    _____

> Did you notice the **e** in **je mangeais**? Since you form the imperfect from the **nous** form of the present tense, it's important to remember that **-ger** infinitives are conjugated with an **e** in the **nous** form: **nous mangeons, nous rangeons, nous nageons, nous voyageons.** So you retain the **e** before adding the imperfect endings. This **e** rule is true for every person except **nous** and **vous.** Here is the full imperfect conjugation of the verb **manger: je mangeais, tu mangeais, il/elle/on mangeait, nous mangions, vous mangiez, ils/elles mangeaient.**

4. Je fais de l'aérobic. (faire des promenades)

    _____

5. Je me lève à 10h du matin le week-end. (7h)

    _____

6. Mes amis et moi, nous avons des scooters. (vélos)

    _____

7. La famille mange rarement ensemble. (toujours)

    _____

8. Je veux quitter la maison à l'âge de 18 ans. (vouloir rester à la maison jusqu'à 22 ans)

    _____

9. Je voyage beaucoup. (mes parents et moi, aussi)

    _____

10. J'adore le chocolat. (préférer les pâtisseries)

    _____

*XXIV. Le début d'une histoire. Here are the first lines of a story. Rewrite each sentence, putting all the verbs in the imperfect tense.

C'est une nuit de décembre. Il fait froid. Il neige. Nous sommes deux dans la voiture—ma sœur Lucienne et moi. Mais la voiture ne marche pas. Nous n'avons plus d'essence. Au bord de la route, il y a une vieille femme. Elle a les cheveux blancs et son cou est très long. Elle promène un chien et elle chante très fort (very loudly). Ma sœur et moi la trouvons un peu bizarre et je ne suis pas content de la rencontrer.

_____

_____

_____

_____

_____

_____

_____

Contrôle 19: *The imperfect tense*

Part A

Nicole's family is talking about the day President Kennedy was assassinated. Use the cues to write their answers to her questions. Be sure to use the imperfect tense.

MODÈLE: Papa, où est-ce que tu étais le jour de l'assassinat du président Kennedy?
(être au bureau *[office]*)
Moi, j'étais au bureau.

1. Qu'est-ce que tu faisais, papa? (travailler / parler avec des collègues)

   _____

2. Et toi, maman? Qu'est-ce que tu faisais? (être dans la cuisine / préparer le déjeuner)

   _____

3. Pépé et mémé, où est-ce que vous étiez? (faire de la voile près de Biarritz)

   _____

4. Que faisait l'oncle Georges? (être au musée / regarder des tableaux de Monet)

   _____

5. Et la tante Berthe? (passer un examen / avoir beaucoup de difficultés)

   _____

6. Et ma cousine Sandrine? (jouer avec ses copains)

   _____

7. Et l'oncle Paul? (voyager en Inde)

   _____

8. Et mémé Charlotte? (écouter la radio)

   _____

Part B

Pierre Le Guiniec likes to reminisce with his old friends about what they did and what things were like when they were young. Use the cues and the imperfect tense to compose sentences about Pierre's past.

MODÈLE: le samedi / on / jouer au football
Le samedi, on jouait au football.

1. tous les jours / je / prendre l'autobus pour aller à l'école

_____

2. en hiver / Georges / être souvent malade

_____

3. à cette époque / nous / habiter très loin du lycée

_____

4. je / aller souvent chez Martin pour déjeuner

_____

5. nos parents / être très jeunes

_____

6. ma mère / avoir 28 ans

_____

7. le matin / mes sœurs / quitter la maison après moi

_____

8. mon petit frère / ne pas se lever avant 9h

_____

9. nos parents / avoir beaucoup de patience avec nous

_____

10. mon père / partir souvent en voyage

_____

11. ma mère / travailler aussi

_____

12. et vous / qu'est-ce que vous / faire / ?

_____

13. toi / sortir souvent avec tes parents / ?

_____

> You will find the correct answers on page 383. In Part A, give yourself 1 point for each correct verb. In Part B, give yourself 1 point for each correct verb. A perfect score is 25. If your score is below 20, you should review pages 297 and 298 before going to class.

À faire! (7-5)

Manuel de classe, pages 350–355

As a *general review* of the chapter, do Exercises XXV, XXVI, XXVII, XXVIII, XXIX, and XXX.

As a *general review* of the grammatical structures studied in this chapter, do Exercises XXXI, XXXII, XXXIII, XXXIV, and XXXV.

ÉCRIVEZ!

✗✗✗. Ma vie a bien changé! Write a composition about what your life used to be like when you were a child (imperfect tense) and what it's like now (present tense). First talk about your childhood activities and your routine on weekdays, weekends, and vacations. Then say what you do now. Begin the first part of your composition with one of the following phrases: **Quand j'étais jeune... / Quand j'étais petit(e)...** Begin the second part with **Aujourd'hui...** or **Maintenant...** If you prefer, you can talk about someone else (e.g., your children or your grandparents). Use a separate sheet of paper.

Grammar: Compound past tense; Imperfect tense; Past imperfect
Vocabulary: Art; Leisure; Music; Sports
Phrases: Comparing and contrasting; Describing people; Linking ideas

LISEZ!

*✗✗✗I. Des recherches. In Chapter 5, you began some research on French vacation habits. Now you have the opportunity to find out more about the French and their vacations. As part of your research, consult the book *Francoscopie 2001 (Comment vivent les Français?)* for the answers to the questions that follow on page 304.

Les Français au départ

Évolution des taux de départ en vacances* au cours des douze derniers mois (en % de la population de 18 ans et plus) :

61 56 59 63 61 61 61 65 63 64 65 62 66 61 61 61 65 66 64 63 59

1979 80 81 82 83 84 85 86 87 88 89 90 91 92 93 94 95 96 97 98 99

* Séjours de plus de quatre nuits consécutives.

Observatoire national du tourisme

○ Pour 49% des Français, les vacances sont le moment idéal pour découvrir des endroits nouveaux, pour 25% de voir davantage la famille et les amis, pour 25% de consacrer plus de temps à des activités qu'ils apprécient (sport, lecture . . .).

○ **Neuf vacanciers sur dix restent en France...**
92% des déplacements personnels effectués en 1999 ont eu l'Hexagone pour cadre. [...] En 1999, c'est la campagne qui a représenté la part la plus importante des séjours (34%), mais c'est au bord de la mer que les vacanciers sont restés le plus longtemps: 41% des nuitées contre 36% pour la campagne (26% des séjours). Un tiers des séjours (32%) se sont déroulés dans les villes, pour seulement un quart des nuitées (27%). Enfin, la montagne a représenté 16% des séjours et 19% des nuitées de l'année. Elle est la destination la plus souvent choisie par ceux qui partent en dehors de la période de l'été (38% des vacanciers), devant les vacances itinérantes (20%), la mer (17%), la campagne (17%) et la ville (8%).

○ **... et partent avec leur voiture.**
78% des Français ont utilisé leur voiture lors de leurs vacances en 1999. 11% ont pris le train, 6% l'avion, 2% le car, 3% d'autres moyens (vélo, moto, bateau...). Cette place prépondérante de la voiture s'explique par celle des séjours en France ou éventuellement dans les pays limitrophes, facilement accessibles.

○ **La moitié des séjours sont des visites à la famille et aux amis.**
48% des déplacements non professionnels des Français hors de leur domicile sur le territoire national en 1998 concernaient des visites à la famille et aux amis, contre 51% en 1996.

○ **Les séjours durent en moyenne six jours.**
Le temps moyen d'un séjour de vacances varie selon le type de destination. Les vacanciers restent plus longtemps à la mer (8,6 jours en moyenne) qu'à la montagne (7,2 jours) ou surtout dans les villes, qu'ils visitent plus rapidement (4,6 jours).

○ **La fréquentation des parcs de loisirs s'accroît.**
Plus de la moitié des Français ont déjà visité un parc de loisirs, contre un sur vingt en 1990. Les trois parcs les plus fréquentés sont Disneyland Paris (12,5 millions de visiteurs en 1998, 38€ de dépense moyenne par personne), le Futuroscope (2,7 millions, 30€) et Astérix (1,7 million, 29€). Le parc de Mickey est ainsi le site payant le plus visité de France; il se place loin devant la tour Eiffel (6,1 millions) et les grands musées nationaux. Le parc Aquaboulevard a reçu de son côté 2,2 millions de visiteurs.

L'Europe d'abord

Répartition des séjours de vacances à l'étranger selon la destination (en %):

	Séjours	Nuitées
- Europe	72,0	63,4
- Afrique	12,7	14,4
- Amérique	10,0	14,1
- Asie, Océanie	5,3	8,1
Total étranger	100,0	100,0

Observatoire national du tourisme

Les activités des vacanciers

Répartition des séjours d'été selon la destination et l'activité pratiquée (1998, en %):*

	Mer	Montagne	Campagne	Ville	Lac
- Sports nautiques dont:	47,4	14,2	10,1	9,9	31,4
natation, baignade	42,9	12,5	8,7	8,9	26,7
- Randonnée pédestre	7,1	29,2	6,7	3,8	15,7
- Promenade	44,0	42,3	31,6	27,3	44,4
- Visite de monuments, sites et musées	29,4	32,2	21,5	34,4	36,1
- Pas d'activité particulière	12,5	11,7	30,6	25,8	9,4

* Plusieurs activités peuvent être pratiquées lors d'un même séjour.

Observatoire national du tourisme

1. What does the chart **"Les Français au départ"** tell you about the evolution of vacations from 1979 to 1999?

   _____

   _____

   _____

   _____

2. What percentage of vacations are spent

   a. in France?   _____

   b. in foreign countries?   _____

3. What percentage of vacations in foreign countries are

   a. in Europe?   _____

   b. in Africa?   _____

4. What are the three major reasons given by the French for going on vacation?

   _____

   _____

5. Where, in France, do the French prefer to spend their vacations?

   _____

6. Where do they spend the longest time when they're on vacation?

   _____

7. Why do 78% of the French use their cars as the means of transportation for their vacations?

   _____

8. What's the most visited place in France? What's the second most visited place?

   _____

9. What's consistently the most popular leisure-time activity during vacations? What's the second most popular activity?

   _____

10. Get some information (Internet, library) about vacation habits in the United States. Then compare what you learned to what you know about the French. Use a separate sheet of paper.

◻ Intégration

XXVII. Pourquoi? Pourquoi pas? Follow the directions to talk about what you did or didn't do recently.

Faites une liste de:

1. deux choses que vous avez faites hier soir

_____

2. deux choses que vous n'avez pas faites ce matin

_____

3. deux choses que vous avez faites le week-end dernier

_____

4. deux choses que vous n'avez pas faites le week-end dernier

_____

Now use the imperfect tense to explain why you did or didn't do these things.

MODÈLE: _Hier soir, je suis sorti(e) avec mes copains parce que je ne voulais pas rester à la maison._

1. _____

_____

2. _____

_____

3. _____

_____

4. _____

_____

XXVIII. Mes idées. Complete each of the following sentences using the elements provided. You can then add a sentence for each item to explain your response.

MODÈLE: Si j'avais beaucoup d'argent... (ne... plus)
Si j'avais beaucoup d'argent, je ne prendrais plus le bus pour aller à l'université.
J'achèterais une voiture.

1. Si j'avais beaucoup d'argent

a. ne... plus

_____

_____

b. ne... jamais

_____

_____

2. Si j'habitais dans une grande maison...

    a. être

_____

_____

    b. avoir

_____

_____

3. Quand je suis malade...

    a. ne... pas

_____

_____

    b. ne... jamais

_____

_____

4. Quand mon père (ma mère, mon mari, ma femme) est au travail...

    a. souvent

_____

_____

    b. rarement (ne... jamais)

_____

_____

5. Quand je pense à l'avenir...

    a. s'imaginer

_____

_____

    b. rêver (de / à)

_____

_____

*XXIX. Mots cachés. This grid contains 14 names of sports and 17 names of foods. One of the items appears twice. Find all the words and circle them. Also identify the word that appears twice.

J	O	G	G	I	N	G	T	A	B	D	C	D	S	A	U	M	O	N
U	P	E	S	F	G	H	H	P	O	I	S	S	O	N	C	I	J	P
S	A	L	A	D	E	D	E	C	O	N	C	O	M	B	R	E	S	A
D	I	E	L	S	Q	U	A	S	H	D	K	L	P	O	U	L	E	T
E	N	G	A	L	U	G	E	B	I	E	R	E	M	N	D	S	K	I
F	J	U	D	O	I	O	C	Y	C	L	I	S	M	E	I	U	K	N
R	P	M	E	Q	T	O	M	A	T	E	S	R	S	T	T	R	A	A
U	C	E	R	E	A	L	E	S	U	V	W	B	O	X	E	F	R	G
I	V	S	N	A	T	A	T	I	O	N	F	R	A	I	S	E	A	E
T	I	X	Y	V	O	L	L	E	Y	B	A	L	L	L	Z	A	T	B
S	N	G	Y	M	N	A	S	T	I	Q	U	E	C	B	R	I	E	D

XXX. Je me présente. You've been accepted in a summer program to study in Quebec. You've just received the name of your roommate. Write the person a letter in which you introduce yourself and talk about yourself, your likes, and your dislikes. Be sure to address such topics as leisure-time activities, food, health (sports and exercise), and what you used to do when you were younger. Use a separate sheet of paper.

Système-D

Grammar: Imperfect tense; Verb with infinitive
Vocabulary: Food; Leisure; Health; Sports
Phrases: Expressing an opinion; Introducing; Linking ideas; Stating a preference

Mise au point

LES EXPRESSIONS DE QUANTITÉ (MP, pages 274–275)

*XXXI. Combien? You're in charge of doing some of the shopping for a large dinner party. Use the cues provided to write sentences about how much of everything you're going to buy.

MODÈLE: tomates (5 kg)
Cinq kilos de tomates.

1. poulets (4)   _____

2. pommes de terre (8 kg)   _____

3. brie (750 gr)   _____

4. Perrier (10 bouteilles)   _____

5. fraises (2 livres)   _____

6. haricots verts (3 kg)   _____

7. jambon (20 tranches)   _____

8. gruyère (un gros bout)   _____

9. œufs (1 douzaine)   _____

10. pâtisseries (10)   _____

LE PRONOM *EN* (MP, page 278)

*XXXII. Ce que j'ai acheté. Now answer the questions about your purchases by using the pronoun **en**. Use the cues from Exercise XXXI to give the information.

> MODÈLE: Combien de tomates est-ce que tu as achetées?
> *J'en ai acheté cinq kilos.*

1. Combien de poulets est-ce que tu as achetés?

   _____

2. Est-ce que tu as acheté beaucoup de pommes de terre?

   _____

3. Est-ce que tu as acheté du camembert?

   _____

4. Est-ce que tu as acheté du coca?

   _____

5. Est-ce que tu as acheté des fraises?

   _____

6. Est-ce que tu as acheté des petits pois?

   _____

7. Combien de jambon est-ce que tu as acheté?

   _____

8. Combien de gruyère est-ce que tu as acheté?

   _____

9. Est-ce que tu as acheté assez d'œufs?

   _____

10. Est-ce que tu as acheté des pâtisseries?

   _____

L'IMPARFAIT (MP, pages 297 and 298)

*XXXIII. Qu'est-ce que tu faisais quand...? Answer the questions using the imperfect tense of the verb in parentheses.

> MODÈLE: Qu'est-ce que tu faisais quand tu as vu Paul? (attendre le bus)
> *J'attendais le bus.*

1. Qu'est-ce qu'elle faisait quand tu es arrivé(e)? (finir la lessive)

   _____

2. Qu'est-ce que vous faisiez quand les enfants sont rentrés? (être au téléphone)

   _____

3. Qu'est-ce qu'ils faisaient au moment de l'accident? (faire du jardinage)

_____

4. Qu'est-ce que tu faisais quand je t'ai téléphoné? (mettre la table)

_____

5. Et vous, Jean et Michèle, qu'est-ce que vous faisiez quand Philippe est tombé? (prendre un café sur la terrasse)

_____

6. Qu'est-ce que je faisais quand tu es arrivée chez nous? (manger au restaurant)

_____

LES EXPRESSIONS NÉGATIVES (MC, page 345)

*XXXIV. Autrefois et aujourd'hui. Use negative expressions to say that the past and the present are different for you and your family.

MODÈLE: Autrefois, nous habitions encore dans un petit appartement.
            Aujourd'hui, nous n'habitons plus dans un petit appartement.

1. Autrefois, mon frère regardait souvent la télévision.

_____

2. Autrefois, on avait encore un chien.

_____

3. Autrefois, nous habitions toujours _(still)_ en ville.

_____

4. Autrefois, ma mère invitait quelqu'un à manger le week-end.

_____

5. Autrefois, quelqu'un venait chez nous pour faire le ménage.

_____

6. Autrefois, nous allions souvent au cinéma.

_____

7. Autrefois, nous faisions toujours quelque chose pendant les vacances.

_____

8. Autrefois, tout m'intéressait.

_____

9. Autrefois, on faisait quelquefois des promenades ensemble.

_____

LE CONDITIONNEL (MP, page 292)

*XXXV. **Une conversation.** Fill in the blanks using the conditional of the verbs in parentheses.

RENÉ: Je (vouloir) _____ inviter les Bistodeaux à dîner.

ANNE: Oui, j'(aimer) _____ bien leur raconter notre voyage en France.

RENÉ: Nous (pouvoir) _____ leur préparer un bon dîner à la française. Moi, je leur

(faire) _____ ces escalopes à la crème que nous avons mangées à Paris.

ANNE: Ça (être) _____ bien. Moi, je (préparer) _____ du riz
créole et des haricots verts.

RENÉ: Si tu voulais vraiment leur faire plaisir, tu (faire) _____ un soufflé à l'orange
comme dessert.

ANNE: Et toi, tu (acheter) _____ des crevettes pour le hors-d'œuvre. Et avec le dessert,

nous (pouvoir) _____ servir du champagne.

RENÉ: D'accord. Si tu préparais le dîner, je t'(aider) _____ bien sûr. Et nous (aller)

_____ faire les courses ensemble.

ANNE: Tu penses que les Bistodeaux (aimer) _____ du vin blanc avec le repas?
Ils préféreraient peut-être un rouge.

RENÉ: Mais non! Avec les escalopes, il (falloir) _____ servir du blanc.

ANNE: Je sais. Mais Jean a des goûts un peu particuliers.

SOMMAIRE

This checklist is designed to help you review material for the chapter test. The vocabulary and communicative expressions from the chapter are also available on the online **Manuel de préparation** for listening and repetition.

Expressions

_____ To talk about meals (MC, p. 315)

_____ To be polite at the table (MC, p. 321)

_____ To express likes and preferences (MC, p. 335)

_____ To talk about sports and other leisure activities (MC, p. 336)

_____ To talk about future plans (MC, p. 342)

Vocabulaire

_____ Foods (MC, p. 315)

_____ Sports and leisure-time activities (MC, pp. 332–333, 336)

Grammaire

_____ The partitive (MP, p. 271)

_____ Expressions of quantity (MC, p. 325; MP, pp. 274–275)

_____ The pronoun **en** (MC, p. 325; MP, p. 278)

_____ The conditional (MC, p. 343; MP, p. 292)

_____ Negative expressions (MC, p. 345)

_____ Imperfect tense (MC, p. 350; MP, pp. 297, 298)

Culture

_____ Cuisine in France (MC, p. 316)

_____ Table manners in France (MC, p. 320)

_____ A recipe from Senegal (MC, p. 323)

_____ Food from the garden in Africa (MC, p. 324)

_____ Open-air market in France (MC, p. 326)

_____ Sports and leisure-time activities in France (MC, p. 338)

_____ Ambitions of a young person in Nigeria (MC, p. 348)

◘ Lexique

Pour se débrouiller

Pour offrir à boire ou à manger
(To offer something to drink or to eat)

Vous voulez (Tu veux) boire quelque chose?
Would you like something to drink?

Qu'est-ce que je peux vous (t')offrir?
What can I offer you?

Servez-vous, je vous en prie. Sers-toi, je t'en prie.
Please help yourself.

Encore un peu de... ?
Would you like more . . . ?

Pour accepter l'offre
(To accept the offer)

Oui, je veux bien.
Yes, I wouldn't mind.

Oui, merci.
Yes, thank you.

Pour refuser l'offre
(To refuse the offer)

Merci, (non).
No, thank you (thanks).

Pas pour moi, merci.
Thanks, not for me.

Pour trinquer
(To make a toast)

À la vôtre! (À la tienne!)
To your health!

À votre (ta) santé!
To your health!

Tchin-tchin!
Cheers!

Pour inviter quelqu'un à s'asseoir
(To invite someone to sit down)

Asseyez-vous, s'il vous plaît!
Please sit down!

Assieds-toi, s'il te plaît!
Please sit down!

Pour demander quelque chose
(To ask for something)

Vous me passez (Tu me passes) le pain?
Could you pass (me) the bread?

Vous pourriez (Tu pourrais) me passer le pain?
Would you pass (me) the bread?

Pour faire un compliment
(To pay a compliment)

Ça sent très bon.
It smells very good.

C'est délicieux.
It's delicious.

C'est parfait.
It's perfect.

C'est très bon.
It's very good.

Pour remercier
(To say "thank you")

Je te remercie, Simone.
Thanks, Simone.

Je vous remercie, Madame (Monsieur, Mademoiselle).
Thank you, Ma'am (Sir, Miss)

Merci bien.
Thank you (Thanks) very much.

Pour répondre aux remerciements
(To respond to "thank you")

De rien.
You're welcome.

(Il n'y a) pas de quoi.
You're welcome.

Pour indiquer des quantités
(To express quantity)

beaucoup de / ne... pas beaucoup de / un peu de / très peu de
a lot (much, many) / not a lot (much, many) / a little / very little

un kilo de / une livre de / 500 grammes de / un litre de / une bouteille de / une douzaine de / un morceau de / un bout de / une tranche de
a kilo of, a (French) pound of / 500 grams of / a liter of / a bottle of / a dozen of / a piece of / a piece of / a slice of

trop de / assez de / ne... pas assez de
too much / enough / not enough

plus de... que / moins de... que / autant de... que
more . . . than / less . . . than / as much . . . as

Pour dire ce qu'on aime
(To say what you like)

j'aime (beaucoup, assez)
I like (very much, well enough)

j'adore
I love

... , c'est ma passion
I'm crazy about . . .

... me passionne
I'm crazy about . . .

je suis (un[e]) fana de
I'm crazy about

je suis fou (folle) de
I'm crazy about

je n'aime pas (du tout)
I don't like . . . (at all)

je déteste
I hate

Pour parler des loisirs
(To talk about leisure activities)

être amateur de (jazz, peinture) / faire de la peinture (de la photo) en amateur
to be an amateur (jazz player, painter) / to do amateur painting (photography)

être (un[e]) fana de (foot, volley, etc.)
to be crazy about (soccer, volleyball, etc.)

passer son temps à + infinitif
to spend your time + -ing (e.g., doing, going)

pratiquer un sport
to practice a sport

le temps libre
free (leisure) time

s'amuser à + infinitif
to have fun + -ing (e.g, doing, going)

se détendre (je me détends, tu te détends, il/elle/on se détend, nous nous détendons, vous vous détendez, ils/elles se détendent)
to relax

s'intéresser à
to be interested in

se passionner pour (le tennis, etc.)
to be crazy about (tennis, etc.)

Pour exprimer ses rêves et ses aspirations	(To express one's dreams and aspirations)
rêver à + nom	to dream about, of + noun
rêver de + infinitif	to dream about, of + infinitive
se voir comme (dans, avec)	to see oneself as (in, with)
s'imaginer comme (dans, avec)	to imagine oneself as (in, with)

Pour utiliser des expressions négatives	
ne… pas	not (le contraire: l'affirmatif)
ne… aucun(e)	not any (le contraire: l'affirmatif)
ne… jamais	never (le contraire: **souvent, toujours, quelquefois**)
ne… pas encore	not yet (le contraire: **déjà** [already])
ne… rien	nothing (le contraire: **quelque chose** [something])
rien ne…	nothing (le contraire: **quelque chose**)
ne… personne	no one (le contraire: **quelqu'un** [someone])
personne ne…	no one (le contraire: **quelqu'un**)
ne… plus	no longer (le contraire: **encore, toujours** [still])

Thèmes et contextes

Les magasins (m.pl.)	Stores
la **boucherie**	butcher shop
la **boulangerie-pâtisserie**	bakery
la **charcuterie**	deli(catessen)
l'**épicerie** (f.)	general store
le **marché** (en plein air)	(open-air) market
le **supermarché**	supermarket

Les repas (m.pl.)	Meals
le **petit déjeuner**	breakfast
le **déjeuner**	lunch
le **dîner**	dinner

L'**apéritif** (m.)	Before-dinner drink
la **bière**	beer
le **champagne**	champagne
le **martini**	sweet vermouth
le **pastis**	an anise-based alcoholic beverage served with water
le **scotch**	scotch
le **vin blanc**	white wine
le **(vin) rosé**	rosé (pink wine)
le **vin rouge**	red wine
le **whisky**	whisky

Le pain	Bread
une **baguette**	long, crusty French bread
un **croissant**	croissant
un **pain de campagne**	round country loaf
des **petits pains** (m.pl.)	rolls

Un **hors-d'œuvre** (l'**entrée,** f.)	Appetizer
les **crevettes** (f.pl)	shrimp
une **assiette de crudités** (des **crudités,** f.pl)	various raw vegetables with vinaigrette
le **jambon**	ham
les **œufs mayonnaise** (m.pl.)	hard-boiled eggs with mayonnaise
le **pâté**	pâté (liver spread)
la **salade de concombres**	cucumber salad
la **salade de thon**	tuna salad
la **salade de tomates**	tomato salad
le **saucisson**	salami
le **saumon fumé**	smoked salmon

Le plat principal (Le **plat de résistance**)	Main dish
la **viande et le poisson**	meat and fish
un **bifteck** (un **steak**)	steak
une **côtelette de porc**	pork chop
de la **dinde**	turkey
un **gigot d'agneau**	leg of lamb
du **poulet**	chicken
des **saucisses** (f.pl)	sausages
un **filet de sole**	sole
une **truite**	trout
les **légumes** (m.pl)	vegetables
des **carottes** (f.pl)	carrots
des **petits pois** (m.pl)	peas
des **haricots verts** (m.pl)	green beans
des **brocolis** (m.pl)	brocoli
des **oignons** (m.pl)	onions
des **pommes de terre** (f.pl)	potatoes

La salade	Salad
une **salade verte**	green, leafy salad
de la **vinaigrette**	vinaigrette (oil and vinegar dressing)

Les fromages (m.pl)	Cheeses
le **brie**	brie
le **camembert**	camembert
le **chèvre**	goat cheese
le **gruyère**	Swiss cheese

Les desserts (m.pl)	Desserts
un **gâteau** (au **chocolat**)	(chocolate) cake
de la **glace**	ice cream
une **pâtisserie**	pastry
des **petits gâteaux** (m.pl) (des **biscuits,** m.pl)	cookies
une **tarte aux pommes** (aux **fraises,** aux **abricots**)	apple (strawberry, apricot) pie

Les fruits *(m.pl)*	*Fruits*
une banane	*banana*
des framboises *(f.pl)*	*raspberries*
des fraises *(f.pl)*	*strawberries*
une orange	*orange*
une pêche	*peach*
une poire	*pear*
une pomme	*apple*

Le petit déjeuner	*Breakfast*
le bacon	*bacon*
le beurre	*butter*
le café (au lait)	*coffee (with milk)*
les céréales *(f.pl)*	*cereal*
la confiture	*jam*
le croissant	*croissant*
le jambon	*ham*
le jus d'orange	*orange juice*
le lait	*milk*
les œufs *(m.pl)*	*eggs*
le pain	*bread*
le pain au chocolat	*chocolate croissant*
les saucisses *(f.pl)*	*sausages*
le thé	*tea*
le toast (le pain grillé)	*toast*

Les sports *(m.pl)*	*Sports*
faire de l'alpinisme *(m.)*	*to go mountain climbing*
faire de l'athlétisme *(m.)*	*to do track and field*
faire de la boxe	*to box*
faire de l'équitation *(f.)* (du cheval)	*to go horseback riding*
faire de la gym	*to work out*
faire de la gymnastique	*to do gymnastics*
faire de la luge	*to do luge*
faire de la natation	*to swim (to go swiming)*
faire de la planche à roulettes (du skate-board)	*to skateboard*
faire de la plongée sous-marine	*to scuba dive*
faire de la randonnée	*to go hiking*
faire de la voile	*to go sailing*
faire du canoë (du kayak)	*to go canoeing (kayaking)*
faire du cyclisme (du vélo)	*to do cycling*
faire du hockey	*to play hockey*
faire du jogging	*to do (go) jogging*
faire du judo	*to do judo*
faire du karaté	*to do karate*
faire du patinage	*to go skating (to skate)*
faire de la planche à voile	*to go windsurfing*

faire du roller(blade)	*to rollerblade*
faire du ski (alpin)	*to do downhill skiing*
faire du ski de fond	*to do cross-country skiing*
faire du ski nautique	*to waterski*
faire du squash	*to play squash*
faire du surf	*to surf*
faire du surf des neiges (du snowboard)	*to snowboard*
jouer au (faire du) base-ball	*to play baseball*
jouer au (faire du) basket	*to play basketball*
jouer au (faire du) foot(ball)	*to play soccer*
jouer au (faire du) football américain	*to play (American) football*
jouer au frisbee	*to play with a frisbee*
jouer au (faire du) golf	*to play golf*
jouer au (faire du) tennis	*to play tennis*
jouer au (faire du) volley(-ball)	*to play volleyball*

Activités de loisir	*(Leisure activities)*
aller au cinéma	*to go to the movies*
bavarder en ligne	*to chat on the computer*
bricoler (faire du bricolage)	*to putter around*
collectionner les timbres	*to collect stamps*
être membre d'un club	*to be a member of a club (to belong to a club)*
écouter la radio (de la musique)	*to listen to the radio (to music)*
faire de la couture	*to sew*
faire de la danse	*to danse*
faire de la peinture	*to paint*
faire du jardinage	*to work in the garden*
faire du théâtre	*to act (in a play)*
faire la cuisine	*to cook*
faire ses devoirs	*to do one's homework*
faire une balade	*to take a walk*
jouer aux cartes	*to play cards*
jouer du piano (de la guitare, du violon, etc.)	*to play the piano (the guitar, the violin, etc.)*
lire	*to read*
parler (bavarder) au téléphone	*to talk on the phone*
regarder la télé	*to watch TV*
se promener	*to go for walks*
sortir avec des copains (des amis)	*to go out with friends*
surfer sur Internet	*to surf the Net*
tricoter	*to knit*

Branchez-vous!

Enregistrement: *Mon enfance*

On your own cassette, read a passage about your childhood for a younger member of your family. Talk about where you used to live, what you used to do in your free time, the foods you liked to eat, what you used to wear, what leisure-time activities you were involved in, etc. Be sure to use the imperfect tense when necessary.

Exercice d'écoute: *Projets de vacances*

 MP Audio CD4, TRACK 11

Listen while Luc and his family discuss plans for spring vacation. Then do the exercises.

Compréhension générale. Select the correct answers.

1. Où est-ce que la famille passe normalement les vacances?

   a. à la montagne

   b. chez des amis

   c. dans un autre pays européen

   d. chez la grand-mère de Luc et de Sophie

2. Où est-ce que la famille va passer les vacances cette année?

   a. chaque membre de la famille dans un endroit différent

   b. dans un Club Med en Afrique

   c. chez la grand-mère de Luc et de Sophie

   d. en Espagne

3. Est-ce que tout le monde est content?

   a. oui

   b. non

Compréhension des détails. Answer the questions in French or in English.

1. Qui veut aller en Normandie? Pourquoi?

_____

2. Pourquoi est-ce que les jeunes ne veulent pas aller à Aix?

_____

3. Quel est le sport préféré de Sophie? Et de Luc?

_____

4. Qui a organisé les vacances cette année?

_____

▣ Lecture: _Richard et Isabelle_

Read about the after-school activities of Richard and Isabelle. As you read, focus on the key words. There is no **Dico** for this reading. Concentrate on getting the gist and some details. Don't worry about the occasional word that you might not understand. Then answer the questions. Finally write a similar paragraph about yourself.

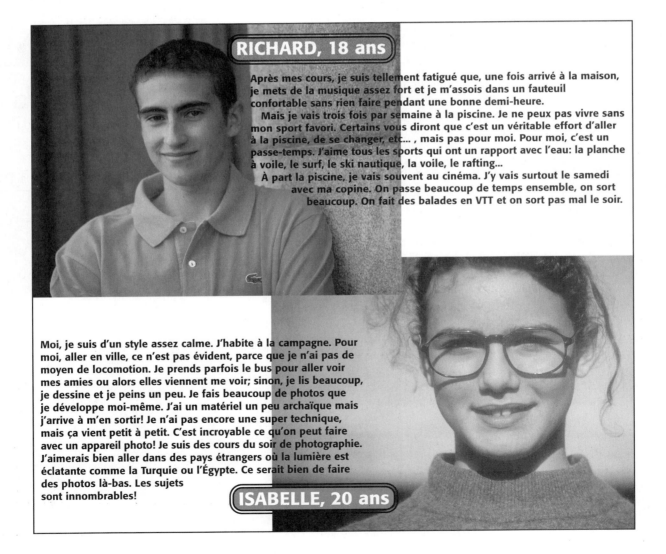

RICHARD, 18 ans

Après mes cours, je suis tellement fatigué que, une fois arrivé à la maison, je mets de la musique assez fort et je m'assois dans un fauteuil confortable sans rien faire pendant une bonne demi-heure.

Mais je vais trois fois par semaine à la piscine. Je ne peux pas vivre sans mon sport favori. Certains vous diront que c'est un véritable effort d'aller à la piscine, de se changer, etc... , mais pas pour moi. Pour moi, c'est un passe-temps. J'aime tous les sports qui ont un rapport avec l'eau: la planche à voile, le surf, le ski nautique, la voile, le rafting...

À part la piscine, je vais souvent au cinéma. J'y vais surtout le samedi avec ma copine. On passe beaucoup de temps ensemble, on sort beaucoup. On fait des balades en VTT et on sort pas mal le soir.

Moi, je suis d'un style assez calme. J'habite à la campagne. Pour moi, aller en ville, ce n'est pas évident, parce que je n'ai pas de moyen de locomotion. Je prends parfois le bus pour aller voir mes amies ou alors elles viennent me voir; sinon, je lis beaucoup, je dessine et je peins un peu. Je fais beaucoup de photos que je développe moi-même. J'ai un matériel un peu archaïque mais j'arrive à m'en sortir! Je n'ai pas encore une super technique, mais ça vient petit à petit. C'est incroyable ce qu'on peut faire avec un appareil photo! Je suis des cours du soir de photographie. J'aimerais bien aller dans des pays étrangers où la lumière est éclatante comme la Turquie ou l'Égypte. Ce serait bien de faire des photos là-bas. Les sujets sont innombrables!

ISABELLE, 20 ans

A. Richard et Isabelle. Answer the questions in French.

Richard

1. Quelle est la première chose que fait Richard quand il rentre à la maison?

   _____

2. Pourquoi est-ce qu'il ne fait rien quand il rentre?

   _____

3. Quel est son sport préféré?

   _____

4. Combien de fois par semaine est-ce qu'il va à la piscine?

   _____

5. Quels sont les autres sports qu'il aime?

   _____

6. Qu'est-ce que ces sports ont en commun?

   _____

7. Quelles autres activités est-ce qu'il aime?

   _____

8. Est-ce que Richard est plutôt sportif ou plutôt artiste?

   _____

Isabelle

9. Est-ce qu'Isabelle est une personne très nerveuse?

   _____

10. Où est-ce qu'elle habite?

    _____

11. Est-ce qu'elle a une voiture?

    _____

12. À part voir *(Besides seeing)* ses amies, quelles sont ses quatre activités préférées?

    _____

13. Qu'est-ce qu'elle fait le soir?

    _____

14. Est-ce qu'elle a un matériel photo hyper-moderne?

    _____

15. Dans quels pays est-ce qu'elle aimerait prendre des photos?

    _____

16. Est-ce qu'Isabelle est plutôt sportive ou plutôt artiste?

    _____

B. À vous maintenant. Write a few paragraphs about your activities when you're not in class. Use Richard's and Isabelle's statements as a model.

Grammar: Present tense
Vocabulary: Leisure; Sports; Studies (courses)
Phrases: Describing people; Expressing an opinion; Linking ideas

☑ Jeu: *Comment s'écrit... ?*

Use the cues to figure out the names of the foods.

If the word **salade de concombres** is written:

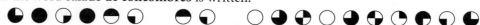

and **tarte aux fraises** is written:

and **gâteau au chocolat** is written:

What are the names of the following foods?

1.

2.

3.

4.

5.

6.

◘ L'Afrique francophone: *Le jeu d'Awalé*

L'Awalé est un jeu africain d'origine très ancienne. C'est un jeu de réflexion qui est fondé sur un principe simple: déposer des graines dans des trous et en ramasser le maximum. Les Africains ont plus de 200 règles différentes pour ce jeu et ils y jouent très rapidement. Dans certaines tribus, on utilise l'Awalé pour nommer le nouveau chef. L'Awalé se joue dans beaucoup de pays d'Afrique et on apprend à y jouer quand on est très jeune.

   L'Awalé est une façon de passer du temps libre tout en exerçant ses capacités mentales. Parlant de son expérience de l'Awalé en Afrique Occidentale et particulièrement en Côte d'Ivoire et au Sénégal, Charles Béart écrivait dans son ouvrage monumental* paru en 1955:

   «Le jeu le plus simple et en même temps le plus intelligent, celui qui ne laisse strictement aucune place au hasard, est en même temps celui dont l'aire d'extension en Afrique est la plus importante. [...] J'ai moi-même appris en Côte d'Ivoire et joué sans aucune difficulté avec des Togolais et des Sénégalais... J'ajoute que joueur moyen de dames et d'échecs, je bats presque toujours les Européens qui ont appris le jeu, que je bats quelquefois des Africains évolués, mais que je perds toujours si je me hasarde à jouer contre un honnête paysan qui n'a pas quitté son village. [...]»

   Les noms varient avec les pays, mais le jeu lui-même repose toujours sur les mêmes principes et vise les mêmes objectifs: formation de l'esprit, entraînement au calcul, rapidité de jugement et de décision. En somme un jeu où le hasard n'a pas sa place et qui requiert des qualités stratégiques et tactiques indéniables. Mais, il faut pour cela en connaître les règles. [...]

   On a pu dire parfois qu'il existe de l'Awalé autant de variantes que de pays. Aussi passionnantes les unes que les autres, ces variantes requièrent toutes les mêmes qualités et procurent les mêmes joies...

* Jeux et jouets de l'Ouest Africain IFAN 1955 Dakar

➤ Qu'est-ce que vous en pensez?

• Trouvez les règles du jeu d'Awalé (en anglais, *Mancala*) sur Internet ou en achetant un jeu dans un magasin. Apprenez les règles et enseignez-les à un(e) camarade de classe. Ensuite expliquez à vos camarades ce que vous pensez du jeu (en anglais).

• Maintenant que vous savez jouer le jeu, est-ce que vous pouvez deviner *(guess)* pourquoi il est si populaire en Afrique et dans d'autres parties du monde?

Dico

aire d'extension: *area of expansion*
aucune: *no*
celui: *the one*
celui dont: *the one whose*
dames: *checkers*
échecs: *chess*
en ramasser le maximum: *pick up most of them*
entraînement au calcul: *training in calculations*
évolués: *advanced (players)*
formation de l'esprit: *development of the mind*
graines: *seeds*

hasard: *luck*
J'ajoute que: *I should add that*
je bats: *I beat*
je perds: *I lose*
largement répandu: *very widespread*
moyen: *average*
paru: *that appeared*
paysan: *peasant*
si je me hasarde: *if I happen*
tout en exerçant: *while at the same time exercising*
trous: *holes*
vise: *aims for*

CHAPITRE **8** # Après la pluie, le beau temps

As a *follow-up* to the presentation of vocabulary in class, study pages 375–386 in the **Manuel de classe** and do Exercises I, II, III, IV, and V below.

As *preparation* for work in class, do the following:
• read the explanations about the comparative and the superlative;
• 🔘 listen to MP Audio CD4, Tracks 12–13;
• write Exercises VI, VII, VIII, and IX;
• take **Contrôle 20.**

◘ **Contexte:** *Quel temps fait-il en France?*

*I. La météo. *(The weather report.)* Skim the weather sections from a U.S. and a French newspaper. Then answer the questions that follow.

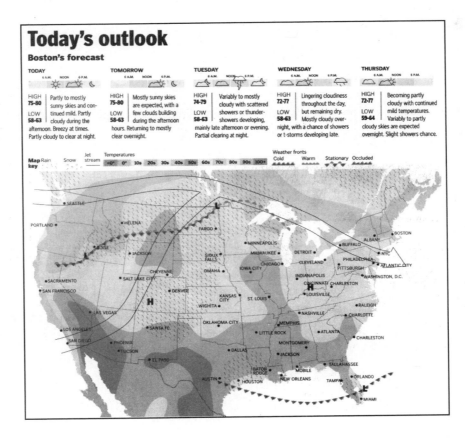

Today's outlook

Boston's forecast

TODAY	TOMORROW	TUESDAY	WEDNESDAY	THURSDAY
HIGH **75-80**	HIGH **75-80**	HIGH **74-79**	HIGH **72-77**	HIGH **72-77**
LOW **58-63**	LOW **58-63**	LOW **58-63**	LOW **58-63**	LOW **59-64**
Partly to mostly sunny skies and continued mild. Partly cloudy during the afternoon. Breezy at times. Partly cloudy to clear at night.	Mostly sunny skies are expected, with a few clouds building during the afternoon hours. Returning to mostly clear overnight.	Variably to mostly cloudy with scattered showers or thunder-showers developing, mainly late afternoon or evening. Partial clearing at night.	Lingering cloudiness throughout the day, but remaining dry. Mostly cloudy overnight, with a chance of showers or t-storms developing late.	Becoming partly cloudy with continued mild temperatures. Variably to partly cloudy skies are expected overnight. Slight showers chance.

REMEMBER! An asterisk (*) preceding an exercise number indicates that the exercise is self-correcting.
You will find the answers to **Chapitre 8** at the back of this **Manuel de préparation,** beginning on page 384.

321 ◘

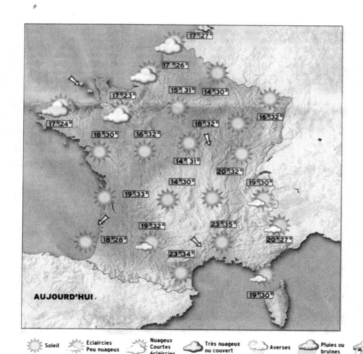

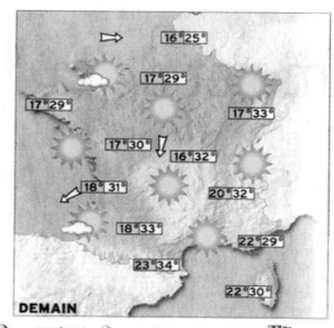

Soleil   Eclaircies Peu nuageux   Nuageux Courtes éclaircies   Très nuageux ou couvert   Averses   Pluies ou bruines   Orages   Brumes et brouillard   Neige   Vent faible   Vent modéré   Vent fort   Min. Températures Max.

1. What *types* of information are provided in the U.S. newspaper but not in the French one?

_____

2. What types of information are provided in the French newspaper but not in the U.S. one?

_____

3. What explanation(s) can you propose for these differences?

_____

_____

II. Quel temps fait-il? Scan the weather section from the French newspaper and do the following exercises.

A. Indicate today's predicted weather for each of the following regions.

1. Paris _____

_____

2. northern France _____

_____

3. northeastern France _____

_____

4. southwestern France _____

_____

5. the Mediterranean region _____

_____

B. Use information provided in the weather section to respond to the following inquiries.

1. Will it be warmer or cooler in Paris tomorrow than today?

_____

2. What will the weather be like tomorrow in Strasbourg?

_____

3. Where was the warmest spot in France yesterday? And the coldest?

_____

4. My aunt and uncle are leaving for Corsica tomorrow. What's the weather like there at this time of year?

_____

*𝄞𝄞𝄞. Quel temps fait-il en France? Study the following chart, which gives an overview of the winter and summer weather in some major French cities. Then answer the questions that follow.

Quel temps fait-il en France?

	l'hiver	**l'été**	**la pluie**	**les vents**
Paris	l'hiver peut être assez froid, avec quelques gelées	les mois d'été sont, en général, chauds et orageux	il pleut 160 jours par an, en petites ondées	changeants O N E S
Brest	il fait doux, les gelées sont rares	l'été est souvent frais et humide	elle tombe 2 jours sur 3, le temps est souvent couvert	les vents d'ouest dominants amènent une petite pluie fine: le crachin
Strasbourg	durs hivers avec une centaine de jours de gelée	étés chauds, parfois très chauds, et lourds	la pluie tombe 190 jours en averses brutales	bise du nord ou du Sud
Grenoble	longue saison froide, avec 80 jours de gelée	l'été est plutôt court et assez frais	pluies et chutes de neige record (140 jours par an)	locaux et tournants parfois violents
Bordeaux	hivers doux et brumeux, comme à Brest	étés chauds	pluies fréquentes (un jour sur deux)	vents d'ouest et de nord-ouest
Perpignan	il ne fait jamais bien froid, l'air reste sec	le temps reste au "beau fixe" comme à Nice	pluies rares mais fortes (un jour sur quatre)	tramontane marin
Nice	il gèle rarement; l'hiver est très doux	long, souvent très chaud	même genre de pluies qu'à Perpignan	mistral marin

En somme, il ne fait jamais ni très froid... grâce aux vents de l'Atlantique, qui entrent profondément à l'intérieur des terres (sauf en Alsace et en montagne)... il pleut un peu partout mais ni trop, ni trop peu.

1. Dans quelle ville est-ce qu'il pleut le plus souvent (*the most often*)? _____

2. Si on cherche le beau temps en hiver, quelles villes est-ce qu'on va visiter? _____

3. Quel temps fait-il à Paris en été? _____

_____

4. Quel temps fait-il à Grenoble en hiver? _____

_____

5. Dans quelles villes est-ce qu'il pleut rarement mais quand il pleut, il pleut à torrents? _____

_____

6. Quelles villes ont l'été le plus long et l'hiver le plus court (*shortest*)? _____

*IV. Quel temps fait-il aujourd'hui? On the basis of the drawing, indicate today's weather.

_____   _____   _____

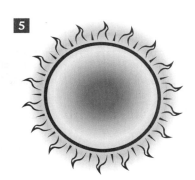

_____   _____   _____

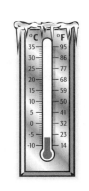

_____   _____   _____

V. Dans la région où j'habite... Write a short paragraph about weather conditions in your area during each of the following months or seasons.

MODÈLE: au mois de septembre

Dans la région où j'habite, il fait très beau au mois de septembre. Il ne pleut pas beaucoup. Il fait du soleil. J'aime le mois de septembre parce que j'adore le football américain.

_____

_____

_____

_____

_____

_____

_____

_____

_____

◧ Structure grammaticale:
The comparative and the superlative

LES ÉTUDIANTS D'HIER ET D'AUJOURD'HUI

 MP Audio CD4, TRACK 12

MLLE LAMY: J'ai l'impression que les étudiants d'aujourd'hui sont **moins** sérieux **que** ceux *(those)* d'autrefois.

M. DUVAL: Oui, c'est parce qu'ils ont **plus de** temps libre.

MLLE LAMY: Mais aussi il faut dire que leur vie est bien **plus** compliquée **que** la vie d'autrefois.

M. DUVAL: C'est vrai. Et en plus, il y a toujours des exceptions. Par exemple, dans mon cours de littérature, j'ai les deux **meilleurs** étudiants de toute ma carrière.

MLLE LAMY: Tout ça pour dire qu'on ne peut pas généraliser!

EXPLICATION

First, read the following **Explication** section, then listen to the audio track that accompanies it.  MP Audio CD4, Track 13

◆ The comparative of nouns

In a previous section, you learned to make comparisons of nouns using the expressions of quantity **plus de,** **autant de,** and **moins de.**

Nous avons **plus de temps libre que** Charles.	*We have **more free time than** Charles.*
Nous avons **autant de temps libre que** Mireille.	*We have **as much free time as** Mireille.*
Nous avons **moins de temps libre que** vous.	*We have **less free time than** you (do).*

◆ The comparative of most adjectives

Now you will work on comparisons made with adjectives. Study the examples and then read the rules on how to use the comparative.

Elle est **plus grande que** son frère.	*She's **taller than** her brother.*
Il est **aussi sérieux que** sa sœur.	*He's **as serious as** his sister.*
Il est **moins intelligent que** son père.	*He's **less intelligent than** his father.*

The expressions **plus** *(more)*, **aussi** *(as)*, and **moins** *(less)* are used to compare most adjectives. **Que** *(than, as)* is added before the element with which the comparison is being made.

◆ The comparative of the adjective **bon** and the adverb **bien**

Mes notes sont **bonnes.**	*My grades are **good.***
Mes notes sont **meilleures que** les notes de Marie.	*My grades are **better than** Marie's grades.*
Mes notes sont **aussi bonnes que** les notes de Paul.	*My grades are **as good as** Paul's grades.*
Mes notes sont **moins bonnes que** les notes de Jean.	*My grades **are worse (less good) than** Jean's grades.*

Il parle **bien.**	*He speaks **well.***
Il parle **mieux que** moi.	*He speaks **better than** I do.*
Il parle **aussi bien que** Monique.	*He speaks **as well as** Monique.*
Il parle **moins bien que** Sylvie.	*He speaks **worse (less well) than** Sylvie.*

The adjective **bon** *(good)* and the adverb **bien** *(well)* each have an irregular form to show superiority: **bon(ne)(s)** becomes **meilleur(e)(s); bien** becomes **mieux.**

The English equivalent of both **meilleur** and **mieux** is *better.* Be sure to distinguish between the two:

• **meilleur** is an adjective; it modifies a noun and agrees with it in gender and number:
  Les pommes sont meilleures que les poires.
• **mieux** is an adverb; it modifies a verb and is invariable:
  Il parle mieux le français que moi.

Notice that the comparative forms of both **bon** and **bien** use **aussi** and **moins** just like other adjectives do.

Application

*VI. Comparaisons.

A. First, use the cues in parentheses to review making comparisons with nouns.

MODÈLE: Anne-Marie a des jeux vidéo. (Hélène –)

Hélène a moins de jeux vidéo qu'Anne-Marie.

1. Michel a des frères. (Alain +)

   _____

2. Laurie a des cousins. (Évelyne –)

   _____

3. Guy a du temps libre. (Patrick =)

   _____

4. Jean-François a des CD. (Richard +)

   _____

5. Marc a des cours. (Philippe =)

   _____

6. Cécile a des devoirs. (Marie –)

   _____

B. Now make comparisons with adjectives using the cues in parentheses.

MODÈLE: Jean est grand. (Marc +)

Marc est plus grand que Jean.

1. Janine est intelligente. (Suzanne –)

   _____

2. Hervé est généreux. (Monique =)

   _____

3. Mes parents sont traditionalistes. (les parents de Jacques –)

   _____

4. Le cours de français est difficile. (le cours de chinois +)

   _____

5. Mes amis sont amusants. (les amis de mes parents –)

   _____

6. Le prof de français est patient. (le prof de chinois =)

   _____

7. Simone est sympathique. (Isabelle +)

   _____

8. Paul est sportif. (Félix –)

   _____

*VII. Meilleur et mieux. Make comparisons using the cues in parentheses. Remember that **bon** becomes **meilleur** and **bien** becomes **mieux** when you want to say *better*.

MODÈLE: Les oranges de Californie sont bonnes. (les oranges d'Espagne +)

Les oranges d'Espagne sont meilleures que les oranges de Californie.

1. Jean chante bien. (Véronique +)

_____

2. François travaille bien. (Alexandre =)

_____

3. Marcel mange bien. (Annie −)

_____

4. Le poulet est bon pour la santé. (les légumes +)

_____

5. Les notes de Marie sont bonnes. (les notes de Paul −)

_____

6. Ce restaurant japonais est bon. (l'autre restaurant japonais =)

_____

7. Mes amis dansent bien. (je +)

_____

8. Le Perrier est bon. (la Vittel +)

_____

Note grammaticale: The superlative

MP Audio CD4, TRACK 13

Thérèse est **l'étudiante la plus avancée de** la classe.	*Thérèse is **the most advanced student in** the class.*
Elle a **les meilleures notes de** tous les étudiants.	*She has **the best grades of** all the students.*
Elle a **le moins de temps libre de** tous ses amis.	*She has **the least free time of** all her friends.*
C'est elle qui parle **le mieux** le français.	*She's the one who speaks French **the best**.*

In French, the superlative forms are the same as the comparative forms (**plus, moins, meilleur,** and **mieux**), except that the definite article (**le, la, l', les**) is added.

In the case of adjectives, the article agrees with the noun: **l'étudiante la plus avancée, les meilleures notes.** In the case of adverbs, always use **le: le mieux.**

In the case of nouns, the superlative form acts like an expression of quantity: **le moins de temps libre.**

Notice that the French equivalent of *in* or *of* after a superlative is **de.**

*VIII. Les ouvriers de l'atelier Michelin. *(The workers at the Michelin plant.)* Use the elements provided to make the comparisons according to the information in the chart.

Nom de l'ouvrier	Âge	Qualité du travail	Salaire (par mois)
Jean-Loup	22	excellent	1 500 €
Mireille	21	médiocre	1 000 €
Albert	40	assez bien	1 600 €
Thierry	55	bien	1 500 €
Jacqueline	18	bien	900 €

MODÈLE: Thierry / âgé

Thierry est l'ouvrier le plus âgé.

1. Jacqueline / âgé (ouvrière)

_____

2. le travail de Jean-Loup / bon (faire)

_____

3. Jacqueline / gagner *(to earn)* de l'argent

_____

4. Jacqueline / jeune (ouvrière)

_____

5. Albert / gagner de l'argent

_____

6. le travail de Mireille / bon (faire)

_____

*IX. Que pensent les étudiants de leurs cours? Use the cues to make statements in the superlative about a variety of courses.

MODÈLE: le cours / + difficile / physique

Le cours le plus difficile, c'est le cours de physique.

1. le cours / + facile / biologie

_____

2. le cours / où il y a / + examens / français

_____

3. le cours / où on donne / + bonnes notes / musique

_____

4. le cours / où il y a / – examens / gymnastique

_____

5. le cours / où on donne / – bonnes notes / astronomie

_____

6. le cours / – difficile / statistiques

_____

7. le cours / où il y a / + devoirs / allemand

_____

8. le cours / où on donne les notes / + élevé *(highest)* / éducation physique

_____

◘ Contrôle 20: *The comparative and the superlative*

Part A

Students in the science department have been asked to evaluate their courses. Look at the results of their evaluations and make comparisons.

Cours	Difficulté	Nombre d'examens	Excellentes notes	Note moyenne
Biologie	difficile	3	A = 6	B–
Physique	très diff.	4	A = 3	C+
Chimie	assez diff.	4	A = 8	B
Géologie	difficile	5	A = 6	B
Astronomie	facile	2	A = 15	B+

MODÈLE: être difficile / biologie / physique

Le cours de biologie est moins difficile que le cours de physique.

1. être difficile / géologie / biologie

_____

2. être difficile / chimie / astronomie

_____

3. être difficile / chimie / physique

_____

4. il y a / examens en / géologie / biologie

_____

5. il y a / examens en / chimie / physique

_____

6. il y a / examens en / astronomie / chimie

_____

7. on / donner des bonnes notes en / astronomie / chimie

_____

8. on / donner des bonnes notes en / physique / biologie

_____

9. en général / on / se débrouiller bien en *(to manage well in)* / astronomie / chimie

_____

10. en général / on / se débrouiller bien en / physique / biologie

_____

Part B

Now use the cues to make statements in the superlative about the same courses. In some cases, the most (+) or the least (−) is indicated in parentheses.

MODÈLE: facile

Le cours d'astronomie est le cours le plus facile.

1. difficile

_____

2. examens (−)

_____

3. examens (+)

_____

4. notes (+)

_____

5. notes (−)

_____

> You will find the correct answers on page 385. Give yourself 2 points for each correct answer. A perfect score is 30. If your score is below 24, you should review pages 326 and 328 before going to class.

À faire! (8-2)

Manuel de classe, pages 391–403

As a *follow-up* to work done in class, do Exercises X, XI, XII, XIII, XIV, XV, XVI, and XVII.

As *preparation* for work in class, do the following:
- read the explanation about the differences between the imperfect and the **passé composé;**
- 🔘 listen to MP Audio CD4, TRACKS 14–15;
- write Exercises XVIII, XIX, XX.
- take ***Contrôle 21.***

✗. Mes deux profs. Choose two professors—one man and one woman. Begin by naming them and giving their physical descriptions.

MODÈLE: *Mon professeur de chimie s'appelle M. Creswell. Il a environ 60 ans.*
Il est petit. Il a les cheveux gris. Il porte des lunettes...
Mon professeur d'anglais s'appelle Mme Moorhead. Elle a 40 ou 45 ans.
Elle est grande. Elle a les cheveux noirs...

Then compare the two using the expressions suggested.

MODÈLE: patient

M. Creswell et Mme Moorhead sont tous les deux assez patients, mais je pense que Mme Moorhead est plus patiente que M. Creswell.

- sportif
- optimiste (pessimiste)
- ambitieux

- généreux
- donner des devoirs
- donner des bonnes notes

_____

_____

_____

_____

_____

_____

_____

_____

_____

_____

_____

◘ **Contexte:** *Accidents et maladies*

XI. **Le corps humain.**
Draw arrows and label on the drawing the parts of the body listed below.

la tête	les yeux
la bouche	le nez
l'oreille	les dents
le cou	la gorge
les épaules	le dos
la poitrine	le cœur
le ventre	le bras
le coude	le poignet
la main	les doigts
la jambe	le genou
la cheville	les pieds

*XII. Qu'est-ce qui leur est arrivé?

Write a sentence describing what happened to each of the following people.

MODÈLES: Nathalie / se casser
Nathalie s'est cassé le bras.

Philippe / se faire mal à
Philippe s'est fait mal au cou.

> ### Un petit truc
> Notice that the past participle sometimes does *not* agree in the sentences describing what parts of the body were broken, cut, etc.? For example, **Elle s'est cassé la jambe. Ils se sont fait mal au dos.** That's because in these sentences **la jambe** and **mal** are direct objects, thus making **se** an *indirect* object meaning *TO herself* or *TO themselves*. With pronominal verbs, the past participles only agree with a preceding DIRECT object. On the other hand, in the sentence, **elle s'est coupée au pied**, the body part **(au pied)** is the indirect object and **se** is the direct object; consequently, the past participle does agree—i.e., *she cut herself on the foot.*

1. M. Prigent / se casser

2. Mme Carreira / se couper à

3. Virginie / se faire mal à

_____

_____

_____

4. Frédéric / se fouler

5. Isabelle / se brûler à

6. Bruno / se faire mal à

_____

_____

_____

*XIII. Mini-conversations. Choose the response that fits each of the following mini-conversations.

RÉPLIQUES: **Je me suis fait mal au genou. / Je crois qu'il a la migraine. / Je me sens un peu fatigué. J'ai peut-être une petite grippe. / Il s'est foulé la cheville. / Oui, je suis en très bonne forme aujourd'hui. / Je ne me sens pas très bien. J'ai peut-être le mal de mer. / Elle s'est cassé le poignet.**

1. —Qu'est-ce qu'il y a, Loïc? Tu as l'air malade. Tu n'aimes pas voyager en bateau?

   —_____

2. —Tiens, regarde Mireille! Elle a le bras dans le plâtre. Qu'est-ce qui lui est arrivé?

   —_____

3. —Laurent, tu n'as pas bonne mine aujourd'hui. Qu'est-ce qui ne va pas?

   —_____

4. —Mais Jean-Paul, pourquoi est-ce que tu marches comme ça? Qu'est-ce qui t'est arrivé?

   —_____

5. —Salut, Julien. Comment ça va? Tu as vraiment très bonne mine aujourd'hui!

   —_____

6. —Qu'est-ce qu'il a, Cédric? Il n'a pas bonne mine.

   —_____

*XIV. Les maladies. Put each of the illnesses listed below into the most appropriate category.

une angine	la migraine	la rougeole
une bronchite	les oreillons	la rubéole
une crise d'appendicite	une pneumonie	une sinusite
une grippe	un rhume	une streptococcie
le mal de l'air	le rhume des foins	la varicelle
le mal de mer		

1. Les maladies contre lesquelles (*against which*) on est vacciné quand on est petit

   _____

2. Les petites maladies habituelles

   _____

3. Les maladies qu'on risque d'avoir pendant un voyage

   _____

4. Les maladies chroniques

   _____

5. Les maladies qui mènent (*lead*) souvent à une opération

   _____

XV. Mon dossier médical. Answer in French the following questions about your medical history.

1. Quand vous étiez petit(e), est-ce que vous avez été vacciné(e)? Contre quelles maladies?

_____

2. Normalement combien de rhumes est-ce que vous avez par an?

_____

3. Est-ce que vous avez eu une grippe récemment? Quand?

_____

4. Est-ce que vous avez déjà été opéré(e) à l'hôpital?

_____

5. Est-ce que vous avez des allergies? À quoi est-ce que vous êtes allergique?

_____

6. Est-ce que vous avez déjà eu le mal de mer? le mal de l'air? Quel âge aviez-vous?

_____

*XVI. Tohu-bohu. *(Jumble.)* Reorganize the expressions on this page by putting each one in the appropriate list (**maladies / symptômes / remèdes**).

avoir froid

avoir une angine

avoir le nez bouché

avoir mal à la tête

avoir une bronchite

avoir une grippe   vomir   avoir un rhume   tousser

avoir chaud

MALADIES	SYMPTÔMES	REMÈDES

rester au lit

avoir le rhume des foins

avoir mal à l'estomac

se reposer

prendre des gouttes

avoir mal à la gorge

avoir une sinusite

boire des jus de fruits

prendre des antihistaminiques

avoir le mal de mer

éternuer

avoir mal au cœur

avoir mal à l'oreille

avoir la migraine

avoir la varicelle

avoir des taches

avoir de la fièvre

avoir les oreillons

avoir la rubéole

avoir mal aux yeux   avoir la rougeole   prendre un sirop

avoir une crise d'appendicite   prendre des comprimés   avoir le nez qui coule   prendre de l'aspirine

avoir des vertiges   avoir des courbatures   prendre des pastilles   avoir une inflammation des ganglions

boire de l'eau

XVII. Ils sont tous malades! On a separate sheet of paper, write four short paragraphs about people who are sick. Each person should have a different sickness. SUGGESTION: For each paragraph, choose a sickness from the first column in Ex. XVI, two or three symptoms from the second column, and two or three remedies from the third column.

MODÈLE: *Ma sœur Isabelle est malade. Elle a une bronchite. Elle tousse beaucoup et elle a mal à la gorge. Elle doit prendre un sirop contre la toux, elle doit se reposer autant que possible* (as much as possible) *et elle doit boire des jus de fruits et de l'eau.*

Structure grammaticale:
The imperfect and the passé composé

UNE RENCONTRE EN VILLE

MP Audio CD4, TRACK 14

Hier, j'**ai fait** un petit tour en ville. Pendant que je **faisais** du shopping, j'**ai rencontré** André et nous **sommes allés** au Café de la Gare. Nous **étions** bien contents d'être ensemble. Je **portais** une robe élégante et des sandales; André **portait** une très belle chemise. Nous **étions** tous les deux très chic. Nous **avons passé** trois heures ensemble à parler et à regarder les gens passer.

EXPLICATION

First, read the following **Explication** section, then listen to the audio track that accompanies it.

MP Audio CD4, TRACK 15

So far, you've learned two past tenses—the imperfect and the **passé composé.** Each is used in different situations, and although both tenses describe actions in the past, there are key distinctions you have to make.

◆ If a past action is *habitual,* repeated an *unspecified* number of times, or performed in an *indefinite* time period, the verb will be in the imperfect. As a general rule, the imperfect tends to be more descriptive.

   Il faisait beau; les enfants jouaient dans le parc pendant que je lisais.

◆ If a past action occurs only *once,* is repeated a *specific* number of times, or is performed in a *definite* time period with its beginning and end indicated (or implied), the verb will be in the **passé composé.** As a general rule, the **passé composé** moves a story's action forward in time.

   Je me suis levée, j'ai fait ma toilette, j'ai pris une tasse de café et je suis sortie.

SUMMARY OF USES	
IMPERFECT	**PASSÉ COMPOSÉ**
DESCRIPTION **Elle était** très jolie quand **elle était** jeune.	
HABITUAL ACTION **Ils parlaient** français tous les jours.	SINGLE OCCURRENCE Ce matin, **je me suis préparé** un bon petit déjeuner.
INDEFINITE PERIOD OF TIME Quand **j'étais** petit, **j'avais** un chien. Il **faisait** très beau.	DEFINITE PERIOD OF TIME En 1992, **j'ai passé** deux mois au Portugal. Hier, il **a fait** très beau.
ACTION REPEATED AN UNSPECIFIED NUMBER OF TIMES **Nous allions** souvent au parc.	ACTION REPEATED A SPECIFIED NUMBER OF TIMES **Nous sommes allés** au parc trois fois le mois dernier.

◆ The following model sentences each contain a verb in the imperfect and another in the **passé composé**. The imperfect describes what was going on when something else happened. The **passé composé** is used to interrupt an action already in progress. Note that the imperfect in French often corresponds to the progressive *was doing* or *were doing* in English.

Il travaillait en France quand **son fils est né**.

*He was working in France when **his son was born**.*

Elle était au bureau quand **son mari a téléphoné**.

*She was in the office when **her husband called**.*

Ils parlaient avec leurs collègues quand **ils ont appris** la nouvelle.

*They were talking with their colleagues when **they got** the news.*

Application

*XVIII. Qu'est-ce qu'ils ont fait hier? Explain what each person did yesterday and what the situation was like. Decide which verbs should be in the imperfect and which ones should be in the **passé composé**.

MODÈLE: Marie / aller au jardin public — faire du soleil

Marie est allée au jardin public. Il faisait du soleil.

1. nous / rester à la maison — pleuvoir

   _____

2. Micheline / faire des courses en ville — y avoir beaucoup de circulation *(traffic)*

   _____

3. Jean et Pierre / aller à Versailles — avoir envie de sortir

   _____

4. je / vouloir rendre visite à mon oncle — prendre le train

   _____

5. nous / prendre le métro — être pressés *(to be in a hurry)*

   _____

*XIX. Qu'est-ce qu'ils faisaient quand... ? Answer the questions, using the cues in parentheses. Be careful to distinguish between the imperfect and the **passé composé.**

MODÈLE: Qu'est-ce qu'ils faisaient quand tu es arrivé(e)? (jouer aux cartes)

Quand je suis arrivé(e), ils jouaient aux cartes.

1. Qu'est-ce que tu faisais quand Jean a téléphoné? (prendre le petit déjeuner)

_____

2. Qu'est-ce que vous faisiez quand elle est descendue? (faire la lessive)

_____

3. Qu'est-ce qu'il faisait quand tu es sorti(e)? (travailler au jardin)

_____

4. Qu'est-ce qu'elles faisaient quand il est rentré? (étudier)

_____

5. Qu'est-ce que je faisais quand tu t'es couché(e)? (regarder la télé)

_____

6. Qu'est-ce que nous faisions quand vous êtes allés au café (faire des courses)

_____

7. Qu'est-ce qu'il faisait quand elle est sortie? (s'occuper des enfants)

_____

8. Qu'est-ce que Marc faisait quand il s'est coupé au doigt? (préparer le dîner)

_____

*XX. La Révolution de 1789. Put these sentences about the French Revolution into the past, using either the imperfect or the **passé composé.**

1. La Révolution commence au mois de mai 1789.

_____

2. Le roi *(king)* ne veut pas écouter les membres de la bourgeoisie.

_____

3. La bourgeoisie n'est pas contente parce qu'elle paie trop d'impôts *(taxes)*.

_____

4. Le 14 juillet 1789, les Parisiens prennent la Bastille, une prison à Paris.

_____

5. En 1792, les révolutionnaires proclament la république.

_____

6. Le roi Louis XVI n'a plus d'autorité.

_____

7. Le gouvernement révolutionnaire guillotine le roi et sa femme, Marie-Antoinette, en 1793.

_____

8. Napoléon Bonaparte est général dans l'armée française quand la Révolution commence.

_____

9. Il fait la guerre *(war)* en Égypte quand il apprend la nouvelle que la France a besoin d'un dirigeant *(leader)*.

_____

10. En 1799, il rentre en France, il prend le pouvoir *(power)* et enfin, en 1804, il se déclare empereur.

_____

11. Malheureusement *(Unfortunately)*, Napoléon ne donne pas aux Français la paix *(peace)* qu'ils cherchent.

_____

◼ **Contrôle 21:** *The imperfect and the* passé composé

L'histoire d'un hold-up. In the following account of a bank holdup, change the present tense to either the imperfect or the **passé composé** according to the context.

Vers 14h, deux hommes et une femme entrent dans la banque. Moi, je suis au guichet. Un des hommes est très grand; il a les cheveux noirs; il a une barbe; il est très mince. Il parle très fort et il a l'air impatient. Il a un pistolet.

_____

_____

_____

_____

Son compagnon n'est pas grand. Il est gros et il a une moustache. Il porte un tee-shirt avec «Malibu» inscrit sur le dos. Il demande aux clients de lui donner leurs portefeuilles. Il prend aussi leurs montres.

_____

_____

_____

_____

La femme est grande. Elle a les cheveux blonds. Elle porte un jean et un tee-shirt rouge. Elle a un sac à dos. Elle prend les bijoux des clients. Ensuite elle sort de la banque. C'est elle le chauffeur de la voiture.

_____

_____

_____

_____

La voiture est une Citroën. Elle est grise et elle est neuve *(new)*.

_____

_____

Il y a beaucoup de clients dans la banque. Tout le monde est très nerveux et a peur *(is afraid)*.

Les employés de la banque sont très courageux. Ils restent calmes. Une employée sonne l'alarme et les voleurs *(robbers)* quittent la banque très vite.

_____

_____

_____

Heureusement que la police arrive quelques minutes plus tard. Mais les voleurs ne sont plus là.

_____

_____

You will find the correct answers on page 386. Give yourself 1 point for each correct verb form. A perfect score is 34. If your score is below 28, you should review pages 336–337 before going to class.

À faire! (8-3)

Manuel de classe, pages 404–411

As a further *review* of the uses of the imperfect and the **passé composé,** write Exercises XXI and XXII.

As a *follow-up* to work done in class, write Exercises XXI through XXVIII.

As *preparation* for work in class, do the following:
• read the explanation of verbs ending in **-ir** and the note about **venir;**
• 🔘 listen to MP Audio CD4, TRACKS 16–17;
• write Exercises XXIX, XXX, XXXI, and XXXII;
• take **Contrôle 22.**

---

*XXI.   Une histoire d'amour.   Use the following cues to tell the love story of Roland and Albertine. Be sure to distinguish between the imperfect and the **passé composé.**

Begin your story with *Roland and Amélie se sont rencontrés à une fête chez Paul.*

Roland et Amélie / se rencontrer / à une fête chez Paul. / On / célébrer / l'anniversaire de Janine, la sœur de Paul. / Tout le monde / danser et manger. / Plusieurs invités / fumer. / Roland et Amélie / ne pas avoir envie de danser / et ils / ne pas fumer. / Ils / quitter la fête. / Ils / se promener dans le parc. / Le lendemain *(The next day)* / Roland / téléphoner à Amélie. / Ils / se retrouver / sur les quais de la Seine. Il / faire très beau. / Le soleil / briller. / La Seine / être belle. / Des amoureux / se promener / sur les quais. / Roland et Amélie / s'embrasser tendrement. / Quelques semaines plus tard / ils / se fiancer. / Au mois de juin / ils / se marier. / Leurs parents / être très contents. / Au mariage / tout le monde / s'amuser. / Ce soir-là / Roland et Amélie / partir à la Guadeloupe / où ils / passer une semaine merveilleuse.

_____

_____

_____

_____

_____

_____

_____

_____

_____

_____

✗✗II. Ce matin. Write a paragraph in French in which you recount your morning from the time you woke up until you arrived at your first class. Use a separate sheet of paper.

SUGGESTION: Include in your account of the morning some background information: for example, how you felt when you awoke, what the weather was like, who you saw on your way to class, what he/she was wearing and doing, etc. In other words, use both the imperfect and the **passé composé.**

◻ **Contexte:** *Des fanas de la forme physique*

✗✗III. Qu'est-ce qu'ils font? Unscramble the names of the physical activities and write them in the appropriate spaces.

LMNASTOUIUC   LOVÉ   ACPMEIDRHEA   NTSCOTIRA   NTNAIATO   NGIGOJG   SMAGQENYUTI

1. M. et Mme Lamothe font de la _____.

2. Christophe fait des _____.

3. Édouard fait de la _____.

4. Matthieu et Julie font du _____.

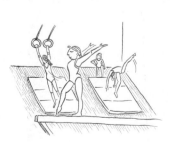

5. Karina et ses amies font de la _____.

6. Maya et son mari font du _____.

7. Grégory fait de la _____.

✱XXIV. Qu'est-ce qu'ils ont? Match the names of the exercise equipment with the photos.

un vélo d'intérieur / un rameur / un stepper / un tapis de course / une presse

1. Le père de Charlène a

_____

2. Les parents de Mohamed ont

_____ .

3. Le frère d'Éliane a

_____ .

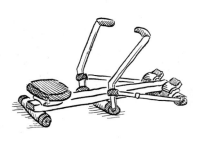

4. La sœur de Yann a

_____ .

5. La famille de Guillaume a

_____ .

XXV. Où est-ce qu'ils vont? Qu'est-ce qu'ils y font? Quand? Pourquoi? Use *one* expression from *each* list to write a short paragraph describing what these people do for exercise. Use a separate sheet of paper.

où: **à la campagne / au centre sportif / à l'école / au gymnase / à la maison / à la piscine / au stade**

quoi: **faire de l'exercice (sur vélo d'intérieur / sur tapis de course) / faire de la musculation / faire de la natation / faire du jogging / faire de la marche à pied / faire de l'athlétisme / faire des pompes et des tractions / faire du vélo / faire du ski / faire de la gymnastique / faire de l'aérobic / jouer au golf / jouer au tennis / jouer au basket**

quand: **tous les jours / (une ou deux fois) par semaine / (une ou deux fois) par mois / de temps en temps**

pourquoi: **pour s'amuser / pour s'entraîner / pour impressionner les autres / pour perdre du poids / pour développer ses muscles / pour maintenir sa forme physique**

MODÈLE: Anthony

*Anthony aime beaucoup le football. Il va au stade
deux ou trois fois par semaine pour s'entraîner. OU
Anthony va au gymnase trois fois par semaine. Il y fait
de la musculation pour développer ses muscles.*

1. Stéphanie

_____

_____

2. Damien

_____

_____

3. M. Brunel

_____

_____

4. Mme Campos

_____

_____

5. Olivier

_____

_____

6. Mélissa

_____

_____

XXVI. Et toi? Write a short paragraph about what you do to exercise. Mention at least three activities and include details about where, how often, and why.

Système-D

Grammar: Faire expressions
Vocabulary: Body; Days of the week; Health; Time of day
Phrases: Describing health; Sequencing events

_____

_____

_____

_____

_____

_____

_____

_____

_____

_____

_____

_____

_____

✷XXVII. **Les six groupes d'aliments.** Using the chart, identify the food group to which each set of items belongs and then indicate its importance for a balanced diet.

MODÈLE: gruyère, camembert, brie

fromage (Groupe 2), riche en calcium

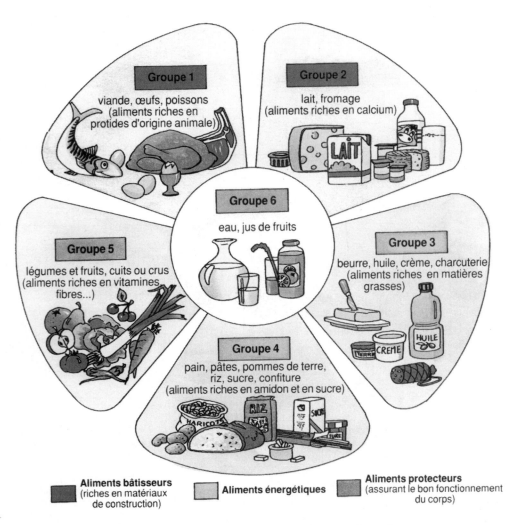

Groupe 1
viande, œufs, poissons
(aliments riches en
protides d'origine animale)

Groupe 2
lait, fromage
(aliments riches en calcium)

Groupe 6
eau, jus de fruits

Groupe 5
légumes et fruits, cuits ou crus
(aliments riches en vitamines,
fibres...)

Groupe 3
beurre, huile, crème, charcuterie
(aliments riches en matières
grasses)

Groupe 4
pain, pâtes, pommes de terre,
riz, sucre, confiture
(aliments riches en amidon et en sucre)

Aliments bâtisseurs
(riches en matériaux
de construction)

Aliments énergétiques

Aliments protecteurs
(assurant le bon fonctionnement
du corps)

***Les repas d'une journée doivent obligatoirement fournir
au moins un aliment de chacun de ces six groupes.***

1. nouilles, spaghettis, lasagne

_____

2. carottes, tomates, oignons

_____

3. pâté, beurre, saucisses

_____

4. bœuf, mouton, poulet

_____

5. baguette, pain de campagne, petits pains

_____

6. lait, yaourt, neufchâtel

_____

7. thon, truite, sole

_____

8. pommes, oranges, bananes

_____

Structure grammaticale:
Verbs in -ir *and the verb* venir

DES ÉTUDES BRILLANTES

JEAN-PIERRE:	Tu **viens** chez moi ce week-end?
ANDRÉ:	Non, je ne peux pas. Je vais rester à la maison avec ma famille. Ma cousine **vient de** rentrer d'Angleterre.
JEAN-PIERRE:	Ah, oui? Est-ce qu'elle **a fini** ses études?
ANDRÉ:	Oui. Elle **a réussi** brillamment à ses examens.

EXPLICATION

First, read the following **Explication** section, then listen to the audio track that accompanies it.  MP Audio CD4, Track 17

To conjugate a verb ending in **-ir,** such as **maigrir** *(to lose weight)* in the present tense, you drop the **-ir** and add endings as follows:

je	**-is**	je **maigris**
tu	**-is**	tu **maigris**
il/elle/on	**-it**	il/elle/on **maigrit**
nous	**-issons**	nous **maigrissons**
vous	**-issez**	vous **maigrissez**
ils/elles	**-issent**	ils/elles **maigrissent**

In other tenses, many **-ir** verbs are conjugated as follows:

PASSÉ COMPOSÉ:	**j'ai maigri**	IMPARFAIT:	**je maigrissais**
FUTUR:	**je maigrirai**	PRÉSENT DU SUBJONCTIF:	**que je maigrisse**

Other -ir verbs conjugated like **maigrir** include:

choisir *(to choose)*   **grossir** *(to put on weight)*
finir *(to finish)*   **réussir** *(to succeed)*
grandir *(to grow [up])*   **vieillir** *(to age)*

Nous finissons toujours nos devoirs.   *We always finish our homework.*
Ma grand-mère vieillit.   *My grandmother is getting old.*

J'ai grossi de cinq kilos.   *I put on almost 11 pounds.*
Ils ont choisi des cours intéressants.   *They chose interesting courses.*

Ma sœur réussissait à tous ses examens   *My sister used to pass all her exams*
  quand elle était au lycée.   *when she was in high school.*
Quand nous sommes arrivés, **elle finissait**   *When we arrived, she was finishing up*
  de faire la vaisselle.   *doing the dishes.*

Avec ce régime, **je maigrirai** certainement.   *With this diet, I'll definitely lose weight.*
Quelle robe est-ce que **vous choisirez**?   *What dress will you choose?*

Il est important que **tu maigrisses** un peu.   *It's important that you lose a little weight.*
Je veux qu'**elle finisse** le livre.   *I want her to finish the book.*

Application

＊ⅩⅩⅤⅠⅠⅠ. Les verbes en -ir. Fill in the blanks using the indicated tenses and verbs.

présent

1. (finir) Nous _____ toujours nos exercices de français.

2. (grandir) Cet enfant _____ très vite!

3. (maigrir) Pourquoi est-ce qu'elles _____?

4. (grossir) Tu ne _____ jamais, toi!

passé composé

5. (finir) Est-ce que tu _____ la lessive?

6. (choisir) Ils _____ leurs cours pour le semestre prochain?

7. (ne pas réussir) Malheureusement, je _____ à mon examen.

8. (vieillir) Qu'est-ce qu'elle _____!

imparfait

9. (réussir) Normalement, ils _____ toujours aux examens.

10. (finir) Quand tu as téléphoné, je _____ de rédiger ma dissertation pour le cours
    d'anthropologie.

futur

11. (réussir) Est-ce que tu _____ à ton examen de maths?

12. (grossir) S'ils continuent de manger comme ça, ils _____ sûrement.

présent du subjonctif

13. (finir) Il faut que je _____ mes devoirs.

14. (maigrir) Elle voudrait que nous _____.

＊XXIX. La vie à l'université. Your younger brother is curious about college life. Use the cues to give him some information.

1. on / choisir / ses cours

_____

2. les profs / choisir / les livres

_____

3. je / finir d'étudier / vers minuit

_____

4. mes camarades de chambre / finir d'étudier vers 10h

_____

5. moi, je / maigrir

_____

6. quelques étudiants / grossir

_____

7. nous / grandir / tous

_____

Note grammaticale: The verb **venir** and the expression **venir de**   ◉ MP Audio CD4, TRACK 17

Not all verbs ending in **-ir** are conjugated like **maigrir**. In Chapter 5, you learned how to conjugate the verb **partir**. Here now is the conjugation of the verb **venir**.

venir *(to come)*	
je viens	**nous venons**
tu **viens**	vous **venez**
il/elle/on **vient**	ils/elles **viennent**

PASSÉ COMPOSÉ: je **suis venu(e)**
IMPARFAIT: je **venais**
FUTUR: je **viendrai**
CONDITIONNEL: je **viendrais**
PRÉSENT DU SUBJONCTIF: que je **vienne** / que nous **venions**

When followed by the preposition **de** and an infinitive, it indicates that an action occurred in the *recent past*. Even though **venir de** is conjugated in the present tense, its meaning is past—the equivalent of the English *to have just* done something.

| **Ils viennent de rentrer d'Europe.** | *They've **just** come back from Europe.* |
| **Je viens de me réveiller.** | *I **just** woke up.* |

*✗✗✗. D'où venez-vous? Use the verb **venir** and the elements in parentheses to answer the questions about where people come from.

MODÈLE: Jeanne est française? (Paris)

Oui, elle vient de Paris.

1. Les Delavenne sont québécois? (Trois-Rivières)

_____

2. Ta sœur et toi, vous êtes suisses? (Zurich)

_____

3. Françoise est belge? (Bruxelles)

_____

4. Je suis d'origine anglaise, moi? (Manchester)

_____

5. Nous sommes d'origine espagnole? (Barcelone)

_____

6. Et vous, vous êtes américain(e)?

_____

*✗✗✗. Une émission télévisée. Your friend is in the kitchen preparing dinner while his/her favorite TV program is on. Use **venir de** to tell him/her what *has just happened* on the program.

MODÈLE: Deux hommes déguisés entrent dans une banque.

Deux hommes déguisés viennent d'entrer dans une banque.

1. Un des hommes demande tout l'argent.

_____

2. Ils prennent deux personnes en otages (*hostages*).

_____

3. Ils quittent la banque.

_____

4. L'employé de la banque téléphone à la police.

_____

5. Les agents de police arrivent.

_____

6. Un client fait une description des voleurs (*thieves*).

_____

7. On annonce que cette histoire va continuer dans quelques instants.

_____

8. Vous trouvez tout ça assez ennuyeux (*boring*). Vous changez de chaîne (*channel*).

_____

*XXXII. Le verbe *venir*. Give the appropriate form of the verb **venir**.

passé composé

1. Nous _____ en retard.

2. Elle n' _____ pas _____ avec Jacques.

imparfait

3. Mon cousin _____ chez nous tous les week-ends quand nous étions petits.

4. Les spectateurs _____ souvent de très loin pour écouter le concert.

futur

5. Nous _____ à la fête après le concert.

6. Est-ce que tu _____ nous voir un jour?

conditionnel

7. À ta place, moi, je ne _____ pas.

8. Il a dit qu'il ne _____ pas non plus.

présent du subjonctif

9. Il faut que vous _____ à la fête.

10. Je suis contente que Marianne _____ avec vous ce soir.

◙ Contrôle 22: *Verbs ending in -ir, including venir and venir de*

Part A

First, complete each sentence with the appropriate form of the *present* tense of the suggested verb.

1. (choisir) Tu _____ avant moi, non?

2. (réussir) Il ne _____ jamais aux examens de chimie.

3. (grossir) Ils _____ à vue d'œil.

4. (finir) Je _____ toujours avant les autres.

5. (grandir) Vous _____ tous les deux!

Now, complete each sentence with the appropriate form of the **passé composé.**

6. (finir) Est-ce que tu _____?

7. (maigrir) Ils _____.

Now, complete each sentence with the appropriate form of the indicated tense.

8. (finir / imperfect) Elle _____ toujours avant moi.

9. (réussir / future) Nous _____ à l'examen la prochaine fois.

10. (choisir / present subjunctive) Il faut absolument que vous _____ tout de suite!

Part B

Complete the sentence with the appropriate form of the indicated tense of **venir.**

11. (present) Jean-Pierre _____ de téléphoner.

12. (future) J'espère que Micheline _____ à la soirée aussi.

13. (imperfect) Quand j'étais petit, mes grands-parents _____ dîner à la maison tous les dimanches.

14. (present subjunctive) Il faut que tu _____ me voir avant de **partir.**

15. (passé composé) Ils ne _____ pas _____ aux concerts que nous avons organisés.

Part C

Give the French equivalent of the following sentences.

16. *She just went to bed.*

_____

17. *I've just finished my homework.*

_____

You will find the correct answers on page 387. Give yourself 1 point for each correct verb form in Parts A and B. In part C, give yourself 1 point for the correct verb form and 1 point for **de** and the infinitive. A perfect score is 19. If your score is less than 15, you should review **-ir** verbs, **venir,** and **venir de** before going to class.

À faire! (8-4)

Manuel de classe, pages 412–416

As a *follow-up* to work in class, do the following:
- write Exercises XXXIII and XXXIV;
- ⦿ listen to MP Audio CD4, Track 18;
- ⦿ listen to MP Audio CD4, Track 19, and do Exercise XXXV;
- ⦿ listen to MP Audio CD4, Track 20;
- do Exercise XXXVI;
- ⦿ listen to MP Audio CD4, Track 21, and do Exercise XXXVII.

As a *general review* of the chapter, do the following:
- write Exercise XXXVIII;
- do Exercises XXXIX, XL, XLI, and XLII.

*XXXIII. Lecture: La forme à la française. *(Fitness, French-style.)* While vacationing with your French friends at Hossegor (on the Atlantic coast, to the north of Biarritz), you're given two brochures, one for **le Mercédès, une salle californienne,** and a second advertising a **salle fitness forme.** Skim and scan these two ads and then answer the questions.

1. Explain to your friends from the U.S. what each of the following activities involves.

    a. musculation _____

    b. sauna _____

    c. hammam _____

    d. formostar _____

    e. bains-remous _____

    f. aérobic _____

    g. U.V.A. _____

2. What differences (if any) do you notice between these establishments and U.S. health clubs?

A partir du - 12 juin-

AU **MERCÉDÈS**

FITNESS FORME

Une salle californienne à : HOSSEGOR

ouvert tous les jours

→ *BAINS REMOUS* 12 €

→ *U.V.A.* 12 €

→ *JOGGING AQUAGYM STRETCHING* 6 €

→ *MUSCULATION DIRIGÉE SAUNA - HAMMAM* 7 €

Nouveau **FORMOSTAR**

LA CURE D'AMAIGRISSEMENT DIRIGÉE

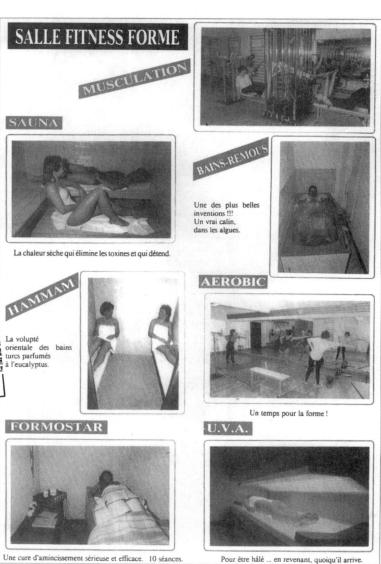

SALLE FITNESS FORME

MUSCULATION

SAUNA

La chaleur sèche qui élimine les toxines et qui détend.

BAINS-REMOUS

Une des plus belles inventions !!!
Un vrai câlin, dans les algues.

HAMMAM

La volupté orientale des bains turcs parfumés à l'eucalyptus.

AEROBIC

Un temps pour la forme !

FORMOSTAR

Une cure d'amincissement sérieuse et efficace. 10 séances.

U.V.A.

Pour être hâlé ... en revenant, quoiqu'il arrive.

*XXXIV. Pourquoi? People's physical size and appearance change for various reasons. Use the suggested expressions to explain what is happening to each of the people below.

MODÈLE: Françoise

Françoise maigrit parce qu'elle est malade.
Peut-être (Maybe) qu'elle ne mange pas assez.

CHANGEMENTS: **grandir, rester petit** *(to stay short or small)*,
grossir, maigrir, garder sa ligne *(to keep one's figure)*

RAISONS: **manger trop, ne pas manger assez,**
faire de l'exercice, ne pas faire d'exercice,
faire de la musculation, être malade,
être enceinte *(pregnant)*

1. Matthieu _____
_____
_____

2. Suzanne _____
_____
_____

3. Mme Rinaldi _____
_____
_____

4. M. Lécuyer _____
_____
_____

5. Jeanne-Marie _____
_____
_____

6. Bertrand _____
_____
_____

◉ Prononcez bien!

INTONATION (L'INTONATION)

Intonation refers to pitch—the rising and falling of the voice. French intonation patterns are determined both by word groups and by the type of utterance. In some cases, intonation is the key to meaning (it may indicate a question, for example). The basic intonation patterns are:

◆ Yes/no questions—rising intonation

Tu comprends?   Est-ce qu'elle va sortir?

◆ Information questions—falling intonation

Quelle heure est-il?   Où est-ce que tu habites?

◆ Commands—falling intonation

Tournez à gauche!   Lève-toi!

◆ Short declarative sentences—falling intonation

Merci beaucoup.   Bonjour, Madame.   Je ne sais pas.

◆ Longer declarative sentences—a combination of rising and falling intonation. Rising intonation at the end of a word group indicates that the sentence will continue; falling intonation marks the end of the sentence.

Je me lève, je m'habille et je prends mon petit déjeuner.

HELPFUL HINT: When reading French aloud, remember that a comma usually marks rising intonation and that a period marks falling intonation.

XXXV. ◉ MP Audio CD4, Track 19   **L'intonation.** Repeat each of the following sentences, being careful to imitate the correct intonation patterns.

1. Qu'est-ce qui ne va pas?

2. Est-il toujours malade?

3. Quand je suis enrhumé, je rentre chez moi, je bois du thé et je me couche.

4. Tiens, voilà le médecin!

5. Ne mangez pas trop!

6. Où est la pharmacie?

7. Est-ce que tu préfères le thé ou les jus de fruits?

8. Moi, j'aime bien le thé, mais j'aime mieux les jus de fruits.

9. Prenez des aspirines et restez au lit.

10. En hiver, j'ai souvent mal à la gorge et je tousse beaucoup.

◾ **Prononcez bien!** *(suite)*

WORD GROUPS (LE GROUPEMENT DES MOTS)

In English, there tends to be a slight pause between words. As a result, native English speakers can readily distinguish, for example, between *ice cream* and *I scream.* The French, however, do not often pause between words. Consequently, the word **élégant** and the phrase **et les gants** sound exactly the same. The absence of clear-cut breaks between words means that the basic element of spoken French is the *phrase,* or group of related words.

You've probably already noticed the numerous phrases and clauses you've been asked to learn: for example, **au revoir, n'est-ce pas, un sandwich au fromage, quelle heure est-il, quel temps fait-il,** etc. Usually the word groups are logically organized according to the grammatical structure. Here are some frequent word groupings:

- ◆ Subject and verb:

    je parle

    nous sommes

    elles ont

    Janine ira

    elles ont fait

- ◆ Subject, verb, and modifiers or pronouns:

    je ne travaille pas

    ils se couchent

    je les connais

    tu leur téléphones

- ◆ Article, noun, and adjective (or article, adjective, and noun):

    un restaurant français

    des livres intéressants

    un grand homme

    une petite ville

- ◆ A preposition and its complement:

    au cinéma

    dans la chambre

    avec mes amis

    près de l'église

REMEMBER: It's important, both when listening and when speaking, to focus on word groups rather than on individual words.

XXXVI. Le groupement des mots. Read the following phrases aloud, being careful to avoid pauses between words.

je ne vais pas / nous avons fait / ils n'ont pas peur / un grand repas / un match fantastique / ne vous disputez pas / au café / en face de la gare / c'est dommage / pas du tout / j'ai mal au cœur / ma petite amie / je le sais / vous et moi / près du cinéma / elle les veut / je lui ai parlé / nous les avons vus / avez-vous vu? / comment ça va? / quelle heure est-il? / quel temps fait-il? / quelle est la date? / quel jour sommes-nous? / où vas-tu?

XXXVII. 💿 MP Audio CD4, TRACK 21 **Poème.** Listen to a poem by Jacques Prévert. (A **contrôleur** is a train conductor.) Pay close attention to intonation and to the grouping of words. Repeat in the pauses provided the second time you hear the poem.

LE CONTRÔLEUR	THE CONDUCTOR
Allons allons	Let's go let's go
Pressons	Step on it
Allons allons	Let's go let's go
Voyons pressons	Come on get going
Il y a trop de voyageurs	There's too many passengers
Trop de voyageurs	Too many passengers
Pressons pressons	Hurry hurry
Il y en a qui font la queue	Some are in line
Il y en a partout	Some everywhere
Beaucoup	Lots
Le long du débarcadère	Along the landing
Ou bien dans les couloirs du ventre de leur mère	Or in the halls of the womb of their mother
Allons allons pressons	Let's go let's go step on it
Pressons sur la gâchette	Press the trigger
Il faut bien que tout le monde vive	Everybody's gotta live
Alors tuez-vous un peu	So kill some
Allons allons	Let's go let's go
Voyons	Come on
Soyons sérieux	Be serious
Laissez la place	Move along
Vous savez bien que vous ne pouvez pas rester là trop longtemps	You know you can't stay here too long
Il faut qu'il y en ait pour tout le monde	There's got to be room for everyone
Un petit tour on vous l'a dit	A little trip they told you
Un petit tour du monde	A little trip around the world
Un petit tour dans le monde	A little trip in the world
Un petit tour et on s'en va	A little trip and you're off
Allons allons	Let's go let's go
Pressons pressons	Hurry hurry
Soyez poli	Be polite
Ne poussez pas.	Don't push.

Jacques Prévert, *Paroles*
© Éditions Gallimard, 1949

Selections from *Paroles*, © Paris 1947,
Les Éditions du Pont du Jour.
Translation by Lawrence Ferlinghetti, 1964.

◼ Intégration

ÉCRIVEZ!

XXXVIII. Normalement je suis en très bonne santé!

Write a letter or an e-mail to the French family you'll be staying with when you go to France. In the letter, talk about your health and basic physical fitness. Follow the outline below. Use a separate sheet of paper.

Divide your letter or e-mail into three parts. Try to answer the following questions:

Grammar: Comparison **que;** Compound tenses
Vocabulary: Body; Health; Medicine; Sickness
Phrases: Describing health; Describing weather; Linking ideas

1. What is your general physical condition? What do you do to stay healthy and in good shape? (or what should you be doing to improve your physical fitness?)
2. In what season are you most likely to get sick? What's the weather like during this season in the area where you live? What are your usual symptoms? What do you do to treat your sickness?
3. Have you ever had an accident? When? Where? What were you doing? What were your injuries?

◼ Mise au point

LE COMPARATIF ET LE SUPERLATIF (MP, pages 326, 328)

*XXXIX. Des traits caractéristiques.
Most of the members of the Jacquette family are very different from each other. Use the cues in parentheses to show how they are different or similar.

MODÈLE: Cécile et Jean (+ / paresseux)

Cécile est plus paresseuse que Jean.

1. Fernand et Janine (– / intelligent)

_____

2. la tante Nicole et l'oncle Bernard (= / ambitieux)

_____

3. les frères et les sœurs (+ / bavard)

_____

4. Chantal et Philippe (+ / parler bien l'anglais)

_____

5. les garçons et les filles (– / travailler bien à l'école)

_____

6. Mme Jacquette et M. Jacquette (= / généreux)

_____

7. Mme Jacquette et M. Jacquette (+ / être bon cuisinier)

_____

8. Hervé et Jacqueline (+ / énergique)

_____

9. Adeline et Marie (+ / avoir des CD)

_____

10. les grands-parents et les parents (= / avoir des amis)

_____

Now compare each person to the entire family.

MODÈLE: Fernand (+ / grand)

Fernand est le plus grand de la famille.

11. Janine (+ / sportif)

_____

12. Philippe et Adeline (– / discret)

_____

13. M. Jacquette (+ / jouer bien au tennis)

_____

14. Hervé (+ / être un bon chanteur)

_____

15. la mère de Mme Jacquette (+ / plus âgé)

_____

L'IMPARFAIT ET LE PASSÉ COMPOSÉ (MP, pages 336–337)

*XL. Une excursion à Versailles. Use the **passé composé** or the imperfect of the verbs in parentheses to complete the paragraphs about Simon's visit to Versailles. Note that the verbs **apprendre** _(to learn)_ and **comprendre** _(to understand)_ are conjugated the same way as **prendre**.

La première fois que je _____ (aller) en France,

j'_____ (passer) un mois chez mon oncle Christian et ma tante Josette.

Mes parents _____ (vouloir) que j'apprenne le français. Christian et Josette

m'_____ (apprendre) beaucoup de choses. Nous

_____ (visiter) des monuments, nous _____ (faire)

des excursions en voiture et j'_____ (manger) beaucoup de bonnes choses. Un

jour, Christian _____ (décider) que nous allions passer la journée à Versailles.

Nous _____ (faire) le voyage en train et nous _____

(s'amuser bien).

Le château de Versailles _____ (être) très impressionnant. Je

_____ (ne pas comprendre) toute l'histoire que _____

(raconter) le guide, mais j' _____ (comprendre) qu'il

_____ (être) surtout question du roi Louis XIV.

On l'_____ (appeler) le Roi Soleil et son règne _____ (durer: *to last*) 72 ans, de 1643 à 1715. À mon avis, ce roi _____ (avoir) des habitudes assez bizarres. Il _____ (faire) sa toilette devant tout le monde et la personne qui _____ (pouvoir) l'habiller _____ (être) très estimée des autres. Chaque jour, certains nobles _____ (participer) donc à la cérémonie du lever et du coucher du roi.

    Maintenant que j'_____ (finir) mes études de français, je sais que mes idées sur Louis XIV _____ (être) très simplistes. Les idées et les actions de Louis XIV _____ (beaucoup influencer) le développement politique de la France.

LES VERBES EN -*IR* (MP, pages 345–346)

*XLI. Les verbes en -*ir*. Fill in the blanks using the verbs and tenses in parentheses.

1. (finir / present)

    —Est-ce que vous _____ toujours vos devoirs de français?

    —Oui, je les _____ toujours.

2. (réussir / passé composé)

    —Est-ce que tous les étudiants _____ aux examens?

    —Non, Stéphanie _____ à l'examen de maths.

3. (choisir / subjunctive)

    —Il faut que vous _____ entre votre job et vos études.

    —Pourquoi est-ce qu'il faut que je _____?

4. (grossir / future / conditional)

    S'il continue à manger comme ça, il _____. Je sais, moi, que je _____ si je passais beaucoup de temps avec lui.

5. (grandir / present)

    Les enfants _____ trop vite.

6. (finir / imperfect)

    Quand nous étions jeunes, nous _____ rarement nos devoirs.

LE VERBE *VENIR* ET L'EXPRESSION *VENIR DE* (MP, page 347)

*XLII.

A. Des questions. Complete the questions with the appropriate form of the indicated tense of **venir**.

1. (present) Tu _____ chez nous ce soir?

2. (passé composé) Pourquoi est-ce que ton frère _____ tout seul à la fête?

3. (future) Quand est-ce que vous _____ nous voir?

4. (passé composé) Pourquoi est-ce qu'elles _____ en retard?

5. (subjunctive) Est-ce que tu voudrais que mon père _____ avec moi demain soir?

B. Préparatifs de voyage. You and your family have plans to visit the castles of the Val de la Loire. Because you all tend to do things at the last minute, your mother is checking up on you. Indicate that someone *just did* whatever he/she was supposed to do. Use the expression **venir de.**

MODÈLE: Est-ce que Papa a payé les billets?
Oui, il vient de payer les billets. (Il vient de les payer.)

1. Ta sœur et toi, vous avez fait les valises?

_____

2. Tu as fermé les fenêtres?

_____

3. Est-ce que tes frères ont rangé leur chambre?

_____

4. Ta sœur est allée à la pharmacie?

_____

5. Tu as trouvé le *Guide Michelin*?

_____

6. Papa a réservé les chambres d'hôtel?

_____

SOMMAIRE

This checklist is designed to help you review material for the chapter test. The vocabulary and communicative expressions from the chapter are also available on the online **Manuel de préparation** for listening and repetition.

Expressions

_____ To talk about weather (MC, pp. 375–376)

_____ To tell the temperature (MC, pp. 376–377)

_____ To talk about accidents (MC, p. 394)

_____ To talk about your physical condition (MC, p. 396)

_____ To ask for medicine in a pharmacy (MC, p. 402)

_____ To talk about diet (MC, p. 409)

Vocabulaire

_____ Parts of the body (MC, p. 394)

_____ Illnesses (MC, p. 396)

_____ Symptoms (MC, p. 402)

_____ Remedies (MC, p. 402)

_____ Physical fitness activities and equipment (MC, p. 407)

_____ Exercise sites (MC, p. 411)

_____ Exercise goals (MC, p. 411)

Grammaire

_____ The comparative and the superlative (MC, p. 391; MP, pp. 326, 328)

_____ The imperfect and the **passé composé** (MC, p. 404; MP, p. 336)

_____ Verbs ending in **-ir** (MC, p. 412; MP, p. 347)

_____ The verb **venir** and the expression **venir de** (MC, p. 412; MP, p. 347)

Culture

_____ Pollution in France (MC, p. 382)

_____ The eruption of **la montagne Pelée** in Martinique (MC, p. 387)

_____ First aid (MC, p. 400)

_____ The metric system: height and weight (MC, p. 410)

_____ Cigarettes and alcohol (MC, p. 414)

◻ Lexique

Pour parler du temps au présent
(To talk about weather in the present)

Quel temps fait-il?	*What's the weather like?*
Il fait beau.	*It's beautiful.*
Il fait bon.	*It's nice.*
Il fait (très) chaud.	*It's (very) hot.*
Il fait du brouillard.	*It's foggy.*
Il fait du soleil.	*It's sunny.*
Il fait du vent. (Il y a du vent.)	*It's windy.*
Il fait frais.	*It's cool.*
Il fait (très) froid.	*It's (very) cold*
Il fait mauvais.	*It's bad.*
Il fait (un temps) humide.	*It's humid (weather).*
Il gèle.	*It's freezing.*
Il neige.	*It's snowing.*
Il pleut.	*It's raining.*
Il y a des (quelques) nuages.	*There are (some) clouds.*
Il y a du verglas (sur les routes).	*There is ice (on the roads).*
Il y a une averse de grêle.	*There's a hailstorm.*
Il y a une averse de pluie.	*There's a rainstorm.*
Il y a des risques d'éclairs et de tonnerre.	*There's a chance of lightning and thunder.*
Il y a un orage.	*There's a storm.*
La température est de... degrés.	*The temperature is . . . degrees.*
Le ciel est bleu.	*The sky is blue.*
Le ciel est couvert.	*It's overcast.*
Le temps est nuageux.	*It's cloudy.*
Pas trop froid, pas trop chaud.	*Not too cold, not too hot.*

Pour parler du temps dans le passé
(To talk about weather in the past)

Quel temps a-t-il fait (est-ce qu'il a fait) hier?	*What was the weather yesterday?*
Il a fait beau (du soleil, mauvais, etc.).	*It was beautiful (sunny, bad, etc.).*
Il a fait très humide (sec).	*It was very humid (dry).*
Il a plu.	*It rained.*
Il a neigé.	*It snowed.*
On a eu un orage (une tempête de neige, etc.).	*We had a storm (snowstorm, etc.).*

Pour parler du temps au futur
(To talk about weather in the future)

Quel temps va-t-il faire (est-ce qu'il va faire) demain?	*What's the weather for tomorrow?*
Il va faire beau (du vent, du brouillard, etc.).	*It's going to be beautiful (windy, foggy, etc.).*
Il va faire très humide (sec).	*It's going to be very humid (dry).*
Il va pleuvoir. / On va avoir de la pluie.	*It's going to rain. / We're going to have rain.*
Il va neiger. / On va avoir de la neige.	*It's going to snow. / We're going to have snow.*
On va avoir un orage (une averse de grêle, etc.).	*We're going to have a storm (a hailstorm, etc.)*

Pour parler des accidents *(To talk about accidents)*

Qu'est-ce qui s'est passé?	*What happened?*
Qu'est-ce qui t'est (vous est) arrivé?	*What happened to you?*
J'ai eu un accident.	*I had an accident.*
Je suis tombé(e).	*I fell.*
être blessé(e) au pied	*to have an injured foot*
se brûler (à la main)	*to burn oneself (one's hand)*
se casser le bras	*to break one's arm*
la jambe	*leg*
le nez	*nose*
se couper au doigt	*to cut one's finger*
se faire mal au dos	*to hurt one's back*
se fouler la cheville	*to sprain one's ankle*

Pour parler de son état physique
(To talk about one's physical condition)

Qu'est-ce qui ne va pas?	*What's the matter?*
Qu'est-ce qu'il y a?	*What's the matter?*
Qu'est-ce que tu as (vous avez)?	*What's wrong? (What's the matter with you?)*
Tu n'as pas (Vous n'avez pas) bonne mine.	*You don't look good.*
Tu as (Vous avez) l'air malade.	*You look sick*
Je ne me sens pas très bien.	*I don't feel very good.*
Je ne suis pas en forme.	*I'm not feeling great.*
Je suis malade.	*I'm sick.*
Je me sens un peu faible (fatigué[e]).	*I feel a little weak (tired).*
Je suis mal fichu(e).	*I feel lousy. (I'm a mess.)*
Je souffre de migraines.	*I have migraines.*

Pour énumérer les symptômes *(To list symptoms)*

avoir mal à la tête	*To have a headache.*
à la gorge	*a sore throat*
à l'oreille (aux oreilles)	*an earache*
à l'estomac	*a stomachache*
avoir de la fièvre	*to have a fever*
avoir le nez bouché	*to have a stuffy nose*
avoir le nez qui coule	*to have a runny nose*
tousser	*to cough*
éternuer	*to sneeze*
avoir mal au cœur	*to feel nauseated*
avoir des taches (de rougeole)	*to have spots (measles)*
avoir une inflammation des ganglions	*to have swollen glands*
avoir du mal à dormir	*to have trouble sleeping*
avoir des vertiges	*to be dizzy*
avoir des courbatures	*to have sore muscles*
avoir mal partout	*to hurt all over*
avoir chaud	*to be (feel) hot*
avoir froid	*to be (feel) cold*
vomir	*to vomit, to throw up*

Pour demander un médicament dans une pharmacie
(To ask for medicine in a pharmacy)

J'ai besoin de quelque chose pour la gorge (pour le nez, pour les yeux, pour l'estomac).	*I need something for my throat (my nose, my eyes, my stomach).*
J'ai besoin de quelque chose contre...	*I need something against . . .*
la toux.	*a cough.*
le rhume des foins.	*hay fever.*
la migraine.	*a migraine.*
la grippe.	*the flu.*
le mal de mer.	*sea sickness.*
le mal de l'air.	*air sickness.*

Pour énumérer les remèdes *(To list remedies)*

boire des jus de fruits	*to drink fruit juices*
prendre de l'aspirine (des cachets d'aspirine)	*to take aspirin (aspirin tablets)*
un sirop contre la toux	*cough syrup*
des pastilles pour la gorge	*throat lozenges*
des gouttes pour le nez (pour les yeux)	*nosedrops (eyedrops)*
des antihistaminiques	*antihistamines*
des comprimés pour l'estomac	*antacids*
rester au lit	*to stay in bed*
se reposer	*to rest*

Pour parler de l'exercice physique
(To talk about physical exercise)

faire de la marche à pied	*to go walking (hiking)*
faire de la musculation	*to do weightlifting*
faire des pompes	*to do pushups*
faire des redressements	*to do situps*
faire des tractions	*to do pullups or pushups*

Pour identifier les appareils de fitness
(To identify exercise equipment)

une presse	*weight machine*
un rameur	*rowing machine*
un stepper	*step machine*
un tapis de course	*treadmill*
un vélo d'intérieur	*exercise bike*

Pour parler du régime *(To talk about diet)*

être au régime / suivre un régime	*to be on (follow) a diet*
faire attention à ce qu'on mange	*to watch what you're eating*
garder la ligne	*to stay in shape*
grandir	*to get taller, to grow up*
grossir / prendre du poids	*to gain weight*
maigrir / perdre du poids	*to lose weight*
manger tout ce qu'on veut	*to eat anything you want*

Thèmes et contextes

Les maladies *(Illnesses)*

une angine	*tonsillitis*
une bronchite	*bronchitis*
une crise d'appendicite	*appendicitis attack*
une grippe	*flu*
le mal de l'air	*air sickness*
le mal de mer	*sea sickness*
la migraine	*migraine headache*
les oreillons *(m.pl.)*	*mumps*
une pneumonie	*pneumonia*
un rhume	*cold*
le rhume des foins	*hay fever*
la rougeole	*measles*
la rubéole	*German measles*
une sinusite	*sinus infection*
une streptococcie	*strep infection*
la varicelle	*chickenpox*

Les parties du corps *(Parts of the body)*

la bouche	*mouth*
le bras	*arm*
les cheveux *(m.pl.)*	*hair*
la cheville	*ankle*
le cœur	*heart*
le cou	*neck*
le coude	*elbow*
la cuisse	*thight*
les dents *(f.pl.)*	*teeth*
le doigt de pied	*toe*
les doigts *(m.pl.)*	*fingers*
le dos	*back*
les épaules *(f.pl.)*	*shoulders*
le genou	*knee*
la gorge	*throat*
la jambe	*leg*
la main	*hand*
le nez	*nose*
l'œil *(m.)* (les yeux)	*eye(s)*
l'oreille *(f.)*	*ear*
le pied	*foot*
le poignet	*wrist*
la poitrine	*chest*
la tête	*head*
le ventre	*stomach*
le visage	*face*

Les points de la boussole *(Compass points)*

au (dans le) nord	*to the (in the) north*
au (dans le) nord-est	*to the (in the) northeast*
à (dans) l'est	*to the (in the) east*
au (dans le) sud-est	*to the (in the) southeast*
au (dans le) sud	*to the (in the) south*
au (dans le) sud-ouest	*to the (in the) southwest*
à (dans) l'ouest	*to the (in the) west*
au (dans le) nord-ouest	*to the (in the) northwest*

Vocabulaire général

Verbes

agir	*to act*	grandir	*to grow (taller)*	réussir à un examen	*to pass an exam*
choisir	*to choose*	grossir	*to gain weight*		
devenir	*to become*	maigrir	*to lose weight*	revenir	*to come back, return*
finir	*to finish*	réfléchir (à)	*to think, reflect (about something)*	se souvenir de venir (de)	*to remember to come (to have just)*

Branchez-vous!

Lecture: *«Jetons de la poudre aux yeux!»*

The following article from the *Journal français d'Amérique* illustrates the use of a large number of idiomatic expressions in French that refer to a part of the body. First do the prereading exercise, then read the article, and finally do the comprehension exercise that follows the reading.

Pré-lecture. Think of five idiomatic expressions in English that use parts of the body and put them into sentences. For example: *He's always on my back about something!*

1. _____

2. _____

3. _____

4. _____

5. _____

Jetons de la poudre aux yeux!

par Marie Galanti

Dans notre dernier numéro, nous avons vu que la langue française semble avoir fait du pied son bouc émissaire. *[Il me casse les pieds. Il est bête comme ses pieds. J'ai joué comme un pied.]* Les autres parties du corps sont souvent les plus favorisées dans les expressions populaires et idiomatiques. Regardons-en quelques-unes.

Même le doigt, aussi insignifiant soit-il, a meilleure presse. Ne disons-nous pas quand on ne veut pas dévoiler les sources d'une information: *mon petit doigt me l'a dit!?* Le nez lui-même mérite plus d'égards que le pied puisque si, par hasard, une personne en domine une autre et lui fait faire ses quatre volontés, on parlera de *mener quelqu'un par le bout du nez.* Et on dira de quelqu'un qui nous énerve et que nous avons du mal à tolérer: *Je l'ai dans le nez.*

Mais je crois que l'œil est encore plus valorisé. Il sert de point de départ à toute une foule d'expressions, mettant cette partie du corps sous un jour favorable. D'une chose très coûteuse on dira qu'*elle coûte les yeux de la tête.* Mais évidemment un gourmand peut aussi avoir *les yeux plus grands que le ventre* et

ne pas être capable de tout manger ce qu'il a mis sur son assiette. Il lui reste à espérer que dans cette situation, les autres auront la courtoisie de *fermer les yeux* et de faire semblant de ne rien voir. À moins, bien sûr que cette gourmandise soit si flagrante qu'*elle saute aux yeux.*

Les vigilants savent qu'il est utile de *tenir quelqu'un à l'œil* ou de le surveiller si on se méfie un peu, au risque, direz-vous, de *ne pas fermer l'œil de la nuit* et de rester en éveil jusqu'aux petites heures du matin.

Si les choses ne s'arrangent pas, peut-être sera-t-il nécessaire d'avoir une conversation en tête-à-tête ou *entre quatre yeux* avec la personne en question.

Mais sachez que si on vous répond: *Mon œil!,* c'est que l'on ne vous accorde pas tout le respect que vous méritez, que l'on cherche peut-être à se moquer de vous ou même à *se payer votre tête.*

Si tout cela vous semble un peu extravagant ou *tiré par les cheveux,* rappelez-vous simplement que nous ne voulons pas trop compliquer les choses ni *couper les cheveux en quatre.* Nous cherchons à éviter les erreurs ou de *se mettre le doigt dans l'œil.*

Reprinted from the *Journal français d'Amérique,* Vol. 10, no. 22, 4–17 nov. 1988

Exercice de compréhension. Using the context provided in the article and consulting a dictionary when necessary, give an English equivalent for at least eight of the expressions in italics. In some cases, the English equivalent does not use a part of the body.

1. _____

2. _____

3. _____

4. _____

5. _____

6. _____

7. _____

8. _____

▣ Exercice d'écoute: *Que dit le médecin?*

MP Audio CD4, TRACK 22

You're traveling in France with your brother and sister when they become ill. Because they do not speak French, you have explained their symptoms to the doctor. As you listen to the doctor's advice and instructions, take notes *in French and/or in English.* You probably won't understand every word; the important thing is to get the gist of the information.

1. *About your sister*

_____

_____

_____

_____

_____

2. *About your brother*

_____

_____

_____

_____

_____

Exercice écrit: *Une lettre de remerciement*

You've just spent a month in France with French friends. Now that you're back home, write a letter to thank your friends for everything they did for you. Use Jeannette's letter to her family in Calmoutier as a guide. You might also want to talk about the highlights of your trip home and/or about what you're currently doing. Use a separate sheet of paper.

Grammar: Compound past tense; Future tense; Present tense
Vocabulary: City; Leisure; Sports; Studies (courses)
Phrases: Describing weather; Thanking; Writing a letter

State College, le 15 juillet

Chère Annie, chers tous,

Je suis rentrée chez moi il y a huit jours et je vous écris tout de suite pour vous donner de mes nouvelles. Mais tout d'abord, je vous remercie mille fois du séjour formidable que j'ai passé chez vous. Après toutes ces années, c'était avec grande joie que j'ai refait la connaissance de tout le monde.

Comment ça va chez vous? Est-ce que tout le monde est en bonne santé? Est-ce que vous préparez votre voyage en Suisse? Combien de temps est-ce que vous y resterez? Marcel, tu continues à travailler dans ton jardin? Et Annie, tes photos sont bien réussies? J'aimerais bien en avoir pour les mettre dans mon album.

Depuis mon retour, il fait très chaud et très humide ici. Je passe mon temps à lire les livres que j'ai achetés en France, je vais nager à la piscine de l'université de temps en temps et je m'occupe de la maison et de mes chats. Dans quinze jours, je vais aller en Californie pour rendre visite à mes frères. Je passerai huit jours à Los Angeles et trois jours à San Francisco. Je serai contente de retrouver mes frères, mes nièces et mes neveux. Après ça, il faudra que je rentre pour préparer mes cours.

Voilà, c'est à peu près tout. J'espère que tout se passe bien chez vous. Écrivez-moi quand vous en aurez le temps.

Je vous embrasse tous bien fort.
Jeannette

Can you find in this **crucigram** 20 or more French words relating to health, exercise, and the body? The words may be read forward, up, down, or diagonally. Accents do not matter.

```
M  E  D  I  C  A  M  E  N  T
A  S  B  D  H  O  Y  B  E  E
L  T  E  K  E  C  G  R  Z  T
D  O  S  I  V  I  S  A  G  E
E  M  L  S  E  L  P  S  R  A
M  A  I  N  U  R  N  W  I  T
E  C  E  G  X  Q  T  H  P  F
R  Z  O  U  L  F  J  N  P  I
Y  M  E  E  C  O  U  D  E  E
O  Y  B  O  U  C  H  E  M  V
G  E  N  O  U  R  O  D  A  R
A  I  C  H  E  V  I  L  L  E
```

ANSWER KEY

ANSWER KEY

This Answer Key includes answers to those exercises that are marked with an asterisk.

CHAPITRE PRÉLIMINAIRE

II. Une enquête

1. a survey
2. the columns, the percent sign
3. millions / artists / practices / artistic / amateur / sex / age / population
4. ages
5. musical instrument / music / group / intimate / poems / sculpture / pottery / ceramics / art / theater / dance
6. play a
7. *Answers will vary.*
8. *Answers will vary.*

III. Les Français et les pratiques artistiques

1. vrai
2. faux
3. vrai
4. vrai
5. vrai
6. faux

IV. Les vedettes

1. Cécile, Mélody, Gérard, Thérèse, Béart, Noé, André, Hélène, René, Aimé, Césaire
2. Mylène, Thérèse, Hélène
3. Lââm, Chatôt, Forêts
4. François, Françoise
5. Roüan, Küntzel

VI. Qu'est-ce qu'ils ont comme cours?

There are several possibilities for each answer; however, courses in parentheses are not possible because they begin with a vowel or vowel sound and it would need to say **un cours d'.**

1. biologie, botanique, géologie
2. littérature, linguistique, langues vivantes, langues mortes
3. mathématiques, physique, chimie (astronomie, informatique)
4. géographie, psychologie, sciences économiques, sciences politiques (anthropologie)
5. cinéma, dessin, musique, peinture, sculpture (art dramatique)
6. commerce, comptabilité, gestion, marketing, statistique

VIII. Des mini-conversations

Answers will vary. Sample answers:

1. je ne pense pas / Je m'appelle / Moi, je m'appelle
2. Tu es d'où / Moi, je suis
3. Tu es en quelle année? / je suis en première année
4. Qu'est-ce que tu as comme cours? / des cours / j'ai un cours / un cours

CHAPITRE 1

I. Un magazine: sa couverture

a, c, d, e, f, h

II. Ce qu'il y a à lire

1. general interest magazine: women in power, Paris, actress (Adjani)
2. teen magazine: stars, beauty, fashion, top 10
3. general interest magazine for young people: sports, debate, culture
4. web site for store: www.fnac.com, hot buttons

III. Qu'est-ce que c'est?

1. C'est un CD (un disque compact).
2. C'est une calculatrice.
3. Ce sont des livres.
4. C'est un appareil photo.
5. C'est une cassette vidéo.
6. Ce sont des livres.
7. C'est un jeu vidéo
8. C'est un roman policier
9. C'est un baladeur (un walkman).
10. Ce sont des bandes dessinées.

◼ Contrôle 1A

1. des
2. un
3. une
4. des
5. un
6. un

IV. Ils aiment... Ils n'aiment pas...

1. les
2. les
3. les
4. la
5. les
6. la
7. le
8. le
9. l'
10. les

◼ Contrôle 1B

1. la
2. les
3. le
4. les
5. l'
6. la

VI. Les nombres

47: quatre et sept

29: deux et neuf

60: six et zéro

18: un et huit

35: trois et cinq

51: cinq et un

9 + 6 = quinze

10 + 10 = vingt

5 + 8 = treize

7 + 10 = dix-sept

8 + 8 = seize

4 + 7 = onze

13 + 6 = dix-neuf

12 + 2 = quatorze

8 + 4 = douze

11 + 7 = dix-huit

VII. Qui?

1. vous / Je
2. tu / J'
3. ils
4. vous / nous
5. elles / nous
6. elle / on
7. Ils

VIII. Les verbes en -er

1. parle
2. parlent
3. parlons
4. parle
5. parlez
6. parles
7. écoute
8. écoute
9. écoutent
10. écoutez
11. joue
12. joues
13. jouent
14. jouons
15. aimes, préfère
16. aimez, préférons
17. aime, préfère
18. aiment, préfèrent

IX. Jacqueline et ses amis

1. Est-ce que tu regardes beaucoup la télévision?
   Non, je ne regarde pas beaucoup la télévision.
2. Est-ce que Paul parle allemand?
   Non, il ne parle pas allemand.
3. Est-ce que Françoise cherche un CD?
   Non, elle cherche une cassette.
4. Est-ce que vous fumez?
   Non, je ne fume pas.
5. Paul et toi, est-ce que vous aimez les films d'horreur?
   Non, nous préférons les films d'aventures.
6. Est-ce qu'Yvonne et Claire étudient l'espagnol?
   Non, elles n'étudient pas l'espagnol.
7. Est-ce que tu aimes jouer au tennis?
   Non, je préfère le golf.
8. Est-ce qu'Yvonne joue au basket?
   Non, elle ne joue pas au basket.
9. Est-ce que Guy habite à Paris?
   Non, il habite à Meudon.
10. Est-ce que Stéphane travaille au Macdo?
    Non, il travaille au Quick.

◼ Contrôle 2

1. parle / étudions
2. n'aimes pas / préfère
3. jouent / ne joue pas
4. aimez / préférons
5. habites / habite

XI. Quelque chose à boire et à manger

1. un sandwich au fromage; un sandwich au pâté; un sandwich au jambon
2. une omelette aux fines herbes; une omelette au fromage; une omlette au jambon
3. un express; un thé au lait; un thé nature; un café crème; un thé citron
4. un diabolo citron; une menthe à l'eau; un Orangina; un citron pressé; une Vittel
5. un verre de vin rouge; un verre de vin blanc; une bière; un demi

XII. Qu'est-ce que tu vas prendre?

Answers will vary. Sample answers:

1. un sandwich au pâté (au fromage / au jambon). / Je n'aime pas les sandwichs.
2. une omelette aux fines herbes (au jambon). / Je n'aime pas l'omelette (les omelettes).
3. un thé au lait (un café crème). / Je n'aime pas les boissons chaudes.
4. un citron pressé (un coca) / Je n'aime pas les boissons froides non alcoolisées.
5. un kir (un verre de vin blanc). / Je n'aime pas les boissons alcoolisées.

XIII. Les étiquettes

1. 2, 4, 7, 9, 10
2. 4; 10
3. 3, 6; 1, 8
4. 5, 6, 10
5. 3, 8, 11; # 3 is not carbonated
6. non-alcoholic beer
7. *Answers will vary.*
8. *Answers will vary.*

XIV. Où va tout le monde?

1. vais
2. va
3. allez
4. vont
5. vas
6. vont

XV. Qu'est-ce qu'ils vont faire?

1. vont écouter une symphonie de Beethoven
2. vas acheter un CD d'Elvis
3. vais aller à un concert de Garth Brooks
4. va jouer au tennis
5. allez regarder le Super Bowl à la télé
6. allons manger au Macdo

◼ Contrôle 3

1. vont
2. vas / vais
3. allez
4. va / allons

XVII. Quand ils vont à une crêperie, ils mangent...

1. Quand elle va à une crêperie, Simone mange une crêpe au citron.

2. Quand ils vont à une crêperie, Bernard et Michel mangent une crêpe à l'œuf.
3. Quand je vais à une crêperie, je mange une crêpe à la confiture.
4. Quand nous allons à une crêperie, nous mangeons une crêpe au chocolat.
5. Quand tu vas à une crêperie, tu manges une crêpe au miel.
6. Quand vous allez à une crêperie, vous mangez une crêpe au sucre.

XVIII. Je le connais... Je ne le connais pas...

1. Oui, je la connais. Elle est de Montpellier.
2. Oui, je le connais. Il est de Lyon.
3. Oui, je la connais. Elle est de Rennes.
4. Oui, je les connais. Ils sont de Nice.
5. Oui, je le connais. Il est de Strasbourg.
6. Oui, je les connais. Elles sont de Lille.
7. Non, je ne la connais pas.
8. Non, je ne les connais pas.
9. Non, je ne le connais pas.

XXI. Les préférences

1. un express / n'aime pas le café
2. un verre de vin rouge / préfère le vin blanc.
3. des frites / aime beaucoup les frites
4. une bière / n'aime pas la bière
5. un hamburger / n'aime pas le fast-food
6. une crêpe au sucre ou au chocolat / préfère les crêpes salées

XXII. Catherine et Daniel

1. Vous parlez français?
   Oui, nous parlons français.
2. Vous travaillez?
   Oui, nous travaillons.
3. Tu regardes la télé?
   Non, je ne regarde pas la télé.
4. Tu manges beaucoup?
   Oui, je mange beaucoup.
5. Tu parles espagnol?
   Oui, je parle espagnol.
6. Tu aime les frites?
   Oui, j'aime (beaucoup) les frites.
7. Tu préfères les films d'aventure ou les films policiers?
   Je préfère les films d'aventure.
8. Tu fumes?
   Non, je ne fume pas.

XXIII. À la Fnac

1. Henri va à la Fnac pour acheter une calculatrice.
2. Jacqueline et moi, nous allons à la Fnac pour acheter un CD de Roch Voisine.
3. Pierrette et Isabelle vont à la Fnac pour acheter des bandes dessinées.
4. Éric et Patrice, vous allez à la Fnac pour acheter un CD de Céline Dion.
5. Nicole, tu vas à la Fnac pour acheter un appareil photo.
6. Moi, je vais à la Fnac pour acheter un roman historique.

CHAPITRE 2

I. C'est quoi, ça?

1. C'est une université.
2. C'est un musée.
3. C'est une cathédrale.
4. C'est un hôtel de ville. (C'est une mairie.)
5. C'est une église.
6. C'est un lycée.
7. C'est un bureau de poste.
8. C'est une gare.
9. C'est une banque.
10. C'est un commissariat de police.
11. C'est une librairie.
12. C'est une boulangerie.
13. C'est un bureau de tabac.
14. C'est une pharmacie.
15. C'est une charcuterie.
16. C'est un parc. (C'est un jardin public.)
17. C'est un stade.
18. C'est une bibliothèque.
19. C'est un théâtre.
20. C'est une piscine.

III. Tu vas à la papeterie?

1. —Tu vas à la bijouterie?
   —Non, je vais au magasin de musique.
2. —Elle va au cinéma?
   —Non, elle va à la Fnac.
3. —Ils vont au palais de justice?
   —Non, ils vont à l'hôtel de ville.
4. —Vous allez à l'église?
   —Non, nous allons à la cathédrale.
5. —Il va au parc?
   —Non, il va à la piscine.
6. —Elles vont à la pharmacie?
   —Non, elles vont au bureau de poste.

IV. Les noms, les adresses et les numéros de téléphone

1. de l'	6. du
2. de la	7. de la / de l'
3. de la	8. du
4. du / de la	9. de la
5. du / de la	10. de l' / du

V. Où est... ?

1. L'aéroport est loin de la ville.
2. La gare est en face de la poste.
3. La voiture de Georges est devant l'hôtel.
4. Le restaurant est dans l'avenue de la République.
5. Le musée est au bout de l'avenue de la République.
6. L'église est entre l'hôtel et la gare.

VI. La ville de Troyes

1. Anne-Marie va au musée des Beaux-Arts. Il est dans la rue de la Cité, près de la cathédrale.

2. Nous allons au cinéma Zola. Il est dans la rue Zola, en face de l'hôtel de la Poste.
3. M. et Mme Lacombe vont à la gare. Elle est sur le boulevard Carnot, au bout de la rue Général de Gaulle.
4. Je vais à la piscine. Elle est à côté du stade.
5. Alain va au palais de justice. Il est au coin de la rue Charbonel et de la rue du Palais de Justice.
6. Georges et Yvonne vont au théâtre de la ville. Il est dans la rue Général de Gaulle, en face de l'église St-Pierre.
7. Nous allons au parking municipal. Il est sur le boulevard Victor Hugo, près du bureau de poste.
8. Éric va à l'épicerie Trinité. Elle est sur le boulevard du 14 Juillet, à côté du commissariat de police.
9. Catherine va au restaurant Le Chanoine Gourmand. Il est dans la rue de l'Isle, près du canal de la Seine.
10. Je vais à la boulangerie Vouldy. Elle est sur le boulevard du 14 Juillet, près de la place du Vouldy.

Contrôle 4

1. au
2. à la
3. à l'
4. au
5. de la
6. du
7. de l'
8. du

VIII. Pour connaître la ville de Gray

1. in Franche-Comté (eastern France)
2. 346 km
3. tourists
4. a Hotel de Ville dating from the 16th century / a château-museum / a basilica dating from the 15th and 16th centuries / forest / beach / camping

IX. Des messages incomplets

prenez / allez (continuez) / tournez / traversez / allez (continuez)

la / jusqu'à / la / dans / Vous traversez / tout droit / à droite / à gauche / le

X. La ville de Bamako

Answers will vary. Sample answers:

1. Pour aller à l'hôpital, vous sortez de l'ambassade et vous tournez à droite dans l'avenue Modibo Keita et vous allez jusqu'à l'avenue de la Liberté, où vous tournez à droite. L'hôpital est (se trouve) dans l'avenue de la Liberté, en face de la librairie.

2. Non, le musée de l'Artisanat n'est pas très loin d'ici. Pour y aller, vous sortez de l'ambasssade et vous prenez l'avenue Modibo Keita à gauche. Puis vous tournez à gauche dans la rue Karamoko Diaby et vous continuez jusqu'à l'entrée du musée.

3. Oui, bien sûr. Le cinéma Soudak se trouve dans l'avenue de la Liberté. Pour y aller, tu sors de l'ambassade et tu prends l'avenue Modibo Keita à gauche. Tu vas jusqu'à l'avenue de la République, où tu tournes à droite. Ensuite, tu prends la première rue à gauche. C'est l'avenue de la Liberté. Le cinéma est (se trouve) un peu plus loin sur la droite.

4. Oui, il y a une boulangerie assez près d'ici. Pour y aller, tu sors de l'ambassade et tu prends l'avenue Modibo Keita à gauche. Tu tournes à gauche dans l'avenue de la République. La boulangerie est dans l'avenue de la République près du coin de l'avenue de la Marne.

XI. Où sont-ils?

1. est
2. sont
3. suis
4. êtes
5. sommes
6. es

XII. Non, ils ne sont pas là!

1. —Est-ce que tu es au commaissariat de police?
   —Non, je suis à l'hôtel de ville.
2. —Est-ce que Jean et Antoine sont au centre commercial?
   —Non, ils sont à la piscine.
3. —Est-ce que vous êtes au cinéma?
   —Non, nous sommes au théâtre.
4. —Est-ce que Koumba est à l'église?
   —Non, il est à la mosquée.

Contrôle 5

1. est
2. sommes
3. es
4. sont
5. suis
6. êtes

XIII. C'est combien?

1. 125 euros
2. 85 euros
3. 9 euros
4. 40 euros
5. 60 euros
6. 35 euros
7. 29 euros
8. 95 euros

XIV. Amusez-vous bien!

Avis de recherche: numéro 4

La grille des vêtements: 1. chemise 2. pantalon 3. jupe
4. chapeau 5. pull 6. robe 7. soulier 8. jean

De toutes les couleurs: (Across) jaune, vert, marron, rouge, bleu, blanc; (Down) gris, orange, violet, noir, rose, beige

Casse-tête: 48,60 euros

XV. Qu'est-ce qu'on peut mettre avec... ?

1. blanc / jaune / verts ou blancs
2. bleue / noir ou gris / rouge ou grise
3. brun / violet ou orange / brunes ou blanches
4. blanc / jaune ou vert / noires

Contrôle 6

A.

1. bleu, blanc et rouge
2. jaune
3. rouge, jaune ou verte
4. blanche
5. noir

B.

Answers will vary. Sample answers. Check the agreement.

un jean bleu / un tee-shirt blanc et des baskets noires

XVIII. Le matériel électronique

A.

1. téléviseur
2. caméscope
3. ordinateur
4. radiocassette
5. portable
6. chaîne hi-fi
7. magnétoscope

B.

1. un ordinateur
2. un téléviseur
3. un magnétoscope
4. un caméscope
5. un portable
6. une radiocassette laser

XIX. Du matériel électronique

1. Roadstar CTV 510 / Sony WMEX31
2. one is black and white; the other, color
3. one is also a radio
4. talking watch (**montre parlante**) and the translator (Intertronic TL-68)
5. *Answers will vary.*

XX. Les chiffres

1. 74	5. 113	9. 590 771
2. 92	6. 96	10. 3 179 684
3. 80	7. 3 487	
4. 78	8. 70 298	

XXI. Guerres et révolutions

1. la guerre de Cent Ans / mil trois cent trente-sept / mil quatre cent cinquante-trois OU treize cent trente-sept / quatorze cent cinquante-trois
2. la guerre d'Indépendance / mil sept cent soixante-quinze / mil sept cent quatre-vingt-trois OU dix-sept cent soixante-quinze / dix-sept cent quatre-vingt-trois
3. la Révolution française / mil sept cent quatre-vingt-neuf / mil sept cent quatre-vingt-dix-neuf OU dix-sept cent quatre-vingt-neuf / dix-sept cent quatre-vint-dix-neuf
4. la guerre de Sécession / mil huit cent soixante / mil huit cent soixante-cinq OU dix-huit cent soixante / dix-huit cent soixante-cinq
5. la guerre franco-allemande / mil huit cent soixante-dix / mil huit cent soixante et onze OU dix-huit cent soixante-dix / dix-huit cent soixante et onze
6. la Première Guerre mondiale / mil neuf cent quatorze / mil neuf cent dix-huit OU dix-neuf cent quatorze / dix-neuf cent dix-huit
7. la Seconde Guerre mondiale / mil neuf cent trente-neuf / mil neuf cent quarante-cinq OU dix-neuf cent trente-neuf / dix-neuf cent quarante-cinq

XXII. Notre matériel

1. a	3. as	5. ai
2. avons	4. ont	6. a

XXIII. Non, mais il a...

1. Nathalie n'a pas d'ordinateur, mais elle a une calculatrice.
2. Tu n'as pas d'appareil photo, mais tu as une radiocassette laser.
3. Monique et Didier n'ont pas de chaîne hi-fi, mais ils ont un baladeur.
4. Vous n'avez pas de cassettes, mais vous avez des CD.
5. Nous n'avons pas de magnétoscope, mais nous avons un lecteur DVD.
6. Je n'ai pas de caméscope, mais j'ai un appareil photo.

XXIV. Qu'est-ce qu'il y a?

1. J'ai besoin d'une raquette.
2. Nous avons besoin d'un magnétoscope.
3. J'ai besoin d'un t-shirt.
4. Nous avons besoin d'une calculatrice.
5. J'ai soif.
6. Nous avons faim.
7. J'ai faim.
8. Nous avons soif.

◼ Contrôle 7

1. as / ai	4. a
2. avez / avons	5. n'ai pas faim / j'ai soif
3. ont / a	6. a besoin d'

XXVII. Où vont-ils?

1. De temps en temps Henri va à la bilbliothèque municipale. Elle est en face du musée.
2. Jacqueline et moi, nous allons souvent au magasin de musique. Il est à côté de la papeterie Plein Ciel.
3. Pierrette et Blanche vont rarement à La Pizza. Elle est loin du lycée.
4. Quelquefois je vais au magasin de sport. Il est près de la maison de mon ami Jacques.

XXVIII. Qu'est-ce qu'ils portent généralement?

Sample answers. Colors may vary. Check the agreement.
1. Pour aller au théâtre, Élodie porte une robe bleue et des chaussures blanches.
2. Pour aller à l'université, nous portons un jean bleu, un tee-shirt jaune et des baskets noires.
3. Pour aller au travail, Jean et Pierre portent un pantalon brun, une chemise verte et des chaussures brunes.
4. Pour jouer au tennis, tu portes un short blanc, un tee-shirt orange et des tennis blancs.
5. Pour aller à un mariage, vous portez un costume noir, une chemise blanche et une cravate rouge.
6. Pour aller à un concert de rock, je porte un jean vert, un tee-shirt jaune et des baskets violettes.

XXIX. Des légendes

1. Henri est dans le désert. Il a soif.
2. Mireille et Chantal sont à la maison. Elles ont un chien et deux chats.
3. Christine, tu es au club de tennis. Tu as besoin d'une raquette.
4. Nous sommes dans la rue. Nous avons une moto.
5. Vous êtes à table. Vous avez faim.
6. Je suis à la Fnac. J'ai besoin d'un appareil photo.

CHAPITRE 3

I. Mots croisés: Les moyens de transport

1. vélo	5. métro	
2. pied	6. voiture	
3. autobus	7. avion	
4. train		

II. À comparer

1. plus rapide
2. moins rapide
3. moins cher
4. plus cher
5. *Answers will vary.*
6. *Answers will vary.*

III. Quel moyen de transport?

Answers will vary. Sample answers.

1. l'avion
2. le vélo
3. l'avion
4. la voiture
5. le train
6. le métro ou l'autobus
7. l'avion

IV. Des transpositions

1. Elle prend l'avion pour aller à New York.
2. Ils prennent le métro pour aller à l'école.
3. Elles prennent la voiture pour aller à St-Germain-en-Laye.
4. Il prend le train pour aller à Lille.
5. On prend l'autobus pour aller à l'école.
6. Il va à Londres en avion.
7. Elles vont à Rouen en autocar.
8. Elle va à l'école à vélo.
9. Ils vont en ville en voiture.
10. On va au Louvre en métro.

V. Comment y aller?

Answers will vary. Sample answers.

voudrais aller / peux y aller à pied / peux prendre le métro / il y a un autobus / faut combien de temps pour y aller / au maximum

VI. Les verbes en -re

1. attend
2. attendent
3. attends
4. attends
5. attendons
6. attendez
7. descendons
8. descendez
9. descends
10. descends
11. descendent
12. descend
13. prenons
14. prends
15. prend
16. prennent
17. prenez
18. prends

VII. Pour aller au travail ou à l'école

1. Éric prend l'autobus pour aller à l'université. Il descend rue des Écoles.
2. Nous prenons l'autobus pour aller à l'école. Nous descendons rue de l'Église.
3. Tu prends l'autobus pour aller au travail. Tu descends place de l'Opéra.
4. Je prends l'autobus pour aller en ville. Je descends place de la Concorde.
5. M. et Mme Duchemin prennent l'autobus pour aller au travail. Ils descendent gare du Nord.
6. Vous prenez l'autobus pour aller à l'école. Vous descendez rue Bonaparte.

◼ Contrôle 8

1. attends
2. attendent
3. attendons
4. attends
5. attendez
6. attend
7. prend
8. prenons
9. prends
10. prennent
11. prends
12. prenez

IX. Les liaisons Paris/aéroports

A. cost of trip; departure and arrival points; frequency of trips; routes

B.
1. a. Paris 34 (arrival level)
   b. Étoile *or* Porte Maillot
   c. 65F (9,91€)
2. a. train (RER B)
   b. 9 (the **gare du Nord** is the tenth stop)
3. There are direct trains from the **gare du Nord** to Charles-de-Gaulle (except in rush hour)

X. Des cartes postales

1. aime / métro / prends / allée / acheté / pantalon (jean / pull) / est
2. *[any name]* / Me voici / Je prends / Je fais / suis allé / *[any two clothing items]* / *[appropriate prices]* / un bon prix

XII. Le passé composé avec *avoir*

1. avez téléphoné
2. ai téléphoné
3. avons téléphoné
4. a téléphoné
5. ont téléphoné
6. as téléphoné
7. ont payé
8. n'a pas regardé
9. avez travaillé
10. ai écouté
11. n'avons pas acheté
12. as aimé

XIII. Le passé composé avec *être*

1. est allée
2. êtes allés / sommes allés
3. sont allés
4. es allée / suis allée
5. sont allées
6. sont arrivés
7. est descendue
8. n'êtes pas allés
9. sommes rentrés (rentrées)
10. es restée
11. ne suis pas entré (entrée)

XIV. Samedi dernier

2. J'ai regardé les dessins animés à la télé.
3. J'ai téléphoné à ma copine Marie-Hélène.
4. Mon frère est resté au lit jusqu'à 9h.
5. Il est allé à la boulangerie.
6. Il a acheté deux baguettes et aussi des croissants.
7. Mes parents sont descendus manger avec nous dans la cuisine.
8. Ils ont travaillé dans le jardin.
9. Ma sœur a pris une douche.
10. Elle n'a pas pris le petit déjeuner avec nous.
11. Mireille et moi, nous sommes allées en ville faire du shopping.
12. Nous sommes rentrées à 3h.

XV. Une quinzaine très chargée

1. a téléphoné à ses parents
2. ont dîné en ville
3. ont mangé une pizza
4. ont travaillé dans le jardin

5. ont regardé un match de tennis à la télé
6. a joué avec ses copines
7. est allé au cinéma avec ses copains
8. ont regardé un film à la télé
9. ont voyagé en Allemagne et en Suisse
10. a pris l'avion pour aller à Berlin
11. est allée à Genève par le train
12. sont rentrés en France
13. est allée à un concert de rock
14. ont acheté une nouvelle voiture

Contrôle 9

1. ai pris
2. est resté
3. a écouté
4. n'avons pas mangé
5. sommes allés
6. est allé
7. ai travaillé
8. suis rentrée
9. ai préparé
10. ont téléphoné
11. a décidé
12. ne sommes pas allés
13. avons regardé

XVI. L'emploi du temps d'un étudiant de première année

1. Il a son cours de littérature américaine le mardi après-midi.
2. Il a son cours d'histoire de l'art le jeudi après-midi.
3. Il a son cours de français le mercredi matin.
4. Il a son cours d'histoire anglaise le vendredi matin.
5. Il a son cours de civilisation américaine le lundi après-midi.
6. Il a ses cours d'anglais le lundi après-mid, le mardi matin, le mercredi après-midi et le jeudi matin.

XVII. Qu'est-ce qu'on a fait?

Answers will vary. Sample answers. Your details may vary.

1. Hier soir je suis allé(e) au cinéma. J'ai vu un film policier. Je n'ai pas aimé le film.
2. Samedi dernier nous sommes allé(e)s en ville. Nous avons pris l'autobus. Nous avons visité la cathédrale et nous sommes rentré(e)s à pied.
3. Hier après-midi Valérie est allée aux Galeries Lafayette. Elle a acheté une jupe. Elle l'a payée 65€.
4. Hier soir Olivier et Alain sont restés à la maison. Ils n'ont pas regardé la télé. Ils ont écouté le nouveau CD de Christina Aguilera.

XIX. Qu'est-ce que vous recommandez comme film?

Testament du Docteur Mabuse: Christine
Aliens, Le retour: Éric
8 et demi: Pierre
Ascenseur pour l'échafaud: Ghislaine
Poule et frites: Bertrand

XXII. Trois verbes

A. Dimanche après-midi

1. veut
2. veut
3. voulons
4. veux
5. veulent
6. voulez
7. veux

B. On ne peut pas sortir

8. peux / peux
9. pouvons / pouvez
10. peut / peuvent

C. Qu'est-ce que vous allez faire?

11. sors / sors / sortez / sortons / sors

D. Samedi dernier

12. êtes sorti(e)s / est sortie / suis sorti(e)

XXIII. Matin, après-midi ou soir

1. l'après-midi
2. le soir
3. le matin
4. le soir
5. l'après-midi
6. le soir

XXIV. Flash: L'Hebdo Loisirs

A. Pré-lecture

1. a list; page numbers; **Sommaire** (*Summary*)
2. *Answers will vary.*

B.

1. page 1
2. *Answers will vary.*
3. a. pages 21–29
   b. pages 30–44
   c. pages 46, 47
   d. page 52
   e. pages 8–20
   f. pages 54–63
   g. pages 19–20
   h. pages 30–35

C.

1. four; she should call the galleries
2. at the Blue's Note (also at the Mandala)
3. ragtime, Brasilian music, blues, flamenco, classical
4. yes; at the église Saint-Exupère; a vocal group

XXVI. Des questions

Answers will vary. Sample answers.

1. a. Comment est-ce que tu t'appelles?
   b. Tu es de... ?
   c. Qu'est-ce que tu as (prends) comme cours?
2. a. Tu as faim?
   b. Tu veux manger quelque chose?
   c. Où est-ce qu'on va manger?
3. a. Je peux y aller en métro (en autobus, à pied)?
   b. Quelle direction est-ce que je prends?
   c. Où est-ce que je change?
4. a. Où est-ce que tu es allé(e)?
   b. Qu'est-ce que tu as acheté?
   c. Combien est-ce que tu l'as payé(e)?
5. a. Où est-ce que tu es allé(e)?
   b. Qu'est-ce que tu as vu?
   c. Est-ce que tu as aimé le film?

XXVIII. «Déjeuner du matin» de Jacques Prévert

1. in a kitchen or dining room
2. having breakfast
3. indifference; he drinks his coffee, doesn't look at the other person, doesn't speak, then he leaves
4. sadness or despair; puts head in hands and cries
5. *Answers will vary.*

XXIX. Des légendes

1. prenons le métro
2. descend rue du Bac
3. descends à Madeleine
4. prennent l'autobus
5. peut acheter (un magnétoscope, un téléviseur...)
6. attendez l'autobus
7. prend un taxi
8. prends le train ou l'avion

XXX. Un samedi à la campagne

Answers will vary. Sample answers.

1. Samedi matin j'ai déjeuné à 9h. J'ai parlé avec papa et maman. Didier a fait la grasse matinée. Il a mangé et il a joué au golf avec papa.
2. Samedi après-midi maman et moi, nous sommes allées en ville. Nous avons fait du shopping. Nous avons acheté des chemisiers et des chaussures. Nous sommes rentrées à 4h. Après le golf, Didier et papa sont rentrés. Ils ont pris une douche. Ils ont regardé un match de foot à la télé.
3. Samedi soir nous avons dîné ensemble (toute la famille a dîné ensemble). Après le dîner maman et papa ont fait un petit tour à pied. Ils sont rentrés à dix heures et ils ont écouté la radio. Didier et moi, nous sommes sortis. Nous sommes allés à la discothèque. Nous avons dansé et nous avons vu des copains à la discothèque.

CHAPITRE 4

I. Le plan de la maison

le rez-de-chaussée

l'escalier

la cuisine

le jardin

l'entrée

le cabinet de toilette

le garage

la salle de séjour

le premier étage

la chambre de Cecilia

la chambre d'Adeline

la chambre de Benoît

la salle de bains

la chambre de M. et Mme Batailler

II. Où est la cuisine?

Answers will vary. Sample answers.

1. Elle est au rez-de-chaussée. Elle est à côté de la cuisine.
2. Elle est au premier étage. Elle est à côté de la chambre de Benoît (à côté de l'escalier).
3. Elle est au premier étage. Elle est à côté de la salle de bains (à côté de la chambre d'Adeline).
4. Elle est au premier étage. Elle est entre la chambre de Benoît et la chambre de M. et Mme Batailler.
5. Il est au rez-de-chaussée. Il est à côté de la cuisine (à côté de l'entrée) (entre l'entrée et la cuisine).
6. Il est devant la maison.
7. Il est derrière la maison.

III. Les adjectifs

1. long, touristiques
2. rapide, importantes
3. américaine, minérale
4. maternels, petit
5. classique, favori

IV. Comment est la maison d'Édouard?

1. Il est petit.
2. Elle est propre.
3. Il est confortable.
4. Il est laid.
5. Elle est ensoleillée.
6. Ils sont modernes.
7. Elles sont vieilles.
8. Ils sont sales.
9. Elle est bien équipée.
10. Elle est sombre.

V. C'est comment?

1. Nous avons une nouvelle maison.
2. J'ai un nouvel ami.
3. Nous allons manger dans un bon restaurant.
4. Il porte une nouvelle chemise bleue.
5. L'appartement a une grande salle de séjour ensoleillée.
6. Jacques Aumont est un vieil ami.
7. C'est une vieille petite maison.
8. Regarde les jolies fleurs blanches et jaunes.
9. Ils ont une maison très propre et bien aménagée.
10. Il y a un grand escalier au bout du couloir.
11. Je voudrais acheter une belle voiture italienne.
12. Mon cousin a des idées originales et intéressantes.

VI. Nous ne sommes jamais d'accord

1. Au contraire! Ils ont une petite maison.
2. Au contraire! La maison a une cuisine sombre.
3. Au contraire! Ils ont des meubles traditionnels.
4. Au contraire! Ils ont une salle de bains très sale.
5. Au contraire! Elle a un nouvel appartement.
6. Au contraire! Elle est en cours avec deux vieilles amies.
7. Au contraire! Elles mangent souvent dans un bon restaurant italien (japonais, etc.).
8. Au contraire! Elles portent souvent des tee-shirts blancs.

Contrôle 10

J'habite dans une **petite** maison **blanche.** C'est une **vieille** maison à deux étages. Au rez-de-chaussée il y a une **grande** salle de séjour. Il y a aussi une cuisine **bien équipée** et un cabinet de toilette très **propre.** Pour monter au premier étage il y a un **vieil** escalier. En haut j'ai deux chambres **traditionnelles.** Il y a aussi une salle de bains **moderne.** Derrière la maison j'ai un **beau** jardin avec une **jolie** terrasse. Dans le garage j'ai une **nouvelle** voiture.

VII. Qu'est-ce qu'il y a chez les Fornier?

1. (Dans la salle de séjour) il y a un canapé, deux fauteuils et un téléviseur.
2. (Dans la salle à manger) il y a une table, six chaises et une chaîne hi-fi.
3. (Dans la chambre de M. et Mme Fornier) il y a un (grand) lit, une armoire et deux lampes.
4. (Dans la chambre de Vincent) il y a un (petit) lit, une commode et un bureau.

VIII. J'aimerais bien...

Answers will vary. Sample answers.

1. J'aimerais habiter dans une grande maison (dans une maison rouge) (dans une petite maison blanche), etc.
2. J'aimerais acheter un nouveau fauteuil (un grand fauteuil très confortable), etc.
3. J'aimerais avoir un grand lit. (un nouveau lit) (un petit lit confortable), etc.
4. J'aimerais avoir une grande voiture. (une vieille voiture) (une nouvelle voiture rouge), etc.
5. J'aimerais manger dans un bon restaurant. (un vieux restaurant) (un nouveau restaurant italien), etc.

IX. Le parc des Renardières

1. 30 minutes; gare des Clairières de Verneuil
2. west; Poissy / Villennes
3. three bedrooms and a living room
4. a kitchen, a master bath, a bathroom, a toilet, an entryway
5. pretty site, tranquil, parking, park, balcony, sports

XI. La famille Batailler

1. Adeline est la sœur de Benoît.
2. Benoît est le fils d'André et d'Hélène Batailler.
3. Jean Chapuis est le père d'Hélène.
4. Nathalie Batailler est la grand-mère de Jacqueline, de Pierre, de Benoît et d'Adeline.
5. Élise Batailler est la tante de Benoît et d'Adeline.
6. Jacqueline et Pierre sont les cousins de Benoît et d'Adeline.
7. Viviane est la femme de Jean Chapuis.
8. Thierry est l'oncle de Jacqueline, de Pierre, de Benoît et d'Adeline.
9. Benoît est le petit-fils de Georges et de Nathalie Batailler (de Jean et de Viviane Chapuis).
10. Jacqueline est la petite-fille de Georges et de Nathalie Batailler.
11. Hélène est la mère de Benoît et d'Adeline.
12. André est le frère de Thierry et de Gérard.
13. Gérard est le mari d'Élise.
14. Jean Chapuis est le grand-père de Benoît et d'Adeline.
15. Hélène est la fille de Jean et de Viviane Chapuis.
16. Adeline est la cousine de Jacqueline et de Pierre.

XII. Les cartes de débarquement

ABRUZZI; Marcello; Italie; italien; homme d'affaires; via Garibaldi, Turin, Italie

DELTEIL; Jean-Claude; Canada; canadien; comptable; rue Sainte Catherine, Montréal, Canada

Annie Fodéba does not need to fill out the card.

FRYE; Alan; Angleterre; anglais; fermier; Dickens Mew, Bristol, Angleterre

KRAMER; Hilda; Allemagne; allemande; secrétaire; Leopold Strasse, Munich, Allemagne

OH; Mata; Japon; japonaise; dentiste; Hamamatsucho, Sapporo, Japon

SORMANI; Helen; Suisse; suisse; professeur; Dietzinger Strasse, Zurich, Suisse

XIII. Traduisons!

1. Mon père est ouvrier.
2. Ma mère est commerciale.
3. Mon oncle est comptable.
4. Ma tante est pharmacienne.
5. Mon frère est ingénieur.
6. Mes sœurs sont toutes les deux avocates.
7. Marc est belge.
8. Éric est français.
9. Roy est anglais.
10. Helga et Krista sont allemandes.
11. Marie a une voiture japonaise.
12. Gina a un vélo suisse.

XIV. L'inventaire

VOUS: mon; ma; mes; ta; tes; ton

VOTRE CAMARADE DE CHAMBRE: notre; nos; notre

VOTRE PROPRIETAIRE: vos; votre; mes

PÈRE: son; sa; ses; son; sa; son; ses; son; leur; leurs; leur; mon (leur)

XV. À qui est-ce ?

1. mes; ton
2. ta; sa; Ton
3. vos; nos
4. son; mon
5. leur; leur
6. notre; Votre
7. tes; ma
8. leurs; ses

Contrôle 11

1. tes
   mon; ma; leur
2. ta
   ses; son
3. vos
   nos; Notre
4. ton
5. votre
   sa; leurs (ses)

XVI. Comment sont-ils?

Answers will vary. Sample answers.

1. Il est (assez) jeune. Il est petit et (assez) gros. Il a les cheveux courts, blonds et les yeux marron. Il est (très) gentil et généreux.
2. Elle est jeune. Elle est (assez) petite et mince. Elle a les cheveux courts, noirs et les yeux noirs. Elle est (assez) intellectuelle et très sérieuse.
3. Elle est (assez) jeune. Elle est grande et costaud. Elle a les cheveux longs et bruns et les yeux verts. Elle est très active.
4. Il n'est pas très jeune. Il est grand et (assez) gros. Il est chauve et il a les yeux bleus. Il est paresseux et égoïste.
5. Elle est (assez) âgée. Elle est petite et (très) maigre. Elle a les cheveux gris et les yeux gris. Elle est gentille, optimiste et toujours de bonne humeur.

XVII. Qu'est-ce que vous avez compris?

A. Les mots apparentés.

president / private / quantity / interesting / problem / literature / linguistics;

fascinating / camping / to celebrate / agreeable (nice) / nature / forest / psychiatry / clinic;

identity / materialism / influence / social / personality / to anlayze

B. Vrai ou faux?

1. vrai = a, b, c; faux = d
2. vrai = b; faux = a, c, d, e
3. vrai = e; faux = a, b, c, d
4. vrai = a, d; faux = b, c
5. vrai = a, c, d, e; faux = b

XVIII. Comparaisons

1. Ma maison est ancienne aussi.
2. J'ai un nouveau vélo aussi.
3. Les chaînes hi-fi sont chères aussi.
4. J'ai une nouvelle jupe aussi.
5. Nos omelettes sont bonnes aussi.
6. Nos croissants sont délicieux aussi.
7. Nathalie est cruelle aussi.
8. Ses frères sont très beaux aussi.
9. Sa sœur est très active aussi.
10. Brigitte est souvent indiscrète aussi.
11. Marie-Louise est très gentille aussi.
12. Mes parents sont assez vieux aussi.

XIX. Des contraires

Answers will vary. Sample answers.

1. Les films de George Lucas sont récents; les pièces de Shakespeare sont anciennes.
2. Blanche-Neige est (très) gentille; sa marraine est (très) cruelle.
3. Les hommes sont (assez) discrets; les femmes sont (très) indiscrètes/discrètes.
4. Moi, je suis paresseux/paresseuse; mon ami(e) est (très) actif(-ve).
5. Meryl Streep est (assez) belle; le capitaine Hook est (très) laid.
6. Les grand-mères sont (assez) vieilles; les petites filles sont jeunes.
7. Les films d'horreur sont mauvais; les comédies dramatiques sont bonnes.
8. Les maisons à San Francisco sont chères; les appartements à Kansas City sont raisonnables.

◼ Contrôle 12

1. beaux
2. sportive
3. vieille
4. curieuses
5. bons
6. intellectuelles
7. nouveaux
8. belle
9. discrètes (discrets if "toi" is a male)
10. chère
11. nouvelle
12. vieux
13. gentille

XX. Qu'est-ce que vous avez compris?

1. new models of family (that have appeared in the last 10 years)

2. a. single-parent families
   b. families consisting of children from different mariages
   c. single-person households
3. a. number of children living with only one parent
   b. number of children living with children from another mariage
   c. number of people living alone
   d. number of children born to unmarried parents

XXIII. Comparez-les!

Answers will vary. Sample answers.

1. Sa voiture est grande. Elle est vieille. Elle est bleue.
   Ma voiture (Leur voiture) est petite mais elle est vieille aussi et elle est verte.
2. Son appartement est petit. Il est très moderne. Il est assez confortable.
   Leur appartement est assez grand. Il est bien équipé et il est très confortable.
3. Sa maison est petite. Elle est traditionnelle. Elle est blanche.
   Leur maison est très grande. Elle est assez moderne et elle est bleue et blanche.
4. Ses grands-parents sont très gentils. Ils sont patients. Ils sont assez bavards.
   Mes (Nos) grands-parents sont très gentils aussi. Ils sont toujours de bonne humeur et ils sont généreux.

CHAPITRE 5

I. La journée de M. et Mme Batailler

1. M. Batailler (il) se lève à 6h30 (six heures et demie).
2. Ensuite, il fait sa toilette.
3. Elle se lève à 7h15 (sept heures et quart)
4. Non, ils ne prennent pas le petit déjeuner..
5. Ils quittent la maison à 8h15 (huit heures et quart) pour aller au travail.
6. Ils rentrent à la maison à 6h (six heures) (du soir).
7. Ils dînent avec les enfants et Cecilia.
8. Ils regardent la télévision.
9. Ils se couchent vers 11h15 (onze heures et quart).

II. Quelle heure est-il?

1. 6:15 A.M.
2. 1:30 P.M.
3. 8:45 P.M.
4. 12:05 A.M.
5. 4:35 A.M.
6. 11:50 A.M.
7. sept heures
8. deux heures neuf
9. neuf heures moins sept
10. midi moins le quart / minuit moins le quart
11. quatre heures et quart
12. six heures et demie

III. Le verbe *partir*

pars / pars / partez / partons / partent / part / est partie

IV. Les verbes *partir* et *quitter*

A.

1. ai quitté
2. pars
3. pars
4. est partie
5. quitte
6. avons quitté

B. *(The time of day in the answers will vary.)*

1. À quelle heure est-ce que tu quittes la maison normalement le matin? / Je quitte la maison normalement à 8h30.
2. Quand est-ce que vous êtes parti(e)(s) pour Miami? / Je suis parti(e) (Nous sommes parti[e]s) pour Miami lundi dernier.
3. À quelle heure est-ce que tu as quitté le restaurant? / J'ai quitté le restaurant vers 11h.
4. Quand est-ce qu'ils partent en vacances? / Ils partent vendredi prochain.

V. Les verbes pronominaux

A. Chez nous, on se couche à...

1. se couche
2. se couchent
3. nous couchons
4. me couche
5. vous couchez
6. te couches

B. Chez nous, on se lève à...

1. se lève
2. se lèvent
3. nous levons
4. me lève
5. vous levez
6. te lèves

VI. Les verbes pronominaux (suite)

A. Des questions

1. Est-ce que tu t'amuses?
2. Est-ce qu'elles s'amusent?
3. À quelle heure est-ce que vous vous levez d'habitude?
4. Quand est-ce qu'il se couche normalement?
5. Où est-ce que nous nous retrouvons?
6. Est-ce qu'ils se voient souvent?

B. Au négatif

7. Ils ne s'amusent pas beaucoup.
8. Je ne me couche jamais après minuit.
9. Elles ne se téléphonent pas souvent.
10. Vous ne vous reposez pas tous les jours.
11. Elle ne se promène jamais à vélo.
12. Nous ne nous voyons pas régulièrement.

C. Qu'est-ce qu'on va faire demain?

13. Je vais me promener dans le parc.
14. Nous allons nous reposer.
15. Tu vas te coucher de bonne heure.
16. Elles vont se promener à vélo.
17. Je vais me lever tard.

VII. Le matin, chez les Cousineau...

1. Moi, je ne me lève pas avant 8h.
2. Mon père et ma mère ne se parlent pas le matin.
3. Ma mère aime se promener toute seule à vélo.
4. Mon frère et moi, nous ne nous parlons pas non plus.
5. Ta famille et toi, est-ce que vous vous amusez le matin?

VIII. Le dimanche

1. D'habitude je m'amuse bien le dimanche.
2. Je prends un café et des croissants.
3. Je téléphone à mon amie Patricia.
4. Nous nous parlons au téléphone pendant une heure ou deux.
5. Je m'habille.
6. Je déjeune avec ma famille.

7. Quelquefois Patricia et moi, nous nous retrouvons en ville pour voir un film.
8. Quelquefois nous nous promenons au jardin public.
9. Je rentre à la maison entre 6h et 7h.
10. Le soir, je me prépare pour la semaine.
11. Je me couche vers 10h30 ou 11h.
12. Le dimanche, c'est le jour de la semaine où on se repose.

▣ Contrôle 13

1. mange
2. nous levons
3. nous couchons
4. m'amuse

1. t'amuses
2. vous téléphonez
3. ne me lève pas
4. prends
5. se préparent
6. nous parlons
7. me promène
8. rentrons
9. se couche

XIII. Deux frères—Philippe et François Jacquemart

1. Ils font leur lit.
2. Il donne à manger au chien et au chat. / Il promène le chien.
3. Il met la table. / Il débarrasse la table.
4. Il vide la poubelle.
5. Ils rangent leur chambre.

XIV. Le verbe *faire*

A. Les activités de la famille Malavoy

1. fais
2. fais
3. font
4. fait / fait
5. faites
6. faisons

B.

7. as fait
8. ai fait
9. ont fait

XV. Le verbe *mettre*

A. Les vêtements des Malavoy

1. mets
2. mets
3. mettent
4. met
5. mettez
6. mettons

B.

7. as mis
8. avons mis

XVI. Chez les Malavoy

1. fait les courses
2. fait la cuisine (prépare les repas)
3. fait la vaisselle
4. faire le ménage (nettoyer)
5. passe l'aspirateur
6. nettoie la salle de bains
7. fait la lessive
8. range sa chambre
9. l'amène à l'école
10. font du jardinage
11. faire des petites réparations

XVII. Les fêtes aux États-Unis

1. C'est le premier janvier.
2. C'est le 14 février.
3. *Answers will vary.*

4. *Answers will vary.*
5. C'est le 4 juillet.
6. *Answers will vary.*
7. C'est le 31 octobre.
8. *Answers will vary.*

XVIII. Le 16 septembre 2001

1. le 4 mars 2002
2. le 20 juin 2002
3. le premier décembre 2001
4. le 15 novembre 2001
5. le 10 février 2002
6. le 28 janvier 2002
7. le 17 octobre 2001
8. le 11 avril 2002

XIX. Des recherches

1. a. 7,656,000   d. 334,000
   b. 2,768,000   e. Great Britain
   c. 8,462,000
2. a. in their second homes   c. no, 2 stars
   b. 1 star   d. 18,452
3. No. People in the provinces use their car more than Parisians.
   Parisians use the train and plane more than people in the provinces.
4. a vacation at the seashore; a tour

XXII. Le passé composé

1. s'est couchée
2. se sont couchés
3. me suis couchée
4. me suis couché
5. nous sommes couchés
6. s'est couché
7. t'es couché(e)
8. se sont téléphoné
9. se sont téléphoné
10. vous êtes téléphoné
11. nous sommes téléphoné

XXIII. La semaine dernière

1. Lundi mon amie Diane ne s'est pas levée à temps pour aller en classe.
2. Mardi mes amis et moi, nous nous sommes amusés à la piscine.
3. Mercredi, moi, je me suis disputée avec mon petit ami, mais nous nous sommes téléphoné le soir.
4. Jeudi mes amies et moi, nous nous sommes retrouvées au parc et nous nous sommes promenées à bicyclette.
5. Vendredi mes parents se sont levés de très bonne heure.
6. Samedi mon frère s'est reposé pendant toute la journée. Il ne s'est pas habillé avant 5h de l'après-midi.
7. Dimanche moi, je me suis couchée très tard.

▪ Contrôle 14

1. s'est disputé
2. ne se sont pas parlé
3. t'es couchée
4. me suis reposée
5. se sont téléphoné
6. se sont retrouvées
7. vous êtes amusés
8. nous sommes ennuyés

XXIV. Plusieurs sens

A.

1. doit
2. devez
3. a dû
4. ai dû
5. doit
6. doivent
7. doit
8. doit
9. ont dû
10. a dû

B.

1. We must get home before 6 o'clock.
2. We're supposed to be home before 6 o'clock.
3. She must be (is probably) 16 or 17 years old.
4. She had to go to the bank.
5. She must have gone (probably went) to the bank.

XXVII. Les Berthier

Answers will vary. Sample answers

1. Sophie ne veut pas se lever à 8h. Elle veut rester au lit.
2. Antoine et Philippe vont se retrouver en face de la gare à 14h. Ils doivent faire des courses.
3. Sophie ne veut pas se coucher. Elle doit finir ses devoirs.
4. M. Berthier veut jouer au tennis. Sa femme préfère se promener à vélo.
5. Jacqueline s'est disputée avec son petit ami. Ils ne se parlent pas.

XXIX. Un week-end au bord de la mer

Answers will vary. Sample answers

1. Samedi matin, Marie-Laure s'est réveillée à 8h. D'abord, elle est allée à la plage où elle a nagé. Ensuite elle a déjeuné avec ses parents. Puis elle a fait de la planche à voile.
2. Samedi après-midi, Marie-Laure a fait des courses avec sa mère. Ensuite elles sont allées au café pour prendre quelque chose à boire.
3. Samedi soir, la famille a dîné à la maison. Après le dîner, ils ont fait une promenade. Marie-Laure s'est couchée vers 10h30. Son frère Didier et ses amis se sont retrouvés au café. Ils sont allés à la discothèque. Didier s'est couché vers 2 heures du matin.
4. Dimanche matin, Didier s'est réveillé à 7h. Ensuite il a pris le petit déjeuner. Puis il a fait une promenade à vélo à la campagne avec Marie-Laure.

CHAPITRE

I. Qu'est-ce qu'on trouve dans un hôtel?

1. la douche
2. l'ascenseur
3. la réception
4. le lit
5. la salle de bains (la baignoire)
6. le téléphone
7. la clé
8. la télé(vision)
9. l'escalier
10. le balcon
11. le fauteuil
12. le lavabo

II. À l'hôtel Saint Germain

1. b
2. a
3. c
4. a
5. b
6. c
7. b
8. c

III. *Quelle* est la question?

A. *Quel(le)* ou *Quel(le) est?*

1. Quel est	4. Quelle est	7. Quel
2. Quel est	5. Quel	8. Quel est
3. Quel	6. Quel	

B. Faire l'accord.

1. Quelle	5. Quel	9. Quel
2. Quel	6. Quelle	10. Quel
3. Quel	7. Quelle	
4. Quelle	8. Quelle	

IV. Dimanche après-midi

1. voulez	3. voulons	5. veulent
2. veut	4. veux	6. veux

VI. Le subjonctif, c'est facile!

1. a. étudiions   b. étudies   c. étudient
   d. étudiiez
2. a. attendes   b. attendiez   c. attende
   d. attendions
3. a. te lèves   b. vous leviez   c. nous levions
   d. se lève
4. a. alliez   b. aille   c. aillent   d. ailles
5. a. fasses   b. fassiez   c. fasse   d. fassions
6. a. prennes   b. prenions   c. prenne
   d. preniez
7. a. ayez   b. aies   c. ayons   d. aient
8. a. sois   b. soit   c. soyez   d. soyons
9. a. mette   b. mettes   c. mettiez   d. mettions

VII. Des conseils

1. Il faut (Il vaut mieux / Il est nécessaire de) faire attention en cours.
2. Il faut (Il vaut mieux / Il est nécessaire de) se reposer suffisamment.
3. Il faut (Il vaut mieux / Il est nécessaire d') aller à tous les cours.
4. Il faut (Il vaut mieux / Il est nécessaire de) prendre des notes.
5. Il faut (Il vaut mieux / Il est nécessaire d') écouter le (la) prof.
6. Il faut (Je veux / Je préfère / Il vaut mieux / Il est nécessaire) que tu fasses attention en cours.
7. Il faut (Je veux / Je préfère / Il vaut mieux / Il est nécessaire) que vous vous reposiez suffisamment.
8. Il faut (Je veux / Je préfère / Il vaut mieux / Il est nécessaire) que Michel aille à tous les cours.
9. Il faut (Je veux / Je préfère / Il vaut mieux / Il est nécessaire) que vous preniez des notes.
10. Il faut (Je veux / Je préfère / Il vaut mieux / Il est nécessaire) qu'elles écoutent le (la) prof.

VIII. Je voudrais...

1. aller	7. allions	13. être
2. alliez	8. aller	14. soient
3. fasse	9. rester	15. ayez
4. faire	10. restions	16. avoir
5. te couches	11. partiez	
6. me coucher	12. partir	

◼ Contrôle 15

1. apprendre	8. alliez	15. te couches
2. aille	9. prennes	16. vous retrouviez
3. preniez	10. soyez	17. puisses
4. parlions	11. mettre	18. étudiions
5. acheter	12. partions	19. sortir
6. mange	13. faire	20. apprendre
7. fasse	14. aies	

X. Des problèmes et des solutions

1. a. Il est nécessaire que tu parles au prof.
   b. Il vaut mieux que tu étudies sans écouter de la musique.
   c. Il faut que tu ailles à la bibliothèque.
   d. Il vaut mieux que tu fasses tous les exercices.
2. a. Il faut que vous alliez voir le docteur.
   b. Il vaut mieux que vous vous couchiez plus tôt.
   c. Il est nécessaire que vous fassiez de l'exercice.
   d. Il faut que vous mangiez plus de fruits et de légumes.
3. a. Il faut qu'elle trouve un job.
   b. Il est nécessaire qu'elle dépense moins d'argent.
   c. Il est préférable qu'elle demande de l'argent à ses parents.
   d. Il vaut mieux qu'elle attende un an avant d'aller en France.
4. a. Il faut qu'ils prennent le bus pour aller à l'université.
   b. Il est nécessaire qu'ils gagnent de l'argent.
   c. Il vaut mieux qu'ils habitent plus près de l'université.
   d. Il est préférable qu'ils déménagent.
5. a. Il faut que tu regardes les annonces de jobs sur Internet.
   b. Pour le moment, il est préférable que tu prennes un job à mi-temps.
   c. Il vaut mieux que tu reprennes tes études.
   d. Il est nécessaire que tu regardes les journaux tous les jours.

XIII. Prenons le TGV!

1. Between 270 and 300 kilometers an hour. In miles, that's 180 to 200 miles an hour
2. You can get to Marseille in 4 hours 40 minutes.
3. the Gare de Lyon
4. Yes, reservations are required. They are automatically included in the price of the ticket.
5. There's a restaurant car where you can eat all kinds of meals. There's a full bar with hot and cold drinks. The telephones on board can be used to call anywhere in the world. There are full accommodations for people with disabilities. In first class, your meals are served at your seat. However, you have to buy the meals ahead of time as part of your ticket if you want to eat at your seat.
6. If you leave Paris at 7:18 A.M., you get to Lausanne at 11:18 A.M. and to Bern at 1:11 P.M.
   If you leave Paris at 12:18 P.M., you get to Lausanne at 4:10 P.M. and to Bern at 4:49 P.M.
   If you leave Paris at 5:54 P.M., you get to Lausanne at 9:47 P.M. and to Bern at 10:37 P.M.
7. Yes, there's one train at 3:48 P.M. that gets to Bern at 8:22 P.M. Unlike the other trains, it doesn't stop in Lausanne.

8. Yes, there's a train that leaves at 3:48 P.M. and gets to Lausanne at 7:38 P.M. That train doesn't go on to Bern.
9. Yes. You have to change in Frasne.
10. If you have a car, you can park at the train station (assuming you come back to Paris). But it's just as easy to take the subway or the bus. The easiest and fastest is probably the subway. There's a subway stop right in the railroad station.

XIV. Des horaires de trains

1. a. #53; 2 stops; 6 minutes; no
   b. #57
   c. #11:50 A.M.
2. a. #1621, which gets there at 8:45 A.M.; 1 stop
   b. #1927, which gets to Reims at 4:29 P.M.
   c. #1623
3. a. about 40 minutes
   b. #1921; 10:00 A.M.; #1625 from Nyon to Lausanne
4. a. #1889
   b. #729
   c. about an hour and ten minutes
   d. #1893
   e. 23 minutes
   f. #1893
   g. about an hour and a half

XV. Quelle langue est-ce qu'on parle... ?

1. On parle français en France, en Tunisie, au Canada, au Maroc et en Suisse.
2. On parle anglais en Angleterre, en Australie et aux USA.
3. On parle chinois en Chine.
4. On parle espagnol en Espagne, au Pérou, en Argentine et au Mexique.
5. On parle japonais au Japon.
6. On parle suédois en Suède.
7. On parle portugais au Portugal et au Brésil.
8. On parle russe en Russie.

XVI. Où se trouve... ?

1. Madrid se trouve en Espagne.
2. Montréal se trouve au Canada.
3. Rome se trouve en Italie.
4. Berlin se trouve en Allemagne.
5. Tokyo se trouve au Japon.
6. Londres se trouve en Angleterre.
7. Baton Rouge se trouve aux États-Unis (aux USA).
8. Moscou se trouve en Russie.
9. Lisbonne se trouve au Portugal.
10. Bruxelles se trouve en Belgique.
11. Mexico se trouve au Mexique.
12. Jérusalem se trouve en Israël.
13. Beijing se trouve en Chine.
14. Dakar se trouve au Sénégal.
15. Copenhague se trouve au Danemark.
16. Buenos Aires se trouve en Argentine.
17. Manille se trouve aux Philippines.
18. Calcutta se trouve en Inde.
19. Genève se trouve en Suisse.
20. Le Caire se trouve en Égypte.

XVII. Un congrès mondial

1. Il y a trois délégués d'Algérie.
2. Il y a dix délégués d'Allemagne.
3. Il y a cinq délégués de Belgique.
4. Il y a dix délégués du Canada.
5. Il y a deux délégués du Cameroun.
6. Il y a six délégués de Côte d'Ivoire.
7. Il y a trois délégués du Danemark.
8. Il y a huit délégués des États-Unis (des USA).
9. Il y a quatre délégués d'Iran.
10. Il y a sept délégués d'Israël.
11. Il y a six délégués d'Italie.
12. Il y a cinq délégués du Mexique.
13. Il y a sept délégués de Suisse.
14. Il y a un délégué des Philippines.
15. Il y a dix délégués de Russie.

XVIII. D'où tu viens, toi? Où tu habites?

1. de	8. de	15. dans le
2. d'	9. du	16. en
3. de	10. du	17. au
4. de	11. en	18. en
5. de	12. dans le	19. dans le
6. du	13. en	20. en
7. du	14. en	

■ Contrôle 16

1. en	11. des	21. au
2. au	12. de	22. en
3. en	13. du	23. en
4. à	14. de	24. en
5. au	15. des	25. en
6. en	16. du	26. dans le
7. au	17. de	27. dans le
8. en	18. d'	28. en
9. à	19. du (Caire)	29. en
10. aux	20. de	30. en

XXV. Leurs expériences internationales

1. Michèle Bosquet vient de Belgique. Elle est allée à New York. New York se trouve aux États-Unis.
2. Najip Bouhassoun vient du Maroc. Il va à Londres. Londres se trouve en Angleterre.
3. Louise Hébert vient du Canada. Elle va aller à Madrid. Madrid se trouve en Espagne.
4. Keke Fleurissant vient d'Haïti. Elle est allée à Lisbonne. Lisbonne se trouve au Portugal.
5. Monique Dupuy vient de Suisse. Elle va au Caire. Le Caire se trouve en Égypte.
6. Giulio Massano vient d'Italie. Il va aller à Dijon. Dijon se trouve en France.
7. Angèle Kingué vient du Cameroun. Elle est allée à Tokyo. Tokyo se trouve au Japon.
8. Epoka Mwantuali vient du Mali. Il va à Manille. Manille se trouve aux Philippines.

Exercice d'écoute

1. a. Track 4
   b. In 1 minute
   c. No. We only have 3 minutes.

2. a. At 5:12 P.M.
   b. The back of the train.
   c. To the middle of the train, next to the restaurant car.
3. a. At 2:16 P.M.
   b. Yes, two stops (Lyon and Avignon).
4. It has a 70-minute delay because of bad weather.
5. a. Paris (Orly airport)
   b. Gate 1

CHAPITRE 7

I. C'est quoi, ça?

1. C'est de l'eau.
2. C'est du pâté.
3. C'est de la bière.
4. Ce sont des framboises.
5. C'est du vin blanc.
6. C'est du poulet.
7. C'est du jambon.
8. C'est de la salade de tomates.
9. C'est du saumon fumé.
10. Ce sont des crevettes.
11. C'est de la dinde.
12. Ce sont des brocolis.
13. Ce sont des oignons.
14. Ce sont des (pommes) frites.
15. C'est de la vinaigrette.
16. C'est du camembert.
17. C'est du gâteau au chocolat.
18. Ce sont des spaghettis.
19. C'est de la glace.
20. C'est du coca.

II. Qu'est-ce que je te sers?

1. du
2. des
3. d'; des
4. des; de la
5. de; des
6. du; de la
7. du; des; de
8. de la; du; des; de la
9. du; du; du; de
10. des; du

III. Mes préférences

Answers will vary. Sample answers.
1. J'aime les framboises et les fraises (les pêches, les poires, les pommes).
2. J'aime les carottes et les pommes de terre (les petits pois, les haricots verts, les brocolis).
3. Je n'aime pas les poires.
4. Je déteste les oignons (les brocolis).
5. Je mange quelquefois une truite (un filet de sole, de la truite, de la sole).
6. Je mange souvent un steak (une côtelette de porc) ou du poulet (de la dinde, du gigot d'agneau, du bœuf).
7. Je déteste les côtelettes de porc (le gigot d'agneau).
8. Je mange souvent de la glace (des pâtisseries, de la tarte aux pommes, des petits gâteaux, des fruits).
9. Je consomme (Je bois) souvent du thé (du café, du lait, du coca, de l'eau minérale).

IV. Questions d'argent

1. Oui, mais il a très peu d'argent.
2. Elle a beaucoup d'argent.
3. Elle n'a pas beaucoup d'argent. (Elle a un peu d'argent.)
4. Il a très peu d'argent. (Il n'a pas beaucoup d'argent.)
5. Sylvie n'a pas assez d'argent pour acheter un ordinateur.
6. Monique a assez d'argent pour acheter un ticket de métro.
7. Edgar a assez d'argent pour acheter un petit pain.
8. Sylvie a assez d'argent pour acheter un vélo.
9. Jean-Paul n'a pas assez d'argent pour acheter un walkman.
10. Jean-Paul n'a pas assez d'argent pour acheter un CD.
11. Edgar n'a pas assez d'argent pour acheter un coca.
12. Monique a assez d'argent pour acheter une tarte aux pommes.

V. Qu'est-ce que vous avez acheté?

1. Mon père a acheté deux kilos de pommes.
2. J'ai acheté un litre de coca.
3. Mlle Lecuyer a acheté quatre tranches de jambon.
4. Nous avons acheté une douzaine de croissants.
5. M. Robichou a acheté 250 grammes de pâté.
6. Elles ont acheté un bout de gruyère.
7. J'ai acheté 250 grammes de brie.
8. Mme Batailler a acheté un morceau de fromage.
9. Jacques a acheté 500 grammes de carottes.
10. Yves a acheté une livre d'abricots.

VI. Des comparaisons

1. Élodie a moins de CD que Pierre. Pierre a plus de CD qu'Élodie.
2. Nicolas a plus de jeux vidéo que Laura. Laura a moins de jeux vidéo que Nicolas.
3. Antoine a autant de dictionnaires qu'Aurélie.
4. Thérèse a plus de bouquins qu'Antoine. Antoine a moins de bouquins que Thérèse.
5. Lydie a autant de magazines de sports qu'Alexandre.
6. Solange a moins de cahiers que Thomas. Thomas a plus de cahiers que Solange.
7. Nicole a autant de bracelets que Michèle.

VII. Pour faire du poulet suisse et des roulés au jambon

1. Non, il n'en faut pas.
2. Oui, il en faut deux tasses.
3. Il en faut une tasse et demie.
4. Oui, on en met un quart de tasse.
5. Il faut en acheter six.
6. Oui, on en met un.
7. On en met un quart de tasse sur chaque tranche de jambon.
8. Il en faut pour fixer les roulés au jambon.

VIII. En écoutant...

1. Non, merci, je n'en veux pas. Non, j'en mange très peu.
2. Non, merci, je n'en veux pas. Non, je n'en mange jamais.
3. Oui, j'en veux. Oui, j'en mange à tous les repas.
4. Oui, j'aime beaucoup les bananes. Je vais en acheter six.
5. Oui, j'en ai acheté trois bouteilles. Non, je vais en servir avec le dîner.
6. Non, je déteste les brocolis. Non, merci, je ne veux pas en acheter.

7. Oui, j'en ai vu un au premier étage. Non, ils n'en ont pas.
8. Non, je ne vais pas en acheter. Non, je n'en ai pas assez.
9. Oui, on en mange au Macdo. Oui, j'en veux un.

Contrôle 17

Part A

1. des	8. des	15. des
2. des	9. du	16. des
3. de	10. de la	17. du
4. des	11. de l'	18. des
5. des	12. de	19. les
6. le	13. du	20. les
7. la	14. des	

Part B

1. Un litre de vin rouge et huit tranches de gruyère, s'il vous plaît. Le gruyère, vous en voulez huit tranches?
2. Une bouteille de Perrier et deux kilos de pommes, s'il vous plaît. Les pommes, vous en voulez deux kilos?
3. Deux cents grammes de pâté et un petit morceau de brie, s'il vous plaît. Le brie, vous en voulez un petit morceau?
4. Une douzaine d'œufs et une livre de salade de concombres, s'il vous plaît. La salade de concombres, vous en voulez une livre?
5. Un bout de gruyère et une livre de jambon, s'il vous plaît. Le jambon, vous en voulez une livre?

Part C

1. Hugues a moins de cassettes que Monique.
2. Francine achète plus de magazines que Noëlle.
3. Zoé a autant de CD que Vincent.
4. Patrick achète moins de livres que Renée.
5. Gabrielle a moins de boucles d'oreilles que sa mère.
6. Xavier a autant de cravates que Bernard.
7. Solange achète plus de fruits que Richard.
8. Perrine mange plus de légumes que son frère.

IX. Des questions personnelles

Answers will vary. Sample answers.

1. Il y en a (cinq).
2. Oui, j'en ai (un). (Non, je n'en ai pas.)
3. Oui, j'en ai (deux). (Non, je n'en ai pas.)
4. Oui, j'en ai (qui habitent la même ville que moi). (Non, je n'en ai pas [qui habitent la même ville que moi].)
5. J'en ai vu (trois). (Je n'en ai pas vu.)
6. J'en ai vu (deux). (Je n'en ai pas vu.)
7. J'en regarde (huit) ou (neuf). (Je n'en regarde pas.)
8. Oui, j'en mange beaucoup. (Non, je n'en mange pas beaucoup.)
9. Oui, j'en mange (beaucoup). J'en mange (quatre) fois par semaine (tous les jours). (Non, je n'en mange pas [beaucoup].)
10. Oui, j'en mange assez. (Non, je n'en mange pas assez.)
11. Oui, j'en bois (beaucoup). (Non, je n'en bois pas [beaucoup].)
12. Oui, j'en bois. Je n'en bois pas beaucoup. (J'en bois trop.) (Non, je n'en bois pas.)

X. Lisez!: Du travail et du pain, du pain et du travail...

A. La chronologie des événements
8, 3, 1, 7, 4, 2, 6, 5, 9

B. Appréciation du texte

1. a very special memory, a major event from her childhood
2. men: bring wood, bake bread; women: bake pastries, etc.; children: play
3. as if it were a piece of cake: wonderful smell and taste
4. agricultural community, little schooling, women took care of house and children, simple houses, simple life, routine punctuated by communal events (such as the baking of bread)
5. *Answers will vary.*

XIII. Ils lisent beaucoup

1. lit	5. lisez	9. lisent
2. a lu	6. lisiez	10. as lu
3. lises	7. lirai	
4. lisons	8. liront	

XIV. Un week-end au bord de la mer

Answers will vary. Sample answers.

1. Marie-Laure s'est levée à 8 heures. D'abord, elle est allée à la plage où elle a lu. Ensuite, elle est rentrée à la maison où elle a pris son petit déjeuner avec ses parents. Puis elle est allée faire de la planche à voile.
2. Marie-Laure et sa mère sont allées faire des courses au supermarché, puis elles ont déjeuné (pris le thé).
3. Didier et Marie-Laure ont dîné avec leurs parents. Après le dîner, ils sont allés se promener ensemble. Marie-Laure s'est couchée à 10h30. Didier est allé à la discothèque où il a retrouvé des copains. Ils ont dansé. Il s'est couché à deux heures du matin.
4. Didier s'est levé à 7h, puis il a pris son petit déjeuner. Ensuite il est allé à la pêche avec son père. Marie-Laure s'est levée à 10h, puis elle a joué au tennis avec sa mère. Ensuite, toute la famille est allée en ville pour déjeuner.
5. Didier a regardé le match de foot à la télé, puis il est allé se coucher à 11h. Marie-Laure a lu. Ensuite, elle a fait de la couture.

XVI. Au restaurant

1. voudrait	3. voudrais	5. voudriez
2. voudraient	4. voudrais	6. voudrions

XVII. Quelle trouvaille!

1. J'achèterais des cadeaux pour tous mes amis.
2. Paul mettrait de l'argent à la banque.
3. Mes parents ne travailleraient plus.
4. Vous inviteriez vos amis au restaurant.
5. Tu voyagerais partout en Europe.
6. Philippe irait au Mexique.
7. Nous ferions le tour du monde.
8. Mes amis s'amuseraient.

XVIII. Quels conseils donneriez-vous?

1. À ta place, je ne mangerais plus de choses sucrées.
2. À leur place, j'achèterais une maison.
3. À ta place, je n'irais plus au centre commercial au milieu du mois.
4. À sa place, je prendrais des leçons de français.
5. À ta place, je consulterais le médecin.
6. À votre place, je dînerais au restaurant.

7. À sa place, j'irais voir le prof.
8. À ta place, je prendrais des cachets d'aspirine.
9. À votre place, j'inviterais mes meilleurs amis.
10. À ta place, je ne lui donnerais plus d'argent.

Contrôle 18

Part A

1. Nous voudrions parler à M. Imbert.
2. Pourriez-vous m'indiquer son adresse?
3. Sauriez-vous où il est allé?
4. Elles pourraient nous aider?
5. Est-ce que vous auriez le temps de me parler?
6. Je serais contente de lui téléphoner.
7. Est-ce que tu pourrais dîner avec nous ce soir?
8. Vous feriez ça pour moi?
9. Il irait à la boulangerie pour nous?
10. Tu serais gentil de m'aider.

Part B

1. Si nous avions assez de temps, nous irions à New York.
2. Si tu prenais ce cours, je pourrais te prêter mes notes.
3. Est-ce que tu viendrais si on t'invitait?
4. Qu'est-ce que vous feriez si elle refusait?
5. Si elles finissaient leurs devoirs, elles sortiraient.
6. Je serais contente si je réussissais à cet examen.

XX. Les soirs d'été

1. passions
2. avaient
3. aimais
4. faisions
5. s'installaient
6. était; voulait
7. habitais
8. jouiez; étiez
9. sortions
10. allais; lisais; écoutais

XXI. Pendant que nos parents étaient en Italie...

1. Tous les matins, nous nous réveillions de bonne heure.
2. Quelquefois, elle restait au lit pendant une heure ou deux.
3. D'habitude, je me levais tout de suite.
4. Je prenais toujours une douche.
5. Le matin, je rangeais la maison.
6. Ma sœur faisait les courses.
7. Nous déjeunions ensemble fréquemment. (Nous déjeunions fréquemment ensemble.)
8. L'après-midi, nous nous séparions.
9. Elle retrouvait ses amies au stade.
10. J'allais en ville.
11. Le vendredi soir, ma sœur et ses amies dînaient en ville.
12. Le samedi soir, je sortais avec mes copains.

XXII. La soirée de Claire

1. Sacha écoutait de la musique.
2. Michèle parlait avec Yvette.
3. Georges et Véronique dansaient.
4. Claire cherchait des boissons.
5. Jacques et Henri mangeaient.
6. Jérôme regardait la télé.
7. M. Matignon prenait des photos.
8. Tout le monde s'amusait.

XXIII. Le bon vieux temps

1. Mes amis et moi, nous allions souvent au café.
2. J'écoutais la radio tous les jours.
3. Ma mère et mon père travaillaient aussi.
4. Je faisais des promenades.
5. Je me levais à 7h du matin le week-end.
6. Mes amis et moi, nous avions des vélos.
7. La famille mangeait toujours ensemble.
8. Je voulais rester à la maison jusqu'à 22 ans.
9. Mes parents et moi, nous voyagions beaucoup aussi.
10. Je préférais les pâtisseries.

XXIV. Le début d'une histoire

C'était une nuit de décembre. Il faisait froid. Il neigeait. Nous étions deux dans la voiture—ma sœur Lucienne et moi. Mais la voiture ne marchait pas. Nous n'avions plus d'essence. Au bord de la route il y avait une vieille femme. Elle avait les cheveux blancs et son cou était très long. Elle promenait un chien et elle chantait très fort. Ma sœur et moi la trouvions un peu bizarre et je n'étais pas content de la rencontrer.

Contrôle 19

Part A

1. Moi, je travaillais. Je parlais avec des collègues.
2. Moi, j'étais dans la cuisine. Je préparais le déjeuner.
3. Nous, nous faisions de la voile près de Biarritz.
4. Lui, il était au musée. Il regardait des tableaux de Monet.
5. Elle, elle passait un examen. Elle avait beaucoup de difficultés.
6. Elle, elle jouait avec ses copains.
7. Lui, il voyageait en Inde.
8. Elle, elle écoutait la radio.

Part B

1. Tous les jours, je prenais l'autobus pour aller à l'école.
2. En hiver, Georges était souvent malade.
3. À cette époque, nous habitions très loin du lycée.
4. J'allais souvent chez Martin pour déjeuner.
5. Nos parents étaient très jeunes.
6. Ma mère avait vingt-huit ans.
7. Le matin, mes sœurs quittaient la maison après moi.
8. Mon petit frère ne se levait pas avant 9 heures.
9. Nos parents avaient beaucoup de patience avec nous.
10. Mon père partait souvent en voyage.
11. Ma mère travaillait aussi.
12. Et vous, qu'est-ce que vous faisiez?
13. Toi, tu sortais souvent avec tes parents?

XXVI. Des recherches

1. There hasn't been a great deal of fluctuation in the percentage of French who went on vacation in the last twenty years. The higher percentages (64%, 65%, 66%) may represent years when the economy was stronger and more people could afford to go on vacation. Generally, between 56% and 66% of the French go on vacations that last at least four days/nights.
2. a. 92%
   b. 8%
3. a. 72,0
   b. 12,7

4. 1. to visit new places
   2. to visit family and friends
   3. to spend time engaged in their favorite activities (sports, reading, etc.)
5. in the country (34%)
6. at the seashore (average of 8.6 days)
7. Because most of them stay in France or in neighboring countries that are very easily accessible.
8. Disneyland Paris; the Eiffel Tower
9. Taking walks; visiting monuments and museums
10. Answers will vary.

XXIX. Mots cachés

Sports

karaté	cyclisme
surf	judo
boxe	gymnastique
natation	luge
ski	patinage
volleyball	équitation
squash	jogging

Foods

salade de concombres	thé
jus de fruits	tomates
dinde	brie
crudités	bière
poisson	fraise
légumes	pain
poulet	vin
céréales	saumon
	salade

Salade appears twice.

XXXI. Combien?

1. Quatre poulets.
2. Huit kilos de pommes de terre.
3. 750 (Sept cent cinquante) grammes de brie.
4. Dix bouteilles de Perrier.
5. Deux livres de fraises.
6. Trois kilos de haricots verts.
7. Vingt tranches de jambon.
8. Un gros bout de gruyère.
9. Une douzaine d'œufs.
10. Dix pâtisseries.

XXXII. Ce que j'ai acheté

1. J'en ai acheté quatre.
2. Oui, j'en ai acheté huit kilos.
3. Non, je n'en ai pas acheté, j'ai acheté du brie.
4. Non, je n'en ai pas acheté, j'ai acheté du Perrier.
5. Oui, j'en ai acheté deux livres.
6. Non, je n'en ai pas acheté, j'ai acheté des haricots verts.
7. J'en ai acheté vingt tranches.
8. J'en ai acheté un gros bout.
9. Oui, j'en ai acheté assez. (Non, je n'en ai pas acheté assez.)
10. Oui, j'en ai acheté dix.

XXXIII. Qu'est-ce que tu faisais quand... ?

1. Elle finissait la lessive.
2. J'étais (Nous étions) au téléphone.
3. Ils faisaient du jardinage.
4. Je mettais la table.
5. Nous prenions un café sur la terrasse.
6. Tu mangeais au restaurant.

XXXIV. Autrefois et aujourd'hui

1. Aujourd'hui, il ne regarde jamais la télévision.
2. Aujourd'hui, on n'a plus de chien.
3. Aujourd'hui, nous n'habitons plus en ville.
4. Aujourd'hui, elle n'invite personne à manger le week-end.
5. Aujourd'hui, personne ne vient chez nous pour faire le ménage.
6. Aujourd'hui, nous n'allons jamais au cinéma. (Aujourd'hui, nous n'allons pas souvent au cinéma.)
7. Aujourd'hui, nous ne faisons rien pendant les vacances.
8. Aujourd'hui, rien ne m'intéresse.
9. Aujourd'hui, on ne fait plus de promenades ensemble.

XXXV. Une conversation

voudrais
aimerais
pourrions; ferais
serait; préparerais
ferais
achèterais; pourrions
aiderais; irions
aimeraient
faudrait

CHAPITRE 8

I. La météo

Answers will vary. Sample answers.

1. regional as well as national weather maps / extended forecast / frontal systems
2. information about winds
3. size of the United States

II. Quel temps fait-il?

A.

1. sunny
2. mostly coudy
3. sunny
4. sunny
5. mostly sunny

B.

1. warmer
2. sunny
3. Corsica; northern France
4. latitude, winds, ocean effect

III. Quel temps fait-il en France?

1. Brest (puis Strasbourg)
2. Nice, Perpignan (Brest)
3. il fait chaud, il y a beaucoup d'orages
4. il fait froid, il gèle
5. Strasbourg, Perpignan, Nice
6. Nice, Perpignan (Brest, Bordeaux)

IV. Quel temps fait-il aujourd'hui?

1. Il neige.
2. Il fait du vent. (Il y a du vent.)
3. Il fait (très) chaud.
4. Il pleut. (Il y a une averse de pluie.)
5. Il fait du soleil. (Il fait beau.)
6. Il y un orage. (Il fait mauvais.)
7. Le ciel est couvert. (Le temps est nuageux. / Il y a des nuages.)
8. Il fait du brouillard.
9. Il fait (très) froid. (Il gèle.)

VI. Comparaisons

A.

1. Alain a plus de frères que Michel.
2. Évelyne a moins de cousins que Laurie.
3. Patrick a autant de temps libre que Guy.
4. Richard a plus de CD que Jean-François.
5. Philippe a autant de cours que Marc.
6. Marie a moins de devoirs que Cécile.

B.

1. Suzanne est moins intelligente que Janine.
2. Monique est aussi généreuse qu'Hervé.
3. Les parents de Jacques sont moins traditionalistes que mes parents.
4. Le cours de chinois est plus difficile que le cours de français.
5. Les amis de mes parents sont moins amusants que mes amis.
6. Le prof de chinois est aussi patient que le prof de français.
7. Isabelle est plus sympathique que Simone.
8. Félix est moins sportif que Paul.

VII. Meilleur et mieux

1. Véronique chante mieux que Jean.
2. Alexandre travaille aussi bien que François.
3. Annie mange moins bien que Marcel.
4. Les légumes sont meilleurs pour la santé que le poulet.
5. Les notes de Paul sont moins bonnes que les notes de Marie.
6. L'autre restaurant japonais est aussi bon que ce restaurant japonais.
7. Je danse mieux que mes amis.
8. La Vittel est meilleur que le Perrier.

VIII. Les ouvriers de l'atelier Michelin

1. Jacqueline est l'ouvrière la moins âgée.
2. Jean-Loup fait le meilleur travail.
3. Jacqueline gagne le moins d'argent.
4. Jacqueline est l'ouvrière la plus jeune.

5. Albert gagne le plus d'argent.
6. Mireille fait le moins bon travail.

IX. Que pensent les étudiants de leurs cours?

1. Le cours le plus facile, c'est le cours de biologie.
2. Le cours où il y a le plus d'examens, c'est le cours de français.
3. Le cours où on donne les meilleures notes, c'est le cours de musique. (... le plus de bonnes notes...)
4. Le cours où il y a le moins d'examens, c'est le cours de gymnastique.
5. Le cours où on donne les moins bonnes notes, c'est le cours d'astronomie. (... le moins de bonnes notes...)
6. Le cours le moins difficile, c'est le cours de statistiques.
7. Le cours où il y a le plus de devoirs, c'est le cours d'allemand.
8. Le cours où on donne les notes les plus élevées, c'est le cours d'éducation physique.

Contrôle 20

Part A

1. Le cours de géologie est aussi difficile que le cours de biologie.
2. Le cours de chimie est plus difficile que le cours d'astronomie. (Le cours d'astronomie est moins difficile que le cours de chimie.)
3. Le cours de chimie est moins difficile que le cours de physique. (Le cours de physique est plus difficile que le cours de chimie.)
4. Il y a plus d'examens en géologie qu'en biologie. (Il y a moins d'examens en biologie qu'en géologie.)
5. Il y a autant d'examens en chimie qu'en physique.
6. Il y a moins d'examens en astronomie qu'en chimie. (Il y a plus d'examens en chimie qu'en astronomie.)
7. On donne des meilleures notes en astronomie qu'en chimie. (On donne plus de bonnes notes en astronomie qu'en chimie. / On donne des moins bonnes notes en chimie qu'en astronomie. / On donne moins de bonnes notes en chimie qu'en astronomie.)
8. On donne des moins bonnes notes en physique qu'en biologie. (On donne moins de bonnes notes en physique qu'en biologie. / On donne des meilleures notes en biologie qu'en physique. / On donne plus de bonnes notes en biologie qu'en physique.)
9. En général, on se débrouille mieux en astronomie qu'en chimie. (En général, on se débrouille moins bien en chimie qu'en astronomie.)
10. En général, on se débrouille moins bien en physique qu'en biologie. (En général, on se débrouille mieux en biologie qu'en physique.)

Part B

1. Le cours de physique est le cours le plus difficile.
2. Le cours d'astronomie est le cours où on donne le moins d'examens.
3. Le cours de géologie est le cours où on donne le plus d'examens.
4. Le cours d'astronomie est le cours où on donne les meilleures notes. (... le plus de bonnes notes.)
5. Le cours de physique est le cours où on donne les moins bonnes notes. (... le moins de bonnes notes.)

XI. Le corps humain

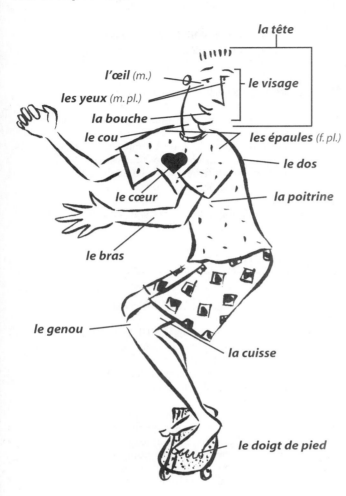

la tête

l'œil (m.)
les yeux (m. pl.)
la bouche
le cou
le visage
les épaules (f. pl.)
le dos
le cœur
la poitrine
le bras
le genou
la cuisse
le doigt de pied

XII. Qu'est-ce qui leur est arrivé?

1. M. Prigent s'est cassé la jambe.
2. Mme Carreira s'est coupée à la main.
3. Virginie s'est fait mal au genou.
4. Frédéric s'est foulé la cheville.
5. Isabelle s'est brûlé au doigt.
6. Bruno s'est fait mal à la tête.

XIII. Mini-conversations

1. Je ne me sens pas très bien. J'ai peut-être le mal de mer.
2. Elle s'est cassé le poignet.
3. Je me sens un peu fatigué. J'ai peut-être une petite grippe.
4. Je me suis fait mal au genou.
5. Oui, je suis en très bonne forme aujourd'hui.
6. Je crois qu'il a la migraine.

XIV. Les maladies

Answers will vary.
1. les oreillons / la rougeole / la rubéole / la varicelle
2. une bronchite / une grippe / une pneumonie / un rhume / une sinusite / une streptococcie
3. le mal de l'air / le mal de mer
4. la migraine / le rhume des foins
5. une angine / une crise d'appendicite

XVI. Tohu-bohu

MALADIES: avoir une grippe (un rhume, le rhume des foins, la migraine, le mal de mer, une bronchite, une sinusite, la rougeole, la rubéole, la varicelle, les oreillons, une crise d'appendicite, une angine)

SYMPTÔMES: avoir mal à la tête (mal à la gorge, mal au cœur, mal à l'estomac, mal à l'oreille, mal aux yeux, de la fièvre, le nez qui coule, le nez bouché), tousser, éternuer, avoir froid (chaud, des courbatures, des vertiges, une inflammation des ganglions)

REMÈDES: prendre de l'aspirine (des gouttes, un sirop, des comprimés, des antihistaminiques, des pastilles), rester au lit, se reposer, boire des jus de fruits (de l'eau)

XVIII. Qu'est-ce qu'ils ont fait hier?

1. Nous sommes resté(e)s à la maison. Il pleuvait.
2. Micheline a fait des courses en ville. Il y avait beaucoup de circulation.
3. Jean et Pierre sont allés à Versailles. Ils avaient envie de sortir.
4. Je voulais rendre visite à mon oncle. J'ai pris le train.
5. Nous avons pris le métro. Nous étions pressés.

XIX. Qu'est-ce qu'ils faisaient quand... ?

1. Quand Jean a téléphoné, je prenais le petit déjeuner.
2. Quand elle est descendue, nous faisions (je faisais) la lessive.
3. Quand je suis sorti(e), il travaillait au jardin.
4. Quand il est rentré, elles étudiaient.
5. Quand je me suis couché(e), tu regardais la télé.
6. Quand nous sommes allés au café, vous faisiez des courses.
7. Quand elle est sortie, il s'occupait des enfants.
8. Quand Marc s'est coupé au doigt, il préparait le dîner.

XX. La Révolution de 1789

1. La Révolution a commencé au mois de mai 1789.
2. Le roi ne voulait pas écouter les membres de la bourgeoisie.
3. La bourgeoisie n'était pas contente parce qu'elle payait trop d'impôts.
4. Le 14 juillet 1789, les Parisiens ont pris la Bastille, une prison à Paris.
5. En 1792, les révolutionnaires ont proclamé la république.
6. Le roi Louis XVI n'avait plus d'autorité.
7. Le gouvernement révolutionnaire a guillotiné le roi et sa femme, Marie-Antoinette, en 1793.
8. Napoléon Bonaparte était général dans l'armée française quand la Révolution a commencé.
9. Il faisait la guerre en Égypte quand il a appris la nouvelle que la France avait besoin d'un dirigeant.
10. En 1799 il est rentré en France, il a pris le pouvoir et enfin, en 1804, il s'est déclaré empereur.
11. Malheureusement, Napoléon n'a pas donné aux Français la paix qu'ils cherchaient.

◼ Contrôle 21

Vers 14h, deux hommes et une femme **sont entrés** dans la banque. Moi, j'**étais** au guichet. Un des hommes **était** très grand; il **avait** les cheveux noirs; il **avait** une barbe; il **était** très mince. Il **parlait** très fort et il **avait** l'air impatient. Il **avait** un pistolet.

Son compagnon n'**était** pas grand. Il **était** gros et il **avait** une moustache. Il **portait** un tee-shirt avec «Malibu» inscrit sur le dos. Il **a demandé** aux clients de lui donner leurs portefeuilles. Il **a pris** aussi leurs montres.

La femme **était** grande. Elle **avait** les cheveux blonds. Elle **portait** un jean et un tee-shirt rouge. Elle **avait** un sac à dos. Elle **a pris** les bijoux des clients. Ensuite elle **est sortie** de la banque. C'**était** elle le chauffeur de la voiture.

La voiture **était** une Citroën. Elle **était** grise et elle **était** neuve.

Il y **avait** beaucoup de clients dans la banque. Tout le monde **était** très nerveux et **avait** peur.

Les employés de la banque **ont été** très courageux. Ils **sont restés** calmes. Une employée **a sonné** l'alarme et les voleurs **ont quitté** la banque très vite.

Heureusement que la police **est arrivée** quelques minutes plus tard. Mais les voleurs n'**étaient** plus là.

✗✗✗. Une histoire d'amour

Roland et Albertine **se sont rencontrés** à une fête chez Paul. On **célébrait** l'anniversaire de Janine, la sœur de Paul. Tout le monde **dansait** et **mangeait**. Plusieurs invités **fumaient**. Roland et Albertine n'**avaient** pas envie de danser et ils ne **fumaient** pas. Ils **ont quitté** la fête. Ils **se sont promenés** dans le parc. Le lendemain Roland **a téléphoné** à Albertine. Ils **se sont retrouvés** sur les quais de la Seine. Il **faisait** très beau. Le soleil **brillait**. La Seine **était** très belle. Des amoureux **se promenaient** sur les quais. Roland et Albertine **se sont embrassés** tendrement. Quelques semaines plus tard ils **se sont fiancés**. Au mois de juin ils **se sont mariés**. Leurs parents **étaient** très contents. Au mariage tout le monde **s'est amusé**. Ce soir-là Roland et Albertine **sont partis** à la Guadeloupe où ils **ont passé** une semaine merveilleuse.

✗✗✗✗. Qu'est-ce qu'ils font?

1. marche à pied
2. tractions
3. musculation
4. vélo
5. gymnastique
6. jogging
7. natation

✗✗✗✗. Qu'est-ce qu'ils ont?

1. un stepper
2. un tapis de course
3. une presse
4. un vélo d'intérieur
5. un rameur

✗✗✗✗✗. Les six groupes d'aliments

1. groupe 4
2. groupe 5
3. groupe 3
4. groupe 1
5. groupe 4
6. groupe 2
7. groupe 1
8. groupe 5

✗✗✗✗✗✗. Les verbes en -ir

1. finissons
2. grandit
3. maigrissent
4. grossis
5. as fini
6. ont choisi
7. n'ai pas réussi
8. a vieilli
9. réussissaient
10. finissais
11. réussiras
12. grossiront
13. finisse
14. maigrissions

✗✗✗✗. La vie à l'université

1. choisit
2. choisissent
3. finis
4. finissent
5. maigris
6. grossissent
7. grandissons

✗✗✗. D'où venez-vous?

1. Oui, ils viennent de Trois-Rivières.
2. Oui, nous venons de Zurich.
3. Oui, elle vient de Bruxelles.
4. Oui, tu viens de Manchester.
5. Oui, nous venons de Barcelone.
6. Oui, je viens de (Detroit). / Non, je suis (vénézuélien[ne]. Je viens de (Caracas).

✗✗✗✗. Une émission télévisée

1. Un des hommes vient de demander tout l'argent.
2. Ils viennent de prendre deux personnes en otages.
3. Ils viennent de quitter la banque.
4. L'employé de la banque vient de téléphoner à la police.
5. Les agents de police viennent d'arriver.
6. Un client vient de faire une description des voleurs.
7. On vient d'annoncer que cette histoire va continuer dans quelques instants.
8. Je viens de changer de chaîne.

✗✗✗✗✗. Le verbe venir

1. sommes venu(e)s
2. est... venue
3. venait
4. venaient
5. viendrons
6. viendras
7. viendrais
8. viendrait
9. veniez
10. vienne

■ Contrôle 22

Part A

1. choisis
2. réussit
3. grossissent
4. finis
5. grandissez
6. as fini
7. ont maigri
8. finissait
9. réussirons
10. choisissiez

Part B

11. vient
12. viendra
13. venaient
14. viennes
15. sont... venus

Part C

16. Elle vient de se coucher.
17. Je viens de finir mes devoirs.

✗✗✗✗✗✗. La forme à la française

1. a. bodybuilding, weightlifting
   b. sauna
   c. Turkish bath (similar to sauna)
   d. electronic weight-loss program
   e. whirlpool tub
   f. aerobics
   g. tanning

2. variety of activities / pay for individual activities rather than a membership fee

XXXIV. Pourquoi?

Answers will vary. Sample answers.
1. Matthieu a grandi; il fait de la musculation.
2. Suzanne garde sa ligne; elle fait de la marche à pied.
3. Mme Rinaldi grossit (ne garde pas sa ligne); elle mange trop; elle ne fait pas attention à ce qu'elle mange.
4. M. Lécuyer grossit (ne garde pas sa ligne); il mange trop; il se repose trop.
5. Jeanne-Marie grossit; elle est enceinte.
6. Bertrand reste petit; il ne mange pas assez.

XXXIX. Des traits caractéristiques

1. Fernand est moins intelligent que Janine.
2. La tante Nicole est aussi ambitieuse que l'oncle Bernard.
3. Les frères sont plus bavards que les sœurs.
4. Chantal parle mieux l'anglais que Philippe.
5. Les garçons travaillent moins bien à l'école que les filles.
6. Mme Jacquette est aussi généreuse que M. Jacquette.
7. Mme Jacquette est meilleure cuisinière que M. Jacquette.
8. Hervé est plus énergique que Jacqueline.
9. Adeline a plus de CD que Marie.
10. Les grands-parents ont autant d'amis que les parents.
11. Janine est la plus sportive de la famille.
12. Phlippe et Adeline sont les moins discrets de la famille.
13. M. Jacquette joue le mieux au tennis.
14. Hervé est le meilleur chanteur de la famille.
15. La mère de Mme Jacquette est la plus âgée de la famille.

XL. Une excursion à Versailles

La première fois que je **suis allée** en France, j'**ai passé** un mois chez mon oncle Christian et ma tante Josette. Mes parents **voulaient** que j'apprenne le français. Christian et Josette m'**ont appris** beaucoup de choses. Nous **avons visité** des monuments, nous **avons fait** des exercusions en voiture et j'**ai mangé** beaucoup de bonnes choses. Un jour, Christian **a décidé** que nous allions passer la journée à Versailles. Nous **avons fait** le voyage en train et nous **nous sommes bien amusés.**

Le château de Versailles **était** très impressionnant. Je **n'ai pas compris** toute l'histoire que **racontait** le guide, mais j'**ai compris** qu'il **était** surtout question du roi Louis XIV. On l'**appelait** aussi le Roi Soleil et son règne **a duré** 72 ans, de 1643 à 1715. À mon avis, ce roi **avait** des habitudes assez bizarres. Il **faisait** sa toilette devant tout le monde et la personne qui **pouvait** l'habiller **était** très estimée des autres. Chaque jour, certains nobles **participaient** donc à la cérémonie du lever et du coucher du roi.

Maintenant que j'**ai fini** mes études de français, je sais que mes idées sur Louis XIV **étaient** très simplistes. Les idées et les actions de Louis XIV **ont beaucoup influencé** le développement politique de la France.

XLI. Les verbes en -*ir*

1. finissez; finis
2. ont réussi; n'a pas réussi
3. choisissiez; choisisse
4. grossira; grossirais
5. grandissent
6. finissions

XLII. Les verbes en -*ir*

A. Des questions
1. viens
2. est venu
3. viendrez
4. sont venues
5. vienne

B. Préparatifs de voyage
1. Oui, nous venons de faire les valises. (Oui, nous venons de les faire.)
2. Oui, je viens de fermer les fenêtres. (Oui, je viens de les fermer.)
3. Oui, ils viennent de ranger leur chambre. (Oui, ils viennent de la ranger.)
4. Oui, elle vient d'aller à la pharmacie. (Oui, elle vient d'y aller.)
5. Oui, je viens de trouver le *Guide Michelin.* (Oui, je viens de le trouver.)
6. Oui, il vient de réserver les chambres d'hôtel. (Oui, il vient de les réserver.)

MANUEL DE PRÉPARATION
AUDIO SCRIPT

MANUEL DE PRÉPARATION AUDIO SCRIPT

CD1, TRACK 2   Page 6

▣ Prononcez bien! *Sounds and letters in French*

The French sound equivalents of the five basic English vowels (*a, e, i, o, u*) are: [a], [ə], [i], [o], [y].

[a]	cassette	Gaston	littérature
[ə]	le	Denise	que
[i]	film	Gigi	biologie
[o]	vidéo	Claude	bientôt
[y]	musique	tu	salut

There are six other vowel sounds in French that are close to the basic ones mentioned above: [e], [ɛ], [ø], [œ], [ɔ], [u].

[e]	idée	allez	présenter
[ɛ]	cassette	aime	préfère
[ø]	deux	jeu	Eugène
[œ]	neuf	baladeur	seul
[ɔ]	botanique	rock	commerce
[u]	vous	douze	bouquin

French also has three nasal vowels—that is, the sound is pushed through the nose rather than through the mouth: [ã], [ɛ̃], [ɔ̃].

[ã]	en	français	Jean
[ɛ̃]	dessin	vingt	américain
[ɔ̃]	jambon	onze	bonjour

Many French consonants sound very much like English consonants.

[b]	bonjour	botanique
[p]	place	peinture
[d]	disque	deux
[t]	toi	matière
[m]	moi	chimie
[n]	une	neuf
[k]	musique	comptabilité
[s]	cassette	sciences
[z]	douze	philosophie
[f]	neuf	physique
[v]	va	vivant
[l]	littérature	allez
[g]	gare	grand

There are, however, a few consonant sounds that are not as easily recognizable or that sound different from their English equivalents: [ʀ], [ʃ], [ʒ], [ɲ], [j], [ɥ], [w].

[ʀ]	rock	laser	art
[ʃ]	chapitre	chanteur	chimie
[ʒ]	je	sociologie	Georges
[ɲ]	espagnol	signe	Agnès
[j]	Pierre	sociologie	bientôt
[ɥ]	huit	Suisse	linguistique
[w]	oui	Louis	droit

CHAPITRE 1

CD1, TRACK 3   Page 20

▣ Structure grammaticale: Indefinite and definite articles

EXPLICATION: INDEFINITE ARTICLES

First listen to the dialogue.

AU RAYON DE MUSIQUE

BÉNÉDICTE: Ah, voici le rayon de musique.

FRANÇOISE: Moi, je cherche un CD d'Indochine.

ANNICK: Moi, je préfère les cassettes. Je vais acheter une cassette de Julien Clerc.

Now repeat the indefinite articles: **un, une, des.**

Notice that the **n** of **un** and the **s** of **des** are *not* pronounced unless they immediately precede a noun that begins with a vowel or a vowel sound. Thus, you say: **un livre, un DVD,** but **un‿album; des livres, des DVD,** but **des‿albums.**

Repeat the following words, paying attention to the pronunciation of the articles.

> **un livre, un DVD, un magasin, un album, un hôtel;
> une cassette, une orange, une calculatrice, une vidéo;
> des livres, des DVD, des albums, des cassettes, des oranges,
> des calculatrices.**

Now repeat the following sentences.

> **C'est un CD.
> C'est une cassette de Francis Cabrel.
> C'est une calculatrice.**

Ce sont des jeux vidéos.
Ce sont des livres.
Je vais acheter un baladeur.
Je vais acheter un DVD.
Je cherche une cassette de Jean-Jacques Goldman.
Je cherche des CD.

CD1, TRACK 4   Pages 22 and 23

EXPLICATION (SUITE): DEFINITE ARTICLES

First listen to the dialogue.

AU RAYON DE LIVRES

GEORGES: Où sont les livres d'espionnage? Je vais acheter le nouveau roman de Tom Clancy.

VINCENT: Moi, je préfère la science-fiction. Je cherche un roman d'Isaac Asimov.

Now repeat the definite articles: **le, la, les.**

Notice that the **s** of **les** is *not* pronounced unless it immediately precedes a noun beginning with a vowel or a vowel sound. Thus, you say: **les livres, les DVD,** but **les_albums.** In addition, notice that **le** and **la** become **l'** before a vowel or a vowel sound. Thus, you say: **le livre,** but **l'album; la cassette,** but **l'orange.**

Repeat the following words, paying attention to the pronunciation of the articles.

> le livre, le DVD, le magasin;
> la cassette, la bijouterie, la parfumerie;
> l'album, l'orange, l'ordinateur, l'amie;
> les livres, les DVD, les magasins, les cassettes,
> les bijouteries, les albums, les oranges, les ordinateurs,
> les amis.

Now repeat the following sentences.

> J'aime beaucoup le rock.
> Je n'aime pas le folk.
> Je préfère la musique classique.
> Je préfère les cassettes.
> Marie-Louise préfère les CD.
> Voilà la bijouterie.
> Voilà les amis de François.
> Je travaille à l'ordinateur.

Finally, repeat both model dialogues, paying special attention to the definite and indefinite articles.

AU MAGASIN DE DISQUES

BÉNÉDICTE: Ah, voici le rayon de musique.

FRANÇOISE: Moi, je cherche un CD d'Indochine.

ANNICK: Moi, je préfère les cassettes. Je vais acheter une cassette de Julien Le Clerc.

AU RAYON DES LIVRES

GEORGES: Où sont les livres d'espionnage? Je vais acheter le nouveau roman de Tom Clancy.

VINCENT: Moi, je préfère la science-fiction. Je cherche un roman d'Isaac Asimov.

CD1, TRACK 5   Page 25

▦ Structure grammaticale: Verbs ending in *-er*

Listen to the dialogue.

AU MAGASIN DE MUSIQUE

Martine rencontre Gérard et Yves au magasin de musique. Ils parlent pendant quelques instants.

MARTINE: Qu'est-ce que vous faites là?

GÉRARD: Nous cherchons des cassettes. Et toi?

MARTINE: Je cherche un CD pour Chantal.

YVES: C'est bien, ça. Elle adore la musique.

CD1, TRACK 6   Pages 26 and 28

EXPLICATION

Now repeat the subject pronouns in French: **je, tu, il, elle, on, nous, vous, ils, elles.**

Notice that normally the **s** of **nous, vous, ils,** and **elles** is *not* pronounced.

Now repeat the forms of the verb **regarder: je regarde, tu regardes, il regarde, elle regarde, on regarde, nous regardons, vous regardez, ils regardent, elles regardent.**

Now repeat the forms of a verb beginning with a vowel sound, the verb **habiter: j'habite, tu habites, il habite, elle habite, on habite, nous habitons, vous habitez, ils habitent, elles habitent.**

Did you notice that, because of the vowel sound at the beginning of the verb, **je** slides together with the verb form (**j'habite**) and the **s** of **nous, vous, ils,** and **elles** is pronounced (**nous_habitons, vous_habitez, ils_habitent, elles_habitent**) as well as the **n** of **on** (**on_habite**)?

You also read about the negative expression **ne... pas** that goes around the verb form. Like the subject pronoun **je,** the first part of the negative, **ne,** slides together with a vowel or vowel sound. Thus, you say: **je ne regarde pas, il ne cherche pas, nous ne parlons pas,** but **je n'aime pas, elle n'habite pas.**

Repeat the following negative verb forms: **je ne parle pas, elle ne travaille pas, vous ne mangez pas, elles ne fument pas; il n'aime pas, elle n'étudie pas, ils n'écoutent pas.**

Now repeat the following sentences.

> Je cherche une parfumerie.
> Tu fumes?
> Où est-ce que vous habitez?
> Elle ne parle pas français.
> Nous préférons la musique classique.
> Vous étudiez le français?
> Je ne travaille pas.
> Ils aiment voyager.
> J'adore le jazz.
> Ils n'habitent pas à Paris.
> Vous voyagez?
> Où est-ce qu'on mange?

Now repeat the model dialogue on page 25, paying special attention to the verb forms.

▨ Structure grammaticale: The verb *aller*

Listen to the dialogue.

LES QUESTIONS DE PAPA

PAPA: Où est-ce que vous allez, vous deux?

LAURE: Nous allons au café, papa.

PAPA: Et toi, Georges. Tu vas où?

GEORGES: Moi, je vais à l'université.

NATHALIE: C'est pas vrai! Il va à la Fnac acheter des CD.

EXPLICATION

Now repeat the forms of the verb **aller: je vais, tu vas, il va, elle va, on va, nous allons, vous allez, ils vont, elles vont.**

Did you notice anything about the **nous** and **vous** forms? That's right. The **s** was pronounced because **allez** and **allons** begin with a vowel.

Now repeat the following sentences.

> **Je vais à Paris.**
> **Elle va à Rome.**
> **Nous allons à Londres.**
> **Où est-ce que vous allez?**
> **Ils vont à Moscou.**
> **Tu vas à la Fnac?**
> **Elles vont au Macdo.**
> **On va à Madrid?**

Now repeat the model dialogue on page 35, paying special attention to the forms of the verb **aller.**

▨ Prononcez bien! *Les consonnes finales*

As a general rule, final consonants in French are silent. Because speakers of English are accustomed to pronouncing most final consonants, you will have to pay close attention to consonants at the end of words when speaking French.

part	**part**
uncles	**oncles**
mix	**prix**
cup	**coupe**

The major exceptions to the rule of unpronounced final consonants are **c, r, f,** and **l.** These four consonants are usually pronounced when they are at the end of a word. It may be helpful to use the English word CaReFuL as a memory aid.

parc   bonjour   actif   mal

However, this rule does *not* apply to infinitives ending in **-er** (for example, **parler, travailler, aller**) nor to nouns ending in **-ier** (for example, **janvier, calendrier**).

In addition, if a word ends in a mute **e** (an **e** without a diacritic [accent] mark), the preceding consonant is pronounced and the mute **e,** as its name implies, remains silent.

EXERCICE IX. LES CONSONNES FINALES.

A. Repeat each word or expression, being careful NOT to pronounce the final consonant or consonants.

> **travaillez / français / thé au lait / Paris / bien / beaucoup / crayon / vous / je voudrais / tu parles / nous mangeons / ils fument**

B. Now repeat each word, being careful to PRONOUNCE the final consonant *except* in the case of infinitives ending in **-er** and nouns ending in **-ier.**

> **Marc / kir / bref / bonjour / au revoir / manger / espagnol / centre commercial / Jean-Luc / il / classeur / cahier / Vittel / aller**

C. Now repeat each word, being careful to PRONOUNCE a consonant *before* a final mute **e.**

> **Madame / quelque chose / carte postale / cassette / Françoise / bière allemande / thé nature / seize**

D. Now give yourself a little test. Read each word aloud, paying attention to whether or not the final consonant should be pronounced. This time, say the word *before* the voice on the CD, and then listen to whether the voice does or does not pronounce the final consonant.

1. cherchent
2. pour
3. Rome
4. calendrier
5. les
6. rouge
7. quelquefois
8. Éric
9. deux
10. vous travaillez
11. À bientôt!
12. parler
13. jamais
14. Montréal
15. sandwich au jambon

E. Finally, listen to the following paragraph, noticing which sounds are pronounced at the ends of words and which are not pronounced. This paragraph describes the writer Simone de Beauvoir's feelings as she prepares to return to France after a visit to the United States.

Je peux sortir d'Amérique. Je vais en sortir. Le soir descend sur New York: le dernier soir. Ce pays contre lequel je me suis si souvent irritée, voilà que je suis déchirée de le quitter. Souvent on m'a demandé ces derniers temps: «Aimez-vous l'Amérique?» et j'avais pris l'habitude de répondre: «Moitié moitié» ou «Cinquante pour cent». Cette évaluation mathématique ne signifie pas grand-chose; elle reflète seulement mes hésitations. Il ne s'est guère passé de jour que l'Amérique ne m'ait éblouie, guère de jour qu'elle ne m'ait déçue. Je ne sais pas si je pourrais y vivre heureusement; je suis sûre que je la regretterai avec passion.

EXERCICE D'ÉCOUTE: RENCONTRES

You'll hear a set of eight short conversations. For each conversation, indicate: (a) the basic activity going on (*greeting, introducing, saying good-bye, ordering, asking for help, buying*); (b) whether the people involved are *friends, acquaintances, strangers,* or *a combination*; (c) where the conversation is taking place (when possible).

Conversation 1

—Ah, salut, Laurent!
—Ah, Albertine. Salut. Ça va?
—Oui, ça va. Et toi?
—Ça va bien.

Conversation 2

—Bon, qu'est-ce qu'on prend?
—Moi, j'ai envie d'un sandwich au pâté de campagne, aujourd'hui.
—Oui, moi, je crois que je vais prendre un petit croque-monsieur et puis un coca.
—Et toi?
—Oh, très léger, une salade niçoise et une Badoit.
—Bon. Garçon, s'il vous plaît!

Conversation 3

—Je dois vous quitter maintenant; cette visite au musée était très sympathique.
—Bon, eh bien, on se revoit la semaine prochaine.
—D'accord. Téléphonez-moi. Au revoir.
—Au revoir.
—À bientôt.

Conversation 4

—Et pour ces messieurs?
—Moi, je vais prendre un hamburger sans ketchup, des frites et un coca.
—Puis moi, je vais prendre un... un Big-Mac et puis un jus d'orange, alors.

Conversation 5

—Eh, regarde Stéphane, qui est là...
—Salut, Albertine.
—Bonjour, Annie.
—Stéphane, je te présente Albertine. C'est mon amie.
—Bonjour, euh... Albertine?
—Bonjour, Stéphane.
—Qu'est-ce que tu fais là?
—Oh, je vais au magasin de vidéo.
—Ah? Nous, on va à la bijouterie.

Conversation 6

—Monsieur Duval, quelle surprise!
—Monsieur Joseph, comment allez-vous?
—Très bien. Et vous-même?
—Très bien, merci.
—Vous prenez quelque chose?
—Euh, oui, je prendrais bien un café.
—Euh, garçon, un café s'il vous plaît.

Conversation 7

—Bonjour, Madame. Qu'est-ce que vous avez là?
—Deux CD.
—Ah, oui. Voyons... celui-ci, c'est 14 euros. Et... ah, oui... le Louis Armstrong est en solde... 12 euros.
—C'est en solde? Super!

Conversation 8

—Excusez-moi, Madame. Je cherche le rayon de CD. Où est-ce qu'il se trouve?
—Le rayon des CD? Il est au fond, à droite, juste en face des appareils photo.
—À droite?
—Oui, vous avez les calculatrices, puis les jeux vidéos, et ensuite les CD.
—Bon... Merci, Madame.
—Je vous en prie, Monsieur.

CHAPITRE 2

CD1, TRACK 12   Page 60

■ Structure grammaticale: The prepositions *à* and *de* with the definite article

Listen to the dialogue.

OÙ EST LE MAGASIN DE MUSIQUE?

GEORGES: Où est-ce que vous allez?

LAURE: Nous allons à la papeterie. Et toi, Georges, tu vas où?

GEORGES: Moi, je vais au magasin de musique, le Madison.

LAURE: Ah, le Madison. Il est en face du jardin public, non?

NATHALIE: Non, non. Il est près de la pharmacie Tessier.

CD1, TRACK 13   Pages 60 and 61

EXPLICATION

You read that the preposition **à** contracts with the form **le**. Repeat the following phrases: **à la bijouterie, à la papeterie, à l'hôtel, à l'aéroport, au restaurant, au cinéma, au musée.**

Now repeat the following sentences.

> **Je vais au cinéma.**
> **Elle va à la papeterie.**
> **Nous allons au lycée.**
> **Ils vont à l'église.**
> **Tu vas au magasin de vêtements?**
> **Elles vont au magasin de matériel électronique.**
> **On va à la banque?**
> **Vous n'allez pas au bureau de poste.**

You also read that the preposition **de** contracts with the form **le**. Repeat the following phrases: **de la gare, de la librairie, de l'hôtel de ville, de l'église, du musée, du bureau de tabac, du magasin de sports.**

Now repeat the following sentences.

> **Il est en face de l'église.**
> **Elle est près du jardin public.**
> **Il est à côté de la boucherie.**
> **Elle est au bout de la rue.**
> **Il est près du cimetière.**
> **Quel est le nom de l'hôtel?**
> **Quelle est l'adresse du magasin de musique?**
> **Quel est le numéro de téléphone de la bibliothèque?**

Now repeat the model dialogue on page 60, paying special attention to the forms of the prepositions **à** and **de.**

CD1, TRACK 14 Page 69

◼ Structure grammaticale: The verb *être*

Listen to the dialogue.

AU TÉLÉPHONE

PASCALE: Sophie, tu es à la papeterie?

SOPHIE: Non, je suis au magasin de vêtements.

PASCALE: Est-ce que Claudine et Françoise sont avec toi?

SOPHIE: Non, Claudine est à la bibliothèque et Françoise est au salon de coiffure.

CD1, TRACK 15 Pages 69 and 70

EXPLICATION

Now repeat the forms of the verb **être: je suis, tu es, elle est, nous sommes, vous êtes, ils sont.**

Now repeat the following sentences; notice that the forms **il est, elle est, ils sont,** and **elles sont** usually make a liaison with the following word if it begins with a vowel.

> **Je suis à Paris.**
> **Ils sont_à Madrid.**
> **Elle est_à la gare.**
> **Nous sommes au stade.**
> **Tu es à l'hôtel de ville?**
> **Vous êtes au magasin de vêtements?**
> **Il est_au théâtre.**
> **Elles sont_à la pharmacie.**

Now repeat the model dialogue on page 69, paying special attention to the forms of **être.**

CD1, TRACK 16 Pages 71 and 72

EXERCICE XIII. C'EST COMBIEN?

The prices of certain clothing items have been left off of a sale ad. Listen to the store's recorded phone messages and fill in the missing prices.

MODÈLE: **You hear:** une chemise toutes les couleurs, 34 euros

You write in the circle: 34 euros

1. une robe bleue, 125 euros
2. un blouson noir, 85 euros
3. un tee-shirt vert, 9 euros
4. un pantalon gris, 40 euros
5. un jogging, 60 euros

6. un pull, 35 euros
7. un short, 29 euros
8. des tennis, 95 euros

CD1, TRACK 17 Page 74

◼ Structure grammaticale: Adjectives of color—agreement and position

Listen to the dialogue.

POUR ALLER AU CONCERT

ANNICK: Tu vas au concert, n'est-ce pas? Qu'est-ce que tu vas mettre?

BÉATRICE: Une mini-jupe blanche, un tee-shirt jaune et des sandales jaunes aussi. Et toi?

ANNICK: Moi, je vais mettre un jean blanc et une chemise bleue... avec une cravate noire!

Now repeat the masculine and feminine forms of the adjectives of color you've learned. In this first group, the masculine and the feminine SOUND the same: **noir, noire; bleu, bleue; jaune, jaune; orange, orange; rouge, rouge; rose, rose; beige, beige; marron, marron.**

In this second group, a consonant sound is added for the feminine: **blanc, blanche; gris, grise; brun, brune; vert, verte; violet, violette.**

CD1, TRACK 18 Pages 74 and 75

EXPLICATION

Now repeat the following sentences and phrases.

> **Mon jean est noir.**
> **Ma chemise est blanche.**
> **Mes tee-shirts sont verts et blancs.**
> **Ma jupe est bleue et grise.**
> **Mes chaussures sont marron.**
> **Ma cravate est jaune et verte.**
>
> **une chemise bleue**
> **un pantalon beige**
> **une cravate rouge**
> **un costume gris**
> **des chaussures noires**
> **un short jaune**
> **un tee-shirt vert**
> **une robe rose et blanche**
> **un tailleur bleu**

Now repeat the model dialogue on page 74, paying special attention to the adjectives.

CD1, TRACK 19 Page 81

◼ Structure grammaticale: The verb *avoir*

Listen to the dialogue.

COMMENT Y ALLER?

JEANNE: Michel a une Clio. Et toi, tu as une voiture?

ALAIN: Non, je n'ai pas de voiture.

JEANNE: Ça ne fait rien. Daniel et Brigitte ont des motos.

EXPLICATION

Now repeat the forms of the present tense of **avoir: j'ai, tu as, elle a, on a, nous avons, vous avez, ils ont.**

Notice that, since the forms of **avoir** begin with a vowel, there is either elision (**j'ai**) or liaison (**on‿a, nous‿avons, vous‿avez, elles‿ont**).

Now repeat the following sentences.

> **J'ai une moto.**
> **Je n'ai pas de moto.**
> **Bruno a un ordinateur.**
> **Bruno n'a pas d'ordinateur.**
> **Nous avons des cassettes.**
> **Nous n'avons pas de cassettes.**
> **J'ai besoin d'un portable.**
> **Elle a faim, mais elle n'a pas soif.**
> **Et toi, est-ce que tu as faim?**
> **Et vous, est-ce que vous avez soif?**
> **Comment! Ils ont besoin d'une voiture?**
> **Comment! Ils n'ont pas de téléviseur?**

Now repeat the model dialogue on page 81, paying special attention to the forms of **avoir.**

CD1, Track 21
Page 98

EXERCICE D'ÉCOUTE: OÙ SOMMES-NOUS?

Conversation 1

—Oh, regarde tous les téléviseurs! Ils sont vraiment sensationnels! Regarde celui-ci... grand écran, télécommande...
—Mais non. On n'est pas là pour acheter un téléviseur. On a besoin d'un nouveau magnétoscope.
—Oh, là là! Regarde cette chaîne hi-fi! Elle est magnifique! Et des haut-parleurs de marque...
—Arrête! Ce sont les lecteurs DVD qui sont en solde. On n'a pas besoin d'une chaîne hi-fi. Excusez-moi, Monsieur. Où sont les lecteurs DVD dont on parle dans cette annonce?

Conversation 2

—Pardon, Madame. Pour aller aux caves de champagne?
—Vous avez un plan de la ville, Monsieur?
—Oui. Voilà.
—Bon. Nous sommes là, devant l'hôtel de la Paix.
—Oui, c'est ça. L'hôtel de la Paix.
—Bon. Vous prenez la rue St-Pierre. Vous tournez à droite dans la rue de Talleyrand. Vous allez tout droit jusqu'à la rue Voltaire. Vous tournez à gauche. Et vous voilà aux caves de champagne.
—Merci bien, Madame.
—Je vous en prie, Monsieur.

Conversation 3

—Bonjour, Monsieur. Qu'est-ce que vous cherchez?
—Euh... j'ai besoin d'une chemise... quelque chose en bleu.
—Quelle est votre taille?
—Euh... un 38, je pense.
—Manches longues ou courtes?
—Manches longues.

—Voilà ce que vous cherchez. Une chemise bleue clair à manches longues.
—C'est combien?
—Voyons... ah, vous avez de la chance. Elle est en solde. 35 euros.
—Très bien. Je la prends. Merci, Monsieur.
—C'est moi qui vous remercie, Monsieur.

Conversation 4

—Alors, tu vas acheter quelque chose pour ton amie Cécile?
—Oui... un bracelet ou un collier ou peut-être des boucles d'oreilles. Il y a des bijouteries au centre?
—J'sais pas. Regardons le plan. Ah, voilà. Il y en a au niveau 2. Il faut monter. On prend l'escalier mécanique.
—D'accord.
—Ah, voilà la bijouterie Guérin.
—Non, non. C'est trop cher.
—Ben, continuons. Courir.
—C'est quoi, Courir?
—Un magasin de sports... pour les joggeurs et les coureurs. Voilà C et A. C'est un très bon magasin de vêtements. Ah, voilà Pop Bijoux.
—Où ça?
—À côté du magasin Lacoste.
—D'accord. Allons-y!

CHAPITRE 3

CD 2, Track 2
Page 104

Structure grammaticale: Verbs ending in -re and the verb *prendre*

Listen to the dialogue.

L'AUTOBUS OU LE MÉTRO?

FILS: On prend le métro, maman?

MÈRE: Non, nous prenons l'autobus. C'est plus facile.

FILS: Où est-ce qu'on descend, maman?

MÈRE: Normalement, moi, je descends rue du Bac.

CD 2, Track 3
Pages 104 and 105

EXPLICATION

Now repeat the forms of the verb **descendre: je descends, tu descends, il descend, elle descend, on descend, nous descendons, vous descendez, ils descendent, elles descendent.**

Now repeat the forms of a verb beginning with a vowel sound, the verb **attendre: j'attends, tu attends, il attend, elle attend, on attend, nous attendons, vous attendez, ils attendent, elles attendent.**

Now repeat the following sentences.

> **Nous attendons l'autobus.**
> **Elle attend un taxi.**
> **Ils attendent leurs parents.**
> **Moi, j'attends l'arrivée de Cécile.**
> **Qu'est-ce que tu attends, toi?**

Où est-ce que nous descendons?
Vous descendez à Charles de Gaulle-Étoile?
Non, tu ne descends pas à Palais-Royal.
Est-ce qu'elle descend ici?
Nous prenons un verre de vin avec le dîner.
Ils vont prendre des billets pour le concert.
Moi, je prends rarement le métro.
Robert prend toujours l'autobus.
Et vous, qu'est-ce que vous prenez comme boisson?
Comment! Tu ne prends pas de boisson?
Qu'est-ce qu'ils prennent pour aller à l'université,
le métro ou l'autobus?

Now repeat the model dialogue on page 104, paying special attention to the verb forms.

CD 2, Track 4   Page 111

▉ Structure grammaticale: The passé composé

Listen to the dialogue.

RENDEZ-VOUS À L'AÉROPORT

JEANNE: Comment! Ta femme et toi, vous n'êtes pas allés ensemble à l'aéroport? Pourquoi pas?

MICHEL: Eh bien, moi, j'ai amené Alain chez un copain. Ma femme a déposé la petite chez Mémé. Ensuite elle est allée à la banque; moi, je suis allé chercher des papiers au bureau. Et puis nous sommes arrivés à l'aéroport juste à temps pour prendre l'avion.

CD 2, Track 5   Pages 111 and 112

EXPLICATION

Now repeat the forms of the verb **acheter** in the **passé composé**. The verb **acheter** is conjugated with **avoir: j'ai acheté, tu as acheté, elle a acheté, nous avons acheté, vous avez acheté, ils ont acheté**

Now repeat the forms of the verb **aller** in the **passé composé**. The verb **aller** is conjugated with **être: je suis allé, tu es allé, elle est allée, nous sommes allés, vous êtes allé, ils sont allés**

A couple of the verbs you've learned have past participles that don't end in -**é**. Repeat the following: **prendre, j'ai pris; descendre, je suis descendu.**

Now repeat the following adverbs that can be used to denote past time: **hier, hier matin, hier après-midi, hier soir, la semaine dernière, lundi dernier, il y a huit jours, il y a quinze jours.**

Now repeat the following sentences.

> **Hier soir j'ai regardé la télé.**
> **La semaine dernière, nous sommes allés à Versailles.**
> **Lundi dernier, elle est rentrée à six heures.**
> **Est-ce que vous avez pris l'autobus?**
> **Qui a préparé le dîner?**
> **Est-ce qu'ils sont restés à la maison?**

Now repeat the following sentences in the negative.

> **Ils n'ont pas mangé.**
> **Nous ne sommes pas entrés.**

Je ne suis pas allée au concert.
Elle n'a pas pris le train.
Vous n'avez pas regardé la télé?
Tu n'es pas descendu à la bonne station.

Now repeat the model dialogue on page 111, paying special attention to the verb forms.

CD 2, Track 6   Page 120

EXERCICE XIX. QU'EST-CE QUE VOUS RECOMMANDEZ COMME FILM?

Listen to some young people talking about the types of films they prefer. Write each person's name under the film you think he or she would like best.

1. Mon prénom, c'est Pierre. J'adore le cinéma. Je vois un ou deux films toutes les semaines. J'aime beaucoup les films étrangers—japonais, allemands, italiens.
2. Je m'appelle Ghislaine. Moi, j'adore les films policiers.
3. Je m'appelle Bertrand. Je vais rarement au cinéma. Quand je vois un film, c'est normalement une comédie.
4. Je suis Christine. Ce que j'aime voir, c'est un bon film d'épouvante. Je n'ai pas peur, moi.
5. Je m'appelle Éric. Je suis fanatique de science-fiction.

CD 2, Track 7   Page 121

▉ Prononcez bien! *Les voyelles* a, i, o, u

In French, the letters **a, i,** and **u**—when not combined with another vowel or with the consonants **m** or **n**—are pronounced as follows:

- **a**   between the *a* sounds in the English words *fat* and *father*; pronounced with the mouth rounded

  > **la   papa   Ça va**

- **i**   similar to the **i** sound in the English word *machine*; pronounced with the lips spread wide, as in a smile

  > **si   ici   il habite**

- **u**   unlike any English sound; to learn to make the sound represented by the letter **u**, first pronounce the French letter **i** (remember to spread your lips in a smile), then, keeping the interior of your mouth in the same tense position, move your lips forward as if to whistle

  > **tu   une   musique**

The letter **o** represents two different sounds in French.

- o [o]   similar to the vowel sound in the English word *go*, but more rounded and without letting your voice slide to add a second vowel; keep your mouth tense

- o [ɔ]   similar to the vowel sound in the English word *lost*

The sound [o] is used when the letter **o** is:

1. the last sound of a word—**métro**
2. before **s** plus a vowel—**rose**
3. when the letter **o** has a circumflex—**hôtel**

In other cases, the letter o is pronounced [ɔ]: **bonne, short, omelette.**

The combinations **ai, au,** and **eau** are pronounced as single vowel sounds in French.

- **ai** similar to the **e** sound in the English word *melt*

  j'aime   français   vais

- **au** and **eau** similar to the **o** sound in the English word *hope*

  au   Claude   beau

The combination **oi** is pronounced as a consonant plus a vowel in French.

- **oi** similar to the **wa** sound in the English word *watt*

  moi   noir   trois

The combination **ou** represents two different sounds in French.

- **u** [u] similar to the **oo** sound in the English word *boot,* but without letting your voice slide to add a second sound

- **ou** [w] similar to the **w** sound in the English word *will*

The [w] sound is used when the combination **ou** is followed by a vowel sound: **oui, ouest, silhouette**

In all other cases, the [u] sound is used: **beaucoup, Louvre, cousin, pour.**

CD 2, TRACK 8   Page 122

EXERCICE XX. LES VOYELLES *a, i, o, u.*

A. Read each word aloud, making an effort to pronounce the vowels in the French manner. First, open your mouth to pronounce **a.**

  la / ma / Ça va? / papa / un agenda / un baladeur / à la gare

Now spread your lips (smile!) when saying **i.**

  il / ici / dîne / la ville / un livre / imiter

For the **u** sound, remember to maintain the tension inside your mouth while positioning your lips as far forward as possible, as if you were whistling.

  une / tu / du / fume / sur / la lune / Jules / une mule

B. Read each pair of words aloud, being careful to clearly pronounce the [ɔ] of the first word and to avoid making two sounds with the [o] of the second word.

  notre, nos / votre, vos / téléphone, métro / sport, hôtel / octobre, rose / monotone, quelque chose

C. Now read each word aloud, being careful to pronounce each combination as a single vowel sound.

  aime / français / anglais / je vais / aussi / autobus / de Gaulle / beau / ciseaux / rouge / cousin / le Louvre / souvent / Toulouse / Carcassonne / un sac à dos / la musique classique / une quiche aux épinards

In the following words, be sure to pronounce the vowel combination correctly.

  oui / ouest / silhouette / pirouette / jouer / toi / moi / trois / poisson / soixante

Now read aloud these words that include two or more of the sounds practiced above.

  d'habitude / pharmacie / Italie / politique / habiter / salut / autobus / portugaise / aujourd'hui / chocolat / appareil photo / caméscope / beaucoup / obligatoire / Strasbourg

D. Try the following tongue-twisting sentences. Listen first for the model pronunciation.

  Le papa de ma camarade va à la gare.
  L'ami à qui il rend visite habite l'Île de la Cité.
  Le mur murant Namur rend Namur murmurant.
  J'ai laissé l'aîné chez les Français.
  Au château Claude boit de l'eau chaude.
  Voilà trois pois noirs pour toi et pour moi.

CD 2, TRACK 9   Page 124

EXERCICE XXIII. MATIN, APRÈS-MIDI OU SOIR.

In each of the conversations you hear, a time (using the 24-hour clock) will be mentioned. Indicate whether the time referred to is in the morning (**le matin**), the afternoon (**l'après-midi**), or the evening (**le soir**).

Conversation 1

—Tiens! On passe *Le Genou de Claire* au Denfert.
—*Le Genou de Claire?* Ah, j'aime beaucoup les films de Rohmer. C'est à quelle heure la première séance?
—Voyons... 14h.
—14h. C'est bien. On y va?

Conversation 2

—Allô? Jean-Luc. C'est Michel.
—Salut, Michel. Ça va?
—Oui, ça va. Et toi?
—Oui, oui. Ça va très bien.
—Écoute. J'ai deux billets pour les Blues Brothers ce soir à l'Olympia. Tu veux y aller avec moi?
—Oui, je veux bien. Ils sont vraiment cools. C'est à quelle heure le concert?
—Ça commence à 20h30.
—20h30. C'est parfait.
—Bon. Rendez-vous à l'Olympia, une demi-heure avant.
—D'accord. À ce soir.

Conversation 3

—Alors, qu'est-ce qu'on fait demain?
—J'sais pas. Qu'est-ce que vous voulez faire?
—Moi, je voudrais aller au musée Picasso.
—C'est une bonne idée, ça. Ça ouvre à quelle heure?
—Attends... 9h15. Tous les jours sauf mardi.
—9h15. C'est bien. Allons-y!
—D'accord.

Conversation 4

—Ce soir on va voir *La Cantatrice chauve* au théâtre de la Huchette. D'accord?
—Ah, oui. On dit que c'est une pièce très amusante. C'est à quelle heure, la représentation?
—21h.
—21h? Bon, ça va. On prend le métro?
—Oui, bien sûr.

Conversation 5

—Écoute. Tu aimes le tennis, n'est-ce pas?

—Ah, oui. J'adore le tennis.

—Alors, moi, j'ai deux places pour les quarts de finales, femmes, à Roland-Garros. Tu veux y aller avec moi?

—Aller à Roland-Garros voir Mary Pierce et Martina Hingis? Bien sûr. Les matchs, ils commencent à quelle heure?

—15h30.

—15h30? Très bien. Je voudrais bien y aller.

Conversation 6

—Écoute. Dominique et moi, nous allons dîner à Pattaya demain soir. C'est un petit restaurant thaïlandais. On dit que la cuisine est excellente. Tu veux y aller avec nous?

—Oui, je veux bien, mais on peut manger jusqu'à quelle heure? Je dois travailler demain.

—Ça ferme à 23h.

—23h. Pas de problème. J'aimerais bien y aller avec vous.

CD 2, TRACK 10 — Page 137

EXERCICE D'ÉCOUTE: LE MÉTRO DE PARIS

Part of using the Paris **métro** system involves recognizing the station names. To familiarize yourself with some of these proper names, listen to the short conversations between people talking about using the **métro**. In each conversation, two stations will be mentioned by name. Find each station in the list and put the number of the conversation next to it.

Conversation numéro 1

—Pardon, Monsieur, savez-vous aller à la gare du Nord?

—Oui, c'est très simple. Vous prenez la direction Porte de Clignancourt et vous changez à Châtelet.

—Je prends la direction Porte de Clignancourt et je change à Châtelet?

—C'est ça, exactement.

—Merci beaucoup, Monsieur.

—De rien, Madame.

Conversation numéro 2

—Suzanne, je dois aller à la rue de Varenne. Quelle est la direction en métro?

—C'est la direction Saint-Denis-Université.

—Oui.

—Et il faut changer à Montparnasse Bienvenüe.

—Saint-Denis-Université et je dois changer à Montparnasse Bienvenüe.

—C'est ça.

—D'accord. Merci.

—De rien!

Conversation numéro 3

—Bon, les enfants. On va au Petit Palais. Alors, nous allons prendre la direction Pont de Neuilly et nous changeons à Nation. Vous avez bien compris? Direction Pont de Neuilly et on change à Nation.

Conversation numéro 4

—Exusez-moi, Madame, ah, je voudrais aller à l'Opéra.

—Eh bien, vous devez prendre la direction Porte de la Chapelle et vous changez à Concorde.

—Alors, direction Porte de la Chapelle et je change à Concorde?

—Oui, c'est ça.

—D'accord. Merci!

—De rien!

Conversation numéro 5

—Mesdames et Messieurs, nous allons nous retrouver à la gare de l'Est. Alors prenez la direction Église de Pantin et changez à République.

—Qu'est-ce qu'il a dit?

—Il a dit de prendre la direction Église de Pantin et de changer à République.

—Ah! D'accord.

CD 2, TRACK 11 — Page 137

EXERCICE D'ÉCOUTE / ENREGISTREMENT: DEUX MESSAGES

B. Déjeuner dimanche à 13h. You've invited your Swiss friend, Michèle Requet, who is staying with some relatives near the **Garibaldi métro** station, to have lunch with you at a restaurant on Sunday. She leaves a message on your answering machine asking for some details. Listen to her message, take notes if you wish, and then record (on your own cassette) a message for Michèle's answering machine. Use the drawing below to help answer Michèle's questions.

Salut! Comment ça va? Oui, c'est bien Michèle. Alors on déjeune dimanche à la Brasserie Scossa, c'est ça? Bon. Où se trouve le restaurant? Quelle est l'adresse? On prend le métro pour y aller? Où est-ce qu'on descend? Rendez-vous à la station de métro ou au restaurant? Et à quelle heure? Téléphone-moi. À bientôt!

CHAPITRE 4

CD 2, TRACK 12 — Page 144

Structure grammaticale: Descriptive adjectives

Listen to the dialogue.

L'APPARTEMENT D'ÉLODIE

MARTINE: J'ai vu le nouvel appartement d'Élodie. Il est très joli.

JEANNE: Oui... mais les chambres sont assez petites, non?

MARTINE: D'accord.. mais il a une grande salle de séjour ensoleillée.

JEANNE: Et une cuisine bien équipée.

CD 2, TRACK 13 — Page 144

EXPLICATION

Now repeat the masculine and feminine forms of the following descriptive adjectives:

moderne, moderne; traditionnel, traditionnelle; grand, grande; petit, petite; joli, jolie; laid, laide; sombre, sombre; ensoleillé, ensoleillée; sale, sale; propre, propre; confortable, confortable; bien aménagé, bien aménagée; bien équipé, bien équipée.

Now repeat the masculine and feminine forms of the color adjectives you learned in *Chapter Two*:

> blanc, blanche; noir, noire; gris, grise; brun, brune; marron, marron; bleu, bleue; vert, verte; jaune, jaune; orange, orange; rouge, rouge; rose, rose; violet, violette.

Now repeat the following sentences.

> Le bâtiment où Charles habite est très moderne, mais il n'est pas très joli.
> La maison de Bernadette n'est pas grande, mais elle est très jolie.
> La cuisine est bien équipée, mais la salle de séjour est laide.
> La chambre est très propre, mais elle est assez petite.
> Mon jean est noir.
> Ma chemise est blanche.
> Mes tee-shirts sont verts et blancs.
> Ma voiture est rouge et grise.

Now repeat the model dialogue on page 144, paying special attention to the adjectives.

CD 2, TRACK 14 Page 158

■ Structure grammaticale: Possessive adjectives

Listen to the dialogue.

Un album de photos

ANNICK: Et cette photo? C'est ton frère?

MURIEL: Oui, c'est mon frère avec sa femme et leurs enfants.

ANNICK: Et c'est qui, ça?

MURIEL: Ce sont nos amis les Fontenaille. Ma sœur et moi, nous sommes allées à Londres avec eux.

CD 2, TRACK 15 Page 159

EXPLICATION

Now repeat the forms of the possessive adjectives:

> mon vélo, ma chambre, mes amis
> ton vélo, ta chambre, tes amis
> son vélo, sa chambre, ses amis
> notre vélo, notre chambre, nos amis
> votre vélo, votre chambre, vos amis
> leur vélo, leur chambre, leurs amis

Now repeat the following sentences.

> C'est ma voiture.
> Où sont tes cassettes?
> Voilà notre appartement.
> Ce n'est pas ton cahier?
> Est-ce que tu as mon ordinateur?
> Voici leurs livres.
> Qui a mes clés?
> C'est son cahier?
> Votre maison est très jolie.
> Quelle est son adresse?
> Quel est ton numéro de téléphone?
> Où sont nos CD?
> Il cherche sa chemise.
> Où sont vos tee-shirts?
> Est-ce que tu as ses stylos?

Now repeat the model dialogue on page 158, paying special attention to the possessive adjectives.

CD 2, TRACK 16 Page 166

■ Structure grammaticale: Irregular descriptive adjectives

Listen to the dialogue.

DEUX SŒURS

JACQUES: Alors, toi, tu es comme ta sœur?

PASCALE: Oh, non. Elle est très sportive et moi, je suis plutôt intellectuelle.

JACQUES: Mais vous êtes toutes les deux assez ambitieuses, n'est-ce pas?

PASCALE: Oui, et nous sommes très gentilles aussi, ma sœur et moi.

CD 2, TRACK 17 Page 166

EXPLICATION

Now repeat the masculine and feminine forms of the following adjectives: **sportif, sportive; sérieux, sérieuse; bon, bonne; intellectuel, intellectuelle; gentil, gentille; discret, discrète; cher, chère; beau, belle, beaux, belles; nouveau, nouvelle, nouveaux, nouvelles; vieux, vieille, vieux, vieilles.**

Now repeat the following sentences.

> Vous êtes intellectuels, vous?
> Mon appartement est vieux.
> C'est ma nouvelle voiture.
> Les croissants sont très bons.
> La quiche est délicieuse.
> Matthieu est très beau.
> Martine est très belle.
> Mme Ledoux est vieille.

Now repeat the model dialogue on page 166, paying special attention to the descriptive adjectives.

CD 2, TRACK 18 Page 171

■ Prononcez bien! *The letter e*

The pronunciation of the letter **e** in French varies considerably, depending on the type of accent mark that accompanies it.

- é — When accompanied by an **accent aigu**, the letter é is pronounced like the vowel sound in the English word *fail*; however, the French vowel is not a diphthong—i.e., it is a single, steady sound. For example: **répéter, école, lycée.**

- è, ê — When accompanied by an **accent grave** or an **accent circonflexe**, the letter è, ê is pronounced like the **e** in the English words *bed* and *belt*. For example: **mère, achète, êtes.**

- e — When written without an accent, the letter **e** may represent three different sounds in French:

  like é — when followed by a silent consonant at the end of a word. For example: **les, parler, assez.**

like **è, ê** when followed by a pronounced consonant in the same syllable. For example: **elle, omelette.**

like **e** in **le** in two letter words and at the end of a syllable. For example: **me, ne, petit.**

CD 2, TRACK 19 Pages 171 and 172

EXERCICE XXI. LA VOYELLE *e*.

A. Read each word aloud, being sure to pronounce **é** with enough tension to avoid a diphthong (i.e., letting the vowel slide to a different sound).

> **thé / café / église / métro / cathédrale / été / écoute / étudié / stéréo / téléphone / université / lycée / télévision**

B. Now read each word aloud, being careful to pronounce **è** and **ê** with a short, open sound.

> **mère / père / frère / crème / achète / bibliothèque / êtes / fête**

C. Now read each word aloud, being careful to distinguish among the three sounds of **e**.

like **é**: **des / mes / aller / et toi? / assez / manger / avez**
like **è** or **ê**: **baguette / appelle / hôtel / express / lessive / vaisselle / il est**
like **le**: **de / le petit / demain / retour / demande / me / ne**

D. Le *e* caduc. Read each word aloud, dropping the **e** when indicated by a slash and retaining it when it's underlined.

> **sam/edi / mercr/edi / om/elette / méd/ecin / ach/eter / appart/ement / bouch/erie / tart/elette / je n/e vais pas / je n/e veux pas / où est-c/e que tu vas / pas d/e pain**

E. Finally, listen to this passage from Racine's French classical tragedy (17th century) written in verse, paying special attention to the various pronunciations of **e**. You should notice that in poetry the unaccented **e** in the middle of a word or a group of words is usually pronounced, unlike what happens in conversation.

ANDROMAQUE

Seigneur, que faites-vous, et que dira la Grèce?
Faut-il qu'un grand cœur montre tant de faiblesse?
Voulez-vous qu'un dessein si beau, si généreux,
Passe pour le transport d'un esprit amoureux?
Captive, toujours triste, importune à moi-même,
Pouvez-vous souhaiter qu'Andromaque vous aime?
Quels charmes ont pour vous des yeux infortunés
Qu'à des pleurs éternels vous avez condamnés?
Non, non, d'un ennemi respecter la misère,
Sauver des malheureux, rendre un fils à sa mère,
De cent peuples pour lui combattre la rigueur,
Sans me faire payer son salut de mon cœur,
Malgré moi, s'il le faut, lui donner un asile:
Seigneur, voilà des soins dignes du fils d'Achille.

CD 2, TRACK 20 Page 180

EXERCICE D'ÉCOUTE: QUI EST LE COUPABLE?

You're at the airport, listening to your walkman while waiting for a plane. You hear a report about a crime that has just been committed. A witness describes the criminal, and then the police indicate that he is believed to be heading for the airport.

Suddenly, you notice a person who seems to fit the description. Circle the drawing of the person who looks like the criminal, then write your own description of this person. Use a separate sheet of paper.

INSPECTEUR:	Alors, Madame, vous me dites que vous avez vu le malfaiteur?
MME JOUBERT:	Mais oui. Je l'ai vu et j'ai bien noté son signalement.
INSPECTEUR:	Pouvez-vous nous donner une description?
MME JOUBERT:	Je vais essayer. C'est un homme avec les cheveux noirs, je pense.
INSPECTEUR:	Vous n'êtes pas sûre?
MME JOUBERT:	Si, si. Il a les cheveux noirs. Et ils sont courts et frisés.
INSPECTEUR:	Est-ce qu'il est grand ou petit?
MME JOUBERT:	Attendez. Il est... voyons... grand. Et il doit aimer le soleil.
INSPECTEUR:	Pourquoi vous dites ça?
MME JOUBERT:	Parce qu'il est très bronzé. Moi aussi, j'aime le soleil. C'est pour ça que j'ai remarqué...
INSPECTEUR:	Madame... je vous en prie... continuez votre description.
MME JOUBERT:	Oui. Bon... où est-ce que j'en étais? Voilà... il a le visage mince... et un grand nez. Il n'est pas beau du tout. Et il a une moustache. Moi, je n'aime pas les moustaches.
INSPECTEUR:	C'est tout?
MME JOUBERT:	Euh... voyons... Il est grand, je vous ai dit ça? Et il est très mince. Comme une asperge!

CD 2, TRACK 21 Page 181

EXERCICE D'ÉCOUTE: TROIS APPARTEMENTS

Listen to the radio announcements describing three different apartments for rent. Then write the number of the apartment that best fits each of the following sets of requirements.

Appartement numéro un
Notre premier appartement a d'énormes avantages. Il est dans un immeuble moderne mais très calme et se trouve dans la banlieue de Drancy, tout près d'un arrêt d'autobus. Cet appartement est très spacieux avec deux chambres à coucher et une salle de séjour avec balcon. La cuisine est bien équipée et il y a une grande salle de bains avec douche. Cet appartement est à louer à 1 100 euros par mois. C'est une occasion à ne pas manquer!

Appartement numéro deux
Vous cherchez un appartement spacieux avec tout ce dont vous avez besoin? Eh bien... notre deuxième appartement a deux chambres à coucher, une salle de séjour et une salle à manger. Toutes les pièces sont meublées. La cuisine est toute équipée et bien installée. Situé près de l'université, cet appartement se loue au prix avantageux de 750 euros par mois, charges comprises. Appelez-nous pour avoir plus de renseignements sur cette occasion unique!

Appartement numéro trois
Et enfin, notre troisième appartement est idéal pour un couple qui aime avoir des invités. C'est un appartement spacieux dans

un quartier chic à côté de Neuilly. Il y a trois chambres à coucher, une salle de bains énorme, une grande salle de séjour et une cuisine bien équipée. Tout cela pour le prix incroyable de 1 400 euros par mois. Pour une famille avec des enfants, l'école primaire et le lycée se trouvent tout près de l'immeuble. Téléphonez-nous au 01.46.54.33.78 et prenez rendez-vous pour visiter cet appartement.

CHAPITRE 5

CD3, TRACK 2 — Page 186

▊ Structure grammaticale: Pronominal verbs

Listen to the dialogue.

DEUX ÉTUDIANTS

HENRI: Comment! Chantal ne fait pas ses études ici à Bordeaux?

PAUL: Mais non, elle est à l'université de Grenoble.

HENRI: Alors, quand est-ce que vous vous parlez?

PAUL: C'est facile! Je me lève à 7h. Elle se lève à 7h aussi. Nous nous téléphonons avant les cours.

CD 3, TRACK 3 — Page 187

EXPLICATION

Now repeat the forms of **s'habiller: je m'habille, tu t'habilles, elle s'habille, nous nous habillons, vous vous habillez, ils s'habillent.**

Now repeat the forms of the verb **se lever.** Notice that the vowel sound (the **e** without the written accent) in the **nous** and **vous** forms as well as in the infinitive, is different than the vowel sound when the **e** has an **accent grave: se lever, nous nous levons, vous vous levez;**
BUT: **je me lève, tu te lèves, il se lève, elles se lèvent**

Now repeat the infinitives of the other pronominal verbs presented in this chapter. **s'amuser, se coucher, se préparer, se promener, se reposer, se parler, se retrouver, se téléphoner, se voir**

Now repeat the following sentences.

> **Je me promène en voiture.**
> **Elle se repose.**
> **Nous nous téléphonons.**
> **Ils se retrouvent devant le cinéma.**
> **Vous vous amusez?**
> **À quelle heure est-ce qu'il se couche?**
> **Nous ne nous parlons pas très souvent.**
> **Je ne me lève jamais avant 9h.**
> **Je vais me coucher à 10h ce soir.**
> **Où est-ce qu'ils vont se retrouver?**

Now repeat the model dialogue on page 186, paying special attention to the pronominal verb forms.

CD3, TRACK 4 — Page 200

▊ Prononcez bien! *The consonant* l *and the combinations* il, ll, *and* ill

- **l** In general, the single consonant **l** is pronounced [l] as in the English word *lake*.

  la   Italie   hôtel

- **il** At the end of a word, the combination **il** is pronounced [il] when preceded by a consonant.

  avril   mil   péril

  When preceded by a vowel, the combination **il** is pronounced [j] as in the English word *you*.

  travail   détail   soleil

- **ll** When preceded by a vowel other than **i**, the combination **ll** is pronounced [l].

  elle   football   folle

- **ill** When the combination **ill** is at the beginning of a word, the **ll** is also pronounced [l].

  illusion   illégal   illustration

  When the combination **ill** follows a consonant, it may be pronounced either [l] or [j]. In the following words and their derivatives, **ill** is pronounced [l].

  mille   ville   tranquille

  In all other words, the **ll** of **ill** following a consonant is pronounced [j].

  fille   famille   habiller

  When the combination **ill** follows a vowel, it is always pronounced [j]. The **i** does *not* represent a separate sound. To pronounce the combination **aille** [aj], produce only two sounds, [a] + [j]. The same is true of **ouille** [uj] and **eille** [ej].

  travailler   brouillard   bouteille

CD3, TRACK 5 — Pages 200 and 201

EXERCICE XXI. LA CONSONNE *l* ET LES COMBINAISONS *il, ll* ET *ill.*

A. First, pronounce the sound [l].

village / église / ville / colonne / latin / mille / avril / elle / ils / calme / folle / illumination / Philippe / tranquillité / Italie / Allemagne / base-ball / million / malade / national / siècle / belle / millionnaire / pilote

B. Now pronounce the sound [j].

soleil / travailler / bataille / brouillard / Versailles / travail / détail / fille / vieil / habiller / appareil / Marseille / vieille / bouteille / meilleur / sommeil / réveiller / billet / briller / Mireille / gentille / brillant / merveilleux / taille / fauteuil / guillotine

C. Now read the following sentences, taking care to pronounce the sounds [l] and [j] correctly.

> **La fille de Marcel habite dans le village de Selles-sur-Cher.**
> **Quand il fait du soleil, ils aiment aller en ville.**
> **Pendant la bataille de Waterloo, les troupes de Napoléon ont attaqué les soldats de Wellington.**
> **Il faut que tu ailles à Marseille pour manger de la bouillabaisse.**
> **Elle est allée à la gare de l'Est pour acheter un billet pour Toulouse.**
> **À l'hôtel Chaplain, les chambres sont ensoleillées et il y a toujours une belle salle de bains et des lits très confortables.**

D. Now listen to the poem by the 16th century French poet Pierre de Ronsard, paying special attention to the [l] and [j] sounds.

Quand vous serez bien vieille

Quand vous serez bien vieille, au soir, à la chandelle,
Assise auprès du feu, dévidant et filant,
Direz, chantant mes vers, en vous émerveillant,
'Ronsard me célébrait du temps que j'étais belle.'

Lors vous n'aurez servante ayant telle nouvelle,
Déjà sous le labeur à demi sommeillant,
Qui au bruit de mon nom ne s'aille réveillant,
Bénissant votre nom de louange immortelle.

Je serai sous la terre, et fantôme sans os
Par les ombres myrteux je prendrai mon repos;
Vous serez au foyer une vieille accroupie,

Regrettant mon amour et votre fier dédain.
Vivez, si m'en croyez, n'attendez à demain:
Cueillez dès aujourd'hui les roses de la vie!

CD3, TRACK 6

▇ Structure grammaticale: The passé composé of pronominal verbs

Listen to the dialogue.

UNE MAUVAISE SEMAINE

FABIENNE: Alors, Catherine, tu t'es amusée chez tes grands-parents la semaine dernière?

CATHERINE: Pas du tout. On s'est vraiment ennuyé. Il n'y avait absolument rien à faire. Je me suis couchée avant 10 heures tous les soirs!

CD 3, TRACK 7
Page 202

EXPLICATION

Now repeat the forms of the verb **se lever** in the **passé composé.** Pronominal verbs like **se lever** are conjugated with **être: je me suis levé, tu t'es levé, il s'est levé, nous nous sommes levés, vous vous êtes levé, elles se sont levées.**

Now repeat the following sentences.

> **Je me suis levée de bonne heure ce matin.**
> **Tu t'es lavé les mains?**

> Lundi dernier, elle s'est couchée à minuit.
> Nous nous sommes rencontrés au musée.
> Ils se sont téléphoné trois fois hier.
> Est-ce que vous vous êtes bien amusés à la soirée?

Now repeat the following sentences in the negative.

> **Je ne me suis pas amusé.**
> **Elle ne s'est pas levée de bonne heure.**

Now repeat the model dialogue on page 201, paying special attention to the verb forms.

CD3, TRACK 8
Page 218

EXERCICE D'ÉCOUTE: DES MESSAGES

You find yourself alone in the apartment of the French family with which you're staying. The parents (**M. et Mme Loridon**) and their son (**Matthieu**) are all out, so you have to answer the phone. Listen to each conversation, filling in the time, place, and any other relevant information on the message pad by the phone.

Premier appel téléphonique

Allô. C'est pour Monsieur Serge Loridon. Il n'est pas là? Ah, bon. C'est de la part d'un collègue, Gérard Dupont. Oui, Dupont—D-U-P-O-N-T. C'est au sujet de la réunion de ce soir. Oui, elle a été annulée. Pas de réunion ce soir. Vous pouvez lui transmettre le message? Bien. Donc, la réunion de ce soir est annulée. Je retéléphonerai ce week-end. Merci beaucoup. Au revoir.

Deuxième appel téléphonique

Allô. Euh... Matthieu, c'est toi? Ah, c'est pas Matthieu. Est-ce qu'il est là, Matthieu? Non? Écoute... tu pourrais lui donner un message? Ah, merci. C'est de la part de son copain François. Oui, dis-lui qu'on organise une surprise-partie pour fêter l'anniversaire de Caroline. Oui, on va fêter ses dix-huit ans. C'est pour samedi, 20h30, chez Jacqueline. Jacqueline habite près de la place Victor Hugo. Attends... je vais chercher son adresse... voyons... oui, la voilà... Jacqueline habite 75, rue de Bonne... oui, Bonne—B-O-N-N-E. Voilà. Écoute... dis à Matthieu qu'il faut qu'il apporte quelque chose à boire... une boisson non-alcoolisée... du coca, de l'Orangina, de l'eau minérale, comme il veut... Oh, et aussi, dis-lui qu'il est important de ne pas en parler à Caroline... ce doit être une surprise... Il ne faut rien dire à Caroline... D'accord? Alors, merci bien. Au revoir.

Troisième appel téléphonique

Allô, allô. Est-ce que je pourrais parler à Mme Loridon, s'il vous plaît. Ah, elle n'est pas là. Euh, c'est Sophie Ventoux à l'appareil. Oui, Ventoux—V-E-N-T-O-U-X. Je suis l'employée de maison des Loridon. En principe, je viens le jeudi pour faire le ménage. Mais ma fille est malade. Elle ne peut pas aller à l'école et je suis obligée de rester à la maison avec elle. Alors, je ne viens pas jeudi. Mais est-ce que vous pourriez dire à Madame que je vais essayer de venir samedi, si ça ne la dérange pas. Oui, samedi matin. Si c'est un problème, elle peut me téléphoner. Mon numéro, c'est le 01.92.21.07.45. Autrement, je serai là samedi matin vers 9h. Merci beaucoup. Au revoir.

CHAPITRE 6

CD3, TRACK 9 — Page 229

Structure grammaticale: The infinitive and the subjunctive with expressions of necessity and volition

Listen to the dialogue.

LES CHAMPIONNATS DE TENNIS

BERNARD: Je voudrais bien aller à Roland Garros vendredi pour voir les demi-finales. Tu veux que je t'achète un billet? Dis-le-moi tout de suite parce qu'il faut acheter les billets à l'avance.

VINCENT: Oh, j'aimerais bien. J'adore le tennis. Mais c'est pas possible. Il faut que j'aille chez le dentiste.

CD 3, TRACK 10 — Pages 229, 230, 231, 232

EXPLICATION

Now repeat the forms of the verb **vouloir: je veux, tu veux, il veut, elle veut, on veut, nous voulons, vous voulez, ils veulent, elles veulent.**

Now repeat these sentences that use an infinitive because each verb in the sentence has the same subject or because the subject of the second verb is not expressed.

Il faut trouver un téléphone.
Il est nécessaire d'acheter les billets à l'avance.
Il vaut mieux prendre le métro.
Je ne veux pas aller à l'université.
Est-ce que tu préfères regarder un film?

Now repeat the present subjunctive forms of the verb **parler: que je parle, que tu parles, qu'il parle, qu'elle parle, qu'on parle, que nous parlions, que vous parliez, qu'ils parlent, qu'elles parlent.**

Now repeat the present subjunctive forms of the verb **attendre: que j'attende, que tu attendes, qu'il attende, qu'elle attende, qu'on attende, que nous attendions, que vous attendiez, qu'ils attendent, qu'elles attendent.**

Now repeat the conjugations of the verbs with irregular present subjunctive forms.

avoir:	que j'aie, que tu aies, qu'il ait, qu'elle ait, qu'on ait, que nous ayons, que vous ayez, qu'ils aient, qu'elles aient
être:	que je sois, que tu sois, qu'il soit, qu'elle soit, qu'on soit, que nous soyons, que vous soyez, qu'ils soient, qu'elles soient
aller:	que j'aille, que tu ailles, qu'il aille, qu'elle aille, qu'on aille, que nous allions, que vous alliez, qu'ils aillent, qu'elles aillent
prendre:	que je prenne, que tu prennes, qu'il prenne, qu'elle prenne, qu'on prenne, que nous prenions, que vous preniez, qu'ils prennent, qu'elles prennent
faire:	que je fasse, que tu fasses, qu'il fasse, qu'elle fasse, qu'on fasse, que nous fassions, que vous fassiez, qu'ils fassent, qu'elles fassent
mettre:	que je mette, que tu mettes, qu'il mette, qu'elle mette, qu'on mette, que nous mettions, que vous mettiez, qu'ils mettent, qu'elles mettent
partir:	que je parte, que tu partes, qu'il parte, qu'elle parte, qu'on parte, que nous partions, que vous partiez, qu'ils partent, qu'elles partent
pouvoir:	que je puisse, que tu puisses, qu'il puisse, qu'elle puisse, qu'on puisse, que nous puissions, que vous puissiez, qu'ils puissent, qu'elles puissent

Now repeat these sentences that use the subjunctive because each verb in the sentence has a different subject.

Il faut que nous trouvions un téléphone.
Il est nécessaire que vous achetiez les billets.
Il vaut mieux que nous prenions un taxi.
Mon père veut que j'aille à l'université.
Ma mère préfère que tu ne regardes pas la télé.

Now repeat the model dialogue on page 229, paying special attention to the use of the infinitive and the subjunctive.

CD3, TRACK 11 — Page 247

Structure grammaticale: Prepositions with geographical names

Listen to the dialogue.

IL FAIT BEAUCOUP DE VOYAGES

STÉPHANE: Comment? Tu pars encore? Mais tu viens de rentrer du Canada, des États-Unis et d'Angleterre! Et le mois prochain, tu dois aller au Portugal!

LAURENT: Oui, je sais. Et avant d'être à Lisbonne, il faut que j'aille à Nîmes.

STÉPHANE: Ah, tu vas donc dans le Midi? J'aimerais bien t'accompagner. J'ai une cousine qui habite à Aix.

LAURENT: Ça serait bien. Mais de Nîmes, je vais au Portugal avant de rentrer en France. Tu voudrais venir avec moi?

STÉPHANE: Non, je ne peux pas. Il vaut mieux que je rentre à Paris tout de suite.

CD 3, TRACK 12 — Pages 248, 249, 250, 251

EXPLICATION

Now repeat each geographical name first with the appropriate definite article and then with the prepositions.

Feminine countries, regions or provinces, and states of the U.S. as well as masculine countries and continents that begin with a vowel take the prepositions **en** and **de** or **d'**.

Continents and some countries
l'Europe / en Europe / d'Europe
Fall into the same category...
l'Allemagne / l'Angleterre / la Belgique / l'Espagne / l'Estonie / la France / la Grèce / l'Italie / la Lettonie / la Lituanie / la Russie / la Suède / la Suisse

l'Asie / la Chine / l'Inde
l'Amérique du Nord
l'Amérique du Sud / l'Argentine / la Colombie
l'Afrique / l'Afrique du Sud / l'Algérie / la Côte d'Ivoire /
    l'Égypte / l'Irak / l'Iran / Israël / la Libye / la République
    démocratique du Congo / la Tunisie
l'Océanie / l'Australie / la Nouvelle-Zélande

Some regions of France
l'Alsace / en Alsace / d'Alsace
Fall into the same category...
l'Anjou / la Bretagne / la Provence / la Touraine /
    la Franche-Comté / la Champagne / la Normandie /
    la Guadeloupe / la Martinique

Some states of the U.S.
The easiest way to designate states of the U.S. is to use the
expressions **dans l'état de** and **de l'état de.** Repeat the following
sentences.

> **J'habite dans l'état de Massachusetts.**
> **Elle a passé ses vacances dans l'état de New York.**
> **Nous avons passé trois semaines dans l'état de Californie.**
> **Ils se sont installés dans l'état de Kansas.**
>
> **Il vient de l'état de Mississippi.**
> **Je viens de l'état de Pennsylvanie.**
> **Nous rentrons de l'état de Minnesota.**
> **Elles ont acheté des pommes de l'état de Washington.**

However, U.S. states that are feminine can also follow the same
rules as countries and regions. Repeat the names of the
following states that are feminine and pay close attention to
their pronunciation.

la Californie / en Californie / de Californie
Fall into the same category...
la Caroline du Nord / la Caroline du Sud / la Floride /
    la Géorgie / la Louisiane / la Pennsylvanie / la Virginie

Masculine countries, regions, and U.S. states take the
prepositions **au** and **du.**

Some countries
le Danemark / au Danemark / du Danemark
Fall into the same category...
le Portugal / le Japon / le Viêt Nam / le Canada / le Mexique /
    le Brésil / le Pérou / le Venezuela / le Cameroun / le Maroc /
    le Sénégal

Some regions of France
le Languedoc / dans le Languedoc / du Languedoc
Falls into the same category...
le Roussillon

Some states of the U.S.
le Massachusetts / au (dans le) Massachusetts /
    du Massachusetts
Fall into the same category...
le Maine / le Minnesota / le Kansas / le Mississippi / le Texas

Plural countries take the prepositions **aux** and **des.**
les États-Unis (les USA) / aux États-Unis (aux USA) /
    des États-Unis (des USA)
Fall into the same category...
les Pays-Bas / les Philippines

Now repeat the model dialogue on page 247, paying special
attention to the prepositions with geographical names.

CD3, TRACK 13 Page 257

■ Prononcez bien! *Nasal vowels*

The most commonly-used nasal vowels in French are [ã], [ɛ̃],
and [ɔ̃]. A vowel is nasalized when it is followed by the letter **m**
or **n** *in the same syllable.* In this situation, the vowel is nasalized
and the **m** or **n** is *not* pronounced. Once you learn which
spellings are associated with each nasal vowel, the actual
pronunciation of the vowels is relatively simple.

- [ã] The [ã] sound, represented by the spellings **am, an, em,**
and **en,** is pronounced like the nasal vowel in the
English word *flaunt.*

    camping   tante   temps   descendre

- [ɛ̃] The [ɛ̃] sound is represented by the spellings **aim, ain,
eim, ein, im, in, ym, yn,** and **en** and the endings **-ien,
-yen, -éen.** In addition, the combinations **un** and **um** are
pronounced [ɛ̃]. There is no exact equivalent to the [ɛ̃]
sound in English, but the vowel sound in the word *and*
can serve as an approximate guide for pronunciation.

    faim   magasin   train   bien   européen
    simple   vin

- [ɔ̃] The [ɔ̃] sound is represented by the spellings **om** and
on. Again, there is no exact English equivalent, but the
vowel sound in the word *song* is a reasonable
approximation of the pronunciation.

    bonjour   monde   tomber   compter

CD3, TRACK 14 Pages 257 and 258

EXERCICE XXII. LES VOYELLES NASALES.

A. First, pronounce the sound [ã]:

**roman / langage / comment / présenter / souvent / temps /
rarement / envie / gentille / intéressant / en / vent /
vêtements / fantastique / aventure / camping / croissant /
jambon / orange / menthe / banque / chanter / commander /
manger / changer / blanc / descendre / rentrer / prendre /
comment / embêter / devant / en bas / entre / ensoleillé /
grand / ambitieux / patient / indépendant / marrant /
parents / chambre / représentant**

B. Now pronounce the sound [ɛ̃]:

**bien / copain / quelqu'un / magasin / dessin / pain / raisin /
cinq / vin / combien / enfin / chien / simple / cousin / jardin /
bains / mécanicien / médecin / musicien / canadien / italien /
marocain / mexicain / vietnamien / européen / matin /
lundi / juin / principal / train / plein / printemps / ski alpin /
peinture / timbres / bouquin / un / brun**

C. Now pronounce the sound [ɔ̃]:

**saumon / jambon / poisson / oignon / monde / bon /
décontracté / façon / tomber / bonjour / trombone /
citron / ballon / rencontrer / allons-y! / blouson / complet /
pantalon / marron / nom / avion / montrer / confortable /**

sombre / nombreuse / **prénom** / **oncle** / balcon / **comptable** /
maison / **fonctionnaire** / **non** / **mon** / **compris** / **réunion**

D. Now listen to the poem by the 20th-century French poet
Robert Desnos. The predominant nasal sound in the poem is
[ã].

Le pélican
Le capitaine Jonathan,
Étant âgé de dix-huit ans,
Capture un jour un pélican
Dans une île d'Extrême-Orient.

Le pélican de Jonathan,
Au matin, pond un œuf tout blanc
Et il en sort un pélican
Lui ressemblant étonnamment.

Et ce deuxième pélican
Pond, à son tour, un œuf tout blanc
D'où sort, inévitablement,
Un autre qui en fait autant.

Cela peut durer pendant très longtemps
Si l'on ne fait pas d'omelette avant.

CD3, TRACK 15 Page 267

EXERCICE D'ÉCOUTE: MESSAGES AU HAUT-PARLEUR

Whenever you're in a train station or airport in France,
American tourists who don't understand French ask you
questions about the train or plane announcements made on
the loudspeakers. Listen to the announcements and then
answer their questions.

Numéro 1
Attention! Attention! Train en provenance de Nantes, quai
numéro 4, arrivée dans une minute. Arrêt prévu—trois
minutes.

Numéro 2
Départ à destination de Strasbourg à 17 heures 12. Les voitures
fumeurs sont en tête de train. Les voitures de première classe
sont situées à côté du wagon-restaurant au milieu du train.
Arrivée à destination à 22 heures 43.

Numéro 3
Le TGV à destination de Marseille, va partir à 14 heures 16 du
quai numéro 7. Ce train dessert Lyon-Perrache et Avignon.

Numéro 4
Votre attention, s'il vous plaît. Le vol Air France numéro 432,
en provenance de Pointe-à-Pitre, est attendu avec 70 minutes
de retard, en raison des conditions atmosphériques.

Numéro 5
Votre attention, s'il vous plaît. Les passagers du vol Air Inter
numéro 24, à destination de Paris-Orly, sont priés de se
présenter à la porte numéro 1, pour embarquement immédiat.

CHAPITRE 7

CD4, TRACK 2 Page 274

■ Structure grammaticale: Expressions of quantity and the pronoun *en*

Listen to the dialogue.

CONVERSATION À LA CHARCUTERIE

EMPLOYÉ: Bonjour, Madame. Vous désirez?

CLIENTE: Voyons. Donnez-moi 250 grammes de salade de
tomates et quatre tranches de jambon.

EMPLOYÉ: Et avec ça? Un peu de pâté?

CLIENTE: Non, j'en ai encore. Mais donnez-moi une boîte de
petits pois.

CD4, TRACK 3 Pages 274 and 275

EXPLICATION

Now listen to the models, then repeat the expressions of
quantity:

GENERAL QUANTITIES
MODÈLES: Combien de CD est-ce que tu as?
J'ai beaucoup de CD, mais j'ai très peu de cassettes.

EXPRESSIONS:
 beaucoup de
 ne... pas beaucoup de
 un peu de
 très peu de

SPECIFIC QUANTITIES
MODÈLES: Qu'est-ce que tu as acheté?
J'ai acheté un morceau de pâté et six tranches de
jambon.

EXPRESSIONS:
 un kilo de
 une livre de
 50 grammes de
 un litre de
 une bouteille de
 une douzaine de
 un morceau de
 un bout de
 une tranche de
 une boîte de

EXPRESSIONS OF SUFFICIENCY
MODÈLES: Combien d'argent est-ce que tu as?
Je n'ai pas assez d'argent pour acheter un vélo.

EXPRESSIONS:
 trop de
 assez de
 ne... pas assez de

COMPARISON OF NOUNS

MODÈLES: Combien d'argent est-ce que tu as?
J'ai plus d'argent que Paul. J'ai autant d'argent que Marie. J'ai moins d'argent que toi.

EXPRESSIONS:
plus de
autant de
moins de

Now repeat the model dialogue on page 274, paying special attention to the expressions of quantity.

CD4, TRACK 4   Page 278

NOTE GRAMMATICALE: THE PRONOUN *EN*

Repeat the following models using **en.**

The pronoun **en** is used to replace a noun preceded by a partitive:

—Qui veut de la glace?
—Moi, j'en veux.
—Moi, je n'en veux pas.

The pronoun **en** is used to replace a noun used with an expression of quantity:

—Elle a beaucoup d'argent?
—Oui, elle en a beaucoup.
—Non, elle n'en a pas beaucoup.

The pronoun **en** is used to replace a noun preceded by a number:

—Tu as un dictionnaire?
—Oui, j'en ai un.
—Non, je n'en ai pas.

CD4, TRACK 5   Page 286

▉ Prononcez bien! *The consonants* c, g, s, *and the combination* ch

- **c**   Depending on the sound that follows it, the French consonant **c** may represent the hard sound [k], as in the English word *car,* or the soft sound [s], as in the English word *nice.* The hard sound [k] occurs before another consonant and before the vowels **a, o,** and **u.**

  classe   car   corps   curieux

  The soft sound [s] occurs before the vowels **e, i,** and **y.** The **c** is also soft when it has a cedilla.

  face   facile   Cyril   français

- **g**   The consonant **g** may represent either the hard sound [g], as in the English word *great,* or the soft sound [ʒ] as in *sabotage.* The hard sound [g] occurs before another consonant and before the vowels **a, o,** and **u.**

  grand   gare   gorille   guide

  The soft sound [ʒ] occurs before the vowels **e, i,** and **y.**

  âge   rigide   gymnase

- **s**   Depending on the sounds that surround it, the letter **s** may represent the sound [s], as in the English word *rinse,* or the sound [z], as in the English word *rise.* The consonant **s** represents the sound [s] when it is the first letter in a word and when it is followed by a second **s** or by another consonant.

  sœur   dessert   disque

  The consonant **s** represents the sound [z] when it occurs between two pronounced vowels or when it is followed by a mute (unpronounced) **e.**

  visage   désert   rose

- **ch**   In English, the combination **ch** is usually pronounced with the hard sounds [tch] or [k]: *chicken, reach* or *character, architect.* In French, the combination **ch** usually has a softer sound, much like the *sh* in the English word *sheep.* Notice the difference in the following pairs.

  chief   chef
  touch   touche
  architect   architecte

CD4, TRACK 6   Page 287

EXERCICE XII. LES CONSONNES *c, g, s,* ET LA COMBINAISON *ch.*

A. First, pronounce the consonant **c,** being careful to give it the appropriate hard or soft sound.

café / citron / croissant / ça / cahier / pièces / combien / Françoise / calculatrice / cassette / policier / classique / copain / fréquence / comédie musicale / bracelet / collier / flacon / motocyclette / sac de couchage / en face de / confortable / décédé / intellectuel / mince / secret / balcon / commerçant / fonctionnaire / mécanicien / musicienne / pharmacien / marocain / scolaire / cinéma / mercredi / octobre / cathédrale / lycée / épicerie / charcuterie

B. Now pronounce the consonant **g,** being careful to give it the appropriate hard or soft sound.

Orangina / goûts / rouge / fromage / portugais / belge / langue / Roger / égyptienne / boulangerie / baguette / synagogue / église / gare / garage / organe / verglas / neige / wagon-lit / goûter / gigot / spaghettis / vinaigrette / gruyère / manger / nous mangeons / gorge / vertige / migraine / grippe / régime / grandir / nager / magazine / visage / genou / gourmand / dommage / exagérer / grand / généreux / gris / orange / gomme

C. Now pronounce the consonant **s,** being careful to give it the appropriate hard or soft sound.

dessert / désert / poisson / poison / coussin / cousin / russe / ruse / désirez / souvent / croissant / Mademoiselle / brésilien / suisse / musique classique / église / maison / professeur / musée / passer / ensuite / salut / cassette / espionnage / raser / dessiner / désigner / présenter / semaine / assez / sympathique / intéressant / pâtisserie / ciseaux / classeur / lasagne / raisin / express / télévision / caisse / chemisier / rose

D. Now pronounce the combination **ch.**

chante / chose / Chantal / chinois / chien / chambre / machine / chat / chaîne / chercher / chef / chic / blanche / acheter / machin / cher / quiche / chemise / chemisier / achat / sac de couchage / rez-de-chaussée / cheveux / chauve / architecte / chouette / charcuterie / supermarché / couchette / chocolat / pêche / tranche / planche à roulettes / bouche

E. Now repeat the following sentences, taking care to pronounce the sounds correctly.

Je pense qu'Élise ne se sent pas bien. Elle tousse.
Le chauffeur est venu nous chercher devant la gare.
Nous avons consulté un architecte pour la construction de notre maison neuve.
Il est chauve, il a des moustaches et une barbe; il ne se rase jamais.
Il y a une grande différence entre le poisson et le poison, entre le dessert et le désert.
Il y a trop de choses dans notre garage: une motocyclette ancienne, un réfrigérateur et toutes sortes d'autres choses.

F. Repeat the following proverbs from various countries.

1. Les absents sont assassinés à coups de langue. (français)
2. On ne vit qu'en laissant vivre. (allemand)
3. Pierre qui roule n'amasse pas mousse. (français)
4. Toute chose est comme on l'estime. (italien)
5. On se lasse de tout, sauf de l'argent. (grec)
6. L'association est une chaîne qui a la force de son plus faible chaînon. (indien)
7. Un étranger qui parle ma langue m'est plus cher qu'un compatriote qui l'ignore. (kurde)
8. Cœurs voisins, c'est mieux que cases voisines. (anonyme)

CD4, TRACK 7 — Page 291

■ Structure grammaticale: The conditional

Listen to the dialogue.

UN DÎNER POUR LE PATRON

JULIEN: Je voudrais inviter mon patron à dîner. Toi, tu pourrais faire la connaissance de sa femme et moi, j'aurais l'occasion de lui parler de ma promotion.

ISABELLE: Ça serait bien. Nous pourrions leur préparer un repas chinois.

JULIEN: Bonne idée! Et si on voulait vraiment les impressionner, on leur servirait un bon vin blanc du Val de Loire.

CD4, TRACK 8 — Page 292

EXPLICATION

Now listen to the infinitive, then repeat the conditional conjugations of the verbs **arriver, partir,** and **prendre.**

arriver: j'arriverais, tu arriverais, il arriverait, elle arriverait, on arriverait, nous arriverions, vous arriveriez, ils arriveraient, elles arriveraient

partir: je partirais, tu partirais, il partirait, elle partirait, on partirait, nous partirions, vous partiriez, ils partiraient, elles partiraient

prendre: je prendrais, tu prendrais, il prendrait, elle prendrait, on prendrait, nous prendrions, vous prendriez, ils prendraient, elles prendraient

A few verbs have irregular stems in the contitional. You learned these stems when studying the future tense. Repeat each infinitive and then the conditional forms:

aller	j'irais
avoir	tu aurais
être	elle serait
faire	nous ferions
falloir	il faudrait
pouvoir	vous pourriez
savoir	ils sauraient
venir	je viendrais
voir	tu verrais
vouloir	nous voudrions

Now repeat the sentences using the conditional:

À ta place, je trouverais le temps d'y aller.
À mon avis, tu ferais mieux de rester au lit.
Si j'avais le temps, j'en parlerais à mon patron.
Nous ferions un voyage si nous avions l'argent.

Now repeat the model dialogue on page 291, paying special attention to the conditional forms.

CD4, TRACK 9 — Page 296

■ Structure grammaticale: The imperfect tense

Listen to the monologue.

LES VACANCES D'ÉTÉ

Quand j'étais petit, ma famille passait tous les étés au bord de la mer. Nous avions une maison près de Noirmoutier. D'habitude, nous y allions début juillet. Mes frères et moi, nous étions toujours très contents de retrouver le rythme des vacances. On se levait assez tard, on faisait des promenades, on se baignait, on retrouvait des amis et on oubliait le stress de la vie scolaire. Et toi, qu'est-ce que tu faisais pendant les vacances quand tu étais petit?

CD4, TRACK 10 — Pages 297 and 298

EXPLICATION

Now listen to the infinitive, then repeat the imperfect tense forms of the verbs **parler, faire,** and **être.**

parler: je parlais, tu parlais, il parlait, elle parlait, on parlait, nous parlions, vous parliez, ils parlaient, elles parlaient

faire: je faisais, tu faisais, il faisait, elle faisait, on faisait, nous faisions, vous faisiez, ils faisaient, elles faisaient

être: j'étais, tu étais, il était, elle était, on était, nous étions, vous étiez, ils étaient, elles étaient

You also learned the various uses of the imperfect tense. To help you become accustomed to typical contexts in which the tense can occur, repeat the following models:

- habitual actions in the past

  Tous les étés nous allions au bord de la mer.
  Je restais quelquefois au lit jusqu'à midi, mais mon père se levait toujours avant 7 heures.

- to indicate actions that were going on

  Pendant que nous parlions, elle regardait la télé.
  Qu'est-ce que tu faisais quand il a téléphoné?

- to set the background or context for a story

  Il était neuf heures. J'étais en visite à Berlin. C'était la fin de l'hiver et il faisait encore très froid. Nous étions trois dans un petit restaurant.

- to describe physical attributes and age

  Il avait les cheveux blonds.
  Elle avait cinquante ans.

Now repeat the model monologue on page 296, paying special attention to the imperfect forms.

CD4, Track 11 Page 315

EXERCICE D'ÉCOUTE: PROJETS DE VACANCES

Listen while Luc and his family discuss plans for spring vacation. Then do the exercises.

PÈRE:	Les enfants, si on parlait des vacances... C'est bientôt.
LUC ET SOPHIE:	Ah, oui!
MÈRE:	C'est une idée, ça, oui, oui.
SOPHIE:	Moi, j'ai des projets. J'ai été invitée chez Marie-Claire.
MÈRE:	Comment?
SOPHIE:	Ses parents ont une maison en Normandie et elle m'a dit qu'on pourrait faire de l'équitation et tout. C'est super.
LUC:	Ouais. Sophie veut aller chez sa copine. Moi aussi, moi je veux aller dans les Alpes, avec mes copains, Jean-Claude et Roger.
MÈRE:	Oh, écoutez, les enfants, vous savez très bien qu'à cette époque de l'année maman nous attend dans sa maison d'Aix.
LUC:	Ah, non! Quelle barbe!
SOPHIE:	C'est pas très rigolo. On y est déjà allé à Noël.
LUC:	On y va tout le temps; c'est tout le temps la même chose. On s'ennuie là-bas, on s'ennuie.
MÈRE:	Ça, je comprends bien. Mais soyez un peu patients avec votre grand-mère, quand même.
PÈRE:	Écoutez, votre grand-mère vous adore. Je ne vous permets pas de parler sur ce ton.
SOPHIE:	Qu'est-ce que t'en penses, Papa? Tu as envie d'aller chez mémé?

PÈRE:	Oh, ça ne me dérangerait pas.
LUC:	Oh, non, non. Moi, j'veux pas. Vous pourriez pas trouver quelque chose de plus amusant, non?
MÈRE:	C'est vrai que ce n'est pas très passionnant. Qu'est-ce que tu en penses?
PÈRE:	Eh, bien. Voyons voir. J'aimerais qu'on puisse rester ensemble.
MÈRE:	Ah, oui, ça, je suis tout à fait d'accord.
LUC:	Oui...
PÈRE:	Écoutez, j'ai une petite surprise pour vous.
LUC ET SOPHIE:	Ah?
PÈRE:	J'ai déjà organisé un petit voyage.
LUC ET SOPHIE:	Ah?
SOPHIE:	Ben, pourquoi tu ne le disais pas? Où?
PÈRE:	Ah, ah, à vous de deviner. C'est au sud. On va se diriger vers le sud.
LUC:	En Provence.
PÈRE:	À l'étranger.
LUC:	En Italie!
PÈRE:	Non.
SOPHIE:	En Espagne.
PÈRE:	Plus au sud.
MÈRE:	Plus chaud, oui.
SOPHIE:	Au bord de la mer?
PÈRE:	Au bord de la mer. Au bord de l'océan.
LUC:	Au Maroc!
PÈRE:	Au Maroc! Très bien, Luc!
MÈRE:	Voilà! T'as gagné!
PÈRE:	J'ai réservé, et tenez-vous bien, un voyage pour nous quatre, au Club Med, à Agadir.
LUC:	Agadir!
SOPHIE:	Super! Alors, on pourra nager? La mer est assez chaude?
PÈRE:	La mer sera très bonne à cette époque de l'année. On pourra nager, on pourra faire de la voile. Tu pourras faire de l'équitation.
LUC:	Et moi? Je pourrai faire du ski?
PÈRE:	Et Luc, tu pourras faire du ski nautique.
MÈRE:	Du ski nautique, bien sûr. Et moi, mes enfants, je vais avoir des vacances pour une fois. Pas de vaisselle, pas de ménage, rien du tout. Je vais avoir du temps pour moi. Nous allons avoir notre temps pour nous, n'est-ce pas, chéri?
PÈRE:	Absolument.
LUC:	Allez! On y va!
SOPHIE:	Super! Merci, Papa. T'es super!
PÈRE:	Bon, très bien, les enfants. J'espère que vous êtes contents.

CHAPITRE 8

CD4, TRACK 12 — Page 325

◼ Structure grammaticale: The comparative and the superlative

Listen to the dialogue.

LES ÉTUDIANTS D'HIER ET D'AUJOURD'HUI

MLLE LAMY:	J'ai l'impression que les étudiants d'aujourd'hui sont moins sérieux que ceux d'autrefois.
M. DUVAL:	Oui, c'est parce qu'ils ont plus de temps libre.
MLLE LAMY:	Mais aussi il faut dire que leur vie est bien plus compliquée que la vie d'autrefois.
M. DUVAL:	C'est vrai. Et en plus, il y a toujours des exceptions. Par exemple, dans mon cours de littérature, j'ai les deux meilleurs étudiants de toute ma carrière.
MLLE LAMY:	Tout ça pour dire qu'on ne peut pas généraliser!

CD4, TRACK 13 — Page 326

EXPLICATION

Now repeat the models using the comparative:

- The comparative of nouns

  Nous avons plus de temps libre que Charles.
  Nous avons autant de temps libre que Mireille.
  Nous avons moins de temps libre que vous.

- The comparative of most adjectives

  Elle est plus grande que son frère.
  Il est aussi sérieux que sa sœur.
  Il est moins intelligent que son père.

- The comparative of the adjective **bon**

  Mes notes sont meilleures que les notes de Marie.
  Mes notes sont aussi bonnes que les notes de Paul.
  Mes notes sont moins bonnes que les notes de Jean.

- The comparative of the adverb **bien**

  Il parle mieux que moi.
  Il parle aussi bien que Monique.
  Il parle moins bien que Sylvie.

Another way to make comparisons is to use the superlative to compare one or more items to a larger group. Repeat the model sentences using the superlative:

Thérèse est l'étudiante la plus avancée de la classe.
Elle a les meilleures notes de tous les étudiants.
Elle a le moins de temps libre de tous ses amis.
C'est elle qui parle le mieux le français.

Now repeat the model dialogue on page 325, paying special attention to the comparative forms.

CD4, TRACK 14 — Page 336

◼ Structure grammaticale: The imperfect and the passé composé

Listen to the monologue that contains the imperfect and the **passé composé**:

UNE RENCONTRE EN VILLE

Hier, j'ai fait un petit tour en ville. Pendant que je faisais du shopping, j'ai rencontré André et nous sommes allés au Café de la Gare. Nous étions bien contents d'être ensemble. Je portais une robe élégante et des sandales; André portait une très belle chemise. Nous étions tous les deux très chic. Nous avons passé trois heures ensemble à parler et à regarder les gens passer.

CD4, TRACK 15 — Pages 336 and 337

EXPLICATION

Now repeat the sentences illustrating the various uses of the imperfect and the **passé composé**:

Use the imperfect in descriptions:

Elle était très fatiguée.
Il portait un tee-shirt et un short.
Nous étions contents.

Use the imperfect to express habitual actions in the past:

Ils parlaient français tous les jours.
Nous allions en France tous les étés.
Elle passait beaucoup de temps avec ses amis.

But the **passé composé** is used to express a single occurrence in the past:

Ce matin je me suis préparé un bon petit déjeuner.
Elle est allée en ville.
Nous avons fait la vaisselle.

Use the imperfect if the action occurs in an indefinite period of time:

Quand j'étais jeune, j'avais un chien.
Il faisait très beau.
Nous passions les vacances avec nos grands-parents.

But the **passé composé** is used if the action occurs in a definite or defined period of time:

En 1992, j'ai passé deux mois au Portugal.
Hier il a fait très beau.
Le mois dernier nous sommes allés au cinéma plusieurs fois.

Use the imperfect for actions repeated an unspecified number of times:

Nous allions souvent au parc.
Ils faisaient quelquefois la vaisselle.
Je prenais le métro de temps en temps.

But use the **passé composé** for actions repeated a specified number of times:

> **Nous sommes allés au parc trois fois le mois dernier.**
> **J'ai vu Suzanne quatre fois.**
> **Il a eu deux accidents de voiture.**

Use a combination of the imperfect and the **passé composé** to describe what was going on when something else happened:

> **Il travaillait en France quand son fils est né.**
> **Elle était au bureau quand son mari a téléphoné.**
> **Ils parlaient avec leurs collègues quand ils ont appris**
> **la nouvelle.**

Now repeat the model dialogue on page 336, paying special attention to the use of the imperfect tense and the **passé composé**.

CD4, TRACK 16 — Page 345

Structure grammaticale: Verbs in *-ir* and the verb *venir*

Listen to the dialogue.

DES ÉTUDES BRILLANTES

JEAN-PIERRE: Tu viens chez moi ce week-end?

ANDRÉ: Non, je ne peux pas. Je vais rester à la maison avec ma famille. Ma cousine vient de rentrer d'Angleterre.

JEAN-PIERRE: Ah, oui? Est-ce qu'elle a fini ses études?

ANDRÉ: Oui. Elle a réussi brillamment à ses examens.

CD4, TRACK 17 — Pages 345 and 346

EXPLICATION

Now repeat the present-tense forms of the *-ir* verb **maigrir**, which means *to lose weight*.

> **je maigris, tu maigris, il maigrit, elle maigrit, on maigrit,**
> **nous maigrissons, vous maigrissez, ils maigrissent, elles**
> **maigrissent**

Now repeat the following sentences that include various tenses of *-ir* verbs:

- present tense

> **Nous finissons toujours nos devoirs.**
> **Mon fils grandit très vite.**
> **Ma grand-mère vieillit.**
> **Quel dessert est-ce que tu choisis?**

- passé composé

> **J'ai grossi de cinq kilos.**
> **Elle a réussi à l'examen de français.**
> **Ils ont fini leurs devoirs.**
> **Nous avons choisi des cours intéressants.**

- imperfect

> **Ma sœur réussissait à tous ses examens quand elle était**
> **au lycée.**
> **Quand nous sommes arrivés, elle finissait de faire la**
> **vaisselle.**

- future

> **Avec ce régime, je maigrirai certainement.**
> **Nous finirons la vaisselle après le film.**
> **Il réussira dans la vie.**
> **Quelle robe est-ce que vous choisirez?**

- subjunctive

> **Il faut que tu maigrisses un peu.**
> **Il faut que vous réussissiez à l'examen.**
> **Je veux qu'elle finisse ce livre.**
> **Il veut que nous choisissions entre ce CD et cette cassette.**

You have also learned the verb **venir** and the expression **venir de**. First, repeat the forms of the present tense of **venir**: je viens, tu viens, elle vient, nous venons, vous venez, ils viennent.

Now repeat the forms of different tenses of **venir**.

- present

> **Tu viens ce soir?**
> **Nous venons du Canada.**
> **Pourquoi est-ce qu'elles ne viennent pas avec nous?**

- passé composé

> **Ils sont venus en retard.**
> **Elle n'est pas venue au concert.**
> **Pourquoi est-ce que tu n'es pas venue avec Jacques?**

- imperfect

> **Mes grands-parents venaient nous voir tous les ans.**
> **Il ne venait pas souvent aux concerts.**

- future

> **Est-ce que tu viendras aussi?**
> **Elles ne viendront pas nous voir.**

- subjunctive

> **Il faut que tu viennes avec Jacques?**
> **Je voudrais que vous veniez aussi.**

Now repeat the following sentences using the expression **venir de** to indicate that something *has just happened*.

> **Elle vient de sortir.**
> **Nous venons d'arriver.**
> **Est-ce que tu viens de te réveiller?**
> **Je viens de me lever.**
> **Ils viennent de les voir.**
> **On vient de manger.**

Now repeat the model dialogue on page 345, paying special attention to the verbs ending in *-ir*, including **venir**.

CD4, TRACK 18 — Page 353

Prononcez bien! *Intonation (L'intonation)*

Intonation refers to pitch—the rising and falling of the voice. French intonation patterns are determined both by word groups and by the type of utterance. In some cases, intonation is the key to meaning (it may indicate a question, for example). The basic intonation patterns are:

- Yes/no questions— rising intonation

  Tu comprends?
  Est-ce qu'elle va sortir?

- Information questions— falling intonation

  Quelle heure est-il?
  Où est-ce que tu habites?

- Commands— falling intonation

  Tournez à gauche!
  Lève-toi!

- Short declarative sentences— falling intonation

  Merci beaucoup.
  Bonjour, Madame.
  Je ne sais pas.

- Longer declarative sentences— a combination of rising and falling intonation. Rising intonation at the end of a word group indicates that the sentence will continue; falling intonation marks the end of the sentence.

  Je me lève, je m'habille et je prends mon petit déjeuner.

CD4, TRACK 19   Page 353

EXERCICE XXXV. L'INTONATION.

1. Qu'est-ce qui ne va pas?
2. Est-il toujours malade?
3. Quand je suis enrhumé, je rentre chez moi, je bois du thé et je me couche.
4. Tiens, voilà le médecin!
5. Ne mangez pas trop!
6. Où est la pharmacie?
7. Est-ce que tu préfères le thé ou les jus de fruits?
8. Moi, j'aime bien le thé, mais j'aime mieux les jus de fruits.
9. Prenez des aspirines et restez au lit.
10. En hiver, j'ai souvent mal à la gorge et je tousse beaucoup.

CD4, TRACK 20   Page 354

◼ Prononcez bien! (suite) *Word groups* (*Le groupement des mots*)

In English, there tends to be a slight pause between words. As a result, native English speakers can readily distinguish, for example, between *ice cream* and *I scream*. The French, however, do not often pause between words. Consequently, the word **élégant** and the phrase **et les gants** sound exactly the same. The absence of clear-cut breaks between words means that the basic element of spoken French is the *phrase,* or group of related words.

You've probably already noticed the numerous phrases and clauses you've been asked to learn: for example, **au revoir, n'est-ce pas, un sandwich au fromage, quelle heure est-il, quel**

temps fait-il, etc. Usually the word groups are logically organized according to the grammatical structure. Here are some frequent word groupings. Repeat each one.

- Subject and verb:

  je parle
  nous sommes
  elles ont
  Janine ira
  elles ont fait

- Subject, verb, and modifiers or pronouns:

  je ne travaille pas
  ils se couchent
  je les connais
  tu leur téléphones

- Article, noun, and adjective (or article, adjective, and noun):

  un restaurant français
  des livres intéressants
  un grand homme
  une petite ville

- A preposition and its complement:

  au cinéma
  dans la chambre
  avec mes amis
  près de l'église

CD4, TRACK 21   Page 355

EXERCICE XXXVII. POÈME.

Listen to a poem by Jacques Prévert. Pay close attention to intonation and to the grouping of words.

LE CONTRÔLEUR
Allons allons
Pressons
Allons allons
Voyons pressons
Il y a trop de voyageurs
Trop de voyageurs
Pressons pressons
Il y en a qui font la queue
Il y en a partout
Beaucoup
Le long du débarcadère
Ou bien dans les couloirs du ventre de leur mère
Allons allons pressons
Pressons sur la gâchette
Il faut bien que tout le monde vive
Alors tuez-vous un peu
Allons allons
Voyons
Soyons sérieux
Laissez la place
Vous savez bien que vous ne pouvez pas rester là trop longtemps
Il faut qu'il y en ait pour tout le monde

Un petit tour on vous l'a dit
Un petit tour du monde
Un petit tour dans le monde
Un petit tour et on s'en va
Allons allons
Pressons pressons
Soyez poli
Ne poussez pas.

CD4, TRACK 22   Page 364

EXERCICE D'ÉCOUTE: QUE DIT LE MÉDECIN

You're traveling in France with your brother and sister when they become ill. Because they do not speak French, you have explained their symptoms to the doctor. As you listen to the doctor's advice and instructions, take notes *in French and/or in English*. You probably won't understand every word; the important thing is to get the gist of the information.

About your sister
J'ai examiné votre sœur. Je peux vous rassurer. Ce n'est pas très grave, pas grave du tout. Elle a eu une crise de foie. Vous ne savez pas ce que c'est? Eh bien, ça veut dire qu'elle a eu un petit problème digestif. Elle n'a sans doute pas l'habitude de la cuisine française. Vous allez dire à votre sœur de boire de l'eau minérale et de ne pas manger de matières grasses—pas de saucisses ou de saucisson, pas de jambon, pas de beurre, pas de fromage. Elle se sentira mieux dans deux ou trois jours.

About your brother
Ne vous inquiétez pas. Votre frère, il est enrhumé. Rien de grave. Je vais lui donner quelque chose pour la gorge—euh, des pastilles, peut-être. Je lui conseille de prendre de l'aspirine aussi. Non, non, il vaut mieux un antihistaminique. C'est ça. Je lui donne un antihistaminique. Il doit prendre un cachet le matin et un autre le soir.

CONJUGAISON DES VERBES

CONJUGAISON DES VERBES

INFINITIF	PRÉSENT	PASSÉ COMPOSÉ	IMPARFAIT
Verbs in -er, -ir, -re			
chercher	je cherche tu cherches il cherche nous cherchons vous cherchez ils cherchent	j'ai cherché tu as cherché il a cherché nous avons cherché vous avez cherché ils ont cherché	je cherchais tu cherchais il cherchait nous cherchions vous cherchiez ils cherchaient
finir	je finis tu finis il finit nous finissons vous finissez ils finissent	j'ai fini tu as fini il a fini nous avons fini vous avez fini ils ont fini	je finissais tu finissais il finissait nous finissions vous finissiez ils finissaient
attendre	j'attends tu attends il attend nous attendons vous attendez ils attendent	j'ai attendu tu as attendu il a attendu nous avons attendu vous avez attendu ils ont attendu	j'attendais tu attendais il attendait nous attendions vous attendiez ils attendaient
Reflexive verbs			
se coucher	je me couche tu te couches il se couche nous nous couchons vous vous couchez ils se couchent	je me suis couché(e) tu t'es couché(e) il s'est couché nous nous sommes couché(e)s vous vous êtes couché(e)(s) ils se sont couchés	je me couchais tu te couchais il se couchait nous nous couchions vous vous couchiez ils se couchaient
Verbs with spelling changes in the stem			
acheter (like **acheter:** **se lever,** **se promener**)	j'achète tu achètes il achète nous achetons vous achetez ils achètent	j'ai acheté	j'achetais
préférer (like **préférer:** **espérer**)	je préfère tu préfères il préfère nous préférons vous préférez ils préfèrent	j'ai préféré	je préférais
appeler	j'appelle tu appelles il appelle nous appelons vous appelez ils appellent	j'ai appelé	j'appelais

FUTUR	SUBJONCTIF	CONDITIONNEL	IMPÉRATIF
	que (qu')		
je chercherai	je cherche	je chercherais	cherche
tu chercheras	tu cherches	tu chercherais	cherchons
il cherchera	il cherche	il chercherait	cherchez
nous chercherons	nous cherchions	nous chercherions	
vous chercherez	vous cherchiez	vous chercheriez	
ils chercheront	ils cherchent	ils chercheraient	
je finirai	je finisse	je finirais	finis
tu finiras	tu finisses	tu finirais	finissons
il finira	il finisse	il finirait	finissez
nous finirons	nous finissions	nous finirions	
vous finirez	vous finissiez	vous finiriez	
ils finiront	ils finissent	ils finiraient	
j'attendrai	j'attende	j'attendrais	attends
tu attendras	tu attendes	tu attendrais	attendons
il attendra	il attende	il attendrait	attendez
nous attendrons	nous attendions	nous attendrions	
vous attendrez	vous attendiez	vous attendriez	
ils attendront	ils attendent	ils attendraient	
	que (qu')		
je me coucherai	je me couche	je me coucherais	couche-toi
tu te coucheras	tu te couches	tu te coucherais	couchons-nous
il se couchera	il se couche	il se coucherait	couchez-vous
nous nous coucherons	nous nous couchions	nous nous coucherions	
vous vous coucherez	vous vous couchiez	vous vous coucheriez	
ils se coucheront	ils se couchent	ils se coucheraient	
	que (qu')		
j'achèterai	j'achète	j'achèterais	achète
	tu achètes		achetons
	il achète		achetez
	nous achetions		
	vous achetiez		
	ils achètent		
je préférerai	je préfère	je préférerais	préfère
	tu préfères		préférons
	il préfère		préférez
	nous préférions		
	vous préfériez		
	ils préfèrent		
j'appellerai	j'appelle	j'appellerais	appelle
	tu appelles		appelons
	il appelle		appelez
	nous appelions		
	vous appeliez		
	ils appellent		

INFINITIF	PRÉSENT	PASSÉ COMPOSÉ	IMPARFAIT
payer (like **payer**: **s'ennuyer, essayer**)	je paie tu paies il paie nous payons vous payez ils paient	j'ai payé	je payais
commencer	je commence tu commences il commence nous commençons vous commencez ils commencent	j'ai commencé	je commençais
manger (like **manger**: **exiger, voyager**)	je mange tu manges il mange nous mangeons vous mangez ils mangent	j'ai mangé	je mangeais

Other verbs

INFINITIF	PRÉSENT	PASSÉ COMPOSÉ	IMPARFAIT
aller	je vais tu vas il va nous allons vous allez ils vont	je suis allé(e)	j'allais
avoir	j'ai tu as il a nous avons vous avez ils ont	j'ai eu	j'avais
boire	je bois tu bois il boit nous buvons vous buvez ils boivent	j'ai bu	je buvais
connaître (like **connaître**: **reconnaître**)	je connais tu connais il connaît nous connaissons vous connaissez ils connaissent	j'ai connu	je connaissais
devoir	je dois tu dois il doit nous devons vous devez ils doivent	j'ai dû	je devais
dire	je dis tu dis il dit nous disons vous dites ils disent	j'ai dit	je disais

FUTUR	SUBJONCTIF	CONDITIONNEL	IMPÉRATIF
je paierai	je paie tu paies il paie nous payions vous payiez ils paient	je paierais	paie payons payez
je commencerai	je commence tu commences il commence nous commencions vous commenciez ils commencent	je commencerais	commence commençons commencez
je mangerai	je mange tu manges il mange nous mangions vous mangiez ils mangent	je mangerais	mange mangeons mangez

	que (qu')		
j'irai	j'aille tu ailles il aille nous allions vous alliez ils aillent	j'irais	va allons allez
j'aurai	j'aie tu aies il ait nous ayons vous ayez ils aient	j'aurais	aie ayons ayez
je boirai	je boive tu boives il boive nous buvions bous buviez ils boivent	je boirai	bois buvons buvez
je connaîtrai	je connaisse tu connaisses il connaisse nous connaissions vous connaissiez ils connaissent	je connaîtrais	connais connaissons connaissez
je devrai	je doive tu doives il doive nous devions vous deviez ils doivent	je devrais	dois devons devez
je dirai	je dise tu dises il dise nous disions vous disiez ils disent	je dirais	dis disons dites

INFINITIF	PRÉSENT	PASSÉ COMPOSÉ	IMPARFAIT
écrire (like **écrire:** **décrire**)	j'écris tu écris il écrit nous écrivons vous écrivez ils écrivent	j'ai écrit	j'écrivais
être	je suis tu es il est nous sommes vous êtes ils sont	j'ai été	j'étais
faire	je fais tu fais il fait nous faisons vous faites ils font	j'ai fait	je faisais
lire	je lis tu lis il lit nous lisons vous lisez ils lisent	j'ai lu	je lisais
mettre (like **mettre:** **permettre,** **promettre**)	je mets tu mets il met nous mettons vous mettez ils mettent	j'ai mis	je mettais
ouvrir (like **ouvrir:** **offrir**)	j'ouvre tu ouvres il ouvre nous ouvrons vous ouvrez ils ouvrent	j'ai ouvert	j'ouvrais
partir (like **partir:** **dormir, sentir,** **servir, sortir**)	je pars tu pars il part nous partons vous partez ils partent	je suis parti(e)	je partais
pouvoir	je peux tu peux il peut nous pouvons vous pouvez ils peuvent	j'ai pu	je pouvais
prendre (like **prendre:** **apprendre,** **comprendre**)	je prends tu prends il prend nous prenons vous prenez ils prennent	j'ai pris	je prenais

FUTUR	SUBJONCTIF	CONDITIONNEL	IMPÉRATIF
j'écrirai	j'écrive tu écrives il écrive nous écrivions vous écriviez ils écrivent	j'écrirais	écris écrivons écrivez
je serai	je sois tu sois il soit nous soyons vous soyez ils soient	je serais	sois soyons soyez
je ferai	je fasse tu fasses il fasse nous fassions vous fassiez ils fassent	je ferais	fais faisons faites
je lirai	je lise tu lises il lise nous lisions vous lisiez ils lisent	je lirais	lis lisons lisez
je mettrai	je mette tu mettes il mette nous mettions vous mettiez ils mettent	je mettrais	mets mettons mettez
j'ouvrirai	j'ouvre tu ouvres il ouvre nous ouvrions vous ouvriez ils ouvrent	j'ouvrirais	ouvre ouvrons ouvrez
je partirai	je parte tu partes il parte nous partions vous partiez ils partent	je partirais	pars partons partez
je pourrai	je puisse tu puisses il puisse nous puissions vous puissiez ils puissent	je pourrais	(n'existe pas)
je prendrai	je prenne tu prennes il prenne nous prenions vous preniez ils prennent	je prendrais	prends prenons prenez

INFINITIF	PRÉSENT	PASSÉ COMPOSÉ	IMPARFAIT
savoir	je sais tu sais il sait nous savons vous savez ils savent	j'ai su	je savais
suivre	je suis tu suis il suit nous suivons vous suivez ils suivent	j'ai suivi	je suivais
venir (like **venir:** **devenir, revenir**)	je viens tu viens il vient nous venons vous venez ils viennent	je suis venu(e)	je venais
voir (like **voir: croire**)	je vois tu vois il voit nous voyons vous voyez ils voient	j'ai vu	je voyais
vouloir	je veux tu veux il veut nous voulons vous voulez ils veulent	j'ai voulu	je voulais

FUTUR	SUBJONCTIF	CONDITIONNEL	IMPÉRATIF
je saurai	je sache tu saches il sache nous sachions vous sachiez ils sachent	je saurais	sache sachons sachez
je suivrai	je suive tu suives il suive nous suivions vous suiviez ils suivent	je suivrais	suis suivons suivez
je viendrai	je vienne tu viennes il vienne nous venions vous veniez ils viennent	je viendrais	viens venons venez
je verrai	je voie tu voies il voie nous voyions vous voyiez ils voient	je verrais	vois voyons voyez
je voudrai	je veuille tu veuilles il veuille nous voulions vous vouliez ils veuillent	je voudrais	

LEXIQUES:
FRANÇAIS — ANGLAIS
ANGLAIS — FRANÇAIS

LEXIQUE: FRANÇAIS — ANGLAIS

A

à at, in, to; **— bientôt** see you soon; **— la vôtre!/— la tienne! à votre (ta) santé!** Your (good) health! **— tout à l'heure** see you later

d'abord first

abri shelter; **les sans -—** the homeless

abricot *m* apricot

accepter to accept

accident *m* accident

accord *m* agreement; **d'—** okay; **être d'—** to agree

achat *m* purchase; **faire des —s** to go shopping

acheter to buy

acteur *m*, **actrice** *f* actor

actif(-ive) active

adorer to love

aéroport *m* airport

affiche *f* poster

Afrique *f* Africa

âge *m* age; **quel — as-tu (avez-vous)?/ quel — tu as?** how old are you?

âgé(e) old

agglomération *f* urban area

agir to act

agneau *m* lamb; **gigot d'—** *m* leg of lamb

agréable pleasant

agricole agricultural

agriculteur(-trice) *m (f)* farmer

agriculture *f* agriculture

aider to help; **— à faire quelque chose** to help to do something **Je peux vous —?** Can I help you?

aimer to like, to love; **j'aimerais** I would like

aîné(e) eldest

air: avoir l'— to seem

ajouter to add

alcoolisé(e) *adj* alcoholic

allemand: —(e) German; *m* German (language)

aller to go; **— à** to go to, by; **— à pied** to walk, to go on foot; **— simple** one way; **— -retour** round trip; **s'en —** to leave

allez so long

allô hello (on the phone)

alpinisme *m:* **faire de l'—** to go mountain climbing

amateur: être — de ..., **faire ... en —** to be an amateur

ambitieux(-euse) ambitious

aménagé(e) well laid up/set up (of a house)

amener to take (a person somewhere)

américain(e) American

ami(e) *m (f)* friend

amour *m* love; **roman d'—** *m* love story

amusant(e) funny, amusing

s'amuser to have a good time; **— à faire quelque chose** to have fun doing something

an *m* year; **j'ai ... —s** I'm . . . years old

ancien(ne) old

angine tonsilitis

anglais: —(e) English; *m* English (language)

animal (*pl* **animaux)** *m* animal; **donner à manger aux —** to feed the animals

année *f* year

anorak *m* winter jacket

anthropologie *f* anthropology

antihistaminique *m* antihistamine

août August

apéritif *m* before–dinner drink

appareil *m:* **— photo** camera; **— photo numérique** digital camera; **c'est ... à l'—** it's . . . calling

les appareils *m pl* equipment

appartement *m* apartment

appeler to call; **je m'appelle** my name is

après after

après-midi *m* afternoon; **l'—** in the afternoon; **les —** every afternoon

arabe Arabic; *m* Arabic *(language)*

architecte *m* or *f* architect

argent *m* money

armoire *f* free–standing closet, wardrobe

arrêt *m* stop

arrivée *f* arrival

arriver to arrive

art *m* art; **— dramatique** drama, dramatic arts; **beaux— -s** *pl* fine arts

artiste *m* or *f* artist

ascenseur *m* elevator

aspirateur *m* vacuum; **passer l'—** to vacuum

aspiration *f* aspiration

aspirine *f* aspirin; **cachet d'aspirine** *m* aspirin tablet

s'asseoir to sit down

assez enough, fairly

assiette *f:* **— de crudités** raw vegetables with vinaigrette

assistant(e) *m f* teaching assistant

astronomie *f* astronomy

athlète *m* or *f* athlete

athlétisme *m:* **faire de l'—** to do track and field

attendre to wait (for)

attention *f:* **faire —** à to pay attention to

au revoir good-bye, so long

au rez-de-chaussée on the first (ground) floor

aujourd'hui today

autant de as much as

autobus *m* city bus

autoroute périphérique *f* beltway (around a city)

autre other

autrefois in the past

avant before

avec with

avenue *f* avenue

averse *f:* **— de grêle** hailstorm

avion *m* airplane, plane

avocat(e) *m (f)* lawyer

avoir to have; **— ... ans** to be . . . years old; **— l'air** to appear/to look/to seem

avril April

B

bacon *m* bacon

Badoit *f* Badoit brand mineral water

baguette *f* long French loaf

baignoire *f* bathtub

bain *m* bath; **salle de —s** *f* bathroom

baiser *m* kiss

balade *f:* **faire une —** to go for a walk, to hike

baladeur *m* portable cassette player; **— CD** portable CD player

balcon *m* balcony

banane *f* banana

bande dessinée *f* comic book

banlieue *f* suburbs

banque *f* bank

bas: en — downstairs

base-ball *m:* **jouer au (faire du) —** to play baseball

basket *f* sneaker

basket *m:* **jouer au (faire du) —** to play basketball

bâtiment *m* building

bavard(e) talkative

bavarder to chat; **— en ligne** to chat on the computer

beau (belle/bel) beautiful; **beau-père** *m* father–in–law, stepfather; **belle-mère** *f* mother–in–law, stepmother

beaucoup a lot, very much; **— de** many, much

beige beige

belge Belgian

besoin: avoir — de to need

beurre *m* butter

bibliothèque *f* library

bien well; **— sûr** certainly; **assez —** well enough

bienvenue welcome

bière *f* beer

bijou *m* jewel

bijouterie *f* jewelry store

billet *m* bill (money), ticket; **distributeur de —s** automatic ticket machine

biographie *f* biography

biologie *f* biology

biscuit *m* cookie

blanc (blanche) white

blessé(e) injured

bleu(e) blue

blond(e) blond

blouson *m* jacket

blues *m sing* blues

boire to drink

boisson *f* beverage, drink

bonjour hello

bon(ne) good, nice; **assez —** pretty good

botanique *f* botany

botte *f* boot

bouche *f* mouth; **— de métro** entrance to subway station

boucherie *f* butcher shop

boucle d'oreille *f* earring

boulangerie-pâtisserie *f* bakery

boulevard *m* boulevard; **grand —** major boulevard

boum *f* party

bouquin *m (slang)* book

boussole *f* compass

bout *m* end, piece; **au — (de)** to the end (of)

bouteille *f* bottle

boutique *f* boutique, shop

bras *m* arm

bricolage *m:* **faire du —** to putter around

bricoler to do odd jobs, to putter around

brie *m* brie

brocolis *m pl* broccoli

bronchite *f* bronchitis

brouillard *m* fog; **il fait du —** it's foggy

brûler to burn; **se —** to burn oneself

brun(e) brown

bureau *m* desk, office; **— de poste** post office; **— de tabac** *m* tobacco store

bus *m* city bus

C

ça it; that; **— va?** how are things?

cachet *m* tablet

cadre *m*/**femme cadre** *f* business executive

café *m* cafe, coffee; **— au lait** coffee with hot milk; **— crème** coffee with cream

calculatrice *f* calculator

calculer to calculate

camembert *m* camembert

caméscope *m* camcorder

campagne *f* country

canadien(ne) Canadian

canapé *m* couch, sofa

car *m* intercity or tourist bus; **— de ramassage** school bus

caravane *f* trailer

carotte *f* carrot

carte *f:* **jouer aux —s** to play cards

casse-pieds a pain (of a person)

casser to break; **se — le/la ...** to break one's ...

cassette *f* cassette; **— vidéo** videocassette

cathédrale *f* cathedral

cave *f* cellar; **— à vin** *f* wine cellar

CD *m* compact disc (CD)

CD: lecteur — *m* CD player

CD-ROM *m* CD–ROM

ce, cet, cette this, that

ce que what

cédérom *m* CD–ROM

cela it

centre *m* center; **— -ville** city/town center, downtown; **— commercial** mall; **— urbain** urban center

céréales *f pl* cereal

ces these, those

c'est it's

chaîne hi-fi *f* stereo system

chaise *f* chair

chambre *f* bedroom; **— d'amis** guest bedroom; **chambre d'hôtel** hotel room

champ *m* field

champagne *m* champagne

changer to change; **— de train** to change trains

chanteur(-euse) *m (f)* singer

charcuterie *f* delicatessen

châtains chestnut (of hair)

chaud(e) hot; **avoir chaud** to be (feel) hot

chaussette *f* sock

chaussure *f* shoe

chauve bald

chemise *f* shirt

chemisier *m* blouse

cher (chère) expensive

chercher to look for

cheval *m:* **faire du —** to go horseback riding

cheveux *m pl* hair

cheville *f* ankle

chèvre *m* goat cheese

chez at the home of, at the place of; **— lui (elle)** at his (her) house

chien *m:* **promener le —** to walk the dog

chimie *f* chemistry

chinois(e) Chinese; **chinois** *m* Chinese (language)

chocolat *m* chocolate; **— chaud** hot chocolate

choisir to choose

chouette! great!

chose *f* thing

ciao bye

ciel *m* sky

cimetière *m* cemetery

le cinéma film studies

cinéma *m* cinema, movie theater

cinq five

citadin *m* city dweller

citron *m* lemon; **— pressé** *m* lemonade; **diabolo —** *m* lemon flavoring mixed with limonade

clair light (of colors)

classe *f* class; **manuel de —** *m* textbook; **première —** first class

clavier *m* keyboard

clé *f* key

climatisation *f* air conditioning

club *m* club; **être membre d'un —** to belong to a club

coca *m* Coke

coin *m* corner; **au — de** at the corner of

collectionner les timbres to collect stamps

collège *m* junior high school

combien? how much?

combien: — de? how much/how many?

comédie *f* comedy; **— dramatique** dramatic comedy; **— musicale** musical comedy

commander to order

comment how, what; **— ça va?** how are you?

commenter to comment on

commerçant(e) *m (f)* shopkeeper

commerce *m* business
commercial *m* sales representative
commode *f* chest of drawers/dresser
comparer to compare
composter to validate; — **le billet** to validate the ticket
comprimé *m* tablet
compris(e) included
comptabilité *f* accounting
comptable *m* or *f* accountant
concert *m* concert
concombre *m*: **salade de —s** *f* cucumber salad
confiture *f* jam
confortable comfortable
congé *m* leave; **prendre —** to say good–bye
connaître to know (someone)
continuer to continue
contre against
copain *m* friend; **copine** *f* friend
corps *m* body
costaud stocky
costume *m* (man's) suit
côté *m* side; **à — de** next to; **de l'autre — de** on the other side of
côtelette de porc *f* pork chop
cou *m* neck
coucher to spend the night
se coucher to go to bed
couchette *f* sleeping berth (train)
coude *m* elbow
couler: **nez qui coule** *m* runny nose
couleur *f* color; **— claire** light color; **— foncée** dark color; **— vive** bright color
couloir *m* hallway
country *f* country and western (music)
couper to cut; **se couper** to cut oneself
cour *f* courtyard
cœur *m* heart; **avoir mal au —** to feel nauseated
courageux(-euse) brave, courageous
courbatures *f pl* sore muscles
courier *m* mail
cours *m* course
courses *f pl*: **faire les —** to do the shopping
court(e) short
cousin *m*/**cousine** *f* cousin
couture *f*: **faire de la —** to sew
couvert overcast
cravate *f* tie
crêpe *f* crepe
crevette *f* shrimp
crise d'appendicite *f* appendicitis attack
croissant *m* croissant
crudités *f pl*: **assiette de —** *f* raw vegetables platter

cruel(le) cruel
cuisine *f* kitchen; **faire la —** to do the cooking; **livre de —** *m* cookbook
cuisse *f* thigh
cyclisme *m*: **faire du —** to go cycling

D

d'accord OK
dangereux(-euse) dangerous
dans in, on (a street/boulevard)
danse *f*: **faire de la —** to dance
date *f* date; **quelle est la —?** what is the date?
de of; from
débardeur *m* tank top
débarrasser: **— la table** to clear the table
se débrouiller to get along, to manage to do something
décédé(e) deceased
décembre December
déception *f* disappointment
décor *m* setting
décrire to describe
degré *m* degree
déjà already
déjeuner to have lunch or breakfast; *m* lunch; **petit —** *m* breakfast
délicieux(-euse) delicious
demain tomorrow; **après —** the day after tomorrow
demander to ask
déménager to move
demi: **— - heure** *f* half hour; **— -frère** *m* half–brother/stepbrother; **— -sœur** *f* half–sister/stepsister; **deux heures et —e** half–past two; *m* half; *m* draught beer
dent *f* tooth
dentiste *m* or *f* dentist
départ *m* departure
derrière *prep* behind
de(s) some
descendre to go down; **— (du train)** to get off (a train)
dessert *m* dessert
dessin *m* drawing; **— animé** cartoon
se détendre to relax
détester to hate
deux two
devant in front of
devenir to become
devoir must, to have to; *m* homework
dimanche *m* Sunday
dinde *f* turkey
dîner to have dinner, to dine; *m* dinner
dire to say
direct(e) direct; **ligne —e** direct line
direction *f* direction

discipline *f* field of study
discret(-ète) discreet
se disputer (**avec**) to argue (with)
disque compact (CD) *m* compact disc (CD)
distance *f* distance
divorcé(e) divorced
dix ten; **—-huit** eighteen; **—-neuf** nineteen; **—-sept** seventeen
documentaire *m* documentary
doigt *m* finger; **— de pied** toe
domestique domestic
dommage too bad
donner to give; **— sur** to overlook (have a view of)
dormir to sleep; **avoir du mal à —** to have trouble sleeping
dos *m* back
douche *f* shower; **prendre une —** to take a shower
douzaine *f* dozen
douze twelve
drapeau *m* flag
droit *m* law
droit: **tout —** straight ahead
droit(e) right; **à — (de)** to the right (of)
durée *f* duration
DVD *m* DVD; **lecteur —** DVD player
dynamique dynamic

E

eau *f* water; **— minérale** *f* mineral water
éclair *m* lightning
école *f* school; **— primaire** elementary school
écouter to listen (to)
écrire to write
effet *m* effect; **—s spéciaux** *pl* special effects
église *f* church
égoïste selfish, self–centered
égyptien(ne) Egyptian
élégant(e) elegant
élève *m f* student
elle it, she
embouteillage *m* traffic jam
emploi du temps *m* schedule
employé(e) *m* (*f*): **— de maison** housekeeper
encore more; **pas —** not yet; **— une fois** once more
endroit *m* place; **— public** public place
enfant *m f* child
enfin finally
ennuyeux(-euse) bothersome
ensoleillé(e) sunny

ensuite next

entre between

entrée *f* appetizer/entryway

entrer to enter

énumérer to list

épaule *f* shoulder

épicerie *f* grocery store

équipé(e) equipped

équitation *f*: **faire de l'—** to go horseback riding

escalier *m* stairs

Espagne *f* Spain

espagnol(e) Spanish; *m* Spanish (language)

essayer to try (on)

est *m* east

estomac *m* stomach; **mal à l'estomac** stomachache

et and

étage *m* floor; **au premier —** on the second floor

étagère *f* bookshelf

état *m* condition, state; **— physique** physical condition

États-Unis *m pl* United States

éternuer to sneeze

étranger(-ère) foreign

être to be

étudiant(e): *m (f)* **— en troisième année** junior; **en quatrième année** senior **étudiant(e) en deuxième année** sophomore

étudier to study

euro *m* euro; **— cent** euro cent

exercice *f* exercise; **les appareils d'— *m pl*** exercise equipment

expliquer to explain

express *m* espresso

exprimer to express

F

face: en — de across from

faible weak

faire to do/to make; **— de la boxe** to box; **— de la danse** to dance; **— de la gym** to work out; **— du base-ball** to play baseball; **— du basket** to play basketball; **— du camping** to camp; **— du canoë** to go canoeing; **— du hockey** to play hockey; **— du judo** to do judo; **— du karaté** to do karate; **— du kayak** to go kayaking; **— du squash** to play squash; **— du théâtre** to act (in a play); **— le barbecue** to barbecue; **— le ménage** to do housework; **— les courses** to run errands; **— ses devoirs** to do one's homework; **— son lit** to make one's bed

falloir to require, to need; **il me faut** I need

famille *f* family; **— nombreuse** large family; **en —** with one's family

fana *m or f* fan

fatigué(e) tired

fauteuil *m* armchair

femme *f* wife/woman; **— au foyer** housewife; **— cadre** business executive; **— d'affaires** businesswoman; **— ingénieur** engineer; **— médecin** doctor; **— politique** *f* politician

fermer to close; **l'heure** *f* **de fermeture** closing time

fermier(-ière) *m (f)* farmer

fête *f* holiday, party

février February

fièvre *f* fever

fier(-ère) proud

file queue

filet de sole *m* filet of sole

fille *f* daughter/girl; **jeune — au pair** au pair girl

film *m* film/movie; **— comique** comedy; **— d'amour** love story; **— d'animation** animated film/cartoon; **— d'aventures/ d'action** adventure film; **— de guerre** war film; **— de science-fiction** science–fiction film; **— d'épouvante** horror film; **— d'horreur** horror film; **— dramatique** drama; **— expérimental** experimental film; **— historique** historical film; **— policier** police (detective) drama

fils *m* son

finir to finish

fixer to arrange

fleur *f* flower

fois *f* time; **à la —** at the same time; **des — ** sometimes; **une —** once

folk *m* folk music

foncé dark (of colors)

fonctionnaire *m f* civil servant

fond *m*: **faire du ski de —** to go cross–country skiing

football américain *m*: **jouer au (faire du) —** to play (American) football

foot(ball) *m* soccer; **faire du —** to play soccer; **jouer au —** to play soccer; **match de —** soccer match

fou (folle) crazy

se fouler: — le/la ... to sprain one's . . .

foyer *m*: **femme au —** *f* housewife

frais (fraîche) *adj* fresh; **il fait —** it's cool

fraise *f* strawberry

framboise *f* raspberry

français(e) French; *m* French (language)

fréquence *f* frequency

frère *m* brother

frisbee: jouer au — to toss a frisbee

frisé(e) curly

frite *f* French fry

frivole flighty, frivolous

froid(e) cold; **avoir froid** to be (feel) cold

fromage *m* cheese

fumer to smoke

fumeur smoking; **non —** non smoking

funk *m* funk

G

gagner to win

ganglion *m* gland; **inflammation des —s** *f* swollen glands

garage *m* garage

garder: — la ligne to stay in shape

gare train station; **— routière** *f* bus station

gâteau *m* cake; **— au chocolat** *m* chocolate cake

gauche left; **à — (de)** to the left (of)

geler to freeze

généreux(-euse) generous

genou *m* knee

genre *m* type

gentil(le) nice

géographie *f* geography

géologie *f* geology

gestion *f* management

glace *f* ice cream

golf *m*: **jouer au (faire du) —** to golf

gorge *f* throat; **mal à la —** sore throat

goûter *m* snack; **prendre un —** to have a snack

goutte *f*: **des —s pour le nez** nosedrops

gramme *m* gram

grand(e) big, tall

grand: — -mère *f* grandmother; **— - parent** *m* grandparent; **— -père** *m* grandfather; **— boulevard** *m* major boulevard; **—(e) large**; **grand(e) big** *adj*

grandir to grow up

gratte-ciel *m* skyscraper

grêle *f* hail; **averse de —** *f* hailstorm

grippe *f* flu

gris(e) gray

grossir to gain weight

gruyère *m* Swiss cheese

guichet *m* ticket window

guitare *f* guitar; **jouer de la —** to play the guitar

gymnastique *f*: **faire de la —** to do gymnastics

H

habiller to dress; **s'—** to get dressed

habiter to live

habitude: d'— usually

hard rock *m* hard rock (music)

haricot *m* bean; — **vert** green bean

en haut upstairs

haut-parleur *m* speaker

heavy metal *m* heavy metal (music)

herbe *f* herb; **omelette aux fines** —**s** *f* herb omelet

hésiter to hesitate

heure *f* hour; **à quelle** — **?** at what time? **à tout à l'**— (see you later); **demi-** — *f* half hour; **il est une** — it's one o'clock; — **d'arrivée** arrival **l'**— **de fermeture** closing time; —**s de pointe** rush hour

histoire *f* history, story

hockey *m:* **faire du** — to play hockey

homme *m* man; — **politique** politician; — **d'affaires** businessman

honnête honest

horaire *m* schedule; — **des trains** train schedule

hors-d'œuvre *m* appetizer

hôtel *m* hotel; **chambre d'**— *f* hotel room; — **de ville** *m* city hall/town hall

huit eight

humeur *f* humor; **de bonne (mauvaise)** — in a good (bad) mood

humide humid

I

ici here

idéaliste idealistic

idée *f* idea

il he, it

ils (elles) they

s'imaginer avec/comme/dans to imagine oneself with/as/in

impatient(e) impatient

indépendant(e) independent

indiquer to indicate

infirmier(-ière) *m (f)* nurse

informatique *f* computer science

ingénieur *m*/**femme** — *f* engineer

s'installer devant to settle down at

intellectuel(le) intellectual

intelligent(e) intelligent

intéressant(e) attractive (price), interesting

s'intéresser à to be interested in

intrigue *f* plot

italien *m* Italian (language); —**(ne)** Italian

itinéraire *m* itinerary

J

jambe *f* leg

jambon *m* ham

janvier January

japonais(e) Japanese; *m* Japanese (language)

jardin *m* garden, yard; **faire du jardinage** to work in the garden; — **public** *m* park

jaune yellow

jazz m jazz

je I

jean *m* jeans

jeu vidéo *m* video game

jeudi Thursday

jeune young; — **fille au pair** *f* au pair girl

jogging: faire du — to go jogging

joli(e) pretty

jouer to play; — **au base-ball** to play baseball; — **au basket** to play basketball; — **au foot(ball)** to play soccer; — **au football américain** to play (American) football; — **au tennis** to play tennis; — **au volley(ball)** to play volleyball; — **aux cartes** to play cards; — **de la guitare** to play the guitar; — **du piano** to play the piano; — **du violin** *m* to play the violin

jour *m* day; **quel** — **sommes-nous?** what day is it?

journalisme *m* journalism

journée *f* day; **toute la** — all day

journaliste *m* or *f* journalist/reporter

judo *m:* **faire du** — to do judo

juillet July

juin June

jupe *f* skirt

jus *m* juice; — **d'abricot** apricot nectar; — **d'orange** orange juice

jusqu'à until

juste: avoir — **le temps de** to have just enough time to

K

karaté *m:* **faire du** — to do karate

kayak *m:* **faire du** — to go kayaking

kilo *m* kilo

kilomètre (km) *m* kilometer

L

laid(e) ugly

lait *m* milk

lampe *f* lamp

langue *f* language; — **morte** classical language

lasagnes *f pl* lasagna

lavabo *m* sink

lecteur *m:* — **CD** CD player

légume *m* vegetable

lessive *f:* **faire la** — to do the laundry

les lettres *f pl* humanities

lever to raise; **se** — to get up; — **du soleil** *m* sunrise

librairie *f* bookstore

libre free

ligne *f:* — **directe** direct line; **garder la** — to stay in shape

limonade *f* citrus–flavored carbonated drink

linguistique *f* linguistics

lire to read

lit *m* bed; **faire son** — to make one's bed

litre *m* liter

littérature *f* literature; — **comparée** *f* comparative literature

living *m* living room

livre *f* pound

livre *m* book; — **d'art** art book; — **de cuisine** cookbook; — **de science-fiction** science fiction book; — **d'histoire** history book

logement *m* housing

logis *m* dwelling; **sans-** — homeless

loi *f* law

loin far

loisirs *m pl* leisure activities

long(-ue) long

luge *f:* **faire de la** — to do luge

lundi *m* Monday

lycée *m* high school

M

Madame Ma'am

Mademoiselle Miss

magasin *m* store; — **de matériel électronique** electronics store; — **de musique** music store; — **de sports** sporting goods store; — **de vêtements** clothing store

magnétoscope *m* VCR

mai May

maigre skinny

maigrir to lose weight

main *f* hand

mairie *f* city hall, town hall

maison *f* house; — **de campagne** country house; **employé(e) de** — *m (f)* housekeeper

mal: — **à la gorge** sore throat; — **à l'oreille** *m* ear ache; — **de l'air** *m* air sickness; — **de mer** *m* seasickness; — **fichu(e)** a mess (of a person), feeling lousy; **avoir** — **au cœur** to feel nauseated; **avoir** — **partout** to hurt all over; **avoir du** — **à dormir** to have trouble sleeping; **(se) faire** — to hurt (oneself)

malade sick

maladie *f* illness

malheureusement unfortunately

malhonnête dishonest

manger to eat; **— tout ce qu'on veut** to eat anything you want; **donner à — aux animaux** to feed the animals; **faire attention à ce qu'on mange** to watch what you're eating; **salle à — f** dining room

manuel de classe *m* textbook

marché *m* market; **— en plein air** open–air market

mardi *m* Tuesday

mari *m* husband

marier to marry; **être —é(e) avec** to be married to

marketing *m* marketing

Maroc *m* Morocco

marocain(e) Moroccan

marrant(e) amusing, funny

marron brown; chestnut

mars March

match de basket *m* basketball game

matériel électronique *m* electronic equipment

mathématiques *f pl* mathematics

matière *f* discipline, material, subject

matin *m* morning; **le matin** in the morning; **les —s** every morning

mauvais(e) bad; **il fait mauvais** the weather's bad

mauve mauve

maximum *m* maximum

mécanicien(ne) *m (f)* mechanic

médecin *m*, **femme —** *f* doctor

médecine *f* medicine

médicament *m* medicine

meilleur better

membre *m* member; **être — d'un club** to belong to a club

ménage: faire le — to do housework

menthe *f* mint; **— à l'eau** mint syrup mixed with water; **diabolo — ** *m* mint flavoring mixed with limonade

mer *f*: **bord de —** *m* seashore; **mal de —** *m* seasickness

merci thank you; **— bien** thank you very much

mercredi *m* Wednesday

mère *f* mother; **belle- —** mother–in–law

métro *m* subway

mettre to put (on), to wear; **— la table** to set the table

meubles *m pl* furniture

mexicain(e) Mexican

midi *m* noon

miel *m* honey

mieux better; **il vaut — (que)** it's better (that)

migraine *f* migraine

milkshake *m* milkshake

mince thin

mine *f* appearance; **tu n'as pas bonne —** you don't look good

mini-chaîne *f* boombox

minuit *m* midnight

moche ugly

moderne modern

moi me

moins less

mois *m* month

moniteur *m* monitor

Monsieur Sir

montagne *f* mountain

morceau *m* piece

mosquée *f* mosque

moto(cyclette) *f* motorcycle

moyen *m* means/method; **— de transport** means of transportation

moyen(ne) mid–size

musculation *f*: **faire de la —** to do weightlifting

musée *m* museum

musicien(ne) *m (f)* musician

musique *f* music; **— classique** classical music; **— du monde** world music; **— pop** popular music

N

nager to swim

naïf (naïve) naïve

natation *f*: **faire de la —** to go swimming

ne... aucune not any

ne... jamais never

ne... pas not

ne... pas encore not yet

ne... personne no one

ne... plus not any more/no longer

ne... rien nothing

nécessaire necessary

neige *f* snow; **tempête de —** snowstorm

neiger to snow

nettoyer to clean

neuf nine

neveu *m* nephew

nez *m* nose; **— bouché** stuffy nose; **— qui coule** runny nose; **des gouttes pour le —** *f pl* nosedrops

nièce *f* niece

niveau *m* college year

noir(e) black

nom *m* name

non no

non-alcoolisé(e) non–alcoholic

non-fumeur non–smoking

nord *m* north; **— -est** northeast; **— -ouest** northwest

nourriture *f* food

nous we

nouveau (nouvelle/nouvel) new

novembre November

nuage *m* cloud

nuit *f* night

nuageux(-euse) cloudy

O

obéir to obey

objet *m* thing

s'occuper de to take care of

octobre October

offrir to offer

oignon *m* onion

œil *m* (**yeux** pl) eye(s)

omelette *f* omelet; **— aux fines herbes** *f* herb omelet

on one, you (people in general)

oncle *m* uncle

onze eleven

optimiste optimistic

orage *m* storm

orange *adj* orange; *f* orange (fruit)

Orangina orange soda (brand)

ordinateur *m* computer

oreille *f* ear; **mal à l'—** *m* earache

oreillons *mpl* mumps

origine *f* origin; **— nationale** national origin; **être d'— ...** (+ *adj f*) to be of . . . background

où where

où est-ce que... ? where . . . ?

ouest *m* west

œuf *m* egg; **les —s mayonnaise** *pl* hard–boiled eggs with mayonnaise

oui yes

ouverture *f* opening

ouvrier *m*, **ouvrière** *f* factory worker

P

pain *m* bread; **— au chocolat** chocolate croissant; **— de campagne** *m* round country loaf; **— grillé** toast

palais de justice *m* courthouse

pantalon *m sing* pants

papeterie *f* stationery store

par per

parc *m* park

pardon pardon

parents *mpl* parents, relatives

paresseux(-euse) lazy

parfait(e) perfect

parking *m* parking lot

parler to speak, to talk; **se —** to speak to each other, to speak to oneself

partout everywhere

pas not; **— du tout** not at all; **(il n'y a) — de quoi** you're welcome

passé *m* past

passer to spend (time), to pass; **— l'aspirateur** to vacuum; **— le temps à faire quelque chose** to pass time doing something; **je vous (te) passe...** here's . . . (on the phone)

passion *f:..., c'est ma —* I'm crazy about . . .

se passionner pour to be crazy about

pastilles *f pl:* **des — pour la gorge** throat lozenges

pastis *m* anise–flavored beverage (alcoholic)

pâté *m* liver spread, meat spread, pâté

patinage *m:* **faire du —** to skate/to go skating

pâtisserie *f* pastry

pauvre poor

paysage *m* countryside

pêche *f* peach

peintre *m* painter

peinture *f* painting; **faire de la —** to paint

penser to think

perdre to lose; **— du poids** to lose weight

père *m* father

périphérie *f* city limits, outskirts

Perrier *m* Perrier brand mineral water

personne: **— ne...** no one; *f* person; **—s** *f pl* people

pessimiste pessimistic

petit: **— déjeuner** *m* breakfast; **— gâteau** *m* cookie; **— pain** *m* roll; **— pois** *m* pea; **—(e)** *adj* little/small; **prendre le — déjeuner** *m* to have breakfast; **— pain** *m* roll

petit(e) small

peu: **un — (de)** a little

peut-être maybe, perhaps

pharmacie *f* drugstore, drugstore/pharmacy

pharmacien(ne) *m (f)* pharmacist

philosophie *f* philosophy; **roman de —** *m* philosophy book

photographie *f* photography

physique *f* physical description, physics

piano *m* piano; **jouer du —** to play the piano

pièce *f* coin, room

pied *m* foot; **à —** on foot; **aller à —** to walk; **faire de la marche à —** to go for a walk, to hike

pique-nique *m:* **faire un —** to have a picnic

piscine *f* swimming pool

pizza *f* pizza

place *f* place (in a train), seat, town square

plage *f* beach

plaire to please; **ça me plaît** I like it

plaisir *m* pleasure

planche *f:* **faire de la — à roulettes** to skateboard; **faire de la — à voile** to windsurf

plat *m* dish; **— de résistance** main dish; **— principal** main dish

pleuvoir to rain; **il pleut** it's raining

plongée sous-marine *f:* **faire de la —** to scuba dive

pluie *f* rain; **averse de —** *f* rainstorm

plus more; **ne... —** not any more

pneumonie *f* pneumonia

poids *m* weight; **perdre du —** to lose weight

poignet *m* wrist

point *m* point

poire *f* pear

pois *m:* **petit —** pea

poisson *m* fish

poitrine *f* chest

police *f* police; **commissariat de —** *m* police station

pomme apple *f;* **— de terre** *f* potato

pompe *f:* **faire des —s** to do pushups

pont *m* bridge

porc *m* pork

portable *m* mobile phone

portugais(e) Portuguese; *m* Portuguese (language)

possession *f* possession

possible possible

poste *f:* **bureau de —** *m* post office

poubelle *f* garbage can; **vider la —** to take out the garbage

poulet *m* chicken

pour for, in order to

pourquoi why; **— est-ce que?** why?

pouvoir can, to be able to

pratiquer practice

préférer to prefer

premier(-ière) first; **le premier mars** the first of March; **première classe** *f* first class

prendre to eat, to get, to have (food); **— congé** *m* to say good–bye; **— du poids** to gain weight; **— une douche** to take a shower

préparer to prepare

se préparer (pour) to get ready (for)

près de near; **tout —** very near

présenter to introduce

presse *f* weight machine

prie: je t'en prie please (informal); **je vous en prie** please (formal)

prix *m* price

prof *m* or *f* professor

professeur *m* professor

profession *f* profession

professionnel(le) professional

programmeur(-euse) *m (f)* computer programmer

promener le chien to walk the dog

proposer to suggest

propre clean

psychologie *f* psychology

puis next

pull *m* sweater

Q

quai *m* train platform

quand when; **— est-ce que?** when?

quantité *f* quantity

quart *m* quarter; **deux heures et —** quarter after two; **deux heures moins le —** quarter to two; **quart d'heure** quarter hour

quartier *m* neighborhood

quatorze fourteen

quatre four

que what; **qu'est-ce que... ?** what?

québécois(e) Quebecker

quel(le) what/which; **— est... ?** what's?

quelque chose something

quelque part somewhere

quelquefois sometimes

quelqu'un someone

qui who; **— est-ce que... ?** who?; **c'est de la part de —?** may I say who's calling?

quiche *f* cheese pie

quinze fifteen

quitter to leave; **ne quittez (quitte) pas** hang on

quoi what; **(il n'y a) pas de —** you're welcome

quotidien(ne) daily

R

radio *f* radio; **—cassette laser** *f* boombox with CD player

raï *m* mix of traditional Arabic music, rap & funk

rameur *m* rowing machine

randonnée *f:* **faire de la —** to hike

ranger to straighten up; **— sa chambre** to pick up one's room

rap *m* rap

rapide fast

rarement rarely

R&B *m* R&B

réalisateur(-trice) movie/video producer

réaliste realistic

réception *f* hotel registration desk

recevoir to receive

redressements *m pl*: **faire des** — to do situps

réfléchir to reflect; — **(à)** to think (about)

refuser to refuse

regarder to look at, to watch; — **la télé** to watch TV

reggae *m* reggae

régime *m* diet; **être au** —/**suivre un** — to be on a diet

remède *m* remedy

remerciement *m* thank you

remercier to thank

remplacer to replace

rencontrer to meet, run into; **se** — to run into each other

rendez-vous *m* meeting

rendre visite à to visit (a person)

renseignements *m pl* directions

rentrer (à la maison) to come home

réparation *f* repairs; **faire des petites** —**s** to make small repairs

repartir to leave again

repas *m* meal

répondre to respond; — **à** to respond to

réponse *f* answer, response

se reposer to rest

reprendre to pick up again, to resume

représentant(e) de commerce *m (f)* sales representative

RER *m* city subway

réseau *m* network; — **routier** road network

réservé(e) reserved

réserver to reserve

résidence universitaire *f* dormitory

résidentiel(le) residential

responsabilité *f* responsibility

restaurant *m* restaurant

rester to stay; — **au lit** to stay in bed

retourner to go back, to return

retrouver: se — to meet each other

réussir to succeed; — **à un examen** to pass an exam

réussite *f* success

rêve *m* dream

réveiller to wake (someone) up

se réveiller to wake up

revenir to come back

rêver to dream; — **à** (+ noun) to dream about, — **de** (+ inf.) to dream of

rez-de-chaussée: *m* ground (first) floor

rhume *m* cold (sickness); — **des foins** hay fever

rien nothing; **de** — you're welcome

risque *m* chance

rivière *f* river

riz *m* rice

robe *f* dress

rock *m* rock (music)

roller(blade) *m:* **faire du** — to rollerblade

roman *m* novel; — **d'amour** love story, romance novel; — **d'aventure** adventure novel; — **de philosophie** philosophy book; — **d'espionnage** spy novel; — **d'horreur** horror novel; — **d'imagination** fantasy novel; — **historique** historical novel; — **policier** detective (mystery) novel

rose pink

rosé *m* rosé

rouge red

routier: réseau — *m* road network

roux (rousse) redhead

rubéole *f* German measles

rue *f* road, street

rural(e) country

russe Russian; *m* Russian (language)

S

sa his, her, its

sac *m* bag; — **à dos** backpack

salade *f* salad; — **de concombres** cucumber salad; — **verte** green, leafy salad

sale dirty

salle *f:* — **à manger** dining room; — **de séjour** living room

salon *m* living room; — **de coiffure** barber shop, hairdresser

saluer to greet

salut bye, hi

samedi *m* Saturday

s'amuser to have a good time

sandale *f* sandal

sandwich *m* sandwich

santé *f* health

(s')arrêter to stop

saucisse *f* sausage

saucisson *m* salami

saumon fumé *m* smoked salmon

savoir to know

science *f* science; —**s économiques** *pl* economics; —**s exactes** *pl* hard sciences; —**s humaines** *pl* applied sciences; —**s naturelles** *pl* natural sciences; —**s politiques** *pl* political science

scotch *m* scotch

sculpture *f* sculpture

se promener to go for a walk

sec (sèche) dry

secrétaire *m or f* secretary

s'écrire to spell; **comment s'écrit... ?** how do you spell . . . ?

seize sixteen

semaine *f* week

sénégalais(e) Senegalese

s'ennuyer to be bored

sentir to smell

se sentir to feel

sept seven

septembre September

sérieux(-ieuse) serious

ses his, her, its

short *m sing* shorts

si if, yes (postiive response to negative question); **s'il te plaît** please (informal); **s'il vous plaît** please (formal)

simple: aller — one–way

sinusite *f* sinus infection

sirop *m* syrup; — **contre la taux** cough syrup

situer to situate; **se** — to situate oneself

six six

skateboard *m:* **faire du** — to skateboard

ski *m:* **faire du** — (alpin) to go downhill skiiing; **faire du** — **de fond** to go cross–country skiing; **faire du** — **nautique** to waterski

snowboard *m:* **faire du** — to snowboard

s'occuper de to take care of

sociologie *f* sociology

sofa *m* couch, sofa

soir *m* evening; **le soir** in the evening; **les soirs** every evening

en solde on sale

sole: filet de — *m* filet of sole

sombre dark

son his, her, its

sortir to leave/to go out

sœur *f* sister

soleil *m* sun; **il fait du** — it's sunny

souffir to suffer

souris *f* mouse

sous-sol *m* basement; **au** — in the basement

se souvenir de to remember

souvent often

spaghettis *mpl* spaghetti

sport *m* sport

sportif (sportive) likes sports

squash *m:* **faire du** — to play squash

stade *m* stadium

stage *m* internship

station *f* station; — **balnéaire** seaside resort; — **de métro** subway station; — **service** gas station

statistique *f* statistics

steak *m* steak

stepper *m* step machine

streptococcie *f* strep infection

sucre *m* sugar

sucré(e) sweet

sud *m* south; — **-est** southeast; — **-ouest** *m* southwest

Suède *f* Sweden; **suédois(e)** Swedish

Suisse *f* Switzerland

suivant(e) following
super terrific
supermarché *m* supermarket
sur on, on (a boulevard), about; **— la place** at the square
sûr(e) sure; **bien sûr** of course
surf des neiges *m:* **faire du —** to snowboard
surfer sur Internet to surf the Net
surtout especially
suspense *m* suspense
sweat *m* sweatshirt
sympa(thique) nice
symptôme *m* symptom
synagogue synagogue *f*
système *m* system, policy

T

tabac *m,* **bureau de —** tobacco store
table *f* table; **debarrasser la —** to clear the table; **mettre la —** to set the table
tache *f* spot
tâche *f* chore
taches de rougeole *f pl* measles
taille *f* size (clothing)
tailleur *m* (women's) suit
tandis: — que while
tant: en — que as
tante *f* aunt
tapis de course *m* treadmill
tarif *m* fare
tarte *f* pie; **— aux pommes** apple pie
taxi *m* taxi
tasse *f* cup
tchin-tchin! cheers!
tee-shirt *m* t-shirt
techno (music) **techno** *f*
tel(le) such; **— que** such as
télé *f* TV set
télécommande *f* remote control
télécopieur *m* fax machine
téléphone *m.* telephone; **— direct** direct line telephone
téléphoner to call, to talk on the phone, to (tele)phone; **se —** to phone each other
téléviseur *m* TV set
tellement really
température *f* temperature
tempête *f* storm; **— de neige** snowstorm
temple *m* Protestant church
temps *m* weather; **avoir juste le — de** to have just enough time to; **quel — fait-il?** what's the weather like? **de — en —** from time to time
tennis *f* sneaker, tennis; **jouer au (faire du) —** to play tennis

terrasse *f* terrace
tête *f* head; **mal à la —** headache
TGV *m* **train à grande vitesse** high-speed train
thé *m;* **— au citron** tea with lemon; **— au lait** tea with milk; **—nature** plain tea
théâtre *m* theater
thon *m* tuna; **salade de — f** tuna salad
tienne: à la —! to your health!
timbre *m:* **collectionner les —s** to collect stamps
timide shy, timid
tissu *m* material, fabric, cloth
titre *m* title
toilette: faire sa — brush teeth, etc., to wash up; **toilettes** *f pl* toilet; **cabinet de — m** wc; half-bath
tomate *f* tomato; **salade de —** tomato salad
tomber to fall; **— malade** to become sick
tonnerre *m* thunder
tort: avoir — to be wrong
tôt early
toujours always
tour *m:* **faire un — à vélo m** to go for a bike ride
tourisme *m:* **faire du —** to be a tourist
tourner to turn
tousser to cough
tout: — droit straight ahead; **à — à l'heure** (see you later); **pas du —** not at all
tout(e) every; **— le monde** everybody
toux *f* cough; **sirop contre la — m** cough syrup
traction f: faire des —s to do pullups/pushups
traditionel(le) traditional
traduction *f* translation
traduire to translate
train *m* train; **— à grande vitesse** (TGV) high-speed train
trait *m* trait; **— de caractère m** personality trait
trajet *m* trip
tranche *f* slice
tranquille calm, quiet
transport *m* transportation
travail (*pl* **travaux**) work
travailler *to* work
travailleur(-euse) hard-working
traverser to cross
treize thirteen
très very
tricoter to knit
triste sad
trois three
trop too much

trottoir *m* sidewalk
trou *m* hole
trouver to find; **se —** to be located
truc *m* thing; **pas mon —** not my thing
truite *f* trout
tu *sing,* you (informal)
tuer to kill

U

un(e) a, an, one; **un** one
unique only
université *f* college, university
urbain(e) urban
usine *f* factory
utile useful
utiliser to use

V

vacances *f pl* vacation
vache *f* cow
vaisselle *f sing* dishes; **faire la —** to do the dishes
valise *f* suitcase
vallée *f* valley
vanille *f* vanilla
varicelle *f* chicken pox
variété *f* light music
vélo *m* bike; **— d'appartement** exercise bike; **à —** by bike; **faire du —** to go cycling; **faire un tour à —** to go for a bike ride; **se promener à —** to go for a bike ride
vélomoteur *m* motorbike; **à —** by motorbike
vendeur (vendeuse) salesperson (in a store)
vendredi *m* Friday
vénézuélien(ne) Venezuelan
venir to come; **— de (+ inf)** to have just
vent *m* wind; **il fait (il y a) du —** it's windy
ventre *m* stomach
véranda *f* porch
verglas *m* ice (on the roads)
verre *m* glass
vers about, approximately, around, toward
vert(e) green; **haricot — m** green bean
vertiges: avoir des — to be dizzy
veste *f* light jacket
vêtement *m* an item of cothing; **—s pl** clothing
viande *f* meat
vidéo *m:* **cassette — f** videocassette
vider to empty
vietnamien(ne) Vietnamese
vieux (vieille) old

village *m* town, village
villageois *m* villager
ville *f* city; **centre-** — *m* town center
vin *m* wine; — **blanc** white wine; — **rouge** *m* red wine; **(vin) rosé** rosé
vinaigrette *f* vinaigrette (oil & vinegar dressing)
vingt twenty
violence *f* violence
violet(te) purple
violon *m* violin; **jouer du** — to play the violin
visage *m* face
visite *f:* **rendre** — **à** to visit (a person)
visiter to visit (a place)
vite rapid; fast
vitesse *f* speed
Vittel *f* Vittel brand mineral water
vivant(e) alive
voie *f* (train) track
voilà there is/are

voile *f:* **faire de la** — to sail
voir to see; **se** — to see (each other); **se** — **comme, dans, avec** to see oneself as, in, with; **voyons** let's see
voisin(e) neighbor
voiture *f* car, train car; **se promener en** — to go for a car ride
voix *f* voice; **à haute** — aloud
vol *m* flight
voler to steal; to fly
voleur(-euse) thief
volonté *f* will
volley(ball) *m* volleyball; **jouer au (faire du) volley(ball)** to play volleyball
vomir to vomit
vôtre: à la —! to your health!
vouloir to want; **je veux bien** I'd like to; **je voudrais** I would like
vous you (formal), you *(pl)*
voyage *m* trip
voyager to travel

voyelle *f* vowel
voyons let's see
vrai(e) true
vraiment really
vue *f* sight; **à première** — at first sight

W

wagon-lit *m* sleeping compartment (train)
walkman *m* portable cassette player
western *m* western (film)
whisky *m* whisky

Y

y there; **il** — **a** there is, there are
yaourt *m* yogurt
yeux *m pl* eyes; **des gouttes pour les yeux** *f pl* eyedrops

Z

zéro zero

LEXIQUE: ANGLAIS – FRANÇAIS

A

about sur; environ
above dessus; ci-dessus
abroad à l'étranger
accounting comptabilité *f*
across: — from en face de
to act agir
to act *(in a play)* faire du théâtre
active actif (active)
actor acteur *m*
actress actrice *f*
after après; **quarter — two** deux heures
  et quart
afternoon après-midi *m*
against contre
age âge *m*
agricultural agricole
agriculture agriculture *f*
air conditioning climatisation *f*
air sickness mal de l'air *m*
airplane avion *m*
airport aéroport *m*
alcoholic *adj* alcoolisé(e)
alive vivant(e)
amateur: to be an amateur. . . être
  amateur de... , faire... en amateur
ambitious ambitieux (ambitieuse)
American américain(e); *(person)*
  Américain(e) *m, f*
amusing marrant(e)
and et
anise-flavored beverage (alcoholic)
  pastis *m*
ankle cheville *f*
anthropology anthropologie *f*
antihistamines des antihistaminiques
  m pl
apartment appartement *m*
to appear avoir l'air
appearance mine *f;* **you don't look good**
  tu n'as pas bonne mine
appendicitis attack crise d'appendicite *f*
appetizer entrée *f*, hors-d'œuvre *m*
apple pomme *f*
apricot abricot *m*
April avril
Arabic *(language)* arabe *m*
architect architecte *m, f*
to argue (with) se disputer (avec)
arm bras *m*

armchair fauteuil *m*
around vers
to arrange fixer
arrival arrivée *f*
to arrive arriver
art: dramatic —s art dramatique *m;*
  fine — s beaux-arts *m pl*
artist artiste *m, f*
as much as autant de
to ask demander
aspiration aspiration *f*
aspirin aspirine *f; —* **tablets** des cachets
  d'aspirine *m pl*
astronomy astronomie *f*
at à; **— his house** chez lui; *(the square)* sur
athlete: professional — athlète
  professionel(le) *m, f*
to attend; — (a class) assister (à un cours)
attractive *(price)* intéressant(e)
au pair girl jeune fille au pair *f*
audience public *m*
August août
autumn automne *m*
aunt tante *f*
available disponible, libre
avenue avenue *f*
to avoid éviter; fuir
away: right — tout de suite

B

back dos *m*
background: to be of . . . background
  être d'origine... *(+ adj f)*
backpack sac à dos *m*
bacon bacon *m*
bad mal, mauvais; **too bad** dommage; **the**
  weather's bad il fait mauvais
bakery boulangerie-pâtisserie *f*
balcony balcon *m*
bald chauve
banana banane *f*
bank banque *f*
to barbecue faire le barbecue
barber shop salon de coiffure *m*
baseball: to play — jouer au (faire du)
  base-ball
basement sous-sol *m;* **in the —** au sous-
  sol
basketball: to play — jouer au (faire du)
  basket

basketball game match de basket *m*
bath bain *m*
bathroom salle de bains *f*
bathtub baignoire *f*
to be être; **— . . . years old** avoir... ans
beach plage *f*
bean haricot *m;* **green —s** haricots verts
  m pl
bear ours *m*
beautiful beau (belle/bel)
to become devenir
bed lit *m;* **to go to —** se coucher; **to make**
  one's — faire son lit
bedroom chambre *f; (guest room)*
  chambre d'amis *f*
beer bière *f;* **draught —** demi *m*
before avant
behind *prep* derrière
beige beige
Belgian belge; *(person)* Belge *m, f*
beltway *(around a city)* autoroute
  périphérique *f*
better: it's better (that) il vaut mieux
  (que)
between entre
beverage boisson *f*
big grand(e)
bike vélo *m;* **by —** à vélo; **to go for a**
  — ride se promener à vélo
bill *(money)* billet *m*
biography biographie *f*
biology biologie *f*
black noir(e)
blond blond(e)
blouse chemisier *m*
blue bleu(e)
blues blues *m sing*
body corps *m*
book livre *m;* **art —** livre d'art *m;* **history**
  — livre d'histoire *m;* **philosophy —**
  roman de philosophie *m;* **science-**
  fiction — livre de science-fiction *m;*
  (slang) bouquin *m*
bookshelf étagère *f*
bookstore librairie *f*
boombox mini-chaîne *f*
boombox with CD player radiocassette
  laser *f*
boot botte *f*
bored: to be — s'ennuyer

botany botanique *f*

bothersome ennuyeux(-euse)

bottle bouteille *f*

boulevard boulevard *m;* **major —** grand boulevard *m*

boutique boutique *f*

to box faire de la boxe

brave courageux (courageuse)

bread pain *m;* **long, crusty French loaf** baguette *f;* **round country loaf** pain de campagne *m*

to break casser; **— one's . . .** se casser le/la...

breakfast petit déjeuner *m;* **to have —** prendre le petit déjeuner *m*

bridge pont *m*

brie brie *m*

broccoli brocolis *mpl*

bronchitis bronchite *f*

brother frère *m*

brown brun(e), marron

building bâtiment *m*

to burn brûler; **— oneself** se brûler

bus: city autobus *m,* bus *m;* **— station** gare routière *f;* **intercity or tourist —** car *m;* **school bus** un car de ramassage

business commerce *m*

business executive cadre *m,* une femme cadre *f*

businessman homme d'affaires *m*

businesswoman femme d'affaires *f*

but mais

butcher shop boucherie *f*

butter beurre *m*

to buy acheter

by par; en; **— plane** en avion

bye ciao, salut

C

cafe café *m*

cake gâteau *m;* **chocolate —** gâteau au chocolat *m*

to calculate calculer

calculator calculatrice *f*

to call: — each other se téléphoner

calling: it's . . . — c'est... à l'appareil

camcorder caméscope *m*

camembert camembert *m*

camera appareil photo *m;* **digital** appareil photo numérique

to camp faire du camping

can: to be able to pouvoir

Canadian canadien(ne); *(person)* Canadien(ne) *m, f*

canoeing: to go — faire du canoë

car voiture *f;* **to go for a — ride** se promener en voiture

cards: to play — jouer aux cartes

care: to take — of s'occuper de

carrot carotte *f*

cartoon dessin animé *m*

cartoon book bande dessinée *f*

cassette cassette *f*

cassette player: portable — baladeur *m,* walkman *m*

cathedral cathédrale *f*

CD player lecteur CD *m*

CD player: portable — baladeur CD *m*

CD-ROM CD-ROM *m,* cédérom *m*

cellar cave *f;* **wine —** cave à vin *f*

cemetery cimetière *m*

center centre *m*

cereal céréales *fpl*

certainly bien sûr

chair chaise *f*

champagne champagne *m*

chance risque *m*

to change: — trains changer de train

to chat on the computer bavarder en ligne

cheers! tchin-tchin!

cheese fromage *m;* **— pie** quiche *f*

chemistry chimie *f*

chest poitrine *f*

chest of drawers commode *f*

chestnut *(of hair)* châtain, marron

chicken poulet *m*

chicken pox varicelle

child enfant *m, f*

Chinese chinois(e); *(language)* chinois *m;* *(person)* Chinois(e) *m, f*

chocolate chocolat *m;* **hot —** chocolat *m*

to choose choisir

chore tâche *f*

church église *f;* *(Protestant)* temple *m*

cinema cinéma *m*

city ville *f;* **— limits** périphérie *f*

city dweller citadin(e) *m, f*

city hall hôtel de ville *m,* mairie *f*

city (town) center centre-ville *m*

civil servant fonctionnaire *f*

class classe *f;* **first class** première classe

clean propre

to clean nettoyer

to clear: — the table débarrasser la table

to close fermer

closing time l'heure *f* de fermeture

clothing vêtements *m pl;* **an item of —** vêtement *m;* **for women (men)** pour femmes (hommes)

cloud nuage *m*

cloudy nuageux

club club *m;* **to belong to a —** être membre d'un club

coffee café *m;* **with cream** café crème *m;* **with hot milk** café au lait *m*

coin pièce *f*

Coke coca *m*

cold froid(e); **to be (feel) cold** avoir froid; *(sickness)* rhume *m*

to collect stamps collectionner les timbres

college université *f*

college year niveau *m*

color couleur *f;* **bright —** couleur vive; **dark —** couleur foncée; **light —** couleur claire

to come venir; **— home** rentrer (à la maison); **— back** revenir

comedy comédie *f,* **film** comique *m;* **dramatic —** comédie dramatique *f;* **musical —** comédie musicale *f*

comfortable confortable

comic book bande dessinée *f*

to comment on commenter

commercial commercial(e)

compact disc (CD) CD (disque compact) *m*

to compare comparer

compass boussole *f*

computer ordinateur *m;* **— programmer** programmeur *m,* programmeuse *f*

concert concert *m*

condition état *m;* **physical —** état physique *m*

to continue continuer

to cook faire la cuisine

cookbook livre de cuisine *m*

cookie biscuit *m,* petit gâteau *m*

cool: it's cool il fait frais

corner: at the — of au coin de

couch canapé *m,* sofa *m*

cough toux *f;* **— syrup** sirop contre la toux *m*

to cough tousser

country campagne *f,* rural(e) *adj*

country and western country *f*

countryside paysage *m*

courageous courageux (courageuse)

course cours *m*

courthouse palais de justice *m*

courtyard cour *f*

cousin cousin *m,* cousine *f*

crazy: to be — about être fou (folle) de, être (un[e]) fana de, se passionner pour; **I'm crazy about . . . . . . ,** c'est ma passion

crepe crêpe *f*

croissant croissant *m;* **chocolate —** pain au chocolat *m*

to cross traverser

crowd foule *f*

cruel cruel(le)

cucumber salad salade de concombres *f*

cup tasse *f*

curly *(of hair)* frisés

to cut couper; — **oneself** se couper

cycling, to go — faire du cyclisme (du vélo)

D

daily quotidien(ne)

to dance faire de la danse

dangerous dangereux (dangereuse)

dark sombre; *(with colors)* foncé

date date *f*; **what is the date?** quelle est la date?

daughter fille *f*

day jour *m*; **what day is it?** quel jour sommes-nous?

deceased décédé(e)

December décembre

degrees degrés *m pl*

delicatessen charcuterie *f*

delicious délicieux (délicieuse)

dentist dentiste *m, f*

departure départ *m*

to describe décrire

description: physical physique *f*

desk bureau *m*

dessert dessert *m*

to die mourir

diet régime *m*; **to be on a** — être au régime, suivre un régime

dining room salle à manger *f*

dinner dîner *m*; **to have** — dîner

direct line ligne directe *f*

direction direction *f*

directions renseignements *mpl*

dirty sale

disappointment déception *f*

discipline matière *f*; **field of study** discipline *f*

discreet discret (discrète)

dishes vaisselle *f sing*

dishonest malhonnête

distance distance *f*

divorced divorcé(e)

dizzy: to be — avoir des vertiges

to do faire; — **homework** faire ses devoirs; — **housework** faire le ménage; — **odd jobs** bricoler

doctor femme médecin *f*, médecin *m*

documentary documentaire *m*

dog chien *m*

domestic domestique

door porte *f*

dormitory résidence universitaire *f*

downstairs en bas

downtown centre-ville *m*

dozen douzaine *f*

drama art dramatique *m*

drawing dessin *m*

dream rêve *m*

to dream about, of rêver à + *nom*, rêver de + *infinitive*

dress robe *f*

to dress s'habiller

dresser commode *f*

drink boisson *f*; **before-dinner** — apéritif *m*; **citrus-flavored, carbonated** — limonade *f*

to drink boire

to drive conduire

drugstore pharmacie *f*

dry sec (sèche)

duration durée *f*

during pendant; en, durant

DVD DVD *m*

DVD player lecteur DVD *m*

dynamic dynamique

E

each chaque

ear oreille *f*

earache mal à l'oreille (aux oreilles)

early tôt; de bonne heure

east est *m*

to eat manger, prendre; **to watch what you're eating** faire attention à ce qu'on mange; — **anything you want** manger tout a qu'ou veut

economics sciences économiques *f pl*

effect effet *m*

effects: special — effets spéciaux *m pl*

egg œuf *m*; **hard-boiled with mayonnaise** les œufs mayonnaise *m pl*

Egyptian égyptien(ne); *(person)* Égyptien(ne) *m, f*

eight huit

eighteen dix-huit

elbow coude *m*

eldest aîné(e)

electronic equipment matériel électronique *m*

elegant élégant(e)

elevator ascenseur *m*

eleven onze

end bout *m*; **at the** — **of** au bout de; **to the** — **(of)** au bout (de)

engineer femme ingénieur *f*, ingénieur *m*

English anglais(e); *(language)* anglais *m*; *(person)* Anglais(e) *m, f*

enough assez

to enter entrer

entryway entrée *f*

equipment les appareils *m pl*; **electronic** — matériel électronique *m*

equipped équipé(e)

errands: to run — faire les courses

espresso express *m*

euro euro *m*; — **cent** euro cent *m*

evening soir *m*; **in the** — le soir

everywhere partout

exercise exercice *f*; — **bike** vélo d'appartement *m*; — **equipment** les appareils d'exercice *mpl*

expensive cher (chère)

to explain expliquer

to express exprimer

eye œil *m*, yeux *m pl*

eyedrops des gouttes pour les yeux *f pl*

F

face visage *m*

factory worker ouvrière *f*, ouvrier *m*

fairly assez

to fall tomber

family famille *f*; **large** — famille nombreuse; **with one's famille** en famille

far loin

farmer agriculteur *m*, agricultrice *f*, fermière *f*, fermier *m*

fast rapide

father père *m*

father-in-law beau-père *m*

fax machine télécopieur *m*

February février

to feed the animals donner à manger aux animaux

to feel se sentir

fever fièvre *f*

field champ *m*

fifteen quinze

film film *m*; **adventure film** film d'aventures (d'action); **animated (cartoon) film** film d'animation; **drama film** dramatique *m*; **experimental** — film expérimental *m*; **historical** — film historique *m*; **horror film** film d'épouvante (d'horreur); **love story** film d'action *m*, film d'amour *m*; **police (detective) drama** film policier *m*; **science-fiction** — film de science-fiction *m*; **war** — film de guerre *m*; **western** western *m*

film studies le cinéma

finally enfin

finger doigt *m*

to finish finir

first d'abord, premier (première); **the** — **of March** le premier mars

fish poisson *m*

fit en forme

five cinq

flag drapeau *m*
flighty frivole
floor étage *m;* **on the first (ground)** —
au rez-de-chaussée; **on the second** — au
premier étage
flower fleur *f*
flu grippe *f*
fog brouillard *m;* **it's foggy** il fait du
brouillard *m*
foot pied *m;* **on** — à pied
football: to play (American) — jouer au
(faire du) football américain
for pour
foreign étranger (étrangère)
four quatre
fourteen quatorze
free libre
free-standing closet armoire *f*
to freeze geler
French français(e); **language** français *m;*
(person) f, Français(e) *m f*
French fries frites *f pl*
frequency fréquence *f*
Friday vendredi *m*
friend ami(e) *m (f),* copain *m,* copine *f*
frisbee: to toss a — jouer au frisbee
frivolous frivole
from de
front: in — **of** devant
fun amusant(e); **to have** — **doing**
something s'amuser à faire quelque
chose
funk funk *m*
funny marrant(e)
furniture meubles *mpl*

G

to gain weight grossir, prendre du poids
garage garage *m*
garbage: to take out the — vider la
poubelle
garbage can poubelle *f*
garden jardin *m;* **to work in the** — faire
du jardinage
generous généreux (généreuse)
geography géographie *f*
geology géologie *f*
German allemand(e); *(language)*
allemand *m; (person)* Allemand(e)
m, f
to get prendre; — **along** se débrouiller;
— **dressed** s'habiller; — **off (a train)**
descendre (du train); — **up** se lever
gift cadeau *m*
girl fille *f*
to give donner
gland ganglion *m;* **swollen -s** une
inflammation des ganglions

glass verre *m*
to go aller; — **back** retourner; — **by** aller
à, aller en; — **down** descendre; — **for a**
bike ride faire un tour à vélo; — **for a**
walk faire un tour à pied; — **home**
rentrer; — **out** sortir; — **out for dinner**
sortir dîner; — **out with friends** sortir
avec des copains (des amis); —
shopping faire les magasins; — **to bed**
se coucher; — **up** monter
goat cheese chèvre *m*
to golf jouer au (faire du) golf
good: to have a — **time** s'amuser; **pretty**
— assez bon
good-bye au revoir
gram gramme *m*
grandfather grand-père *m*
grandmother grand-mère *f*
grandparent grand-parent *m*
gray gris(e)
great: great! chouette!
green vert(e)
green beans haricots verts *m pl*
to greet saluer
to grow up grandir
guitar: to play the — jouer de la guitare
to do gymnastics faire de la gymnastique

H

hail grêle *f;* — **storm** averse de grêle *f*
hair cheveux *m pl*
hairdresser salon de coiffure *m*
half demi *f;* **half-past two** deux heures et
demie
half-brother demi-frère *m*
half-sister demi-sœur *f*
hallway couloir *m*
ham jambon *m*
hand main *f*
hang on ne quittez (quitte) pas
hard pénible, dur(e)
hard-working travailleur (travailleuse)
hate détester
to have avoir; — **a picnic** faire un pique-
nique; — **dinner** dîner; — **just** venir de;
— **just enough time to** avoir juste le
temps de; — **lunch or breakfast**
déjeuner; *(food)* prendre; **a good time**
s'amuser
to have to devoir
hay fever rhume des foins *m*
head tête *f*
headache mal à la tête
health santé *f;* **to your health!** à la vôtre!
(à la tienne!), à votre (ta) santé!
heart cœur *m*
heavy metal heavy metal *m*
hello bonjour; *(on the phone)* allô

to help aider; **to do something** aider à
help yourself servez-vous (sers-toi)
herb omelet omelette aux fines herbes *f*
here ici; **here's . . .** *(on the phone)* ici...
(à l'appareil)
to hesitate hésiter
hi, hello salut
to hike faire de la randonnée; **to go**
hiking faire de la marche à pied
his son (sa, ses)
history histoire *f*
hockey, to play — faire du hockey
holiday fête *f*
home: at the — **of** chez
homework devoir *m*
honest honnête
honey miel *m*
hope espoir *m*
horseback riding, to go — faire de
l'équitation *f* (du cheval)
hot chaud(e); **to be (feel) hot** avoir chaud
hotel hôtel *m;* — **registration desk**
réception *f;* **hotel room** chambre
d'hôtel *f*
hour heure *f;* **half** — demi-heure *f;*
quarter — quart d'heure *m*
house maison *f;* **country** — maison de
campagne
housekeeper employé(e) de maison *m, f*
housewife femme au foyer *f*
to do housework faire le ménage
housing logement *m*
how comment; — **much?** combien?; —
much, — **many?** combien de?; — **are**
things? ça va?; — **are you?** comment ça
va?, comment allez-vous?
humanities les lettres *f pl*
humid humide
humor humeur *f;* **good (ill)-humored** de
bonne (mauvaise) humeur *f*
hundred cent; centaine *f*
to hurt (se) faire mal; — **all over** avoir
mal partout
husband mari *m*

I

I je
ice *(on the roads)* verglas *m*
ice cream glace *f*
idea idée *f*
idealistic idéaliste
if si
illness maladie *f*
to imagine: — **oneself as (in, with)**
s'imaginer comme (dans avec)
impatient impatient(e)
in à, dans
in order to pour

included compris(e)
independent indépendant(e)
to indicate indiquer
influenza grippe *f*
injured blessé(e)
intellectual intellectuel(le)
intelligent intelligent(e)
interest: to be — ed in s'intéresser à
to introduce présenter
island île *f*
it: it's c'est
Italian italien(ne); *(language)* italien *m;*
   (person) Italien(ne) *m (f)*
itinerary itinéraire *m*

J

jacket blouson *m;* **light —** veste *f;*
   winter — anorak *m*
jam confiture *f*
January janvier
Japanese japonais(e); *(person)*
   Japonais(e) *m (f)*
jazz jazz *m*
jeans jean *m sing*
jewelry store bijouterie *f*
jogging, to go — faire du jogging
journalism journalisme *m*
journalist *f* journaliste *m, f*
to do judo faire du judo
juice jus *m;* **apricot —** jus d'abricot *m;*
   orange — jus d'orange *m*
July juillet
June juin
junior étudiant(e) en troisième année

K

to do karate faire du karaté
kayaking, to go — faire du kayak
to keep garder
key clé *f*
keyboard clavier *m*
kilo kilo *m*
kilometer kilomètre (km)
kiss baiser *m,* bise *f*
kitchen cuisine *f*
knee genou *m*
to knit tricoter
to know savoir; *(someone)* connaître

L

laid up *(of a house)* aménagé(e)
lamb: leg of — gigot d'agneau *m*
lamp lampe *f*
language: classical — langue morte *f*
large grand(e)
lasagna lasagnes *fpl*
late tard
to laugh rire
laundry: to do the — faire la lessive

law droit *m;* loi *f*
lawyer avocat(e) *m, f*
lazy paresseux (paresseuse)
to leave partir, quitter, sortir; **— again**
   repartir
left gauche; **to the — (of)** à gauche (de)
leg jambe *f*
leisure activities loisirs *m pl*
lemon citron *m*
lemonade citron pressé *m*
less moins
lesson leçon *f*
library bibliothèque *f*
life vie *f*
light *(with colors)* clair
lightning éclair *m*
like: I would — j'aimerais, je voudrais;
   I'd — to je veux bien
to like aimer; **I like it** ça me plaît
linguistics linguistique *f*
to list énumérer
to listen (to) écouter
liter litre *m*
literature littérature *f;* **comparative —**
   littérature comparée *f*
little petit(e); **a —** un peu (de); **very —**
   très peu de
to live habiter
liver spread pâté *m*
living room living *m,* salle de séjour *f,*
   salon *m*
long long(ue)
to look avoir l'air; **to — at** regarder; **to —**
   for chercher
to lose weight maigrir, perdre du poids
a lot beaucoup
lousy: feeling — mal fichu(e)
to love adorer
love story roman d'amour *m*
low bas(se)
lunch déjeuner *m;* **to have —** déjeuner

M

Ma'am Madame
main dish plat de résistance *m,* plat
   principal *m*
mail courrier *m*
to make faire; **— one's bed** faire son lit
mall centre commercial *m*
man homme *m*
to manage to do something se
   débrouiller
management gestion *f*
many beaucoup de
March mars
market marché *m;* **open-air —** marché
   en plein air *m*
marketing marketing *m*

to marry marier; **to be married to** être
   marié(e) avec
material matière *f*
mathematics mathématiques *fpl*
maximum maximum *m*
May mai
maybe peut-être
me moi
meal repas *m*
means moyen *m;* **— of transportation**
   moyen de transport *m*
measles taches de rougeole *fpl;* **German**
   — la rubéole
meat viande *f;* **— spread** pâté *m*
mechanic *f* mécanicien(ne) *m (f)*
medicine médecine *f,* médicament *m*
to meet retrouver; **to — each other** se
   retrouver
meeting rendez-vous *m*
member membre *m*
mess: a — mal fichu(e)
method moyen *m*
Mexican mexicain(e); *(person)*
   Mexicain(e) *m (f)*
mid-size moyen(ne)
midnight minuit *m*
migraine migraine *f*
milk lait *m*
milkshake milkshake *m*
mint: — flavoring mixed with limonade
   diabolo menthe *m;* **— syrup mixed**
   with water menthe à l'eau *f*
Miss Mademoiselle
mistake faute *f;* erreur *f*
mobile phone portable *m*
modern moderne
Monday lundi *m*
money argent *m*
monitor moniteur *m*
month mois *m*
mood: in a good (bad) mood de bonne
   (mauvaise) humeur *f*
more encore, plus
morning matin *m;* **in the —** le matin
Moroccan marocain(e); *(person)*
   Marocain(e) *m (f)*
Morocco Maroc *m*
mosque mosquée *f*
most: — of la plupart de(s); **the —** le
   plus (de)
mother mère *f*
mother-in-law belle-mère *f*
motorbike vélomoteur *m;* **by —** à
   vélomoteur
motorcycle moto(cyclette) *f*
mountain montagne *f;* **to go — climbing**
   faire de l'alpinisme
mouse souris *f*
mouth bouche *f*

movie film *m*

movie theater cinéma *m*

much beaucoup de; **as — as** autant de; **too —** trop

mumps les oreillons *mpl*

museum musée *m*

music musique *f;* **classical —** musique classique *f;* **folk —** folk *m;* **light —** variété *f;* **mix of traditional Arabic, rap & funk** raï *m;* **popular —** musique pop *f;* **world —** musique du monde *f*

musician musicien(ne) *m (f)*

must: to have to devoir

N

naive naïf (naïve)

name nom *m;* **my — is** je m'appelle

nauseated: to feel — avoir mal au cœur

near près de; **very —** tout près de

necessary nécessaire

neck cou *m*

to need avoir besoin de, falloir; **I —** il me faut

neighborhood quartier *m*

nephew neveu *m*

network: road — réseau routier *m*

never ne... jamais

new nouveau (nouvelle/nouvel)

next ensuite, puis; **— to** à côté de

nice bon, gentil(le), sympa(thique)

niece nièce *f*

nine neuf

nineteen dix-neuf

no non

no one ne... personne; personne ne...

nobody personne

non-alcoholic non-alcoolisé(e)

non-smoking non-fumeur

noon midi *m*

north nord *m*

northeast nord-est *m*

northwest nord-ouest *m*

nose nez *m*

nosedrops des gouttes pour le nez *f pl*

not ne... pas, pas, **— any** ne... aucun(e); **— any more, no longer** ne... plus; **— at all** pas du tout; **— yet** ne... pas encore

nothing ne ... rien; rien ne ...

novel roman *m;* **adventure —** roman d'aventure *m;* **detective (mystery) —** roman policier *m;* **fantasy —** roman d'imagination *m;* **historical —** roman historique *m;* **horror —** roman d'horreur *m;* **romance —** roman d'amour *m;* **spy —** roman d'espionnage *m*

November novembre

number chiffre *m;* nombre *m;* numéro *m*

nurse infirmière *f,* infirmier *m*

O

o'clock: it's one o'clock il est une heure

October octobre

of de

to offer offrir

often souvent

OK d'accord

old agé(e), ancien(ne), vieux), vieux (vieille); **how old are you?** quel âge as-tu (avez-vous)?, quel âge tu as?; **I'm . . . years old** j'ai... ans

on *(a boulevard)* dans, sur; *(a street)* dans

one un(e); *(people in general)* on

one-way aller simple

onion oignon *m*

only unique

optimistic optimiste

orange orange, orange *f;* **brand of — soda** Orangina

to order commander

origin origine *f;* **national —** origine nationale *f*

other autre

outskirts *(of a city)* périphérie *f*

overcast couvert(e)

to overlook: — the sea donner sur la mer

P

pain mal *m;* **a —** casse-pieds *m*

to paint faire de la peinture

painter peintre *m*

painting peinture *f,* tableau *m*

pants pantalon *msing*

paper papier *m*

pardon pardon

parents parents *mpl*

park jardin public *m,* parc *m*

parking lot parking *m*

party boum *f,* fête *f*

to pass passer; **— an exam** réussir à un examen; **— time doing something** passer le temps à faire quelque chose

passport passeport *m*

past passé *m*

pastry pâtisserie *f*

pâté pâté *m*

pea petit pois *m*

peach pêche *f*

pear poire *f*

pen stylo *m*

pencil crayon *m*

per par

perfect parfait(e)

perhaps peut-être

person personne *f*

pessimistic pessimiste

pharmacist pharmacien(ne) *m (f)*

pharmacy pharmacie *f*

philosophy philosophie *f*

phone: mobile — portable *m;* **to talk on the —** téléphoner

to phone: — each other se téléphoner

photograph photographe *f*

physics physique *f*

piano: to play the — jouer du piano

to pick up: — one's room ranger sa chambre; **— again** reprendre

pie tarte *f;* **apple —** tarte aux pommes *f*

piece bout *m,* morceau *m*

pink rose

pizza pizza *f*

place endroit *m;* **at the — of** chez; *(in a train)* place *f;* **public —** endroit public *m*

plane avion *m*

platform: train arrival/departure — quai *m*

to play jouer; **— (American) football** jouer au (faire du) football américain; **— baseball** jouer au (faire du) baseball; **— basketball** jouer au (faire du) basket; **— cards** jouer aux cartes; **— hockey** faire du hockey; **— soccer** jouer au (faire du) foot(ball); **— tennis** jouer au (faire du) tennis; **— volleyball** jouer au (faire du) volley(ball); **— with one's pals** jouer avec ses copains; **the guitar** jouer de la guitare; **the piano** jouer du piano; **squash** faire du squash; **the violin** jouer du violin

pleasant agréable

please je vous en prie (je t'en prie), s'il te plaît *(informal),* s'il vous plaît *(formal)*

to please plaire

pleasure plaisir *m*

plot intrigue *f*

pneumonia pneumonie *f*

point point *m*

police: — station commissariat de police *m*

political science sciences politiques *fpl*

politician femme *f,* homme *m* politique

pomme apple *f*

pool: swimming — piscine *f*

poor pauvre

porch véranda *f*

pork chop côtelette de porc *f*

Portuguese Portugais(e); *(language)* portugais *m;* *(person)* Portugais(e) *m (f)*

possession possession *f*

possible possible

post office bureau de poste *m*

potato pomme de terre *f*

pound livre *f*

practice pratiquer

to prefer préférer

to prepare: — meals préparer les repas

pretty joli(e)

price prix *m*

profession profession *f*
professor prof *m, f;* professeur *m*
proud fier(-ère)
psychology psychologie *f*
pullups: to do — faire des tractions
purple violet(te)
pushups: to do — des tractions, faire des pompes
to put: — (on) mettre; **— on:** *(clothing)* mettre
to putter around bricoler, faire du bricolage

Q
quality qualité *f*
quantity quantité *f*
quarter quart *m;* **quarter after two** deux heures et quart
Quebecker québécois(e); *(person)* Québécois(e) *m (f)*
queue file *f*
quiet tranquille

R
radio radio *f*
rain pluie *f;* **—storm** averse de pluie *f*
to rain: it's raining il pleut
rap rap *m*
rarely rarement
raspberry framboise *f*
rather plutôt
to read lire
reading lecture *f*
ready: to get — (for) se préparer (pour)
realistic réaliste
really tellement, vraiment
recipe recette *f*
red rouge; *(of hair)* roux
to reflect réfléchir
to refuse refuser
reggae reggae *m*
relatives parents *m pl*
to relax se détendre
to remain rester; demeurer
remedy remède *m*
to remember se souvenir de
remote control télécommande *f*
to rent louer
repairs réparation *f;* **to make small —** faire des petites réparations
reporter journaliste *m or f*
to require falloir
to reserve réserver
reserved réservé(e)
residential résidentiel(le)
to respond répondre; **— to** répondre à
to rest se reposer
restaurant restaurant *m*

to resume reprendre
to return retourner
right droit(e); **to the — (of)** à droite (de)
river rivière *f;* fleuve *m*
road rue *f;* **— network** réseau routier *m*
rock rock *m;* **alternative —** l'alternatif *m;* **hard —** hard rock *m*
roof toit *m*
roll petit pain *m*
to rollerblade faire du roller(blade)
room pièce *f;* chambre *f*
round trip aller-retour
rowing machine rameur *m*
rug tapis *m*
to run courir
runny: — nose nez qui coule *m*
rural rural(e)
Russian russe; *(language)* russe *m;* *(person)* Russe *m (f)*

S
sad triste
to sail faire de la voile
salad salade *f;* **green, leafy —** salade verte
salami saucisson *m*
sale vente *f;* **on —** en solde
sales representative représentant(e) de commerce *m (f)*
salesperson *(in a store)* vendeur *m,* vendeuse *f*
salmon, smoked saumon fumé
same: the — le même; **in the — way** de la même façon
sandal sandale *f*
sandwich sandwich *m*
Saturday samedi *m*
sausage saucisse *f*
to say dire; **— good-bye** prendre congé
schedule emploi du temps *m;* horaire *m* *(of a train)*
school: elementary — école primaire *f;* **high —** lycée *m;* **junior high —** collège *m*
science: computer informatique *f;* **applied —s,** sciences humaines *fpl;* **natural —s** sciences naturelles *fpl*
scotch scotch *m*
to scuba dive faire de la plongée sous-marine
sculpture sculpture *f*
screen écran *m*
sea mer *f*
seashore bord de la mer *m*
seasickness mal de mer *m*
season saison *f*
seat *(in a train)* place *f*
secretary secrétaire *m, f*
see: let's — voyons; **— you later** à tout à l'heure; **— you soon** à bientôt

to see voir; **— oneself as (in, with)** avec), se voir comme (dans; *(each other)* se voir
to seem avoir l'air
selfish, self-centered égoïste
Senegalese sénégalais(e); *(person)* Sénégalais(e) *m (f)*
senior étudiant(e) en quatrième année
September septembre
serious sérieux (sérieuse)
to set: — *(the table)* mettre la table
set up *(of a house)* aménagé(e)
setting décor *m*
to settle down at s'installer devant
seven sept
seventeen dix-sept
to sew faire de la couture
shape: to be in — être en forme
shirt chemise *f*
shoe chaussure *f*
shop boutique *f;* **small —** boutique *f*
shopkeeper commerçant(e) *m, f*
shopping: to do the — faire les courses
short court(e), petit(e)
shorts short *msing*
shoulder épaule *f*
shower douche *f;* **to take a —** prendre une douche
shrimp crevette *f*
shy timide
sick malade
side: on the other — of de l'autre côté de
singer chanteur *m,* chanteuse *f*
sink lavabo *m*
sinus infection sinusite *f*
Sir Monsieur
sister sœur *f*
to sit down s'asseoir
to situate situer; **— oneself** se situer
situps: to do — faire des redressements
six six
sixteen seize
size *(clothing)* taille *f*
to skate, to go skating faire du patinage
to skateboard faire de la planche à roulettes (du skateboard)
skiiing: to go cross-country — faire du ski de fond; **to go downhill —** faire du ski (alpin)
skinny maigre
skirt jupe *f*
sky ciel *m*
skyscraper gratte-ciel *m*
sleeping: berth *(train)* couchette *f;* **compartment** *(train)* wagon-lit *m;* **to have trouble —** avoir du mal à dormir
slice tranche *f;* **— (of bread)** tartine *f*

slow lent(e)
small petit(e)
to smell sentir
to smoke fumer
smoking fumeur
snack goûter *m*; **to have a —** prendre un goûter
sneaker basket *f*, tennis *f*
to sneeze éternuer
to snow neiger
to snowboard faire du surf des neiges (du snowboard)
snowstorm tempête de neige *f*
so long allez, au revoir
soccer foot(ball) *m*; **— match** match de foot(ball) *m*; **to play —** jouer au (faire du) foot(ball)
sociology sociologie *f*
sock chaussette *f*
sofa canapé *m*, sofa *m*
sole, filet of filet de sole
some de(s)
someone quelqu'un
something quelque chose
sometimes quelquefois
somewhere quelque part
son fils *m*
sophomore étudiant(e) en deuxième année
sore muscles des courbatures *f pl*
sore throat mal a la gorge
south sud *m*
southeast sud-est *m*
southwest sud-ouest *m*
spaghetti spaghettis *mpl*
Spanish espagnol(e); *(language)* espagnol *m*; *(person)* Espagnol(e) *m, f*
to speak parler; **— to each other** se parler; **— to oneself** se parler
speaker haut-parleur *m*
to spell s'écrire
to spend: — the night coucher; **—** *(time)* passer
sport: likes —s sportif (sportive)
sports les sports *mpl*
spot tache *f*
to sprain one's. . . se fouler le/la...
square: town — place *f*
squash, to play faire du squash
stadium stade *m*
stairs escalier *m*
station: bus — gare routière *f*; **train —** gare *f*
statistics statistique *f*
to stay rester; **— in bed** rester au lit
to stay in shape garder la ligne
steak bifteck *m*, steak *m*
step machine stepper *m*
stepbrother demi-frère *m*

stepfather beau-père *m*
stepmother belle-mère *f*
stepsister demi-sœur *f*
stereo system chaîne hi-fi *f*
stocky costaud
stomach estomac *m*, ventre *m*; **— ache** mal à l'estomac
stop arrêt *m*
to stop (s')arrêter
store magasin *m*; **clothing —** magasin de vêtements *m*; **drug —** pharmacie *f*; **electronics —** magasin de matériel électronique *m*; **general —** épicerie *f*; **grocery —** épicerie *f*; **jewelry —** bijouterie *f*; **music —** magasin de musique *m*; **sporting goods —** magasin de sports *m*; **stationery —** papeterie *f*; **tobacco —** bureau de tabac *m*, tabac *m*
storm orage *m*
story histoire *f*
straight *(hair)* raid(e)
straight ahead tout droit
strawberry fraise *f*; **flavoring mixed with limonade** diabolo fraise *m*
street rue *f*
strep infection streptococcie *f*
student étudiant(e) (college); **elementary, middle school, high school —** élève *m, f*; **first-year** étudiant(e) en première année; *(university)* étudiant(e) *m, f*
study bureau *m*
to study étudier
stuffy: — nose nez bouché *m*
subject matière *f*
suburbs banlieue *f*
subway *(city)* RER *m*; *(in Paris)* métro *m*
to suffer souffrir
sugar sucre *m*
to suggest proposer
suit *(man's)* costume *m*; **warmup —** jogging *m*; *(woman's)* tailleur *m*
sun soleil *m*
Sunday dimanche *m*
sunny ensoleillé(e); **it's sunny** il fait du soleil
supermarket supermarché *m*
supposed to: to be — devoir
to surf faire du surf
to surf the Net surfer sur Internet
suspense suspense *m*
sweater pull *m*
sweatshirt sweat *m*
sweet vermouth martini *m*
to swim nager; **to go swimming** faire de la natation
Swiss suisse; *(person)* Suisse *m, f*
Swiss cheese gruyère *m*

symptom symptôme *m*
synagogue synagogue *f*

T
t-shirt tee-shirt *m*
table table *f*; **to clear the —** débarrasser la table; **to set the —** mettre la table
to take prendre; **— a shower** prendre une douche; **— care of** s'occuper de; *(a person)* amener
to talk: — on the phone bavarder au téléphone, parler au téléphone; **— about** parler de
talkative bavard(e)
tall grand(e); **to get taller** grandir
tank top débardeur *m*
taxi taxi *m*
tea thé *m*; **— with lemon** thé (au) citron *m*; **— with milk** thé au lait *m*; **plain —** thé nature *m*
teacher prof *m, f*; professeur *m*
teaching assistant assistant(e) *m, f*
techno techno *f*
telephone téléphone *m*; **direct-line —** téléphone direct *m*
temperature température *f*
ten dix
tennis tennis *m*; **to play —** jouer au (faire du) tennis
terrace terrasse *f*
terrific super
textbook manuel de classe *m*
thank you merci, remerciement *m*; **— very much** merci bien; **to say —** remercier
that ça
theater théâtre *m*; **movie —** cinéma *m*
then puis, alors, ensuite
there y; **— is, — are** il y a
these, those ces
thigh cuisse *f*
thin mince
thing chose *f*, truc *m*; **not my —** pas mon truc
to think penser; *(about something)* réfléchir (à)
thirteen treize
this, that ce, cet, cette
three trois
throat gorge *f*; **— lozenges** des pastilles pour la gorge *f pl*
thunder tonnerre *f*
Thursday vendredi *m*
ticket billet *m*, ticket *m*; **— validation machine** composteur *m*; **— window** guichet *m*; **automatic — machine** distributeur (de billets) *m*
tie cravate *f*

till: quarter till two deux heures moins le quart

time fois *f*, temps *m*; **from — to —** de temps en temps; **arrival —** heure de l'arrivée *f*; **(at) what time?** à quelle heure?; **departure —** heure de départ *f*; **what time is it?** quelle heure est-il?

timid timide

to tinker bricoler

tired fatigué(e)

to à

to grow up grandir

to return revenir

toast *(bread)* pain grillé *m*, toast *m*; **to make a —** trinquer

tobacco store bureau de tabac *m*, tabac *m*

today aujourd'hui

toe doigt de pied *m*

toilet toilettes *fpl*, WC *mpl*

toilet (half-bath) cabinet de toilette *m*

tomato salad salade de tomates *f*

tonsilitis angine *f*

too trop; **— much** trop (de)

tooth dent *f*

tourist: to be a — faire du tourisme

toward vers

town village *m*

track voie *f*; **to do track and field** faire de l'athlétisme *m*

traditional traditionnel(le)

traffic jam embouteillage *m*

trailer caravane *f*

train train *m*; **— station** gare *f*; **high-speed —** train à grande vitesse (TGV) *m*; **train car** voiture *f*

trait trait *m*; **personality —** trait de caractère *m*

traveling salesperson commercial(e) *m, f*

treadmill tapis de course *m*

tree arbre *m*

trip trajet *m*; voyage *m*

trout truite *f*

Tuesday mardi *m*

tuna thon *m*

tuna salad salade de thon *f*

turkey dinde *f*

to turn tourner; **— off** éteindre

TV set téléviseur *m*

twelve douze

twenty vingt

twins jumeaux *m pl*; jumelles *f pl*

two deux

type genre *m*

U

ugly laid(e), moche

umbrella parapluie *m*

uncle oncle *m*

to understand comprendre

unfortunately malheureusement

university université *f*

until: *(time)* jusqu'à

upstairs en haut

urban urbain(e)

urban area agglomération *f*

urban center centre urbain *m*

use emploi *m*; **—d** d'occasion

to use utiliser

usually d'habitude; en général

V

vacation vacances *f pl*

to vacuum passer l'aspirateur

to validate composter; **— the ticket** composter le billet

valley vallée *f*

vanilla vanille *f*

VCR magnétoscope *m*

veal veau *m*

vegetable légume *m*

vegetables: raw — with vinaigrette assiette de crudités *f*

Venezuelan vénézuélien(ne); *(person)* Vénézuélien(ne) *m (f)*

very très

very much beaucoup

video game jeu vidéo *m*

videocassette cassette vidéo *f*

Vietnamese vietnamien(ne); *(person)* Vietnamien(ne) *m (f)*

village village *m*

villager villageois(e) *m (f)*

vinaigrette (oil & vinegar dressing) vinaigrette *f*

violence violence *f*

violin: to play the — jouer du violin

to visit *(a person)* rendre visite à; **—** *(a place)* visiter

volleyball volley *m*; **to play —** jouer au (faire du) volley(ball)

to vomit vomir

W

to wait (for) attendre

to wake: — *(someone)* **up** réveiller; **— up** se réveiller

walk: to go for a — faire une balade

to walk aller à pied; **— the dog** promener le chien; **to go for a —** se promener; **to go walking** faire de la marche à pied

to want vouloir

war guerre *f*

wardrobe armoire *f*

to wash up, brush teeth, etc. faire sa toilette

to watch regarder; **— TV** regarder la télé; **— what you're eating** faire attention à ce qu'on mange

water: mineral — eau minérale *f* (Badoit *f*, Perrier *m*, Vittel *f*)

to waterski faire du ski nautique

way chemin *m*; route *f*; **high —** route nationale

we nous

weak faible

to wear mettre

weather temp *m*; **what's the — like?** quel temps fait-il?

Wednesday mercredi *m*

week semaine *f*

weight machine presse *f*

weightlifting: to do — faire de la musculation

welcome bienvenue; **you're welcome** de rien, (il n'y a) pas de quoi

well bien; **fairly —** bien; **— enough** assez

west ouest *m*

what ce que, comment, que, quel(le), quoi; **what?** qu'est-ce que... ?; **what's?** quel(le) est... ?

when quand; **when?** quand est-ce que?

where où

which quel(le)

whisky whisky *m*

white blanc (blanche)

who: may I say who's calling? c'est de la part de qui?; **who?** qui?

why pourquoi

wife femme *f*

wind vent *m*; **it's windy** il fait (il y a) du vent

to windsurf faire de la plance à voile

windsurfing, to go faire de la planche a voile

wine vin *m*; **red —** vin rouge *m*; **rosé —** (vin) rosé *m*; **white —** vin blanc *m*

woman femme *f*

to work travailler; **— out** faire de la gym

world monde *m*

wrist poignet *m*

to write écrire

Y

yard jardin *m*

year an *m*, année *f*

yellow jaune

yes oui

yesterday hier

yogurt yaourt *m*

you tu *(informal)*, vous *(formal)*

young jeune

Z

zero zéro

INDEX

POUR SE DÉBROUILLER

THÈMES ET CONTEXTES

PHOTO CREDITS

All photos, with the exception of the following were selected from the Heinle & Heinle Image Resource Bank.

15, (left) Stuart Cohen; **95,** © Nik Wheeler/CORBIS; **96,** *(top)* © José F. Poblete/CORBIS, (bottom) © Franz-Marc Frei/CORBIS; **141,** (all photos) Stuart Cohen; **225,** (top left) Washington, DC, Guide Book, Coffman Publications, (top right and bottom) Stuart Cohen; **253–256** (all photos except top of p. 255) Washington, DC, Guide Book, Coffman Publications; **255** *(top)* © James P. Blair/CORBIS; **268,** Courtesy of Leo Buchholz, Wooster, Ohio

TEXT/REALIA CREDITS

p. 4 «Des millions d'artistes», Ministère de la Culture et de la Communication-département études et prospectives; **p. 17** Couverture de *Elle*, «Tous les trucs pour paraître dix ans de moins» (n° 2865), 27 novembre 2000, © SCOOP; **p. 18** Couverture de *Le nouvel observateur* «Pouvoir: Les Femmes Attaquent» (n° 1881), 23–29 novembre 2000; Couverture de *OK Podium* «A mater les 10 mecs les plus top de la rentrée» (n° 102) septembre 1999, © SCOOP; **p. 19** Couverture de *Planète Jeunes*, Agence TempSport, Gilbert Iundt © *Planètes Jeunes*, Bayard Presse, 1999; Page d'accueil de www.fnac.com, Courtesy of Fnac; **p. 42** Simone de Beauvoir, «Adieux à New York» from *L'Amérique au jour le jour*, © 1954, Éditions Gallimard; **p. 66** Courtesy of the city of Gray; **pp. 72–73** BONJOUR! Magazine, March/April 1994 by Scholastic, Inc.; **pp. 99–100** BONJOUR! Magazine by Scholastic, Inc.; **p. 109** «Les liaisons Paris/aéroports» Les cars Air France; **p. 125** *Flash, L'Hebdo Loisirs*; **p. 129** Jacques Prévert, *Paroles*, © Éditions Gallimard; **p. 139** «Plan et horaires», Semvat; **p. 151** Gare et Paix, Claude Lachal; **p. 170** Gerard Mermet, *Francoscopie 1999*, © Larousse/HER 1998, p. 156; **p. 181** *Andromache and Other Plays*, translated by John Cairncross, Penguin Classics, 1967; **p. 198** «Tourisme: Statistiques», *Quid*, Frémy, Éditions Robert Laffont, 1988; **p. 201** *Ronsard & La Pléiade*, by George Wyndham, © 1906, New York; The MacMillan Co.; **p. 218** *Le Nouveau Guide France*, © Hachette, 1990, p. 333; **p. 219** «Château Vieux-Garrouilh», Courtesy of Union des producteurs de St-Emilion; **pp. 220–221** «C'est moi qui m'occupe de tout à la maison... Et qu'en pensent les filles?», excerpt from *Okapi*, © Bayard Jeunesse (n° 683, décembre 2000, pp. 456–457); **p. 227** Hôtel Saint Germain, Paris; **pp. 240–242** Source SNCF; **pp. 244–246** Source SNCF; **pp. 253–256** Washington, DC, Guide Book, Coffman Publications; **p. 258** *Le Pélican*, extrait de *Chantefables et Chantefleurs* de Robert Desnos, © Éditions Gründ, Paris; **p. 278** «Poulet suisse et roulés au jambon», *Les délices de la cuisine louisianaise*, Jacqueline Millerand Planel, Institut des Études Françaises; **p. 284** Émilie Carles, *Une soupe aux herbes sauvages*, Éditions Robert Laffont, pp. 22–24; **p. 303** All texts, Gerard Mermet, *Francoscopie 2001*, © Larousse/HER 2000, pp. 461, 462, 464; «Les Français au départ», Courtesy of CREDOC; «L'Europe d'abord», Courtesy of «Observatoire national du Tourisme», Paris; «Les activités des vacanciers, Courtesy of «Observatoire national du Tourisme», Paris; **p. 316** BONJOUR! Magazine. ALLONS-Y! Magazine. Copyright © by Scholastic, Inc. Reprinted by permission of Scholastic, Inc.; **p. 319** Kanga Ballou, «Règles et stratégies du jeu d'Awalé», Nouvelles Éditions Ivoiriennes, Abidjan, 1993; **p. 321** *The Boston Globe*; **p. 322** *Le Figaro*; **p. 344** *Sciences et Technologie, cycle des approfondissements CM*, Éditions Bordas, Nouvelle Collection Tavernier, Paris, 1995; **p. 351** Hôtel Mercédès; **p. 355** «Le contrôleur» extrait de *Paroles*, par Jacques Prévert, © Éditions Gallimard; "The Conductor", Selections from *Paroles*, Translation by Lawrence Ferlinghetti, Les Éditions du Point du Jour, 1964; **p. 363** «Jetons de la poudre aux yeux », par Marie Galanti, reprinted from *Journal français d'Amérique*, Vol. 10, no. 22, 4–17 nov. 1988